$\mathcal{P}$

$Q.$ $716.$
$147.$

8300

CATALOGUE

DES LIVRES ET ESTAMPES

DE LA BIBLIOTHEQUE

DE FEU

MONSIEUR PERROT,

MAITRE DES COMPTES.

CATALOGUE

DES LIVRES ET ESTAMPES

DE LA BIBLIOTHEQUE

DE FEU

MONSIEUR PERROT,

MAITRE DES COMPTES;

Difposé dans un Ordre différent de celui obfervé jufqu'à ce jour.

AVEC UNE TABLE DES AUTEURS.

La Vente fe fera en fa Maifon, rue & Ifle Saint-Louis, la premiere porte cochere au-deffus de la rue Regratiere, en entrant du côté du Pont-Rouge, le 22 Janvier 1776, & jours fuivans.

A PARIS,

Chez { GOGUÉ, Libraire, Quai des Auguftins, près le Pont Saint-Michel.

Et NÉE DE LA ROCHELLE, Libraire, même Quai.

M. DCC. LXXVI.

On vendra au commencement de chaque Vacation des Livres que l'on n'a pu insérer dans le Catalogue.

La Feuille des Vacations se distribuera quelques jours avant la Vente, qui sera indiquée par de nouvelles Affiches.

La Table des Auteurs ne paroîtra que le Lundi 22 Janvier, premier jour de la Vente. Nous joignons ici une Reconnoissance qui servira pour la retirer, & l'on n'en délivrera qu'à ceux qui la représenteront.

AVERTISSEMENT.

MALGRÉ le grand nombre de Bibliothéques que l'on a vu se former & se détruire successivement en France, le goût du Public pour les Catalogues que l'on en publie au moment de leur dispersion, au lieu de se rallentir, semble au contraire s'être accru de jour en jour; & l'empressement des Curieux à recueillir ces Ouvrages éphémeres, paroît leur assurer un mérite d'autant plus réel qu'il est varié dans chacun d'eux.

En effet, outre les Connoissances Bibliographiques en tout genre que l'on acquiert continuellement en les lisant, ils présentent le tableau fidele du goût général de chaque Siecle pour les Sciences, de celui de chaque Nation & des Littérateurs qu'elles ont produites. Nous y trouvons l'indication d'Ouvrages anciens ou récens imprimés chez les Peuples voisins; & ils y rencontrent eux-mêmes des notices sur les Ouvrages imprimés en France, dont les Journaux ne pourroient leur donner de connoissance, & qu'ils chercheroient vainement ailleurs. Nous regardons comme superflu d'entrer dans de nouveaux détails sur l'utilité dont ils sont pour le commerce des Lettres; elle est actuellement reconnue, & personne ne doute qu'ils ne soient des Fastes publics où est consignée l'existence des Livres les plus rares & des monumens les plus précieux de la Littérature de tous les tems & de tous les pays.

C'est le pressentiment de l'utilité de ce genre d'Ouvrage qui a excité les Libraires François, dont le zéle s'est toujours montré pour l'accroissement des Sciences, à lui donner une forme plus intéressante qu'il ne semble mériter naturellement; les soins que quelques-uns d'entr'eux se sont donné pour en faire sentir les avantages n'ont pas été inutiles, & ils ont rendu les Catalogues qui sont sortis de leurs mains autant de Bibliothéques parlantes, où les Savans & les jeunes Candidats vont chercher des conseils vrais & laconiques pour la perfection des travaux qu'ils ont entrepris, ou la conduite de ceux auxquels ils voudroient se livrer.

Nous saisissons avidement l'occasion qui se présente pour nous de faire connoître combien nous desirons de marcher sur leurs traces, & les avantages que nous avons pu retirer des Ouvrages de ceux qui nous ont précédé dans cette carriere.

Quelle circonstance plus favorable pouvions-nous espérer?

La Bibliothéque de M. Perrot, Maître des Comptes, dont nous avons été chargés de faire le Catalogue & la Vente, renferme tout ce qu'un Amateur éclairé avoit pu raſſembler de meilleur dans toutes les parties de la Littérature. Héritier du goût de ſes Aïeux pour les Sciences, & des plus grandes facilités de le contenter, il n'avoit rien épargné pour ſe procurer des Livres dans leſquels il pût trouver l'agréable joint à l'utile; & l'on verra par le choix qu'il en avoit fait, qu'il ne s'étoit guères écarté de ce but qu'il s'étoit proposé en formant ſa Bibliothéque. La Poéſie & les Belles-Lettres occupèrent agréablement ſa jeuneſſe : il avoit voulu acquérir auſſi des lumieres ſur toutes les Sciences profondes ; mais rebutant tous ces répertoires futiles qui favoriſent la pareſſe & endorment le génie, il les avoit étudié dans les ſources. Lorſqu'il ſe fut entierement deſtiné à la Magiſtrature, il s'attacha avec une ardeur incroyable à l'étude des Loix & de l'Hiſtoire de ſa Patrie; & tous les Membres du reſpectable Corps auquel il s'étoit uni, ſont les témoins des connoiſſances qu'il y avoit acquiſes.

Ce n'a pas été ſans quelque peine que nous avons mis en ordre le Catalogue d'une Bibliothéque de vingt & un mille volumes; mais plus nous y avons éprouvé de difficultés, plus nous avons ſenti croître en nous le deſir de le faire de maniere à ſatisfaire les Connoiſſeurs & notre inclination particuliere. Les préjugés littéraires ſur l'arrangement des Catalogues, n'ont pas été les moindres écueils ſur leſquels notre patience auroit échouée, ſi nous n'avions enfin pris le parti de ſecouer le joug auquel nous nous étions ſoumis d'abord. Nous pouvons aſſurer que ce n'a point été pour nous diſtinguer de nos Confreres; que nous avons entrepris de réformer le Syſtême dont ils ſe ſont ſervis pendant plus de ſoixante ans avec une patience méritoire; & s'ils n'ont pas fait connoître le dégoût qu'ils ont dû reſſentir d'aſſocier des Claſſes, des Diviſions, des Sciences & des Arts qui n'avoient ſouvent enſemble que des rapports très-éloignés; pourra-t-on trouver mauvais que nous ayons été moins ſcrupuleux qu'eux à l'égard d'un Syſtême dont ils ne ſont pas même les Auteurs? Nous les reſpectons comme nos premiers Maîtres, & comme les Créateurs de la Science Bibliographique; mais nous nous ſommes néanmoins permis de publier des idées qui, loin de pouvoir nuire à la Société, à la Religion & aux Mœurs, ne doivent leur exiſtence qu'à notre envie d'être utiles au Public & de concourir à la perfection de notre Art; trop heureux ſi nos foibles efforts peuvent y contribuer en quelque choſe.

Nous devons un compte au Public de nos changemens, & nous allons le lui rendre auſſi laconique qu'il nous ſera poſſible. La Table Syſtématique qui ſuivra cet Avertiſſement, ſur laquelle nous engageons de jetter les yeux, mettra plutôt au fait que cent pages de raiſonnemens ſur cette matiere inépuiſable; & les Ouvrages qui ſeront rangés dans le Catalogue ſous chacune des diviſions de ce ſyſtême, lui ſerviront de Commentaire. Nous avons fait enſorte que tout dans ce Catalogue pût rendre compte de nos penſées; & les différens caracteres que nous avons employé dans la diſtribution de nos Diviſions & Subdiviſions, enſeigneront quelles ſont les principales, celles qui leur ſont ſoumiſes ou inférieures, & le dégré d'égalité des unes & des autres.

Nous n'avons fait que peu de changemens à la Théologie; les *Conciles* & les *Liturgies* ont été reportés à la ſuite des *Théologiens*, parcequ'ils ſéparoient les *Commentateurs de l'Ecriture-Sainte* d'avec les *Saints-Peres*, qui ont expliqué les premiers l'Ecriture aux Fideles: les *Théologiens* reſteront après ceux-ci, & auront à leur ſuite les *Conciles* & les *Liturgies*, qui fourniſſent les dernieres armes dont on ſe ſert pour combattre les Hérétiques & les Philoſophes.

La *Théologie Hétérodoxe* nous a paru mériter des Diviſions plus ſoignées, & nous avons cru très-eſſentiel de ſéparer tous les Livres Hérétiques, ou qui attaquent la Religion Chrétienne, de ceux que nous regardons comme faits par des Auteurs Orthodoxes: par ce moyen, on ne ſera plus expoſé à acheter un Livre Hérétique ou une Bible Proteſtante pour une qui ne le ſeroit pas. Il faut remarquer auſſi que la Religion Réformée dans laquelle nous comprenons toutes les Sectes qui la diviſent, étant adoptée par une partie des Peuples de l'Europe, fait, pour ainſi dire, un Corps de Théologie ſéparé, qui pourroit en fait de Syſtême Bibliographique, former un parallele avec notre *Théologie Orthodoxe*. Nous avons employé, à quelques changemens près, les Diviſions de cette derniere, & il ſera plus facile d'y retrouver les Ouvrages réfutés par les Catholiques, que de croire que Saint Pierre & Calvin doivent habiter enſemble. Si cet arrangement n'eſt pas eſſentiel pour cette Bibliothéque, il le deviendra pour une plus abondante en ce genre; d'ailleurs, en y faiſant attention, il ſe trouve plus de Livres Hérétiques qu'on ne s'imagine; la preuve en eſt ici.

La *Juriſprudence*, au lieu d'être la deuxieme Claſſe de notre

Syftême, ne fera que la derniere, par plufieurs raifons. On a cru que le *Droit Canon* qui eft à la tête, faifoit une liaifon très-naturelle avec la *Théologie*, & cela pourroit être, s'il n'étoit féparé de la *Théologie Catholique*, avec qui feul il pourroit s'unir, par la *Théologie Mahométane :* il s'enfuivroit cependant que le *Droit Civil* feroit une autre liaifon très-naturelle auffi avec l'*Hiftoire*, qui, loin d'être la troifieme Claffe, comme on la trouve dans le Catalogue de M. le Tellier, Archevêque de Reims, n'eft que la cinquieme dans l'ancien Syftême, parce que l'on a fenti que l'*Hiftoire* ne pouvoit dépendre de la *Jurifprudence*, & qu'elle tenoit au contraire celle-ci fous fes loix. Alors la *Jurifprudence* eft une Claffe ifolée, prefqu'éclipfée par la *Théologie* qui la précéde & par les *Sciences* qui la fuivent, & qui ne peut foutenir de parallele avec aucune; car, non-feulement elle eft éloignée de l'*Hiftoire*, avec qui elle a les plus grands rapports, bien plus, elle eft hors de fon rang, puifqu'elle fe trouve à la tête des *Sciences*, tandis qu'elle dépend de la *Politique*, qui eft elle-même une des Divifions de la *Philofophie*. Mais la *Philofophie* ne dépend d'aucune Science, parce que tous les objets qu'elle embraffe font nobles & relevés; qu'elle rend compte de tout ce qui exifte dans la nature, dont elle a pour ainfi dire percé le voile; & que, de même que la *Théologie*, elle s'occupe de la Divinité & des chofes furnaturelles. Qui pourroit ignorer encore que la *Philofophie Ancienne* étoit la *Théologie des anciens Peuples*, & que les écrits des Philofophes de la Grece & de l'Italie font le tiffu des dogmes qu'ils regardoient comme les plus certains & les plus fecrets de leurs Religions? Ne font-ils pas accufés d'avoir puifé dans les Livres de Moïfe le peu de conformité que l'on trouve dans quelques-uns de leurs Ouvrages avec ces Livres facrés, qui font la bafe de la Religion des Juifs, & même des Chrétiens; & ne lit-on pas par tout, que Pythagore, Platon & tant d'autres ont employé une partie de leur vie à voyager pour s'inftruire des myfteres des Peuples les plus célebres de l'Antiquité profane, avant que de former ces Ecoles floriffantes d'où font fortis des milliers de Philofophes leurs Difciples? Quelle Claffe peut donc fuivre plus juftement la *Théologie*, que la *Philofophie*, qui mene à fa fuite toutes les *Sciences*, dont elle eft la mere, & qui eft en même tems la *Théologie des Anciens*.

Cette deuxieme Claffe eft partagée en trois Sections principales; favoir, la *Philofophie*, la *Médecine* & les *Mathéma-*

tiques, qui donnent chacune un Cours complet de Sciences
& d'Etudes. Toutes les Sciences n'ont pu entrer dans ces trois
Sections, qui n'embrassent que celles qui leur font purement
foumises ; mais il eft aifé de s'appercevoir que celles qui en
font exclues ne peuvent retenir le nom de Science qu'on leur
a donné ; & qu'il n'y a que celles dont nous avons formé
cette Claffe qui puiffent le garder avec raifon, puifqu'elles ne
dépendent que de l'efprit humain qui les a créées ; au lieu
que les autres font de fimples Connoiffances dépendantes de
chofes exiftantes hors de nous , & qui n'exigent que de la
mémoire de celui qui les apprend. On ne peut dire, par
exemple, que la *Géographie*, la *Chronologie*, la *Bibliographie*, la *Polygraphie* & la *Philologie* foient des Sciences ; c'eft
un principe irrévocable : nous les avons placé de maniere
qu'elles puffent fe lier avec ce qui les précéde ou ce qui les
fuit. Nous avons donc mis à la tête des Sciences proprement
dites, & fous le titre général de *Prolégomènes*, la *Bibliographie*, qui nous donne la clef des Sciences en nous en indi-
quant les fources ; & la *Polygraphie*, qui, par la raifon qu'elle
en eft le réfumé général ou l'analyfe, leur fert d'introduction.
De même, la *Philologie*, qui comprend les *Arts Libéraux*,
eft à la tête des autres *Arts*, qu'elle nous met en état d'apprendre en nous donnant des Elémens qui deviennent la bafe
de tous les états que nous pouvons choifir lorfque nous nous
deftinons à jouer un rôle dans la fociété. En fuivant toujours
le même principe, la *Géographie* & la *Chronologie* font à la
tête de l'*Hiftoire* proprement dite, dont elles doivent être
inféparables dans tous les Syftêmes Bibliographiques. Ces *Prolégomènes* coupent la liaifon générale que nous avons voulu
établir dans le nôtre ; néanmoins ils fervent à diftinguer les
Claffes ; & en les envifageant en général, la même liaifon
fubfifte.

Nous n'avons d'ailleurs fait que de légers changemens dans la
deuxieme & la troifieme Claffes. Dans cette derniere, les *Arts*
qui la compofent uniquement, ne font point rangés par dégré d'utilité, de nobleffe & de dignité ; nous avons mieux aimé
rapprocher ceux qui fympathifoient enfemble , & les divifer
fous des titres qui en indiquaffent le genre ; nous renvoyons
pour cela à la Table Syftématique.

L'*Hiftoire*, qui eft notre quatrieme Claffe, a peu fouf-
fert de notre réforme ; nous avons feulement rapproché
les *Antiquités* de l'*Hiftoire Ancienne*, parce qu'elles en font
réellement les preuves. Nous avons en outre extrait de

a 3

l'*Histoire* l'*Art du Blason*, qui se retrouvera parmi les *Arts Symboliques* ; la *Bibliographie*, qui fait partie des *Prolégomènes* sur les Sciences ; & la *Diplomatique*, que nous avons associée aux *Arts Graphiques* : du reste, nous nous sommes attachés à diviser nettement l'Histoire de chaque Peuple, & particulierement la nôtre.

Nous ne répéterons pas ce que nous avons dit plus haut à l'égard de la *Jurisprudence* : c'est une Science qui s'adapte à l'esprit du Législateur & des Loix de chaque Peuple, & par conséquent elle doit être regardée comme un *Appendice* à l'*Histoire* ; mais elle ne peut s'y enclaver, car elle feroit perdre de vue l'objet principal de cette derniere, qui n'embrasse que ce qui est de fait, & rien de dogmatique. La *Jurisprudence* au contraire ne s'occupe que de la discussion des intérêts des différens particuliers de chaque nation, & cet objet étant distinct & subordonné à celui de l'*Histoire* qui s'étend à tout ce qui regarde les Peuples & les Nations, nous l'avons placée après celle ci.

Elle avoit déja été bien divisée par plusieurs Bibliographes, & nous n'avons pas imaginé pouvoir y mieux réussir qu'eux ; cependant nous avons présenté la *Jurisprudence Françoise* sous une face un peu différente. Les divers Tribunaux du Royaume nous ont indiqué nos divisions, & nous avons fait enforte de ne leur attribuer que ce qui leur appartient légitimement. Cette façon de la diviser, quoique plus difficile pour nous, est la plus commode pour le Public, dont l'utilité a été notre premier mobile dans la rédaction de ce Systême.

L'idée que nous venons d'en donner peut suffire pour faire connoître combien nous avons tâché de le rendre clair, simple & facile à pratiquer ; & nous avons pensé que l'on devoit préférer la clarté à tout le brillant d'un systême philosophique qui ne seroit pas à la portée de bien des personnes. Les cinq Classes de l'ancien Systême ont été conservées dans celui-ci, parce qu'elles sont plus égales. On auroit pu les réduire à trois, que l'on auroit nommé : I. *Histoire Divine* ; II. *Histoire de l'Esprit humain* ; III. *Histoire des Actions humaines* : mais nous n'avons pas jugé nécessaire de dénaturer des Divisions auxquelles le Public est accoutumé ; & nous nous sommes uniquement proposé d'éviter dans la disposition de celui-ci les inconvéniens réels de l'ancien.

La connoissance que nous avons acquise des difficultés que l'on éprouve dans l'arrangement des Catalogues, nous empêche de croire que celui-ci soit exempt de fautes; nous en avons même remarqué d'essentielles que nous avons corrigé en partie dans la Table des Auteurs. En rectifiant les travaux de nos Prédécesseurs, nous n'avons pas cru être infaillibles : & comment se persuader de posséder une Science dont les difficultés s'augmentent à mesure que nous recevons des preuves de la perfection des autres? Il nous a fallu, de même que nos Confreres, lutter contre l'embarras du négoce; comme eux nous avons été contraints d'interrompre & de reprendre notre travail à différentes fois. Nous prions donc les Personnes éclairées de nous excuser lorsqu'elles nous surprendront en faute : nous les engageons aussi à suspendre leurs jugemens; car souvent le titre d'un Ouvrage contraste avec la matiere qui y est traitée; & cela pourroit les induire elles-mêmes en erreur, & tourner mal-à-propos à notre désavantage.

TABLE
SYSTEMATIQUE.

PREMIERE CLASSE.

THÉOLOGIE. Page 1

SECONDE CLASSE. 31

SCIENCES. ibid.

II.

b

III. Histoire Civile des Provinces de France par ordre de Gouvernements. 228

IV. Histoire Civile des Familles de France. ibid.

CINQUIEME CLASSE. 281

JURISPRUDENCE. ibid.

I. DROIT CANONIQUE. ibid.

CATALOGUE

CATALOGUE
DES LIVRES ET ESTAMPES
DE LA BIBLIOTHEQUE
DE FEU
MONSIEUR PERROT.

PREMIERE CLASSE.

THÉOLOGIE.

I. THÉOLOGIE ORTHODOXE.

I. ÉCRITURE SAINTE.

1. *Bibles Catholiques latines.*

1 **B**IBLIA Sacra latina vulgatæ versionis, eleganter manuscripta in Pergameno; litteris majusculis auro minioque depictis, miniaturis necnon quibusdam ornata. *in-8.* ~~30,~~

2 Biblia Sacra latina, ex vers. Sanctis Pagnini, cum expositionibus Fr. Vatabli (edente Rob. Stephano). *Lutetia , Rob. Stephanus,* 1545, 3 *vol. in-8.*   4 — 1

A

9 3 Eadem cum duplici Interpretatione, & Fr. Vatabli vario-
rumque interpretum Annotation. *Parif.* 1729, 2 *tom. en
un vol. in-fol. gr. pap. b. & bord.*

8 — 12 4 Biblia Sacra juxta vulg. Edit. emendata ab Ifidoro Clario qui
Scholias huic adjecit. *Venetiis, apud Junias,* 1557, *in-fol.*

13 — 4 5 Biblia Sacra, vulgatæ Editionis. *Parif. è Typ. R.* 1642, 7
vol. in-fol. manque les Tomes 3, 4, & 5.

30 — 12 6 Eadem. *Parif. Vitré,* 1652, 8 *vol. in-*12, *m. r. lav. regl. d.
f. tr. fil.*

14 — 19 7 Eadem, cum notis Chronologicis & Hiftoricis Cl. Lancelot.
Ibid. Vitré, 1662, *in-fol. lav. regl.*

7 — 4 8 Eadem. *Ibid. Léonard,* 1705, 7 *vol. in-*18.

4 — 19 9 Eadem. *Rothomagi,* 1707, *in-*4.

2 — 9 10 Eadem. *Lugduni,* 1741, *in-*8.

2. *Bibles en Langues vulgaires.*

9 — 8 11 La Sainte Bible, trad. en françois, par If. le Maiftre de
Saci. *Paris,* 1701, 2 *vol. in-*4.

14 — 19 12 La même, en lat. & en françois, avec des notes, par le
même. *Ibid.* 1711, 16 *vol. in-*12.

53 — 19 13 La même, avec l'Explic. du fens littéral & du fens fpirituel.
Ibid. 1682, & ann. fuiv. 32 *vol. in-*8. manq. *les Epîtres
Gatholiques.*

96 — 14 La même. *Ibid.* 1763, 32 *vol. in-*8. complette. *96*

7 — 5 15 La Ste Bible, trad. en françois (par le Gros). *Cologne,*
1739, *in-*12.

3. *Livres féparés de la Bible en Langues originales.*

1 — 19 { 16 Liber Pfalmorum, cum notis Lud. Ellies du Pin. *Parif.*
1691, *in-*8.
{ 17 Libri Salomonis, cum notis Jac. Ben. Boffuet. *Parif.*
1693, *in-*8.

4 — 10 18 Nov. Teftamentum, Græcè. *Lugd. Batav. Elzev.* 1624,
*in-*16. *vel.*

2 { 19 Idem. Græcè. *Roterodami,* 1654, *in-*12. *p. f.*
{ 20 Nov. Teftamentum vulgatæ Editionis, Latinè. *Coloniæ,*
Gualterus, 1630, *in-*18. *m. r. l. r.*

10 — 1 21 Idem, latinè. *Parif. è T. R.* 1640, 2 *vol. in-fol. v. f.*

3 — 16 22 Idem. *Ibid. è T. R.* 1649, 2 *vol. in-*12. *p. f.*

7 — 23 Le Nouv. Teftament de J. C. en grec & en lat. avec la
trad. franç. de MM. de Port-Royal. *Mons,* 1673, 2 *vol.
in-*8. & 3 *vol. de Défenfe contre M. Mallet.*

4. *Livres séparés de la Bible en Langues vulgaires.*

24 La Génese de Pierre Aretin, avec la Vision de Noë, en laquelle il voit les Mysteres du vieil & nouv. Testament, trad. de Thuscan en françois (par Jean de Vauzelles). *Lyon, Gryphius*, 1542, *in*-8. *vel.*   4.

25 Les Pseaumes trad. en françois sur l'hébreu, avec des notes (par Dom Maur d'Antine). *Paris*, 1740, *in*-12. *d. s. tr.*   1 — 11

26 Le Nouv. Testament de J. C. trad. en françois (par MM. de Port-Royal). *Mons*, 1667, *in*-4.

27 Le même, trad. en fr. sur l'ancienne Edition latine, avec des Remarques (par Rich. Simon). *Trévoux*, 1702, 2 *vol. in* 8.   1 — 1

28 Deux Instructions sur la version du N. Testament imprimée à Trévoux en 1702, par J. Ben. Bossuet. *Paris, Anisson*, 1702, & 1703, 2 *vol. in*-12. *m. r. d. s. tr.*   4 — 7

29 Le N. Test. trad. en françois, selon la Vulgate, par Ch. Huré. *Paris*, 1709, 2 *vol. in*-12. *gros car.*   1 — 4

30 A mi Urunk Jesus Christusnak uj Testamentoma; sive, Nov. Testamentum lingua Ungarica scriptum à Carolo Gaspare. *Amstel.* 1646, *in*-12. *p. f. v. f.*   1 — 10

31 Livres Apocryphes de l'Anc. & du Nouv. Testament, en françois avec des notes. *Paris*, 1742, 2 *vol. in*-12.   3 — 3

5. *Histoires abrégées & Figures de la Bible.*

32 Compendium Græcum novi Testamenti, continens ex 7959 versiculis totius N. Test. tantùm versiculos 1900 (non tamen integros) in quibus omnes N. Test. voces cum vers. lat. inveniuntur, auctore Jo. Leusden. *Hala Saxon.* 1704, *in* 8.

33 Excerpta Novi Testamenti Syriaci, cum latina interpret. Christ. Cellarii. *Ciza*, 1682, *in*-4.   1 — 16

34 Abrégé de la Sainte Bible en forme de questions & de réponses familieres; par Dom Rob. Guerard. *Paris*, 1725, 2 *vol. in*-12.   1 — 4

35 Abrégé de l'hist. de l'ancien Testament, avec des Eclaircissemens (par de Mesenguy.) *Paris*, 1753. 10 *vol. in*-12 *fil. d'or.*   20,

36 Hist. Sacrée en Tableaux, avec l'Explic. & des Remar. par de Brianville. *Anvers*, 1725, *in*-12. *fig.*   2 — 12

37 Hist. du V. & du Nouv. Testament, représentée avec des figures & des Explic. tirées des Sts. Peres, par de Royaumont (Nic. Fontaine). *Paris*, 1674, *gr. in*-4. *mal propre, et les Epr. foibles*   14 — 2

38 Le même Ouvrage. (*Hollande*) 1680, *in*-8. *fig.* - - - - 12.

3 — 1.
39 Les Peintures Sacrées fur la Bible, par le P. Girard. *Paris,* 1698, 3 *vol. in-12. fig.*

41 —
40 Hiftoire Sacrée de la providence & de la conduite de Dieu fur les hommes, tirée de l'Anc. & du Nouv. Teftament, & repréfentée en 500 Tableaux gravés par Démarne. *Paris,* 1728, 3 *vol. pet. in-fol. d. f. tr. fig. belles épr.*

3 — 16.
41 Icones hiftoriarum Veteris Teftamenti. *Lugduni, Frellon,* 1547, *pet. in-4. vel. fig. en bois par Holbein.*

42 Icones Operum Mifericordiæ, à Mario Cartario æri incifæ, cum explicat. Jul. Rofcii Hortini. *Romæ,* 1586, *in-fol.*

43 Sacræ Hiftoriæ Acta, à Raphaele Urbinate in Vaticanis Xyftis depicta, & à Nic. Chapron æri incifa. *Romæ,* 1649, *in-fol. obl.*

44 Recueil de Figures, repréfentant l'Hift. de la Bible jufqu'au baptême de S. Jean: gravées en 1615, avec ce Monograme HB. (Horatio Borghiani). *in-4. obl. v. f. fil.*

45 Evangelicæ hiftoriæ Imagines in Ordinem temporis vitæ Chrifti digeftæ ab Hier. Natali, & in æs incifæ ab Hier. Wierx. *Antuerpia,* 1593, *in-fol. d. f. tr.*

46 Abrégé de la vie & Paffion de J. C. avec les figures (calquées fur celles de Natalis) & des Réflexions fur les principaux Myfteres. *Paris, Joron, gr. in-4.*

47 Hift. de la Vie & Paffion de N. S. Jéfus-Chrift, avec les figures & quelques Réflexions fur les principaux Myfteres. *Paris, Belley,* 1693, *in-4.*

48 Figures de la Paffion de N. S. J. C. gravées par Pacot, & accompagnées de Réflexions. *in-8. pap. fort, m. r. dent. &c.*

49 Les Paraboles de l'Evangile, en vers, par Furetiere. *Paris,* 1672, 2 *vol. in-12.*

6. *Concordes & Concordances de la Bible.*

50 Concorde des quatre Evangéliftes, en françois, par le Roux. *Paris,* 1712, *in-8.*

51 Méditations fur la Concorde de l'Evangile, avec le texte, par (le Gros). *Paris,* 1730, 3 *vol. in-12.*

52 Le même Ouvrage. *Ibid.* 1733, 3 *vol. in-12.*

53 Hugonis de Sancto-Caro Sacror. Bibliorum vulgatæ Edit. Concordantiæ, emendatæ primùm à Fr. Luca, denuò ab Hub. Phalefio. *Antuerp.* 1642, *in-fol.*

54 Idem Opus. *Lugduni, Jullieron,* 1665, *in-4.*

7. *Commentateurs de la Bible; ensemble les Prolégomenes sur la Bible.*

55 Differt. préliminaires, ou Prolégomenes sur la Bible; avec les Differtations hiftoriques, par L. Ellies du Pin. *Paris*, 1726, 4 *vol. in-8.*

56 Introduction à l'Ecriture Sainte, par le P. Lamy; trad. en françois (par l'A. de Bellegarde). *Lyon*, 1709; *in-4. fig.*

57 Hiftoire critique du V. & du N. Teftament, par Richard Simon. *Amft.* 1685, & ann. fuiv. 6 *vol. in-4.*

58 Commentaire littéral fur tous les Livres de l'Anc. & du Nouv. Teftament, par Dom Aug. Calmet, avec les nouvelles Differtations. *Paris*, 1715, 26 *vol. in-4.*

59 Commentaire littéral fur l'Ancien & le Nouv. Teftament, par le P. de Carrieres. *Paris*, 1715, 23 *vol. in-12.*

60 Explications de différens Livres de l'Ancien & du Nouv. Teftament, & les Ouvrages fpirituels de MM. du Guet & d'Asfeld. 66 *vol. in-12.*

61 Les Pfeaumes de David, en lat. & en franç. avec des Réflexions morales fur chaque verfet (par le P. J. Loriot, publiés par le P. Quefnel). *Paris*, 1700, 3 *vol. in-12. m. r. dent. d. f. tr.*

62 Hift. Prophétique; ou Effai d'un Comm. litt. & hiftorique fur les Prophètes; par Pezron. *Paris*, 1704; *in-12.*

63 Explications de S. Auguftin & des autres Peres Latins fur le Nouv. Teftament (par Nic. Fontaine). *Lyon*, 1690, 4 *vol. in-8.*

64 Le Nouv. Teftament en françois, avec des Réflexions morales fur chaque verfet; (par le P. Quefnel). *Paris*, 1696, 8 *vol. in-12.*

65 Le même Ouvrage. *Ibid.* 1705, 4 *vol. in-8.*

66 Explic. de l'Epître aux Romains, aux Galates & aux Hébreux, par l'Abbé de Paris. *Paris*, 1732, 5 *vol. in-12.*

67 L'Apocalypfe expliquée par l'hiftoire eccléfiaftique, par de la Chetardie. *Paris*, 1701, *in-4. fig.*

68 L'Apocalypfe avec une explication, par J. Ben. Boffuet. *Paris*, 1692; *in-8.*

8. *Philologie facrée; Critiques; Dictionnaires de la Bible, & Théologie Judaïque.*

69 Phyfique facrée; ou hift. naturelle de la Bible, trad. du lat. de J. Jac. Scheuchzer, par J. A. Pfeffel. *Amft.* 1732, 8 *vol. in-fol. v. f. fig. belles épr.*

70 Fr. Fortunati Scacchi Thesaurus Antiquitatum Sacro-Prophanarum. *Hagæ-Comit.* 1725, *in-fol. fig. de Goerée.*

71 Sam. Bocharti Geographia Sacra, five Phaleg. *Cadomi*, 1646, *in-fol. fig.*

72 Traités Géographiques & Historiques pour faciliter l'intelligence de l'Ecriture Sainte (recueillis par Bruzen de la Martiniere). *La Haye*, 1730, 2 *vol. in-12.*

73 Traité de la situation du Paradis terrestre, par P. Dan. Huet. *Paris*, 1691, *in-12.*

74 Le même Ouvrage. *Amst.* 1701, *in-12. fig.*

75 De Tabernaculo fœderis in Civitate Jerusalem, & de Templo ejus Lib. septem, autore Bern. Lamy. *Paris.* 1720, *in-fol. fig.*

76 Melchisedech, ou Discours auquel on voit que ce Grand Prestre-Roy est encore aujourd'hui vivant en corps & en ame, bien qu'il y aye plus de 3700 ans qu'il donna sa bénédiction à Abraham; par Jac. d'Auzoles Lapeire. *Paris*, 1622, *in-8. vel.*

77 Justi Lipsii, Th. Bartholini, Bart. Nihusii & Nic. Fontani de Cruce Christi Differt. necnon Honor. Nicqueti Tituli S. Crucis historia; & Corn. Curtii de Clavis Dominicis Libri. *Antuerpiæ, A. Frisius*, 1670, 2 *vol. in-12. p. f. fig.*

78 Explications de plusieurs Textes difficiles de l'Ecriture, par (Dom Jacq. Martin). *Paris*, 1730, 2 *vol. in-4. fig.*

79 Dictionnaire historique de la Bible, par Dom Aug. Calmet, avec le supplément. *Paris*, 1722 & 1728, 4 *vol. in-fol. fig.*

80 Theologia Judæorum, auctore Jos. De Voisin. *Paris.* 1647, *in-4. gr. pap. Exemplar quod Auctor olim obtulit Ill. Principi Henrico Borbonio Condæo. mar. r.*

81 Artis Cabalisticæ, hoc est, reconditæ Theologiæ & Philosophiæ Scriptores, edente Jo. Pistorio. *Basileæ*, 1587, *in-fol. fil.*

82 Sepher emana; sive Liber fidei, pro defensione fidei christianæ; hebraice, cum versione lat. Pauli Fagii. 1542, *in-4.*

II. SAINTS-PERES.

1. *Saints-Peres Grecs & Latins des quatre premiers siecles de l'Eglise.*

83 Bibliotheca Veterum Patrum Græco-Latina (studio Marg. de la Bigne). *Paris. sub nave*, 1624, 2 *vol. in-fol.*

84 Epistolæ genuinæ S. Ignatii Martyris; necnon S. Bar-

nabæ; gr. & latl. edente Is. Vossio. *Amst.* 1646, *in-4. vel.*

85 Jo. Pearson Vindiciæ Epistolarum S. Ignatii; accesserunt Is. Vossii Epistolæ duæ adversus David.Blondellum. *Cantabrigia,* 1672, *in-4.*

86 Philonis Judæi omnia quæ extant opera ; gr. & lat. ex versione Sigism. Gelenii. *Lutetiæ-Paris.* 1640, *in-fol.*

87 Athenagoræ Apologia pro Christianis, necnon de resur-rectione mortuorum liber, gr. & lat. cum notis H. Stephani. *Typis ejusdem Stephani,* 1557, *in-8.*

88 Traité d'Origène contre Celse, trad. en franç. par Elie Bouhéreau. *Amst.* 1700, *in-4.*

89 Tertulliani Lib. de Pallio, cum notis Cl. Salmasii. *Lugd. Bat.* 1656, *in-8.*

90 Minucii Felicis Octavius, cum notis varior. & Jac. Ouzelii : accedit Julii Firmici Materni Liber de errore profanarum Religionum. *Lugd. Bat.* 1652, *in-4. fil.*

91 Idem Opus ; cum notis variorum. *Ibid.* 1672, *in-8.*

92 Clementis Alexandrini opera quæ extant; gr. & lat. edente Frid. Sylburgio. *Lugd. Bat.* 1616, *in-fol.*

93 Œuvres de S. Cyprien, trad. en françois, par Lombert. *Rouen,* 1716, *in-4.*

94 Ejusdem ad Corinthios Epistola prior ; gr. & lat. edente Patricio Junio. *Oxonii,* 1633, *in-4. vel.*

95 Arnobii Disputationes adversus Gentes & Minucii Felicis Octavius, cum notis Desid. Heraldi. *Paris.* 1605.—Jo. Meursii Criticus Arnobianus & Hypocriticus Minutianus. *Lugd. Bat. Elzev.* 1599, *in-8. vel.*

96 L. Cælii Lactantii Firmiani opera quæ extant omnia; cum notis Ant. Thysii. *Lugd. Bat.* 1652, *in-8. m. r. fil. d. s. tr.*

97 Ejusdem opera, cum notis varior. edente Serv. Gallæo. *Ibid.* 1660, *in-8.*

98 Ejusdem opera omnia, edentibus Jo. B. le Brun Desmarettes & Nic. Lenglet Dufresnoy. *Lutetiæ Paris.* 1748, 2 vol. *in-4.*

99 Les Catécheses de S. Cyrille de Jérusalem, trad. en franç. avec des notes, par J. Grancolas. *Paris,* 1715, *in-4.*

100 Lettres de S. Jérôme, trad. en françois, avec des notes, par Dom Guill. Roussel. *Paris,* 1713, 3 vol. *in-8.*

101 Les mêmes. *Ibid.* 1743, 4 vol. *in-12.*

102 Jo. Clerici quæstiones Hieronymianæ. *Amst.* 1700, *in-12.*

103 Les Ascetiques de S. Basile le Grand, trad. en franç. par God. Hermant. *Paris,* 1673, *in-8.*

104 Sermons de S. Grégoire de Nazianze, trad. du gr. en franç. par (l'Abbé de Bellegarde). *Paris,* 1701, 2 vol. *in-8.*

105 Discours de S. Grégoire de Nazianze, sur le Sacerdoce & les devoirs des Pasteurs, trad. en franç. par (l'Abbé Troya d'Assigny). *Paris*, 1747, 2 *tom. en un vol. in-12.*

106 S. Epiphanii Physiologus ; accedit ejusdem in die festo Palmarum Sermo ; gr. & lat. edente Gons Ponce de Leon. *Antuerp. Plantinus*, 1588, *in-8. l. r. vel. cum fig. élégant.*

107 Les Lettres de S. Ambroise, trad. en franç. par le Pere Duranti de Bonrecueil. *Paris*, 1741, 3 *vol. in-12.*

2. *Saints-Peres Grecs & Latins du cinquieme siecle de l'Eglise & des siecles suivans.*

108 Jo. Chrysostomi homiliæ in Psalmos & interpretatio Danielis ; gr. & lat. edente Jo. B. Cotelerio. *Lutetiæ Paris.* 1661, *in-4.*

109 Abrégé de S. Jean Chrysostome sur le Nouv. Testament, par Ant. de Marsilly (Nic. Fontaine). *Paris*, 1670, 2 *vol. in-8.*

110 Homelies du même sur S. Matthieu, trad. en franç. par de Marsilly (l'Abbé de Bellegarde, ou Nic. Fontaine). *Paris*, 1666, 3 *vol. in-8.*

111 Homelies de S. Chrysostome sur l'Epître de S. Paul aux Romains, trad. en franç. par (l'Abbé de Bellegarde). *Paris*, 1675, *in-8.*

112 Les Panégyriques des Martyrs de S. Jean Chrysostome, trad. en franç. par Duranti de Bonrecueil. *Paris*, 1735, *in-8.*

113 Les Opuscules de S. Jean Chrysostome, trad. en franç. (par l'Abbé de Bellegarde). *Paris*, 1691, *in-8.*

114 Lettres de S. Jean Chrysostome, trad. en franç. avec des notes (par le même). *Paris*, 1732, 2 *vol. in-8.*

115 S. Cæcilii Cypriani opera ; à Nic. Rigaltio emendata ; ex Editione Ph. Priorii. *Paris.* 1666, *in-fol.*

116 Sermons de S. Augustin sur le Nouv. Testament, trad. en franç. par du Bois. *Paris*, 1700, 4 *vol. in-8.*

117 Traités du même, sur l'Evangile de S. Jean & son Epître aux Parthes, trad. en franç. par (le même). *Paris*, 1700, 4 *vol. in-8.*

118 D. Augustini Meditationes, Soliloquia & Manuale ; necnon B. Anselmi & Bern. Idiotæ (Raym. Jordani) Meditationes. *Col. Ag ipp.* 1631 ; *in-24.*

119 Eadem Meditationum Collectio. *Ibid.* 1649, *in-24. m. n.*

120 Les Confessions de S. Augustin, trad. en françois, par Arnauld d'Andilly. *Bruxelles*, 1675, *in-12. vel. d'holl.*

121 Les mêmes, trad. en franç. par du Bois. *Paris*, 1731, *in-12.*

122 Les mêmes, trad. en franç. avec le lat. à côté, par (Dom Jac. Martin). *Paris*, 1741, 2 *vol. in-8. v. f.*

123 La Cité de Dieu de S. Augustin, trad. en franç. (par Pierre Lombert). *Paris*, 1675, 2 *vol. in-8.*

124 Le même Ouvrage, avec la vie du Traducteur. *Ibid.* 1737, 4 *vol. in-12.*

125 Lettres de S. Augustin, trad. en françois, par (du Bois). *Paris*, 1684, 6 *vol. in-8.*

126 Les Lettres de S. Paulin, Evêque de Nole, trad. en franç. *Paris*, 1703, *in-8.*

127 Nouv. trad. des Œuvres de Salvien & du traité de Vincent de Lerins contre les Hérésies; par le P. Bonnet. *Paris*, 1700, 2 *vol. in-12.*

128 Les Conférences & les Institutions de Cassien; trad. en franç. par de Saligny (Nic. Fontaine). *Paris*, 1663 & 1667, 2 *vol. in-8.*

129 Sermons de S. Léon Pape, trad. en franç. par (de Bellegarde). *Paris*, 1698, *in-8.*

130 Morales de S. Grégoire Pape, sur le Livre de Job; trad. en franç. par de Laval (Ch. d'Albert, Duc de Luynes). *Paris*, 1666, 3 *vol. in-4.*

131 Homelies ou Sermons de S. Grégoire le Grand, sur les Evangiles, trad. en franç. par (le même). *Paris*, 1665, *in-4.*

132 Sermons, Traités Doctrinaux & Spirituels de S. Bernard, trad. en franç. par Dom Ant. de S. Gabriel. *Paris*, 1682, 7 *vol. in-8.*

133 Les Lettres de S. Bernard, trad. en françois, par de Villefore. *Paris*, 1723, 2 *vol. in-8.*

III. THÉOLOGIENS.

I. THÉOLOGIENS SCHOLASTIQUES.

1. *Théologiens Scholastiques universels; & Traités particuliers des Personnes divines, de la Grace, du Libre-Arbitre, &c.*

134 Summa Theologica S. Thomæ, cum notis Jo. Nicolai. *Paris.* 1663, 2 *vol. in-fol.*

135 Dictionnaire Théologique-portatif (par M. Alletz). *Paris*, 1756, *in-8.*

136 Petri Aurelii (id est Jo. Vergerii de Haurannes, Abbatis S. Cigyrani) opera theologica. *Paris.* 1646, *in fol.*

137 Conférences Théologiques du P. L. Fr. d'Argentan, sur

les Grandeurs de Dieu, de Jésus-Christ, & de la S. Vierge. *Paris*, 1685, à 1687, 3 *vol. in*-4.

138 Traité où il est prouvé que les Anges & les Saints connoissent nos nécessités, qu'ils prient pour nous, que nous avons des Anges Gardiens, &c. (par frere Fr. Duhan). *Paris*, 1675, *in*-8, *vel.*

139 Traités choisis de S. Augustin sur la Grace, le Libre-Arbitre & la Prédestination des Saints, trad. en franç. (par l'Abbé Lequeux). *Paris*, 1757, 2 *vol. in*-12.

140 Cornelii Jansenii Augustinus (edente Lib. Fromondo). *Rothomagi*, 1643, *in-fol.*

141 Analyse de l'Augustin de Jansénius, où l'on expose ses erreurs. 1721, *in*-4.

142 Traité de la Nature & de la Grace, (par le P. Malebranche). *Rotterdam*, 1684, *in*-12. *fil.*

143 De l'Action de Dieu sur les Créatures; ou Traité de la Prémotion Physique; (par Boursier). *Paris*, 1713, 2 *vol. in*-4.

144 Histoire & Analyse du Livre de l'Action de Dieu; Opuscules de M. Boursier, &c. (par M. l'A. Coudrette). 1753, 3 *vol. in*-12.

145 Eclaircissement du fait & du sens de Jansénius contre les Ouvrages de Pereyret, Morel, Chamillard, Amelote, &c. par Denis Raimond, (l'Abbé Girard). *Cologne*, 1660, *in*-4. *v. f. d. f. tr.*

146 Ant. Reginaldus de mente Concilii Tridentini circa Gratiam se ipsâ efficacem; accesserunt, Jac. le Bossu animadv. in 25 Proposition. Lud. Molinæ, & alia. *Bruxellis*, 1706, *in-fol.*

147 Histoire des cinq propositions de Jansénius par (du Mas) avec la défense. *Liége*, 1699, 2 *vol. in*-12.

148 Les Imaginaires & les Visionnaires; ou Lettres sur l'Hérésie imaginaire (le Jansénisme) par Damvilliers (P. Nicole). *Liege, Beyers*, 1667, 2 *vol. in*-12. p. f. *vel. d'Holl.*

149 Causa Quesnelliana. *Bruxellis*, 1704, *in*-4.

150 Mémoires pour servir à l'examen de la Constitution du Pape contre le N. T. du P. Quesnel. 1714, 4 *vol. in*-12.

151 Histoire du Livre des Réflexions Morales sur le Nouv. Testament, & de la Constitution *Unigenitus*. *Amst.* 1723, 6 *vol. in*-12. *v. f.*

152 Le même Ouvrage. *Ibid.* 1726, 4 *vol. in* 4.

153 Les Hexaples, ou les six Colomnes sur la Constitution *Unigenitus* (par Fouillou). *Amsterd.* 1721, 7 *vol. in*-4.

154 Journal de ce qui s'est fait à Rome dans l'affaire des V Propositions; par Louis Gorin de Saint-Amour. 1662. *in-fol.*

155 Anecdotes, ou Mémoires secrets sur la Constitution *Uni-genitus*, (par de Villefore). 1733, 3 *vol. in-12.*

156 Bibliothéque Janséniste par (le P. Colonia) avec la Réponse (par du Sellier). *Bruxelles*, 1744, 3 *vol. in-12.*

157 La Vérité & l'Innocence victorieuse de l'Erreur, ou Lettre à un Ami sur la réalité du Projet de Bourg-Fontaine. *Cologne*, 1758, 2 *vol. in-12.*

2. *Traités particuliers sur les Sacremens ; Mélanges de Théologie Scholastique.*

158 Th. Sanchez Disput. de S. Matrimonii Sacramento tomi tres. *Antuerpiæ*, 1652, *in-fol.*

159 Dissertation sur la validité des Ordinations des Anglois (par le P. le Courayer); avec la Réfutation de cet Ouvrage par le P. le Quien; & la défense de l'Auteur. *Paris*, 1723 & 1725, 8 *vol. in-12.*

160 Tractatus de Sanctorum & præcipue B. Virginis Mariæ cultu, Authore Joanne Néercassel. *Ultraj.* 1675, *in-12.*

161 Du Culte des SS. & principalement de la Ste Vierge; trad. de Jean Néercassel, par (G. le Roy). *Paris*, 1679, *in-8.*

162 Histoire dogmatique & morale du Jeûne, par le P. Dom Joseph de Lisle. *Paris*, 1741, *in-12.*

163 La Chasse du Loup-Cervier, où il est traitté du Jeusne de l'Eglise Catholique, contre les Calomnies de G. Thomson (dans son Liv. de la Chasse de la Beste Romaine) par R. le Corvaysier. *Par.* 1612, *in-8. vel.*

164 Traité des Superstitions, par J. B. Thiers. *Paris*, 1712, 4 *vol. in-12.*

165 Mandement & Instruction Pastorale de M. de Soissons (Fr. de Fitz-James) contre les PP. Hardouin & Berruyer. *Paris*, 1760, 2 tom. en un vol. in-4.

166 Apologie de M. l'Abbé de Prades & de sa Thése; avec l'Examen de cette Apologie & autres piéces relatives. *Amst.* (*Paris*) 1752, 3 *vol. in-8. & in-12.*

II. THÉOLOGIENS MORAUX.

1. *Traités généraux de Morale ; Traités particuliers des Actions humaines.*

167 Essais de Morale & autres Œuvres de Nicole. *Paris*, 1713 & ann. suiv. 22 vol. in-12. p. f.

168 Œuvres du P. Malebranche, sçavoir : le Traité de Morale; les
Méditations, & les Conversations Chrétiennes; le Traité de
l'Amour de Dieu; de la Nature & de la Grace; Entretiens
d'un Philosophe Chinois; Réflexions sur la Prémotion Physique; & les Lettres à M. Arnaud. *En tout*, 12 *vol. in-12*.

169 Traités Histor. & Dogmatiques sur divers points de la Discipline de l'Eglise & de la Morale Chrétienne, par Thomassin;
savoir, sur les Jeûnes, les Fêtes, l'Office divin, l'Aumône, le
Négoce, l'Unité de l'Eglise, la Vérité, le Mensonge & les
Juremens; &c. *Paris*, 1685, & *ann. suiv*, 8 *vol. in-8*.

170 Réflexions Chrétiennes sur divers sujets de Morale, par le
P. J. Croiset. *Paris*, 1746, 2 *vol. in-12. m. r. d. s. tr. fil.*

171 Pensées de Pascal sur la Religion. *Amst.* 1701, *in-12*.

172 Discours Ecclés. contre le Paganisme des Roys de la Fève
& du Roy-boît; par Jean Deslyons. *Paris*, 1664, 2 *vol. in-12.
vel. avec l'Apologie du Banquet sanctifié de Nic. Barthelemy.*

173 Traité contre le luxe des Coëffures; par l'Abbé de Vassetz.
Paris, 1694, *in-12*.

174 De l'Abus des Nudités de Gorge. *Paris*, 1677, *in-12*.

175 Traités de Jean Savaron contre les Masques & les Duels :
avec un Traité de l'Espée Françoise : & Homelia B. Augustini contra Festum Fatuorum, cum notis Ejusdem. *Paris.*
1611, *in-8*.

176 Discours Hist. & Dogmatique sur la Comédie & les Jeux
de Théâtre, par le P. Pierre le Brun. *Paris*, 1731, *in-12*.

177 Traité & Dispute contre les Equivoques, trad. du lat. de
J. Barnes. *Paris*, 1625, *in-8*.

178 Traités des Restitutions des Grands, (par Cl. Joly). (*Elzevier*) 1665, *in-12. p. f. vel. d'Holl.*

179 Traité des Prêts de Commerce, par (M. l'Abbé Mignot).
Paris, 1759, 3 *vol. in-12*.

180 Critique Historique sur les Lotteries, par Gregorio Leti.
Amst. 1697, 2 *vol. in-12*.

2. *Traités particuliers des Sacremens ; Censures sur la Morale; Casuistes.*

181 Histoire des Sacremens, par le P. Dom C. Chardon. *Paris*, 1745, 6 *vol. in-12*.

182 Tradition de l'Eglise sur le sujet de la Pénitence & de la
Communion, par Ant. Arnauld. *Lyon*, 1704, *in-8*.

183 Doctrina de laborioso Baptismo, per Jo. Opstraet. *Leodii*,
1696, *in-12. rel. en carton.*

184 Idée de la Conversion du Pécheur (trad. du lat. d'Opstraet en fr. par Natte). 1733, 2 tom. en un vol. in-12.

185 Jac. Boileau Historia Confessionis auricularis. *Lutetiæ Paris.* 1683, in-8.

186 Traité Hist. & Dogm. du Secret inviolable de la Confession, par Lenglet du Fresnoy. *Paris*, 1715, in-12.

187 La Science des Confesseurs par J. Grancolas. *Paris*, 1700, 2 vol. in-12.

188 Examen général de tous les Etats & Conditions, & des péchés que l'on peut y commettre, par de Saint-Germain. *Paris*, 1677, 2 vol. in-12.

189 De frequenti Communione Liber Ant. Arnaldi. *Paris.* 1647, 2 vol. in-4. avec la *Défense des Prélats.*

190 Instruction des Prêtres, trad. de l'Espagnol de Molina (par Gautier). *Paris*, 1677, in-8.

191 La Morale des Jésuites, extraite fidélement de leurs Livres imprimés (par le Nic. Perrault). *Mons*, 1667, in-4.

192 Sanctii Galindii (Gasp. Scioppii) Anatomia Societatis Jesu & alia Opuscula. *Lugduni Batav.* 1633, in-4. vol.

193 Le Catéchisme des Jésuites (par Pasquier). *Villefranche*, 1602. = Le Mercure Jésuite, (par Théod. Godefroy). *Geneve*, 1626, 2 tomes en un vol. in-8.

194 La Chasse du Renard Pasquin découvert & pris en sa tanniere, du Libelle faux-marqué, le *Catéchisme des Jésuites*; par Fœlix de la Grace (L. Richeome). *Villefranche*, 1603, in-16. vol.

195 Lud. Montaltii (Bl. Pascalis) Litteræ Provinciales de Jesuitarum Disciplina; è Gallico in Lat. trad. cum notis Guill. Wendrockii (Petri Nicole). *Colonia*, 1679, in-8.

196 Les Lettres Provinciales, avec les Avis des Curés de Paris aux Curés des autres Dioceses de France; (par MM. Pascal & Arnaud) *Cologne*, 1685, 2 vol. in-12. p. f.

197 Les mêmes, avec les Notes de Guill. Wendrock, (P. Nicole). *Holl.* 1712, 3 vol. in-12.

198 Conférences Ecclésiastiques, par l'Abbé du Guet. *Cologne*, (*Paris*), 1742, 2 vol. in-4. v. f.

199 Résolutions de plusieurs cas de Conscience, par Jac. de Sainte-Beuve. *Paris*, 1705, 3 vol. in-8.

200 Dictionn. des Cas de Conscience, par J. Pontas. *Paris*, 1741, 3 vol. in-fol.

201 Dictionn. des Cas de Conscience, par de Lamet & Fromageau, publié par M. (Treuvé). *Par.* 1733, 2 vol. in-fol.

3. *Mélanges de Théologie morale.*

202 Entretiens de l'Abbé Jean & du Prêtre Eufebe, par Fr. du Suel. *Paris*, 1674, *in-8.*

203 Recueil de différens Opufcules de M. Boffuet. 1686, *& ann. fuiv.* 4 *vol. in-12. v. f.*

204 Œuvres Pofthumes, ou Mandemens & Lettres Paftorales de Fléchier; avec fon Oraifon Funèbre. *Paris*, 1712, 2 *vol. in-12.*

205 Recueil de divers Ouvrages Philofophiques, Théologiques, &c. par le P. Daniel. *Paris*, 1724, 3 *vol. in-4.*

206 Les Œuvres de Charles Joac. Colbert, Evêque de Montpellier, publiées par (l'Abbé Gautier). *Cologne*, 1740, 3 *vol. in 4.*

207 Lettres du même. *Cologne*, 1741, 4 *vol. in-12.*

III. THÉOLOGIENS CATÉCHÉTIQUES.

208 Le Catéchifme & les Œuvres Spirituelles de L. de Grenade, trad. en françois par Girard. *Paris*, 1688 *& 1690*, 2 *vol. in-fol. gr. p.*

209 Les mêmes. *Ibid.* 1689, *& ann. fuiv.* 9 *vol. in-8.*

210 Traité de la Doctrine Chrétienne & Orthodoxe; par L. Ellies Du-Pin. *Paris*, 1703, *in-8.*

211 Expofition de la Doctrine Chrétienne, (par de Mefenguy). *Utrecht*, (*Paris*), 1744, 6 *vol. in-12.*

212 Le même Ouvrage. *Cologne*, (*Paris*) 1754, 4 *vol. in-12.*

213 Dialogues ruftiques d'un Preftre de Village, d'un Berger, le Cenfier & fa Femme; très-utiles pour ceux qui demeurent ès pays où ils n'ont pas le moyen d'eftre inftruits par la prédication de la parole de Dieu; par J. D. M. *Charenton*, 1645, *in-12. p. f. vel.*

214 Inftructions en forme de Catéchifme, compofées par ordre de Ch. Joa. de Colbert, Ev. de Montpellier, (par Fr. A. Pouget). *Paris*, 1710, *in-4.*

215 Le même Ouvrage. *Ibid.* 1719, 3 *vol. in-12.*

216 Fr. Am. Pouget, Inftitutiones Catholicæ in modum Catechefeos; è Gall. in latin. tranflatæ. *Parif.* 1725, 2 *vol. in-fol.*

217 Catéchifme Hiftorique, par l'Abbé Fleury. *Paris*, 1709, 2 *vol. in-12. fig.*

218 Expofition de la Doctrine Chrétienne, divifée en trois

Catéchismes ; par le P. G. H. Bougeant. *Paris*, 1741, *in-4.*

219 Le Catéchisme de Bourges, par de la Chetardie. *Paris*, 1703, 2 *vol. in-8.*

IV. THÉOLOGIENS PARÉNÉTIQUES.

1. *Sermonaires anciens.*

220 Histoire de la Prédication, par Jos. Romain Joly. *Paris*, 1767, *in-12.*

221 Jo. Thauleri Sermones de Tempore & de Sanctis, & opera omnia, edente Laur. Surio. *Colonia*, 1603, *in-4.*

222 Quadragesimale aureum de Peccatis ; per Fratrem Robertum Carocolum de Litio. *Lugduni, Jo. Treschel,* 1488, *in-8. Goth.*

223 Matthæi Bossi Veronensis, in J. C. Passione stebilis & devotissimus Sermo. *Bononia, per Platonidem de Benedictis,* 1495, *in-4. v. f.*

224 Bernardini de Busti Mariale ; de singulis festivitatibus B. Virginis per modum Sermonum tractans. *Lugduni,* 1515, *gr. in-8. Goth.*

225 Oliverii Maillardi Sermones ; scilicet Quadrages. Dominicales, & de Peccatis. *Lugduni,* 1503, *gr. in-8. Goth. v. f.*

226 Gabr. Barelete Sermones Quadragesimales & de Sanctis. *Rothomagi,* 1515, *2 tom. en un vol. in-8. Goth.*

227 Sermones Dominicales nuncupati, *Dormi secure*; (auctore Ric. Maidstono). *Paris.* 1530, *in-8. Goth. exemplar optimum.*

228 Joh. Raulini Itinerarium Paradisi ; complectens Sermones de Pœnitentia. *Paris. de Marnef,* 1519, *in-8.*

229 Mich. Menoti Sermones Quadragesimales. *Paris. Chevallon*, 1526, *in-8.*

230 Prediche di Fra Hieronymo Savonarola. *In Venetia, Cæsar Arrivabene,* 1528, *in-4. vel.*

231 Th. Beaulxamis Homiliæ in omnia Quadragesimæ Evangelia. *Antuerpia*, 1570. = Jac. Veldii paraphrastica enarratio Evangeliorum. *Ibid. Plantinus*, 1570, *in-8. vel d'Holl.*

232 Le Victorieux & triomphant combat de Gédéon, représenté à Paris au jour de la Passion, en l'Eglise de S. Severin, par le P. Souffrand. *Paris*, 1626, *in-16. vel.*

2. *Sermonaires modernes.*

233 Sermons pour le Carefme ; par Louis Maimbourg. *Paris,* 1677, 2 *vol. in*-8.

234 Sermons & Penfées du P. Bourdaloue, publiés par (le P. Bretonneau). *Paris,* 1716, 18 *vol. in*-12.

235 Quarefma del Padre L. Burdalue ; traducida del Frances en Lengua Caftellana. *En Leon de Francia,* 1717, 3 *vol. in*-12.

236 Penfées du P. Bourdaloue. *Paris,* 1734, 3 *vol. in*-12. *p. p.*

237 Sermons du P. Cheminais (publiés par le P. Bretonneau). *Paris,* 1702, & 1729, 5 *vol. in*-12.

238 Sermons du P. Bretonneau. *Paris,* 1743, 7 *vol. in*-12.

239 Sermons de Maffillon. *Paris,* 1745, 14 *vol. in*-12.

240 Les mêmes. *Paris,* 1747, 13 *vol. in*-12. *p. f.*

241 Jo. Cryterii S. Auguftinus prædicans. *Trajecti ad Mofam,* 1713, 2 *vol. in*-12.

242 Sermons choifis, par (Molinier). *Par.* 1732, 13 *vol. in*-12.

243 Sermons de Fléchier. *Paris,* 1713, 3 *vol. in*-12.

244 Sermons fur différens fujets, par le P. André Téraffon (publiés par le P. Gaichies). *Paris,* 1726, 4 *vol. in*-12.

245 Sermons de Gafpard Teraffon. *Paris,* 1749, 4 *vol. in*-12.

246 Sermons de Lafitau. *Lyon,* 1752, 4 *vol. in*-12.

247 Panegyriques des Saints, par le P. de la Ruë. *Paris,* 1740, 3 *vol. in*-12.

248 Sermons du P. de Segaud, publiés (par le P. Berruyer). *Paris,* 1752, 6 *vol. in*-12.

249 Sermons du P. Duffay. *Lyon,* 1742, 5 *vol. in*-12.

250 Sermons du P. Hubert. *Paris,* 1745, 6 *vol. in*-12.

251 Sermons pour l'Avent, le Carême & les principales Fêtes, par le P. Jard. *Paris,* 1768, 5 *vol. in*-12. *br.*

252 Sermons du P. le Chapelain. *Paris,* 1768, 6 *vol. in*-12.

3. *Prônes & Inftructions familieres pour les Catholiques.*

253 Confidérations fur les Dimanches & les Fêtes des Myfteres, & fur les Fêtes de la Vierge & des Saints, (par l'Abbé de S. Cyran). *Paris,* 1671, 2 *vol. in*-8.

254 Inftructions Chrétiennes recueillies des Sermons de S. Auguftin fur les Pfeaumes (par Guil. le Roy). *Paris,* 1662, 7 *vol. in*-12. *p. f.*

255 Inftructions Chrétienn. fur les Myfteres de J. C. & fur les principales Fêtes de l'année (par de Singlin). *Paris,* 1692, 5 *vol. in*-8. *v. f.*

256 Le même Ouvrage. *Ibid.* 1736, 12 *vol. in-*12.

257 L'Année Evangélique, par Jof. Lambert. *Paris*, 1764, 7 *vol. in-*12.

258 Entretiens Eccléfiaftiques pour tous les Dimanches de l'année, par de Lafont. *Paris*, 1752, 5 *vol. in-*12.

259 Difcours de piété fur les plus importans objets de la Religion (par le P. Pacaud). *Paris*, 1745, 3 *vol. in-*12.

260 Prônes de Symon. *Rennes*, 1749, 2 *vol. in-*12.

261 Inftructions pour les Dimanches & Fêtes de l'année, par M. de Fitz-James, Evêque de Soiffons. *Soiffons*, 1755, 3 *vol. in-*12.

262 Prônes fur les Commandemens de Dieu, fur les Evangiles, &c. par Ballet. *Paris*, 1760, 15 *vol. in-*12

263 Morale Chrétienne fur l'Oraifon Dominicale, par (Floriot). *Paris*, 1709, *in-*4.

V. THÉOLOGIENS MYSTIQUES.

1. *Myftiques & Contemplatifs généraux.*

264 Thomæ à Kempis de Imitatione Chrifti Lib. IV. *Parif. è Typ. R.* 1640, *in-fol. m. r. l. r.*

265 Idem opus, juffu Card. de Richelieu minutiff. Charact. excufum. *Parif. Seb. Martin*, 1657, *in-*12. *gr. pap. exemplar optimum.*

266 Idem opus. *Amftel. Elzev.* 1679, *in-*12. *p. f.*

267 Idem opus, ex Editione Jof. Valart. *Parif.* 1758, *in-*12.

268 De Imitatione Chrifti Lib. IV. verf. heroicis à D. du Quefnay de Boifguibert traducti. *Parif.* 1729, *gr. in-*8.

269 L'Imitation de J. C. trad. en françois, par de Beuil (M. de Sacy). *Paris*, 1667, *in-*8. *m. n. d. f. tr.*

270 La même. *Ibid.* 1709, *in-*8.

271 L'Imitation de J. C. trad. en vers, par Defmarets. *Paris*, 1662, *in-*12. *fig. m. r. d. f. tr. fil.*

272 L'Imitation de J. C. trad. en vers françois, par P. Corneille. *Rouen*, 1653, 2 *vol. in-*12. *fig. m. r. d. f. tr. fil.*

273 Les Œuvres de Ste. Théréfe, trad. en franç. par Arnaud d'Andilly. *Paris*, 1687, *in-*4. *fil.*

274 La Cité Myftique de Dieu, trad. de Marie de Jéfus d'Agreda, par Th. Crofet. *Bruffelles*, 1715, 3 *vol. in-*4.

275 Œuvres Chrétiennes & Spirituelles de Jean du Verger de Hauranne, Abbé de S. Cyran. *Lyon*, 1679, 5 *vol. in-*12. *avec les Confid. fur la Mort.*

C

276 Œuvres Spirituelles de Bernieres Louvigni. *Paris*, 1690, 2 *vol. in-*12.

277 Recueil de divers Traités de Théologie Myftique, par Madame Guyon & le Frere Laurent. *Cologne*, 1699, *in-*12. *p. f.*

278 Œuvres Spirituelles de M. de Fénelon. (*Paris*) 1740, 5 *vol. in-*12.

279 Explication des Maximes des Saints fur la Vie intérieure, par le même. *Amft.* 1698, *in* 12. & 7 *autres vol. fur le Quiétifme à l'occafion de ce Livre.*

280 Œuvres fpirituelles de M. Hamon; fçavoir, Traité de Piété, 2 *vol.* De la Priere; de l'Oraifon Dominicale; de la Pénitence; Lettres & Opufcules de Piété, 2 *vol.* en tout 7 *vol.*

281 Traités de Piété, par C. de Sainte-Marthe. *Paris*, 1702, 2 *vol in-*12.

282 . . . .

2. *Traités finguliers de l'Amour de Dieu & de l'Oraifon.*

283 Traité de l'Amour de Dieu felon l'efprit de S. François de Sales, par le P. Fellon. *Lyon*, 1738, 3 *vol. in-*12.

284 Jo. David Paradifus fponfi & fponfæ. *Antuerpiæ*, 1618, *in-*8. *fig.*

285 Amoris divini & humani effectus varii. *Antuerpia*, 1626, *in-*8. *fig. de Snyders, vel.*

286 Schola cordis, five averfi à Deo cordis, ad eundem reductio; auctore Bened. Haefteno. *Parif. abfque anno*, *fig. de Van-Lochom, in-*8. *vel.*

287 Pia defideria, authore Herm. Hugone. *Antuerp.* 1659, *in-*12. *fig.*

288 Amor pœnitens, auctore Joanne (Neercaffel) Epifcopo Caftorienfi. *Embrica*, 1683, *in-*8.

289 L'Amour pénitent, trad. du latin de (Jean Neercaffel) Evêque de Caftorie (par Guilbert). *Utrecht*, 1741, 3 *vol. in-*12.

290 Traité philof. & théol. de l'Amour de Dieu, par L. Ellies du Pin, *Par.* 1717, *in-*8.

291 Inftruction fur les Etats d'Oraifon, par Jac. Bén. Boffuet. *Paris*, 1697, *in-*8. *m. r. &c.*

3. *Traités particuliers de la Perfection Chrétienne; Exercices de piété; Méditations; Elévations, &c.*

292 Traité de la Perfection Chrétienne, trad. du P. Alph. Rodriguez, par Regnier des Marais. *Anvers, 1693, 3 vol. in-12. fin caractere.*

293 Le même Ouvrage. *Paris, 1742, 6 vol. in-12.*

294 Œuvres de M. de Ville-Thierry; sçavoir, la Vie de Jesus-Christ; des Gens mariés; des Veuves; des Riches; & le véritable Pénitent : *en tout 6 vol, in-12.*

295 Le Chrétien parfait honnête homme, ou l'Art d'allier la piété avec les devoirs de la vie civile, par l'Abbé du Preaux. *Paris, 1750, 2 vol. in-12.*

296 Le Militaire en solitude, ou le Philosophe Chrétien. *Paris, 1735, in-12. 2 part. en un vol.*

297 Bourdon des ames dévotes & ambitieuses de cheminer avec repos & conscience au Pélerinage de ceste vie; dressé sur les avis de Louys de Blois par Jean d'Assignies. *Douay, 1634, in-12.*

298 Le Jardinet des Délices célestes, en deux parties. *Douay, 1626, in-16, vel.*

299 De la Sainteté des devoirs de la Vie Monastique, avec l'Eclaircissement (par M. l'Abbé de Rancé). *Par. 1701, 3 vol. in-12.*

300 Traité des Etudes Monastiques, par Dom Jean Mabillon. *Paris, 1692, 2 vol. in-12.*

301 La Religion Chrétienne méditée dans le véritable esprit de ses maximes (par l'Ab. Debonnaire & le P. Jard). *Paris, 1745, 6 vol. in-12. v. f.*

302 Le même Ouvrage. *Ibid. 1763, 6 vol. in 12.*

303 Catéchisme spirituel (par le P. Surin). *Paris, 1675, 2 vol. in-12.*

304 Le Livre de Méditation sur soy-mesme, composé par Rob. Cybolle, Chancelier de N. D. de Paris. *Paris, Sim. Vostre, 1510, in-4. goth.*

305 Vitæ, Passionis & Mortis J. C. Mysteria, piis meditationibus per Jo. Bourghesium exposita, cum fig. Boetii à Bolswert. *Antuerpiæ, 1632, in-8.*

306 Méditations sur l'Evangile, par Jac. Bénigne Bossuet. *Paris, 1731, 4 vol. in-12.*

307 Elévations à Dieu sur les Mysteres de la Religion Chrét. par le même, *Par. 1727, 2 vol. in-12. d. f. tr. fil.*

308 Les Semaines Evangéliques, qui contiennent des Réflexions morales pour chaque jour (par l'Ab. Debonnaire). *Paris*, 1735, 2 *vol. in*-12.

309 Les Tableaux de la Pénitence, par Ant. Godeau. *Paris*, 1656, *in*-4 *fig.*

310 Traité de Piété fur les avantages de la Mort Chrétienne, par le P. Chauchemer. *Paris*, 1707, 2 *vol. in*-12.

311 La Maniere de fe bien préparer à la Mort, par de Chertablon. *Anvers*, 1700, *in*-4. *fig. de Rom. de Hooghe.*

312 Effufion du cœur, ou Entretien fpirituel & affectif d'une ame avec Dieu (par Dom Morel). *Par.* 1722, 5 *vol. in*-12.

4. *Mélanges de Théologie Myftique; Lettres Spirituelles & de Piété.*

313 Hier. Savonarolæ Epiftolæ fpirituales & afcetiæ; accedunt, Ejufdem compendium Revelationem, & vita per J. Fr. Picum Mirandulanum; edente Jac. Quetif. *Parif.* 1674, 3 *vol. in*-12.

314 Lettres Chrétiennes & Spirituelles d'If. L. le Maiftre de Sacy. *Paris*, 1690, 2 *vol. in*-8.

315 Lettres Chrét. & Spirit. d'Alex. Varet. *Paris*, 1680, 3 *vol. in*-12.

316* Recueil de Lettres Spirit. fur divers fujets de morale & de piété, par (Paf. Quefnel). *Par.* 1721, 3 *vol. in*-12.

317 Lettres de M. de Sainte-Marthe fur différens fujets de morale chrétienne. *Paris*, 1709, 2 *vol. in*-12.

318 Lettres & Penfées fur différens fujets de morale & de piété, par M. l'Abbé Boileau. *Paris*, 1737 & 1709, 3 *vol. in*-12.

319 Lettres fur divers fujets de morale & de piété, par du Guet. *Paris*, 1708 à 1736, 8 *vol. in*-12. *p. f.*

320 Le même Ouvrage. *Ibid.* 1719, 9 *vol. in*-24.

VI. THÉOLOGIENS POLÉMIQUES.

321 De la véritable Religion, par Mich. le Vaffor. *Paris*, 1688, *in*-4.

322 La Religion Chrétienne prouvée par les faits, par l'Abbé Houtteville. *Paris*, 1740, 3 *vol. in*-4. *fil.*

323 Le Franc Archer de la vraye Eglife, contre les abus & énormités de la fauffe; par Ant. Fufi. *Geneve*, 1619, *in*-8. *vel.*

324 Dialogue de trois Vignerons du Pays du Maine fur les miferes de ce temps, par Jean Soufnor. *Au Mans*, 1629, *in-16. vel.*

325 La Doctrine de l'Antiquité touch. les principaux points controverfés en la Religion, par N. Renouard. *Paris*, 1613, *in4. fil.*

326 Trois Difcours pour la Religion Catholique, les Miracles, les Saincts, les Images; par L. Richeome. *Bourdeaus*, 1599, *in-12. vel.*

327 La Divinité de N. S. J. C. prouvée contre les Hérétiques & les Déiftes, par (Dom Prud. Maran). *Par.* 1751, 3 *vol. in-12.*

328 La Perpétuité de la Foi de l'Eglife Catholique touchant l'Eucharistie défendue contre le Ministre Claude, par A. Arnauld (& Nicole). *Paris*, 1670, 3 *vol. in-4.*

329 La Doctrine curieufe des Beaux-Efprits de ce temps combattue par le P. Fr. Garaffus. *Paris*, 1623, *in-4.*

330 Les Preuves & la Défenfe de la Religion contre les Spinofiftes & les Déiftes, par l'Abbé François. *Paris*, 1751 & *ann. fuiv.* 8 *vol. in-12.*

331 Le nouvel Athéifme renverfé, ou Réfutation du fyftême de Spinofa; par un Bénédictin (le P. Lami). *Par.* 1696, *in-12.*

332 Réfutations des erreurs de B. Spinofa, par de Fénelon, Lami & autres, avec la Vie de Spinofa par J. Colerus; publiées (par Lenglet du Frefnoy). *Bruxelles*, 1731, *in-12. v. f.*

333 Mémoires préfentés au Public contre le Livre de P. du Moulin, intitulé: *Anatomie de la Meffe*; par René Pidoux. *Chaftellerault*, 1638, *in-4. vel.*

334 Lettres Critiques, ou Analyfe & Réfutation de divers Ecrits modernes contre la Religion; par l'Abbé Gauchat. *Paris*, 1755, 8 *vol. in-12.*

335 La Religion vengée, ou Réfutation des Auteurs impies (par M. Soret & le P. Hayer). *Paris*, 1757, 12 *vol. in-12. dont* 6 *vol. br.*

IV. CONCILES.

336 Traité de l'Etude des Conciles, par Salmon. *Paris*, 1724, *in-4.*

337 Summa Conciliorum omnium, Auctore Fr. Longo à Coriolano. *Parif.* 1639, *in fol. g. pap. lav. réglé.*

338 Acta Conciliorum & Epistolæ Decretales ac Constitutiones Sum. Pontificum; ab A. Chr. 34 ad A. 1714, à Jo. Harduino collecta. *Parif. è Typ. R.* 1715, *& ann. seq.* 11 *tom. en* 12 *vol. in-fol. g. pap. v. f.*

339 Steph. Baluzii nova Collectio Conciliorum. *Parisiis,* 1683, *in-fol.*

340 Lud. Thomassini Dissertationes, comm. & notæ in Concilia generalia & particularia. *Lutetiæ Parif.* 1667, *tomus primus & unicus, avec les cartons.*

341 Traité du célebre Panorme touchant le Concile de Basle, mis en François par Gerbais. *Paris,* 1697, *in-8.*

342 Canones & Decreta Concilii Tridentini. *Antuerpiæ,* 1564, *in-8. petit format.*

343 Notes fur le Concile de Trente touchant les points les plus importans de la Discipline Ecclésiastique, &c. (par Eft. Rafficod). *Cologne,* 1706, *in-8.*

344 Synodicon Ecclesiæ Parisiensis, jussu Fr. de Harlay editum. *Parif.* 1674, *in-8.*

345 Concilium Provinciale Ebreduni habitum à Dom. P. de Guerin de Tencin. *Gratianopoli,* 1728; *gr. in-4. v. f.*

V. LITURGIES.

1. *Liturgies Orientale, Grecque & Romaine.*

346 Liturgiarum Orientalium Collectio, studio Eusebii Renaudotii. *Parif.* 1716, 2 *vol. in-4.*

347 Officium Dominicæ Passionis, secundùm ritum Græcorum; Latinè. *Romæ,* 1695, *in-16. cum figuris.*

348 Missale vetus Manuscriptum in Pergameno; seu potius Sacramentarium vetus. *in-8.*

349 Breviarium Romanum. *Coloniæ Agrip.* 1671, 2 *vol. in-12. p. f. d. f. tr.*

350 Le Bréviaire Romain, en lat. & en franç. de la trad. de (le Tourneux). *Paris,* 1688, 4 *tomes en* 8 *vol. in-8.*

351 Bréviaire Romain, noté selon un nouveau système de Chant approuvé par l'Académie des Sciences (par Demoz). *Paris,* 1727, *in-12. d. f. tr.*

2. *Liturgie Gallicane.*

352 Heures latines. *Mff. fur velin, orné de* 26 *grandes miniatures bien conservées, représentant l'hist. de la Ste. Vierge & la Passion de J. C. gr. in-8. de forme longue.*

353 Heures latines. *Mss. sur velin, orné de 17 grandes minia-*
tures & de beaucoup de lettres majuscules peintes en or. in-4.
v. f. d. s. tr. fil.

354 Parva christianæ pietatis Officia ; per Christ. Regem
Ludovicum XIII. ordinata. *Paris. è Typ. R. 1643 , 2 vol.*
pet. in-fol. mar. citr. d. s. tr.

355 Missel de Paris, lat. & fr. *Paris, 1716, 4 vol. in-12.*
m. n. d. s. tr.

356 Office Paroissial, lat. & franç. à l'usage de Rome & de
Paris. *Paris, 1729, 8 vol. in-12. m. r. d. s. tr. fil. man-*
que le 5ᵉ vol.

357 Breviarium Parisiense, jussu Dom. de Vintimille editum.
Paris. 1736, 4 vol. in-4. fig.

358 Breviarium Parisiense. *Paris. 1736, 4 v. in-12. m. n. d. s. tr.*

359 Diurnale Parisiense. *Paris. 1736, 2 vol. in-18.*

360 Rituale Parisiense, ex autoritate Lud. Ant. de Noailles
editum. *Paris. 1697 , in-4.*

361 Missel de Paris, latin. *Paris , 1738 , 4 vol. in-12.*
p. f. d. s. tr.

362 Missel de Paris , latin & françois ; avec le Diurnal, les
Canons de Prime, & la Quinzaine de Pâques. *Paris , 1736,*
1739 & 1740, 9 vol. in-12. m. n. d. s. tr.

363 Le Missel de Paris, latin-françois, avec le Vesperal & la
Semaine Sainte. *Paris, 1741, 11 vol. in-12. mar. vert d. s. tr.*

364 Antiphonaire Parisien , suivant le nouveau Bréviaire.
Paris , 1736 , 6 vol. in-12.

365 Livre d'Eglise, latin-françois suivant le Bréviaire & le
Missel de Paris, contenant l'Office du matin. *Paris, 1765,*
2 vol. in-12. d. s. tr.

366 Eucologe ou Livre d'Eglise à l'usage de Paris. *Paris ,*
1740, in-12. p. f. m. r. d. s. tr.

367 Les Pseaumes & les Cantiques distribués pour tous les
jours de la semaine ; en lat. & en franç. à l'usage de Paris.
Paris , 1736, in-12. v. ecc. d. s. tr. fil. d'or.

368 L'Office de la Nuit & de Laudes, en latin & en franç. à
l'usage de Paris. *Paris , 1738 , 8 vol. in-12. m. n. d. s. tr.*
l. r. on y a inséré les figures de Tardieu.

369 Semaine Sainte à l'usage de la Maison du Roi, par l'Abbé
de Bellegarde. *Paris , 1755 , in-12. m. r. d. s. tr. fil.*

370 La même. *Ibid. 1741, in-8. m. r. d. s. tr.*

371 La même. *Ibid. 1761 , in-8. m. r. d. s. tr. fil.*

372 Heures à l'usaige de Rouan ; avec les Miracles de Nostre-
Dame ; les figures de l'Apocalypse & de la Bible, & des

triomphes de César (gravées par Holbein.). *Paris , Simon Voſtre* , 1508 , *in*-4. *fil. d'or.*

373. Heures à l'uſaige de Chartres , impr. ſur velin , avec les mêmes figures. *Paris , Simon Voſtre ,* 1508 , *gr. in*-8.

374 Rituale ad uſum Diœceſis Cameracenſis, à Fr. de Salignac de la Motte Fénelon. *Valencenis .* 1707 , *in*-4.

375 Rituel Romain à l'uſage du Diocese d'Alet (par Ant. Arnauld). *Paris* , 1667 , *in*-4.

3. *Mélanges de Liturgies , ou Recueils de Prières.*

376 Petri Caniſii Manuale Catholicorum. *Pariſ.* 1588 , *in*-18. *mar. r. cum fig. eleg.* L. Gaultier. Lav. r.

377 Hortulus Chriſtianorum ; opera Amab. Bonnefons. *Pariſ.* 1648 , 2 *vol. in*-24. *fig. m. n.*

378 L'Année Chrétienne du P. J. Suffren , abrégée par le P. Nic. Frizon. *Nancy* , 1728 , 2 *vol. in*-12.

379 L'Année Chrétienne , par le Tourneux. *Paris* , 1710 , 13 *vol. in*-12. *lav. regl. v. f. dent. d. ſ. tr.*

380 Abrégé de la même (par l'Abbé Lequeux). *Páris ,* 1746 , 6 *vol. in*-12. *v. f.*

381 Exercices de Piété pour tous les jours de l'année , par le P. J. Croiſet. *Lyon* , 1759 , 18 *vol. in*-12.

382 Journal des Saints , avec une Méditation tirée de la vie du Saint , ou d'une Maxime de l'Evangile ; par le P. J. Et. Croſez. *Paris ,* 1746 , 3 *vol. in*-12.

383 Année Eccléſiaſtique , ou Inſtructions ſur le Propre du tems & le Commun des Saints ; avec des Réflexions ſur les Epîtres & Evangiles (par l'Abbé ie Duc). *Paris ,* 1734 , 15 *vol. in*-12. *en feuilles.*

384 L'Année du Chrétien , par le P. Griffet. *Paris ,* 1747 , 18 *vol. in*-12.

385 L'Invocation & l'Imitation des Saints pour tous les jours de l'année. *Paris* , 1686 , 4 *vol. in*-24. *fig. de le Clerc. v. f.*

386 Les Epîtres & Evangiles pour toute l'année , par le P. Queſnel. *Paris ,* 1705 , 3 *vol. in*-12.

387 Hebdoma Sancta , ſeu Chriſtus rex , Judex , Mediator , Pater , Benefactor , Redemptor , Sponſus ; conſecrata à Sventoſlao Sigiſm. Nivicki. *Gedani ,* 1692 , *in*-4. *fig.*

388 Le Tableau de la Croix repréſenté dans les cérémonies de la Ste. Meſſe. *Paris ,* 1651 , *in*-8. *fig. m. n. d. ſ. tr.*

389 La Ste. Meſſe , où ſont repréſentés par les actions du Prêtre

Prêtre les Mysteres de la Passion de N. S. J. C. *Paris*, *in-8. m. n. d. f. tr. fig. de Landry*.

390 Inventaire des Sacrées Reliques de Notre-Dame ; ensemble douze éguillons & motifs populaires , à persuader de dire souvent *l'Ave-Maria* ; par le P. Ant. de Balinghem. *Douay*, 1626, *in-16. v. f.*

391 Prieres chrétiennes , le Combat spirituel & les sept Vertus chrétiennes en vers françois ; le Chemin de la paix , &c. en prose. 1680, *in-12.*

392 Prieres touchantes & affectives , par l'Abbé Barbé. *Paris*, 1712, 3 *vol. in-12.*

4. *Traités Liturgiques des Cérémonies anciennes & modernes ; de la célébration des Mysteres , &c.*

393 Jo. Bonæ Rerum Liturgicarum Lib. duo. *Parisiis*, 1672, *in-4.*

394 Edm. Martene de Antiquis Ecclesiæ Ritibus Lib. IV. *Rotomagi*, 1700, 3 *vol. in-4.*

395 De Liturgia Gallicana Lib. tres ; Auctore Jo. Mabillon. *Lutetiæ Parif.* 1685, *in-4.*

396 La Liturgie Sacrée ; par Gilbert Grimaud. *Lyon*, 1666, *in-4.*

397 Traité histor. de la Liturgie Sacrée, ou de la Messe ; par Laz. And. Bocquillot. *Paris*, *Anisson*, 1701, *in-8.*

398 Voyages Liturgiques de France, par de Moleon (J. B. le Brun des Marettes). *Paris*, 1718, *in-8.*

399 De l'ancienne coûtume de prier & d'adorer debout le jour du Dimanche & de Fête (par le Lorrain). *Liege*, 1700, 2 *vol. in-12.*

400 Jo. B. Thiers de Festorum Dierum imminutione Liber. *Lugduni*, 1668, *in-12 vel.*

401 Consultation faite par un Avocat de Saintes à son Curé, sur la diminution des Fêtes dans ce Diocese. *Paris*, 1670, *in-12.*

402 Traité hist. & pratique sur le Chant Ecclésiastique, par l'Abbé Lebeuf. *Paris*, 1741, *in-8.*

403 Explication des Cérémonies de l'Eglise, par Dom. Cl. de Vert. *Paris*, 1720, 4 *vol. in-8.*

404 Explication des Prieres & des Cérémonies de la Messe suivant les anciens Auteurs, par le P. Pierre le Brun. *Paris*, 1726, 4 *vol. in-8. fig.*

D

405 L'Antiquité des Cérémonies qui se pratiquent dans l'Administration des Sacrémens, avec le Traité de la Messe, par J. Grancolas. *Paris*, 1692 & 1713, 2 *vol. in-*12.

406 Du Secret des Mystères : par de Vallemont, avec les Remarques critiques (par Beaudouin). *Paris*, 1710, 2 *vol. in-*12.

II. *THÉOLOGIE HÉTÉRODOXE.*

I. LIVRES SAINTS.

1. *Bibles Protestantes*; *Figures de la Bible*; *Concordances*; *Commentateurs Protestans*.

407 Nov. Jesu Christi Testamentum, gr. & lat. Theod. Beza interprete. *Amst.* 1647, *in-*8. *vel*.

408 Le Nouv. Testament en françois, avec les Pseaumes de David en vers & en musique. *Amst. Wersteins*, 1710 & 1711, 2 *tom. en un vol. in-*12. *p. f.*

409 Histoire du Vieux & du Nouv. Testament, (par David Martin) enrichie de plus de quatre cens figures en taille-douce. *Amst. Mortier*, 1700, 2 *vol. in-fol. doré sur tr. fil. sans clous.*

410 Discours historiques & critiques, sur les événemens les plus mémorables du Vieux Testament, par Jac. Saurin, contin. par Roques, avec des fig. grav. sur les desseins de MM. Hoet, Houbraken & Picart. *La Haye*, 1728, 4 *vol. in-fol. p. p.*

411 Figures de la Bible de Saurin. *La Haye*, 1728, *in-fol.*

412 Jo. Clerici Harmonia Evangelica ; gr. & lat. cui subjecta est Hist. Christi, &c. *Amst.* 1700, *in-fol.*

413 Bibliotheca fratrum Polonorum, quos Unitarios vocant. *Irenopoli*, 1656, & *ann. seq.* 8 *vol. in-fol.*

414 Dan. Brenii breves in Vet. ac Nov. Testamentum Annotationes. *Amst.* 1664, *in-fol. vel. d'Holl.*

II. THÉOLOGIENS PROTESTANS OU HÉRÉTIQUES.

I. THÉOLOGIENS SCHOLASTIQUES OU CONTROVERSISTES.

415 Præstantium Eruditorum Virorum Epistolæ Ecclesiasticæ & Theologicæ; Scilicet, Arminii, Vorstii, Vossii, Grotii, Episcopii & Barlæi : edente Phil. à Limborch. *Amstel.* 1704, *in-fol.*

416 Scriptura S. Trinitatis revelatrix; authore Hermanno Cingallo (Christ. Sandio). *Gouda*, 1678, *in-12. p. f.*

417 Etat de l'Homme dans le Péché Originel. 1714, *in-12.*

418 Ger. Jo. Vossii de Baptismo Disputationes viginti. *Amst. Elzev.* 1648, *in-4.*

419 Jo. Dallæi de sacramentali, sive auriculari Latinorum Confessione Disputatio. *Genevæ*, 1661, *in-4.*

420 Hist. de l'Eucharistie, par Mathieu Larrogue. *Amst. Elzev.* 1671, *in-8.*

421 Jo. Dallæi de Imaginibus Lib. quatuor. *Lugd. Bat. Elzev.* 1642, *in-8.*

422 Recherches sur la nature du feu de l'Enfer, par Swinden, trad. de l'Angl. par J. Bion. *Amst.* 1757, *in-12.*

423 Les Témoins de la Résurrection de J. C. jugés selon les régles du Barreau, par Th. Sherloch, trad. par A. le Moine. *Paris*, 1753, *in-12. v. f.*

424 Romæ ruina finalis anno Dom. 1666. Mundique finis sub quadragesimum quintum post annum; per J. W. *Londini*, 1655, *pet. in-4. vel.*

425 Traité de la réformation & délivrance de l'Eglise de la corruption & servitude de Rome; par P. Fremaut. *Embden*, 1657, *in-8. vel.*

426 Défense de la Foi Catholique contenue au Livre de Jacques I, Roi d'Angl. = Accomplissement des Prophéties. = Accroissement des Eaux de Siloé. = Trente-deux demandes proposées par le P. Cotton; avec les solutions : par P. du Moulin. *Geneve*, 1623. 4 p. en un vol. *in-8. vel.*

427 Mart. Chemnicii Examen Concilii Tridentini ; sive totius Doctrinæ Papisticæ refutatio. *Genevæ*, 1634, *in-fol.*

428 Révision du Concile de Trente, contenant les nullités d'icelui; les griefs des Rois & Princes Chrestiens : de l'Eglise Gallicane, &c. (par Guill. Ranchin). 1600, *in-8.*

429 L'Anti-Barbare ; ou du Langage incognu tant ès prieres des particuliers qu'au service public , par P. du Moulin. *Geneve* , 1629 , *in-8. v. f.*

430 Traité de la maniere d'examiner les différens de Religion ; par Mich. le Vassor. *Amst.* 1697 , *in-12.*

431 Les derniers efforts de l'Innocence affligée , par (Pierre Jurieu). *La Haye* , 1682 , *in-12. p. f. vel.*

432 Monumens authentiques de la Religion des Grecs, & de la fausseté de plusieurs Confessions de Foi produites par M. Arnauld, dans son Traité *de la Perpétuité de la Foi :* publiés par J. Aymon. *La Haye* , 1708 , *in-4. v. f.*

433 Le même Livre sous le titre, d'Anecdotes de Cyrille Lucar & sa Confession de Foi, &c. avec des Remarques. *Amst.* 1718 , *in-4. v. f.*

434 L'Esprit de M. Arnauld, tiré de sa conduite & de ses écrits (par P. Jurieu). *Deventer* , 1684 , *2 vol. in-12. vel. d'Holl.*

II. Théologiens Moraux et Polémiques Protestans.

435 Institution de la Religion Chrestienne , par J. Calvin. 1562 , *in-4.*

436 Les Principes de la Religion Chrétienne expliqués sur le Catéchisme de l'Eglise Anglicane, par Guill. Wake. *Amst.* 1719 , *in-12.*

437 Traité de la Conscience , par Basnage. *Amst.* 1696 , 2 *vol. in-12.*

438 Sermons de Tillotson, trad. de l'Anglois, par Barbeyrac. *Amst.* 1713 , 5 *vol. in-12.*

439 Nouv. Sermons de Saurin. *Geneve*, 1733 , 9 *vol. in-12. fil. d'or.*

440 Les Consolations de l'ame fidéle contre les frayeurs de la mort ; par Ch. Drelincourt. *Amst.* 1714 , 2 *tom. en un vol. gr. in-8.*

441 Traité de l'Existence & des attributs de Dieu ; des devoirs de la Religion naturelle & de la vérité de la Religion Chrét. trad. de l'Angl. de Clarke , par Ricotier. *Amst.* 1727 , 3 *vol. in-12. v. f.*

442 L'Existence & la Sagesse de Dieu manifestées dans les Œuvres de la Création , par Ray ; trad. en fr. par G. Broedelet. *Utrecht* , 1729 , *in-12. v. f.*

443 Hugo Grotius de Veritate Religionis Christianæ, cum notis Jo. Clerici. *Amst.* 1709 , *in-12.*

444 Traité de la Vérité de la Religion Chrétienne, par Abbadie. *Rotterd.* 1701, 3 *vol. in-12.*

445 La Religion Chrétienne démontrée par la Résurrection de J. C. par H Ditton & trad. en fr. par (Arm. de la Chapelle). *Paris,* 1729, *in-4.*

446 Réflexions sur les Livres de l'Ecriture Sainte, pour établir la vérité de la Religion Chrétienne; par P. Alix. *Amst.* 1689, 2 *tom. en un vol. in-8.*

447 Que la Religion Chrétienne est très-raisonnable telle qu'elle est représentée dans l'Ecriture Sainte; trad. de l'Angl. (par Coste). *Amst.* 1696, 2 *vol. in-12. v f. fil.*

448 Le même Ouvrage sous le titre de Christanisme raisonnable; avec la Religion des Dames, (par Coste). *Ibid.* 1731, 2 *vol. in-12.*

III. CONCILES OU SYNODES, ET LITURGIES DES PROTESTANS.

449 Actes Ecclésiastiques & Civils de tous les Synodes Nationaux des Eglises Réformées de France ; par (Jean Aymon). *La Haye,* 1736, 2 *vol. in-4.*

450 Le Livre des Prieres communes, & de l'administration des Sacremens & autres Rites de l'Eglise d'Angleterre; avec le Pseautier de David: en Angl. & en François. *Oxford,* 1717, *gr. in-8. d. f. tr.*

451 La Liturgie de l'Eglise Anglicane, trad. en franç. par Durel. *Londres,* 1712, *gr. in-8.*

452 Le même Ouvrage. *La Haye,* 1721, *in-12. p. f.*

IV. SYSTÊMES PHILOSOPHIQUES DE DIFFÉRENTES RELIGIONS.

453 Lettre d'Hypocrate à Damagete (sur les Religions). *Cologne,* (*Paris*), 1700, *in-12.*

454 Ebauche de la Religion Naturelle, par Wollaston, trad. de l'Anglois, avec des additions. *La Haye,* 1726, *in-4. v f.*

455 Le Ciel réformé; Essai de traduction du Livre Ital. intitulé, *Spaccio della Bestia trionfante,* par (l'Abbé de Vougny). 1750, *in-12.*

456 Religio Medici (auctore Th. Browne). *Juxta Exemp. Lugd. Bat.* 1644, *in-12. p. f.*

457 La Religion du Médecin, trad. en françois. (*Holl.*) 1668, *in-12. p. f.*

458 Præadamitæ : (Auctore Isaaco La Peyrere). *Anno Salutis* 1655 , *in-12.* Accedunt Jo. Pythii & Joh. Hilperti ad hunc Librum responsiones. 2 *vol. in-12. p. f.*

459 B. S. Tractatus Theologico-Politicus. *Hamburgi*, 1670 , *in-4. vel.*

460 Traité des Cérémonies superstitieuses des Juifs, trad. du lat. en fr. (par de Saint-Glain). *Amst.* 1678 , *in-12. v. f.*

III. THÉOLOGIE MAHOMÉTANE.

I. LIVRES FONDAMENTAUX.

461 L'Alcoran de Mahomet translaté d'Arabe en françois, par du Ryer. *Paris*, 1652, *in-12.*

SECONDE CLASSE.

SCIENCES.

I. PROLÉGOMENES.

1. *Traités généraux sur les Sciences, leur invention, origine, utilité, avantages & désavantages.*

462 POLYDORI Vergilii de Inventoribus rerum, Lib. octo & de Prodigiis Lib. tres. *Amstelod. Elzev.* 1671, *in-12. p f.*

463 De l'Origine des Loix, des Arts, & des Sciences, & de leurs progrès chez les anciens Peuples, par MM. Goguet (Fugère & Vely). *Paris*, 1758, 3 *tom. en un vol. in-4.*

464 L'Origine & les Progrès des Arts & des Sciences, par Noblot. *Paris*, 1740, *in-12.*

465 Essais sur l'Histoire des Belles-Lettres, des Sciences & des Arts; par Juvenel de Carlencas. *Lyon*, 1749, 4 *vol. in-8.*

466 Henr. Corn. Agrippæ de Incertitudine & Vanitate Scientiarum & Artium liber, & de Nobilitate fœminei Sexus. *Hagæ-Com.* 1653, *in-12. p. f. fil.*

467 Déclamation de l'incertitude, vanité & abus des Sciences, trad. du lat. de H C. Agrippa, (par Louis Turquet). 1582, *in-8. vel. non corrigée.*

468 Traité de l'incertitude des Sciences, traduit de l'Angl. par (N. Berger). *Paris*, 1714, *in-12.*

469 La vérité des Scinces, contre les Sceptiques ou Pyrrhoniens; par Marin Mesenne. *Paris*, 1625, *in 8. vel.*

470 Essais sur les honneurs & les monumens accordés aux Illustres Sçavans; par Titon du Tillet. *Paris*, 1734, *in-12.*

471 Parallele des Anciens & des Modernes en ce qui regarde les Sciences & les Arts; par Perrault. *Paris*, 1692, 4 *vol. in-12.*

472 Histoire Poëtique de la guerre nouvellement déclarée entre les Anciens & les Modernes; (par Fr. de Callieres). *Paris*, 1688, *in*-12.

2. *Traités sur l'Étude des Sciences, & la maniere de les enseigner.*

473 Hug. Grotii & aliorum Differtationes de Studiis inftituendis. *Amftel. Elzev.* 1645, *in*-12.

474 Gerardi Voffii & alior. Differtat. de Studiis benè inftituendis : accedit ejufdem Voffii tractatus duo : 1 de Cognitione fui : 11 Comm. in Epiftol. Plinii de Chriftianis. *Traj ad Rhen.* 1658, *in*-12 p. f.

475 Jo. Lud. Vivis de tradendis Difciplinis libri viginti. *Antuepiæ*, 1531, *in-fol. vel.*

476 Introduction générale à l'étude des Sciences & des Belles Lettres; (par Bruzen de la Martiniere). *La Haye*, 1731 *in*-12.

477 Manuel philofophique ou Précis univerfel des Sciences (par André-Jofeph Panckouke). *Paris*, 1748, 2 vol 12. *fig.*

478 La Science des perfonnes de Cour, d'Épée & de Robe par de Chévigni, revue par de Limiers. *Amft.* 1729, 4 vol *in*-12. *fig. v. f.*

I. Bibliographie.

1. *Bibliographes généraux, & Traités fur la maniere de dreff une Bibliothéque; fur les Livres, &c.*

479 Advis pour dreffer une Bibliothéque; par G. Naudé. *Pa* 1627, *in*-8. *vel.*

480 Mufei, five Bibliothecæ tàm privatæ quàm publicæ extru tio, cura & ufus; cum Defcriptione Regiæ Bibliothecæ Laurentii Efcurialis; auctore Cl. Clemente. *Lugduni*, 163 *in*-4. *fil.*

481 Jo. Lomeieri de Bibliothecis lib. fingularis. *Ultrajett* 1680, *in*-8.

482 Traité des plus belles Bibliothéques, par le Gallois. *Pari* 1680, *in*-12.

483 Syftema Bibliothecæ Collegii Parifienfis Soc. Jefu; aucto (Jo. Garnerio). *Parif.* 1678, *in*-4. *vel.*

484 Difcours au Roy (Louis XIV), fur le rétabliffement de Bibliothéqu

Bibliothéque Royale de Fontainebleau; par Abel de Sainte-
Marthe. 1668, *in-4.*

485 Photii Myriobiblon, sive Bibliotheca Librorum quos Pho-
tius legit & censuit; gr. & lat. ex versf. A. Schotti. *Genevæ,*
P. *Stephanus,* 1612, *in-fol.*

486 Th. Pope-Blount Censura celebriorum Authorum. *Genevæ,*
1694, *in-4.*

487 Jugemens des Sçavans, sur les principaux Ouvrages des
Auteurs, par Adr. Baillet; avec des Notes de la Monnoye.
Paris, 1722, 7 *vol. in-4.*

488 Anti-Baillet, ou Critique du Livre de M. Baillet, intitulé
Jugement des Sçavans; par Ménage. *La Haye,* 1690,
2 *vol. in-12.*

489 De la connoissance des bons Livres, ou Examen de plusieurs Auteurs. *Paris,* 1671, *in-12.*

490 Ant. Teisserii Catalogus Auctorum qui librorum Catalo-
gos, Indices, Bibliothecas, Virorum Litterator. Elogia, Vi-
tas, &c. scripsere. *Genevæ,* 1686, 2 *tomes en un vol. in-4.*

491 Vinc. Placcii Theatrum Anonymorum & Pseudonymorum,
cum præfatione & vita Auctoris, studio Jo. Alb. Fabricii.
Hamburgi, 1708, *in-fol.*

492 Indices Librorum prohibitorum & expurgandorum novissi-
mi, Hispanicus & Romanus. *Romæ,* 1667, *in-fol.*

493 (Jac. Boileau) Disquisitio historica de Librorum circa res
theologicas approbatione. *Antuerpiæ,* 1708, *in-12. p.*
f. v. f fil.

494 La Bibliothéque choisie & autres Opuscules de Colomiés;
avec des Notes de Bourdelot, de la Monnoye, & autres.
Paris, 1731, *in-12.*

495 Bibliothéque critique & Bibliothéque choisie; (par Rich.
Simon & Barat). *Amsterd.* (*Trévoux*) 1708 & 1714,
6 *tomes en 5 vol. in-12.*

496 Bibliothéque curieuse & instructive de divers Ouvrages
anc. & mod. (par le P. Menestrier). *Trévoux,* 1704, 2 *tom.*
en un vol. in-12. p. f.

497 Bibliothéque curieuse, historique & critique, par David
Clément. *Gottingen,* 1750, & ann. suiv. 5 *vol. in-4. br.*

498 Bibliotheca, Libros & Scriptores ferme cunctos ab initio
mundi ad ann. 1583 continens; auctore Alf. Ciaconio;
cum additionibus Fr. Dion. Camusati. *Paris.* 1731, *in-fol.*

499 Georgii Draudii Bibliotheca Classica & Exotica, usque ad
ann. 1624. *Francof.* 1625, 3 *vol. in-4.*

E

SCIENCES.

1—4   500 Jo. Alb. Fabricii Bibliotheca Latina, cum supplemento. *Hamburgi*, 1708 & 1711, 2 *vol. in-8.*

2   501 Phil. Labbei Nova Bibliotheca Manuscriptorum. *Paris.* 1653.=Lud. Jacob Bibliographia universalis anni 1646. *Parif.* 1647 , *in-4.*

22—10. 502 Bern. de Montfaucon, Bibliotheca Bibliothecarum Manuscriptorum nova. *Parif.* 1739, 2 *vol. in-fol. v. f. fil.*

12 —19 503 Bibliotheca Coifliniana , olim Segueriana ; five Mff. omnium Græcorum, quæ in ea continentur, accurata Descriptio, per Eundem. *Parif.* 1715 , *in-fol.*

1— 11 504 Table alphab. des Dictionnaires ; avec une table des Ouvrages publiés fous le titre de Bibliothéques. *Paris ,* 1758 , 2 *tom. en un vol. in-12.*

2. *Bibliographes Nationaux.*

)   {505 La Bibliothéque Françoise de Fr. Grudé, fieur de la Croix-du-Maine. *Paris ,* 1584, *in-fol.*
506 La Bibliothéque d'Ant. du Verdier de Vauprivas. *Lyon ,* 1585, *in-fol.*

13—10. 507 Bibliothéque Françoise, ou Histoire de notre Littérature, par l'Abbé Goujet. *Paris ,* 1741, *à* 1756, 18 *vol. in-12 , br.*

3— 19 508 Bibliothéque historique de la France; par le P. Jacques le Long. *Paris,* 1719 , *in-fol.*

{509 Bibliothéque des Auteurs qui ont écrit l'Histoire & Topographie de la France, par André Duchesne. *Paris ,* 1627, *in-8. vel.*

1— 10. 510 Lud. Jacob Bibliographia Parifina, annorum 1643 & 44. *Parif.* 1645 , *in-4. vel.*

3—1 {511 Bibliothéque des Auteurs de France, Livre premier, contenant la Bibliothéque Chartraine; par Dom J. Liron. *Paris ,* 1719, *in-4.*

6—19 512 Bibliothéque des Auteurs de Bourgogne ; par Philibert Papillon. *Dijon ,* 1742, 2 *tom. en un vol. in-fol. v. f.*

3—13. {513 Historicorum Burgundiæ Conspectus ; edente Philib. de la Mare. *Divione ,* 1689 , *in-4. vel.*
514 Lud. Jacob de Claris Scriptoribus Cabilonensibus libr. tres. *Parif.* 1652 , *in-4. v. f.*

3—29 515 Bibliotheca Germanica; five notitia Scriptorum Rerum Germanicarum, collecta à Mich. Heitzio. *Erfurti,* 1670, *in-fol.*

3. *Bibliographes Professionaux.*

516 Aub. Miræi Bibliotheca Ecclesiastica. *Antuerpiæ,* 1639, **3.**
petit in-fol. v. f. fil.

517 Phil. Labbe de Scriptoribus Ecclesiasticis Dissertatio. *Paris.* **2.**
1660, 2 vol. in-8.

518 Guill. Cave Scriptorum Ecclesiasticorum Historia Litteraria. *Geneva,* 1705, in-fol. v. f. fil. **2 — 14.**

519 Nouv. Bibliothéque des Auteurs Ecclésiastiques des huit **3.**
premiers siécles de l'Église; avec une Dissertation sur les
Auteurs des livres de la Bible; par L. Ellies du Pin. *Paris,*
(*Holl.*) 1693, 6 vol. in-4. *avec la Bibliotheca latina de fabricius de*

520 Le même Ouvrage, continué jusqu'à la fin du 17ᵉ siécle
par le même Auteur, avec l'Histoire du 18ᵉ siécle, par l'Abbé
Goujet. *Paris,* 1698, & ann. suiv. 43 vol. in-8. manque la
première partie du tome I.

521 Bibliothéque des Auteurs séparés de la Communion de
l'Église Romaine, du 16ᵉ & 17ᵉ siécles; par le même du Pin.
Ibid. 1698, 4 vol. in-8.

522 Table universelle des Auteurs Ecclésiastiques. *Ibid.* 1704, **85.**
5 vol. in-8.

523 Critique de la Bibliothéque des Auteurs Ecclésiastiques,
avec des supplémens, par Rich. Simon. *Paris,* 1730, 4 vol.
in-8. Doubles a. 9 — 1.

524 . . . .

525 Jac. le Long. Bibliotheca Sacra. *Paris.* 1723, 2 tomes en **16 — 14.**
un vol. in-fol.

526 Discours historique sur les principales éditions des Bibles **3.**
Polyglottes, par le même. *Paris,* 1713, in-12.

527 Histoire des Auteurs Sacrés & Ecclésiastiques, par Dom **47 — 19.**
Remi Ceillier. *Paris,* 1729, & ann. suiv. 12 vol. in-4.

528 Critique abrégée des Ouvrages des Auteurs Ecclésiasti- **1 — 10.**
ques, par J. Grancolas. *Paris,* 1716, 2 vol. in-12.

529 Asceticorum, vulgò Spiritualium Opusculorum quæ inter **1 — 10.**
Patrum opera reperiuntur, Indiculus; auctore Benedictino
quodam. *Paris.* 1671, in-4. vel.

530 Jo. Le Paige Bibliotheca Scriptorum Ord. Præmonstra- **3 — 19.**
tensis. *Paris.* 1633, in-fol.

531 Bibliotheca Scriptorum Societatis Jesu, studio Phil. Ale-
gambe. *Antuerpiæ,* 1643, in-fol.

532 Theatrum Fati, sive notitia Scriptorum de Providentia,

Fortuna & Fato; autore P. Frid. Arpe. *Roterod.* 1712, *in-8. fil.*

533 J. Fr. Seguierii Bibliotheca Botanica; acceſſit Jo. Ant. Bumaldi, ſeu potius Ov. Montalbani Bibliotheca Botanica. *Hagæ-Com.* 1740, *in-4. v. f. fil.*

534 Jugemens des Sçavans ſur les Auteurs qui ont traité de la Rhétorique, par Gibert. *Paris*, 1713, 3 *vol. in-12.*

535 Bibliothéque univerſelle des Hiſtoriens; par (L. Ellies du Pin). *Paris*, 1707, 2 *vol. in-8.*

536 Ger. Jo. Voſſius de Hiſtoricis Græcis & Latinis. *Lugd. Bat. Maire*, 1624 & 1627, 2 *vol. in-4. vel.*

537 Eadem opera. *Ibid.* 1651, 3 *vol. in-4. v. f. fil.*

538 Corn. à Beughem Bibliographia Juridica & Politica, perpetuo continuanda. *Amſtel.* 1680, *in-12. p. f.*

539 Index Librorum omnium Juris tàm Pontificii quam Cæſarei; per Jo. B. Zilettum; cum indice Legum omnium quæ in Pandectis continentur, per Jac. Labittum; curis edita Jord. Ziletti. *Veneciis,* 1566, *in-4.*

4. *Journaux Littéraires François & Etrangers.*

540 Hiſtoire critique des Journaux; par Camuſat. *Amſt.* 1734, 2 *vol. in-12. v. f.*

541 Critique deſintéreſſée des Journaux Littéraires; par de Bruys. *La Haye*, 1730, 3 *vol. in-12.*

542 Le Journal des Sçavans depuis 1665, juſqu'en 1716, & depuis 1737, juſqu'en 1743 y compris; par Hédouville (M. Sallo & autres). *Amſt.* 1679 & *ann. ſuiv.* 103 *vol. in-12. p. f.*

543 Le même, depuis 1713, juſqu'en 1742. *Paris*, 30 *vol. in-4.*

544 Choix des anciens Mercures, avec un extrait du Mercure François & des autres Journaux, par MM. de Baſtide, Marmontel, de la Place & autres. *Paris*, 108 *vol. in-12. br. manque le tome* 107.

545 Mémoires pour l'Hiſtoire des Sciences & des Beaux-Arts; autrement dits, Journal de Trévoux, (par les PP. Jéſuites) depuis 1701, juſqu'au mois de Juin 1742. 165 *vol. in-12. p. f. v. f.*

546 Le Pour & Contre, ouvrage périodique, par l'Abbé Prevoſt. *Paris*, 1733, & *ann. ſuiv.* 13 *vol. in-12.*

547 Le Nouvelliſte du Parnaſſe, ou Réflexions ſur les Ouvra-

ges nouveaux, (par Guyot Desfontaines). *Paris*, 1731,
3 *vol. in*-12.

548 Observations sur les Ecrits modernes, par le même. *Paris*,
1735, *& ann. suiv.* 33 *vol. in*-12.

549 Jugemens sur quelques Ouvrages nouveaux, par le même.
Avignon, (*Paris*) 1744, 11 *tom. en* 8 *vol. in*-12. *rel. &
brochés*.

550 L'Esprit de l'Abbé Desfontaines, avec des Jugemens sur
quelques Auteurs anciens & modernes (par l'A. de la Porte).
Paris, 1757, 4 *vol. in*-12. *br*.

551 Réflexions sur les Ouvrages de Littérature, par (l'Abbé
Granet). *Paris*, 1738, *& ann. suiv.* 12 *vol. in*-12.

552 Observations sur la Littérature moderne, & le Voyage au
séjour des Ombres, par l'Abbé de la Porte. (*Paris*) 1746,
& ann. suiv. 10 *vol. in*-12.

553 Lettres sur quelques Ecrits de ce tems, par M. Fréron.
Geneve, (*Paris*) 1749, 13 *vol. in*-12.

554 L'Année Littéraire; par le même; années 1754, 1757
& suiv. jusqu'à la moitié de 1769. *Paris*, 71 *vol. in*-12. *dont*
20 *vol. brochés*.

555 Opuscules du même. *Amst*. (*Paris*) 1753, 3 *vol. in*-12.

556 Lettres de Piété, ou Journal Chrétien, par l'Abbé Joan-
net, depuis 1754, jusqu'en 1760. *Paris*, 36 *vol. in*-12. *dont*
12 *vol. br*.

557 L'Observateur Hollandois, par (M. Moreau). *La Haye*,
(*Paris*) 1755, 6 *vol. in* 12.

558 Acta Eruditorum Lipsiensium, ab anno 1682, ad ann.
1722. *Lipsia*, 1682, *& ann. seq.* 41 *vol. in*-4. *fig*.

559 Actorum Eruditorum quæ Lipsiæ publicantur Supplementa.
Ibid. 1692, *ad ann*. 1721, 7 *vol. in*-4. *fig*.

560 Indices generales auctorum & rerum Actorum Erudit. Lipsiensium. *Ibid*. 1663, *ad ann*. 1714, 3 *vol. in*-4.

561 Opuscula omnia Actis Eruditorum Lipsiensium inserta,
quæ ad Mathesim, Physicam, Medicinam & Theologiam
pertinent; ab an. 1682, ad ann. 1693. *Venetiis*, 1740, 2
vol. in-4. *fig*.

562 Bibliotheca Antiqua (à Burc. Gott. Struvio edita). *Jena*,
1705 & 1706, 2 *vol. in*-4. *v. f*.

563 Nouvelles de la République des Lettres depuis le mois
de Mars 1684, jusqu'en Décembre 1687, par P. Bayle;
& depuis Janvier 1699, jusqu'en Décembre 1710, par Jacques Bernard. *Amst*. 52 *vol. in*-12. *p. f*.

564 Histoire des Ouvrages des Sçavans, par M. (Basnage)

depuis 1687, jufqu'au mois de Juin 1709. *Rotterdam*, 25 *vol. in-*12. *p. f.*

565 Bibliothéque Univerſelle & Hiſtorique, depuis 1686, jufqu'en 1693, par Jean le Clerc. *Amſt.* 1702, 26 *vol. in-*12. *p. f. v. f. avec la table.*

566 Bibliothéque choiſie, par le même, depuis 1703, jufqu'en 1713. *Ibid.* 1712, & *ann. fuiv.* 28 *vol. in-*12. *p. f. v. f. avec la table.*

567 Bibliothéque ancienne & moderne, par le même (& Cornand de la Croze), depuis 1714, jufqu'en 1727. *La Haye,* 1726 & *ann. fuiv.* 29 *vol. in-*12. *p. f. fil. d'or. avec la table.*

568 Journal Littéraire depuis le mois de Mai 1713, jufqu'en 1736, (par MM. Alexandre, Van-Effen, s'Gravefande, Marchand, de Sallengre & Thémifeuil). *La Haye,* 1713, & *ann. fuiv.* 23 *tom. en* 38 *vol. in-*12. *v. f.*

569 Nouvelles Littéraires, par H. du Sauzet. *La Haye,* 1715, & *ann. fuiv.* 10 *vol. in-*12.

570 Hiſtoire critique de la République des Lettres (par Jean Maſſon). *Utrecht,* 1712, & *ann. fuiv.* 15 *vol. in-*12. *p. f.*

571 L'Europe Savante, depuis Janvier 1718, jufqu'en 1720. *La Haye,* 1718, & *ann. fuiv.* 12 *vol. in-*12. *v. f.*

572 Hiſtoire Littéraire de l'Europe, (par Guyot de Merville) depuis le mois de Janvier 1726, jufqu'en Décembre 1727. *La Haye,* 1726, 6 *vol. in-*12.

573 Bibliothéque Raifonnée des Ouvrages des Savans de l'Europe, (par Armand de la Chapelle, des Maifeaux, J. Rouffet & autres), depuis le mois de Juillet 1728, jufqu'en Juin 1752. *Amſt.* 1728, & *ann. fuiv.* 48 *vol. in-*12.

574 Lettres Sérieufes & Badines, fur les Ouvrages des Savans, & fur d'autres matieres; par de Camuzat & de la Barre de Beaumarchais. *La Haye,* 1740, 12 *vol. in-*12.

575 Bibliothéque Italique depuis 1728, jufqu'en 1734, (par Ruchat, Bochat, du Lignon, Bourguet, Jordan, &c.). *Geneve,* 18 *vol. in-*12.

576 Mémoires Littéraires de la Grande-Bretagne, par Mich. de la Roche. *La Haye,* 1720 à 1724, 16 *tom. en* 8 *vol. in-*12.

577 Bibliothéque Britannique, (par Kempius & autres) depuis Avril 1733, jufqu'en Mars 1744. *La Haye,* 1733, & *ann. fuiv.* 22 *vol. in-*12.

5. *Bibliographes simples, ou Catalogues de différentes Bibliothéques publiques & particulieres.*

578 M. Ant. Reiseri Index Manuscriptorum Bibliothecæ Augustanæ. 1675. = Lud. Jacob Bibliographia Gallica Universalis. *Parif.* 1646. = Catalogus Librorum ex variis Europæ partibus advectorum, per Rob. Scott. *Londini, R. Scott,* 1674, *in-4.*

579 Catalogus omnium Codicum MSS. Græcorum, necnon Linguarum Orientalium Bibliothecæ Cæsareæ Vindobonensis; studio Dan. de Neffel. *Vindobonæ,* 1690, 2 *vol. in-fol.*

580 Catalogus Codicum Manuscriptorum Bibliothecæ Regiæ, studio (Aniceti Mellot, Steph. Fourmont, &c.). *Parif. è Typ. R.* 1739, 2 *vol. in-fol. br.*

581 Catalogue des Livres impr. de la Bibliothéque du Roi; par (MM. Sallier, Boudot, &c.) Théologie. *Paris, Impr. R.* 1739, 3 *vol. in-fol. le premier vol. br.*

582 Bibliotheca Telleriana, sive Catalogus Librorum Bibliothecæ Car. Mauritii le Tellier, Arch. Remensis, (à Nic. Clemente digestus). *Parif. è Typ. Reg.* 1693, *in-fol.*

583 Bibliothecæ Cordesianæ Catalogus, cum Elogio Jo. Cordesii, per Gabr. Naudæum. *Parif.* 1643, *in-4.*

584 Catalogus Bibliothecæ Thuanæ ab Ismaele Bullialdo & Jof. Quesnel digestus. *Parif.* 1679, 2 *vol. in-8.*

585 Bibliotheca Hohendorfiana. *La Haye,* 1720, 3 *part. en un vol. in-8. v. f.*

586 Catalogus Librorum Bibliothecæ Joach. Faultrier; digestus à Pr. Marchand. *Parif.* 1709, *in-8. cum Icone Dom. Faultrier.*

587 Bibliotheca Fayana, à G. Martin descripta. *Parif.* 1725, *in-8. cum prætiis & Icone D. du Fay.*

588 Catalogus Librorum Nic. Bachelier. *Parif. Coustelier,* 1725, *in-4. br.*

589 Bibliotheca Duboisiana. *La Haye,* 1725, 4 *vol. pet. in-8. v. f.*

590 Bibliotheca Colbertina. *Parif. Martin,* 1728, 3 *vol. in-12. avec les prix.*

591 Catalogus Librorum Mich. Brochard; cum Indice Auctorum. *Parif. Martin,* 1729, *in-8.*

592 Catalogue des Livres de la Bibliothéque de M. le Blanc. *Paris,* 1729, *in-8.*

593 Bibliotheca Lambertina, cum Indice Auctorum. *Parif. Martin*, 1730, *in-8. br.*

594 Catalogue de la Bibliothéque de M. Bourret. *Paris*, 1735, *in-12.*

595 Catalogus Librorum Bibliothecæ Car. Henr. Comitis de Hoym. *Parif. Martin*, 1738, *in-8. cum indice.*

596 Catalogue des Livres de la Bibliothéque du Grand-Con- feil; par l'A. Boudot. *Paris*, 1739, *in-8.*

597 Catalogue des Livres de M. Bellanger. *Par.* 1740, *in-8. avec le suppl. & la table.*

598 .Catalogus Librorum Biblioth. Car. Joach. Colbert de Croiffi, Épiscopi Montifpeffulani. 1740, 2 *vol. in-8. br.*

599 Catalogue des Livres de M. le Maréchal Duc d'Eftrées. *Paris, Guerin*, 1740, 2. *vol. in-8. br.*

600 Catalogue des Livres de M. le Pelletier des Forts, Minif- tre. *Paris, Barrois*, 1741, *in-8. br. avec table d'Auteurs.*

601 Catal. des Livres de M. Lancelot, par Martin. *Paris*, 1741, *in-8.*

602 Bibliotheca Univerfalis vetus & nova. *La Haye, Goffe*, 1742, *in-8. br.*

603 Catalogue des Livres de M. Barré. *Paris, Martin*, 1733, 2 *vol. in-8. br. avec table d'Auteurs.*

604 Catalogue de la Bibliothéque de feu M. Burette. *Paris*, 1748, 3 *vol. in-12. br.*

605 Catalogue des Livres de M. Gluc de Saint-Port (& de M. Bernard de la Monnoye), par J. Boudot. *Paris*, 1749, *in-8. br. avec table d'Auteurs.*

606 Catalogue des Livres de M. Giraud de Moucy. *Paris* 1753, *in-8. br.*

607 Catalogue des Livres du Cabinet de M. de Boze. *Paris*, *Martin*, 1753, *in-8. br. avec table d'Auteurs.*

608 Catalogue des Livres & Eftampes de M. de la Haye. *Pa- ris, Martin*, 1754, *in-8. br. avec table d'Auteurs.*

609 Catalogue des Livres de M. Coùvay. *Paris*, 1755, *in-8. br. avec table d'Auteurs.*

610 Catalogue des Livres de M. l'Abbé Delan. *Paris, Bar- rois*, 1755, *in-8. br. avec table d'Auteurs.*

611 Catalogue des Livres de M. Girardot de Préfond; par Guill. Franç. de Bure. *Paris*, 1757, *in-8. br., avec table d'Auteurs.*

612 Catalogue des Livres de M. Guyon de Sardiere, avec des Eclairciffemens & une Table des Auteurs. *Par. Barrois*, 1759, *in-8.*

613

613 Catalogue des Livres de la Bibliothéque de M. Chauvelin, Miniſtre. *Par. Muſier*, 1762, *in-8. br. avec la table des Auteurs.*

614 Catalogue des Livres de la Bibliothéque des Jéſuites de la Maiſon Profeſſe. *Paris*, 1763, *in-8. avec Table d'Auteurs.*

615 Catalogue des Livres de la Bibliothéque des Jéſuites du College de Clermont. *Paris*, 1764, *in-8. avec Table d'Auteurs.*

616 Catalogus Manuſcriptorum Codd. Collegii Claromontani necnon Domus Profeſſæ Pariſienſis. *Pariſ.* 1764, *in-8. cum Indice.*

617 Bibliotheca Senicurtiana. *Pariſ. Muſier*, 1766, *in-8. br.*

618 Catalogue des Livres de la Biblioth. de M. l'Abbé Deseſſarts. *Paris*, 1775, *in-8.*

619 Catalogue des Livres de la Bibliothéque de M. Delaleu. *Paris, Nyon*, 1775, *in-8. br. avec la Table des Auteurs.*

II. POLYGRAPHIE.

1. *Polygraphes anciens & modernes de toutes Nations.*

620 Lucien, de la Traduction de N. Perrot, Sieur d'Ablancourt. *Paris*, 1674, 3 *vol. in-12.*

621 M. T. Ciceronis Opera, ex P. Victorii codicibus maximâ ex parte deſcripta; cum Indice. *Pariſ. Rob. Stephanus,* 1539, 4 *tom. en 2 vol. in-fol.*

622 Eadem Opera; ſtudio Gruterorum emendata; ex Editione Adami Littleton. *Londini*, 1681, 2 *vol. in-fol. v. f.*

623 Eadem Opera, cùm notis ſelectis variorum; ex Edit. Dion. Gothofredi *Baſilea*, 1627, *in-4.*

624 Œuvres de Cicerón, trad. en franç. par du Ryer. *Paris*, 1670, 12 *vol. in-12.*

625 Traductions de différens Ouvrages de Ciceron : ſavoir, les Oraiſons; les Catilinaires, par de Maucroix; les Offices; de la Vieilleſſe & de l'Amitié; les Paradoxes, par du Bois; le Songe de Scipion, &c. par Géoffroy; la Divination; les vrais Biens & les vrais Maux, par Regnier; l'Exil, par Morabin. *En tout 9 vol. in-12.*

626 P. Pithœi Opera Sacra, Juridica, Hiſtorica & Miſcellanea; edente Car. Labbæo. *Pariſ.* 1609, *in-4. v. f.*

627 Les Œuvres de Guillaume du Vair. *Paris*, 1725, *in-fol.*

628 Œuvres diverſes du Card. du Perron; ſes Ambaſſades; ſa

F

Réplique à Jacques I, & fon Traité de l'Euchariftie. *Paris*, 1633, 4 *vol. in-fol.*

629 Œuvres de Fr. de la Mothe le Vayer. *Paris*, 1654, 2 *vol. in-fol.*

630 Les mêmes publiées par fon fils. *Ibid.* 1669, 15 *vol. in-12.*

631 Jacobi, Joannis, Andreæ & Hugonis Fratrum Guyoniorum Opera varia; cum eorum vitis, ftudio Philib. de la Mare. *Divione*, 1658, *in-4. vel.*

632 Toutes les Œuvres de M. Arnauld d'Andilly. *Paris*, 1664 & *ann. fuiv.* 8 *vol. in-fol.*

633 Œuvres du Perc Rapin. *La Haye*, 1725, 3 *vol. in-12.*

634 Œuvres de l'Abbé de Saint-Réal. *La Haye*, 1722, 5 *vol. in-12.*

635 Les mêmes. *Paris*, 1730, 5 *vol. in-12.*

636 Œuvres diverfes de M. Patru. *Paris*, 1714, *in-4.*

637 Œuvres de le Noble. *Par.* 1718, 19 *vol. in-12. fig.*

638 Aug. Dati (vel Dathi) Senenfis, Opera Philofophica, Orationes, Epiftolæ, Hiftoriæ & Opera Polygraphica. *Senis, Nic. Naraus*, 1503, *in-fol. v. f.*

639 Defid. Erafmi Opera quædam felecta, Theologica & Spiritualia, Philologica & Critica; Epiftolæ, Flores & Vita. *Lugd. Bat. Jo. Maire*, 1641 *ad ann.* 1648, 11 *vol. in-12. p. f. vel. d'Holl.*

640 Tutte le Opere di Nicolo Machiavelli. 1550, 5 *parties en 3 vol. in 4. édit. originale.*

641 Œuvres de Machiavel (trad. en franç. par Teftard). *Amft.* 1713, 6 *vol. in-12.*

642 Jufti-Lipfii Opera omnia. *Vefaliæ*, 1675, 4 *tom. en* 5 *vol. in 8.*

2. *Mélanges de Polygraphie; Dictionnaires & Recueils Polygraphiques par Ordre Alphabétique, de Matieres, &c.*

643 Galeottus Martius de Doctrina promifcua. *Lugduni, Tornæfius*, 1552, *in-16. v. f.*

644 Préjugés légitimes contre l'Encyclopédie, par Abr. Jof. Chaumeix. *Bruxelles*, 1758, 6 *tom. en* 4 *vol. in-12.*

645 Jo. Jac. Hofmanni Lexicon univerfale. *Lugd. Batav.* 1698, 4 *vol. in-fol.*

646 Nouveau Dictionnaire Univerfel des Arts & des Sciences, françois, latin & anglois, trad. de l'anglois de Th. Dyche (par le P. Pezenas). *Avignon*, 1756, 2 *vol. in-4.*

647 Jof. Langii Polyanthea. *Francof.* 1617, *in-fol.*

II. PHILOSOPHIE ET SCIENCES QUI EN DÉPENDENT.

I. PHILOSOPHIE ACADÉMIQUE.

1. Philosophes Anciens.

648 Les Œuvres de Platon, trad. en franç. par Dacier. Amst. Roger, 1700, 2 vol. in-12.

649 Porphyrii Philosophi de non necandis ad epulandum Animantibus Lib. quatuor; gr. & lat. edente Fr. de Fogerolles. Lugduni, 1620, in-8. v. f.

650 Jamblichus de Mysteriis Ægyptiorum; Procli, Porphyrii, Pselli, & Mercurii Trismegisti Opera, latinè; ex vers. Marsilii Ficini. Lugd. Tornæsius, 1552, in-16. fil. d'or.

651 Hieroclis Comm. in aurea Pythagoreorum carmina; necnon de Providentia & Fato; & ejusdem fragmenta; gr. & lat. Londini, 1673, 2 vol. pet. in-8.

652 Aristotelis Opera, gr. & lat. edente Guill. du Val. Lutetiæ : arist. Typis Regiis, 1629, 2 vol. in-fol.

653 Nicolai Leonici Thomæi Opuscula circà Philosophiam Aristotelicam. Paris. Colinæus, 1530. — Themistius in Aristotelem de Cœlo; interprete Moyse Alatino. Venetiis, 1574. — Simplicius in eundem Librum Aristotelis. Ibid. 1563, in-fol.

654 M. Tullii Ciceronis de Officiis Lib. tres; Cato major, Lælius, Paradoxa & Somnium Scipionis; cum notis varior. ex recensione Jo. Geor. Grævii. Amst. 1688, in 8.

655 Les Tusculanes de Ciceron, trad. en franç. avec des remarques par Bouhier & d'Olivet. Paris, 1730, 3 vol. in-12. v. f.

656 L. Annæi Senecæ Philosophi & M. A. Senecæ Rhetoris Opera ; ex editione Fed. Morelli. Paris. 1619, in-fol.

657 Eorundem Opera. Lugd. Bat. Raphelengius, 1620, in-16. vel.

658 Eorundem Opera, ex recensione J. Lipsii & And. Schotti. Amstel. Jansson, 1628, 2 tom. en un vol. in-12. m. r. l. r.

659 Jo. Fred. Gronovii notæ ad L. & M. Annæos Senecas. Amst. Elzev. 1658, in-12. rel. en peau verte.

660 Examen du Pyrrhonisme ancien & moderne, par de Crousaz. La Haye, 1733, in-fol.

661 Histoire de la Philofophie Païenne, par (de Burigny).
La Haye, 1724, 2 *vol. in-12.*

662 Le même Ouvrage fous le titre de Théologie Païenne.
Paris, 1754, 2 *vol. in-12.*

2. *Philofophes Modernes.*

663 Les Effais de Michel de Montaigne. *Paris*, 1604, *in-8, vel.*

664 Les mêmes. *Ibid.* 1635, *in-fol.*

665 Les mêmes, avec les notes de P. Cofte. *Ibid.* 1735,
3 *vol. gr. in-4.*

666 Œuvres de Defcartes; favoir, les Principes de Philofophie; les Paffions de l'Ame; les Méditations métaphyfiques;
la Géométrie; l'Homme; la Méthode, & les Lettres : avec
le Voyage du Monde de Defcartes, par le P. Daniel; &
un Recueil de Pieces concernaut la Philofophie de Defcartes. *Paris*, 1723, & ann. *fuiv.* 17 *vol. in-12.*

667 Petri Gaffendi Dubitationes adverfus Ren. Cartefii Meditationes & Refponfa. *Uitraj.* 1691.==Ger. de Vries Differt.
de Cartefii Méditat. à Gaffendo impugnatis. *Ibid.* 1691,
in-8. vel. d'Holl.

668 Alciphron, ou le petit Philofophe; en fept dialogues
(par l'Evêque de Cloyne. *La Haye*, 1734, 2 *vol. in-12.*

669 Lettres Philofoph. *Amft.* 1734, 2 *vol. in-12.* avec la
Réponfe du P. le Cocq de Villeray.

670 La Philofophie du bons-fens, par le Marq. d'Argens;
avec des Remar. de l'Abbé d'Olivet. *La Haye*, 1740,
2 *vol. in-12.*

3. *Mélanges de Philofophie Scholaftique; Elémens, Cours, Principes, &c. de cette Science.*

671 Méthode d'étudier & d'enfeigner la Philofophie, par rapport à la Religion Chrétienne, par le P. Thomaffin. *Paris*,
1685, *in-8.*

672 La Philofophie applicable à tous les objets de l'efprit &
de la raifon, par l'Abbé Terraffon. *Paris*, 1754, *in-12.*

673 Abrégé de la Philofophie de Gaffendi, par Fr. Bernier.
Lyon, 1684, 7 *tom. en 5 vol. in-12.*

674 Syftême de Philofophie, par P. Sylvain Regis. *Paris*,
1690, 3 *vol. in-4.*

675 Univerfæ Philofophiæ Inftitutio; Authore P. Cally. *Cadomi*, 1695, 4 *tom. en 2 vol. in-4. m. r.*

676 Jo. Clerici Opera Philosophica. *Amstel.* 1698 , 4 vol.
pet. *in-8.*

677 Nouveau Système de Philosophie, par Ladvocat. *Paris,*
1728, 2 vol. *in-12.*

678 Philosophia ad usum Scholæ accommodata; Auctore G.
Dagoumer. *Lugd.* 1746, 4 vol. *in-12.*

I. LOGIQUE ET DIALECTIQUE.

679 Raymundi Lullii Opera , ea quæ ad inventam ab ipso
Artem universalem pertinent; cum indice & Interpretum
ejus Operâ. *Argentorati,* 1617, *in-8.*

680 La Logique , ou Système de Réflexions qui peuvent
contribuer à l'étendue de nos connoissances, par Crousaz.
Amst. 1725, 4 vol. *in-12.*

681 Logique, ou Réflexions sur les forces de l'entendement
humain, par Chr. Wolff. *Berlin,* 1736, *in-8.*

II. ÉTHIQUE, OU PHILOSOPHIE MORALE.

1. *Moralistes Anciens.*

682 Theophrasti notationes Morum , gr. & lat. cum Comm.
Is. Casauboni. *Lugduni.* 1638, *in-8.*

683 Les Caractères de Théophraste, trad. du grec; avec les
Caractères ou les Mœurs de ce siecle, par de la Bruyere.
Amst. (*Paris*) 1726, 3 vol. *in-12.* & 3 vol. de *Pieces
relatives.*

684 La Morale d'Epicure, avec des Réflexions; par le Baron
des Coutures. *Paris,* 1685, *in-12.*

685 Epicteti Enchiridion & Cebetis Tabula ; Gr. & Latinè.
Ludg. Bat. 1634, *in-32. m. r.*

686 Le Manuel d'Epictete, trad. en fr. par M. Dacier. *Paris,*
1715, 2 vol. *in-12.*

687 Réflexions Morales de l'Empereur Marc - Antonin, trad.
en fr. avec des remarques, par Dacier. *Amst.* 1714, 2 vol.
in-12.

2. *Moralistes Modernes généraux & particuliers.*

688 La Grand Nef des Fols du Monde, par Seb. Brant,
traduite en françois. *Paris, le Noir, sans date, petit in-4.
Goth. vel.*

689 La Doctrine des Mœurs, par Gomberville. *Paris, Daret*, 1646, *in-fol. fig.*

690 Le même Ouvrage, fous le titre de Théâtre moral de la vie humaine, représenté en plus de cent tableaux, tirés d'Horace, par Otho Venius, & expliqués par de Gomberville. *Bruxelles*, 1672, *in-fol. fig.*

691 Le Spectateur, ou le Socrate Moderne, trad. de l'Anglois de Rich. Stéele & Addiffon. *Amst.* 1732, 6 *vol. in-12. v. éc.*

692 Le même Ouvrage. *Ibid.* 1741, 6 *vol. in-12. v. f.*

693 Confidérations fur les Mœurs, par Duclos, *Paris*, 1751, *in-12.*

694 La Fable des Abeilles, ou les Fripons devenus honnêtes Gens; par le Doct. Mandeville, trad. en fr. par (Bertrand). *Londres,* 1750, 4 *vol. in-12.*

695 De la Sageffe, par Pierre Charron. *Paris*, 1632, *in-8. v. f.*

696 La fauffeté des Vertus humaines, par Efprit. *Paris*, 1678, 2 *vol. in-12.*

697 De la Connoiffance de foi - même, par le P. Dom Fr. Lamy. *Paris*, 1701, 6 *vol. in-12.*

698 L'Homme détrompé, par Balt. Gracian, trad. de l'Efpagnol, (par Maunory.) *Geneve*, (*Holl.*) 1725, 3 *vol. in-12.*

699 Traité de l'Orgueil, par Jean la Placette. *Amst.* 1700, *in-12.*

700 Antidoto della Gelofia, eftratto da l'Ariofto, per Levantio da Guidicciolo. *In Brescia*, 1565. = Tre Difcorfi d'Aleff. Farra. *In Pavia*, 1564. = Il Convito di G. B. Modio, dove fi conchiude che non puo la Donna dishonefta far vergogna a l'Huomo. *In Roma*, *Dorici*, 1554, *in-8.*

701 La Danfe des Morts, comme elle eft dépeinte dans la ville de Bafle; gravée fur l'original de Merian; avec une explication Allem. & Françoife. *Bafle*, 1756, *in-4. fig.*

702 Poggii Braccolini Hiftoriæ de varietate Fortunæ Lib. IV. cum notis Dominici Georgii; accedunt Poggii Epiftolæ quædam ineditæ, & à Jo. Oliva Rhodigino vulgatæ. *Lutetiæ Parif.* 1723, *in-4. v. f. fil.*

703 Réflexions fur les Grands Hommes qui font morts en plaifantant, par M. D. (Deflandes). *Rochefort*, (*Holl.*) 1714, *in-12, p. f.*

704 Penfées du Comte d'Oxenftirn fur divers fujets de Morale. *La Haye*, 1744, 2 *tom. en un vol. in-12.*

3. *Mélanges de Philosophie morale ; Fabuliſtes anciens & modernes.*

705 Fabulæ Æſopi Gr. & Lat. Item Avieni Fabulæ & Homeri Ranarum & Murium pugna; Gr. & Lat. edente Dan. Heinſio. *Amſt.* 1672, *petit in-8. fig. en bois.*

706 Les Fables & la Vie d'Eſope ; trad. en françois. *Anvers, en l'Imprim. Plantinienne ;* 1593, *in-16 fig.*

707 Fables d'Eſope en Quatrains, par Benſerade. *Paris,* 1678, *in-12. fig. en bois.*

708 Fables d'Eſope, (par Raph. Trichet du Freſne.) avec les figures de Sadeler. *Paris,* 1689, *petit in-4.*

709 Eſope en Belle-humeur, ou derniere traduction & aug-mentation de ſes Fables, en Proſe & en Vers. *Bruxelles,* 1700, 2 *vol. in-12. fig.*

710 Phædri Fabularum Æſopiarum Lib. V. cum notis Varior. & Obſervat. Joh. Laurentii. *Amſtel.* 1667, *in-8. fig.*

711 Eædem Fabulæ, cum notis Jo. Schefferi & Fr. Guyeti, necnon verſ. gallicâ Tanaquilli Fabri. *Hamburgi,* 1673, *in-8.*

712 Eædem ad uſum Principis Naſſavii, cum notis Dav. Hoogſtratani. *Amſtel. Halma,* 1701, *in-4. fig. de Van-Vianen.*

713 Eædem, ex editione Burmanni. *Glaſguæ,* 1741, *in-12.*

714 Eædem ; accedunt Aviani Fabulæ & P. Syri Sententiæ. *Pariſ. Couſtellier,* 1742, *in-12. p. f.*

715 Les Fables de Phedre en vers françois, par Deniſe, avec le Latin à côté & des notes. *Paris,* 1708, *in-12. fil.*

716 Aviani (vel Avieni) Æſopiarum Fabularum Liber, Latinè: Gabriæ Fabellæ ; Homeri Batracomiomachia ; Muſæus de Ero & Leandro ; &c. Gr. & Latin. edente Th. Pulmanno. *Antuerpiæ, Plantinus,* 1572, *in-16.*

717 Les Contes & Fables Indiennes de Bidpaï (ou Pilpay), & de Lokman ; trad. d'Ali Tchelebi-Ben Saleh, par Galland. *Paris,* 1724, 2 *vol. in-12. fig.*

718 Fables Choiſies, miſes en vers, par de la Fontaine. *Paris,* 1678, 5 *vol. in-12. fig.*

719 Les mêmes. *Amſt.* 1700, 5 *part. en 2 vol. petit in-8. fig.*

720 Fables Héroïques, par Audin, avec des Diſcours Hiſto-riques, par Bruzen la Martiniere. *Amſt.* 1754, 2 *vol. in-12. fig. v. f.*

721 Fables Nouvelles en vers, par M. de la Motte. *Par.* 1719, *in-4. v. f. fig. de Gillot, Coypel & autres.*

722 Les Fables de Houdart de la Motte, trad. en vers françois, (par Gacon). (*Paris*). == Recueil de Poëfies héroïques & gaillardes de ce tems, 1717, *in-*12.

723 Fables de M. Le Brun, en vers. *Paris*, 1722, *in-*12.

724 Fables Choifies, mifes en vers, par Richer. *Paris*, 1744, *in-*12.

III. ECONOMIE PRIVÉE OU DOMESTIQUE.

1. *Traités généraux & particuliers de l'Homme & de la Femme ; de leurs devoirs dans les différens états de la vie ; de l'Egalité des Sexes, &c.*

725 Les devoirs de l'Homme & du Citoyen ; trad. de Puffendorff, par J. Barbeyrac. *Amft.* 1756, 2 *vol. in-*12. *v. éc.*

726 Traité du vrai mérite de l'Homme, confidéré dans tous les âges & dans toutes les conditions, par le Maître de Claville. *Paris*, 1737, 2 *vol. in-*12.

727 Jo. Lud. Vivis de Officio Mariti ; de Inftitutione Fœminæ Chriftianæ, & de Adolefcentum ac Puellarum inftitutione. *Hanoviæ*, 1614, *in-*8. *vel.*

728 Avis d'une Mere à fon Fils & à fa Fille, par la Marquife de Lambert. *Paris*, 1729, *in-*12.

729 Inftruction d'un Pere à fon Fils, fur la maniere de fe conduire dans le Monde ; par du Puy-la-Chapelle. *Paris*, 1730, *in-*12. *v. f.*

730 La Bibliotheque des Dames ; contenant des regles pour leur conduite dans toutes les circonftances de la vie ; publiée par R. Steele, & trad. en fr. par Janiçon. *Amft.* 1724, 2 *vol. in-*12.

731 De l'Egalité des deux Sexes, (par Fr. Poullain de la Barre). 1673. == L'Excellence des Hommes contre l'Egalité des Sexes, (par le même) 1675. == De l'Excellence des Femmes au-deffus des Hommes, par Agrippa ; trad. en françois (par Arnaudin). *Paris*, 1713. *en tout 3 vol. in-*12.

732 H. Corn. Agrippa fur la Nobleffe, & excellence du Sexe féminin, de fa prééminence fur l'autre Sexe, & du Sacrement de Mariage ; trad. en fr. par de Gueudeville. *Leiden*, 1726, 3 *vol. in-*12.

2. *Traités généraux & particuliers d'Education ; de la Vie Civile ; du Point d'honneur, &c.*

733 Œuvres diverses de l'Abbé de Bellegarde , concernant les Mœurs & la Vie Civile. *Paris*, 1723, 4 vol. in-12. v f.

734 De l'Education des Enfans, trad. de Locke, par P. Coste. *Paris*, 1711, in-12. v. f.

735 Traité de l'Education des Enfans, par J. P. de Crousaz. *La Haye*, 1722, 2 vol. in 12.

736 Nouveau Traité d'Education , avec des Fables de divers Auteurs. *Amst.* 1716, 2 vol. in-12. fig.

737 Lettres sur l'Education, (par Pesselier). *Paris*, 1762, 2 tom. en un vol. in-12.

738 Essais sur la nécessité & sur les moyens de plaire, par de Moncrif. *Paris*, 1738, in-12.

739 Essai sur l'Education de la Noblesse , par (de Brucourt). *Paris*, 1748 , 2 vol. in-12.

740 El Heroe de Lorenzo Gracian. *Amst.* 1659 , in-12.

741 L'Idée parfaite du véritable Héros, par J. B. della Faille. *Amst.* 1700, 3 parties en un vol. in-12.

742 L'Homme de Cour , trad. de Balt. Gracian , par Amelot de la Houssaie. *La Haye*, 1685, in-12 p. f.

743 L'Honneur considéré en lui-même , & relativement au duel , par M. de (Champdevaux). *Paris*, 1752, in-12.

744 Le Combat de Mutio-Justinopolitain , avec les réponses chevaleresses , trad. de l'Italien par Ant. Chapuis. *Lyon*, 1582, in-8.

IV. ÉCONOMIE D'ETAT, OU POLITIQUE.

1. *Traités généraux sur la Politique.*

745 Politique tirée des propres paroles de l'Ecriture Sainte, par Jac. Ben. Bossuet. *Paris*, 1709 ; 2 vol. in-12.

746 Entretiens de Phocion , sur le rapport de la Morale avec la Politique, trad. du grec de Nicocles (par l'Abbé de Mably). *Amst.* (Paris) 1763, in 12.

747 Le Corps Politique, ou les Élémens de la Loi morale & civile, par Th. Hobbes, trad. en fr. par (S. Sorbiere). 1652, in-16. vel.

748 Th. Hobbes Elementa Philosoph. de Cive. *Amst.* 1696, in-12. p. f. br.

G

749 Elémens Philofophique du Citoyen, où les fondemens de la Société Civile font découverts ; par le même , trad. en fr. (par Sam. Sorbiere). *Paris* , 1651 , *in* 8.

750 Aphorifmi Politici & Militares Lamb. Danæi. *Lugd. Bat.* 1639 , *in-*12. *p. f. vel.*

751 Geor. Schonborneri Politicorum Lib. Septem. *Amftel. Elzev.* 1642 , *in-*12. *p. f. vel.*

752 Anti - Machiavel , ou Examen du Prince de Machiavel , (avec le texte , de la verfion d'Amelot de la Houffaye) & des notes , par M. de Voltaire. *La Haye* , 1741 , 2 *vol. in-*8.

753 La Politique du Chevalier Bacon. *Londres* , (*Paris*) 1740 , 2 *vol. in-*12.

754 Annales Politiques de Ch. Ir. Caftel , Abbé de S. Pierre. *Londres* , 1757. , 2 *vol. in-*8.

755 Difcours Politiques de M. Hume, traduits de l'Anglois , (par l'Abbé le Blanc). *Amfterd.* (*Paris*) , 1754 , 2 *vol. in-*12. *br.*

2. *Traités particuliers de la Cour & des Courtifans ; des Rois & des Princes ; de leur éducation , de leurs devoirs & de ceux de leurs fujets ; des Miniftres ; &c.*

756 Jo. Sarefberienfis Policraticus ; five de Nugis Curialium & veftigiis Philofophorum Lib. octo. *Lugd. Bat.* 1595 , *in-*12. *v. f.*

757 Traité de la Cour , par du Refuge. *Amft. Elzeviers* , 1656 , *in-*12. *p. f.*

758 Hiftoire de l'Origine de la Royauté, par Péliffer. *Paris* , *in-*12. *fig.*

759 Traicté de la Puiffance & Authorité des Roys , & de par qui doivent être commandez les Diettes ou Conciles folen- nels de l'Eglife , les Etats convoquez ; &c. par Cl. Goufté. 1561, *in-*8. *vel.*

760 De la puiffance légitime du Prince fur le Peuple , & du Peuple fur le Prince ; trad. du latin d'Etienne Junius-Brutus ; (Hubert Languet). 1581 , *in-*8.

761 Maximes fur le devoir des Rois , & le bon ufage de leur autorité, (tirées de Boffuet, Fénelon & du Guet). 1754. = Manuel dés Souverains. 1754, *in-*12.

762 Fr. Patricii Senenfis de Regno & Regis Inftitutione Lib. IX. edente D. Lambino. *Parif.* 1582 , *in-*8. *vel.*

763 Le Gouvernement des Princes , traduit d'Ariftote , par Phelippe ; le Tréfor de Nobleffe ; & les Fleurs de Valere

le Grand, trad. en franç. par Sim. de Hedin. *Paris, Verard,* 1497, *gr. in-4. Goth.*

764 Manuelis Palæologi Imp. Præcepta Educationis Regiæ ad Joannem filium, Gr. & Lat. accedit Belisarii Neritinorum Ducis ejusdem argumenti Liber; edente Jo. Leunclavio. *Basileæ,* 1578, *in-8.*

765 Jo. Marianæ de Rege & Regis Institutione Lib. III. & de ponderibus & mensuris Lib. *Moguntiæ,* 1605, *in-8. v. f.*

766 Pratique de l'Education des Princes, par Varillas. *Paris,* 1684, *in-4.*

767 Institution d'un Prince; par du Guet. *Leyde,* 1739, 4 *vol. in-12.*

768 Didaci de Saavedra Idea Principis Christiano-Politici, emblamaticè expressa. *Amstelod.* 1659, *in-12 p. f.*

769 Idem Opus, Hispanico Idiomate. *Ibid. in-12 p. f.*

770 Le Mirouer exemplaire & très-fructueuse instruction de Gilles de Romme, du Régime & Gouvernement des Roys, Princes, &c. avec le nom des Roys de France, & combien de tems ils ont régné. *Paris, Eustace,* 1517, *in-4. Goth. vel.*

771 Le Jeu des Eschez moralisé, translaté de lat. (de Jac. de Cessoles) en françois, (par J. Ferron ou J. de Vignay). *Paris, le Noir,* 1505, *petit in-4. Goth.*

772 Le Ministre d'État, avec le véritable usage de la Politique moderne, par de Silhon. *Amst. Michiels,* 1661, 2 *vol. in-12. p. f.*

773 Le Conseiller d'État, ou Recueil des plus générales considérations servant au maniment des affaires publiques. (*Holl. Elzevier*) 1645, *in-16.*

774 Essai sur l'Idée du Parfait Magistrat. *Paris,* 1701, *in-12.*

775 Christ. Varsevicii de Legato & Legatione; item de Consilio & Consiliariis Principis Liber; &c. *Dantisci,* 1646, *in-12. p. f.*

776 Eclogæ Legationum, cùm Corollario excerptorum è Libris Diodori Siculi amissis; Græcè: edente Dav. Hoeschelio. *Augustæ Vindel.* 1603, *in-4. fil.*

777 L'Ambassadeur & ses fonctions; & autres Ouvrages de Wicquefort. *Cologne,* 1715, 2 *vol. in-4.*

3. *Traités du Gouvernement & des différentes sortes d'Aministrations.*

778 Discours sur le Gouvernement, par Algernon-Sidney,

trad. de l'Anglois , par P. A. Samson. *La Haye* , 1702 , 3 *vol. in*-12.

779 Le même Ouvrage. (*Paris*) 1755 , 4 *vol. in*-12.

780 La République de Platon , trad. en françois , (par M. Grou). *Paris* , 1762 , 2 *vol. in*-12.

781 Abrégé de la République de Bodin , (par de Lavie). *Londres* , (*Paris*) , 1755 , 2 *vol. in*-12.

782 Arn. Clapmarii de Arcanis Rerumpublicarum Lib. VI. à Jo. Arn. Corvino illuſtrati. *Amſt. Elzev.* 1644 , *in*-12. *p. f.*

783 L'Utopie de Thomas Morus , trad. en fr. par Gueudeville. *Leide* , 1715 , *in*-12. *fig.*

784 Parallele des Romains & des François , par rapport au Gouvernement , (par Bonnot de Mably). *Paris* , 1740 , 2 *vol. in*-12.

785 Conſidérations Politiques ſur les Coups d'Etat , par Gabr. Naudé ; avec des Réflexions , par Louis du May. 1752 , 3 *vol. in*-12.

786 Projet pour rendre la Paix perpétuelle en Europe , par Ch. Irené Caſtel , Abbé de S. Pierre. *Utrecht* , 1718 , 2 *vol. in*-12.

4. *Traités particuliers ſur la Population & les Finances.*

787 Eſſai ſur la différence du nombre des hommes dans les temps anciens & modernes ; traduit de l'Angl. de Rob. Wallace , par de Joncourt. *Londres* , (*Paris*) , 1754 , *in*-12. *v. f.*

788 L'Ami des Hommes , ou Traité de la Population , (par M. le Marquis de Mirabaud) avec pluſieurs pieces relatives. *Avignon* , 1758 , 13 *vol. in*-12. ; *br. & rel.*

789 Traité des Monnoies , par de Bettange. *Avignon* , 1760 , 2 *vol. in*-12.

790 Eſſai ſur les Monnoies ; ou Réflexions ſur le rapport entre l'argent & les denrées ; (par du Pré de Saint-Maur). *Paris* , 1746 , *in*-4.

791 Recherches ſur la valeur des Monnoies , & ſur le prix des Grains , avant & après le Concile de Francfort , (par le même). *Paris* , 1762 , *in*-12.

792 Traité de la Richeſſe des Princes & de leurs Etats , par C. C. D. P. D. B. Allemand. *Paris* , 1722 , 3 *vol. in*-12.

793 Mémoires ſur les Finances , par M. de Lagny. 1729 , *in-fol. Mſſ. d. ſ. tr.*

794 Le Réformateur, (par Clicquot-Blervache). *Amst.* 1756, 2 *vol. in-12.*

795 Le Financier-Citoyen, par (Navau). 1757, 2 *vol. in-12.*

796 Mémoires pour servir à l'Histoire Générale des Finances, par Deon de Beaumont. *Londres*, 1758, 2 *vol. in-12.*

797 Projet d'une Dixme Royale, par Sebastien le Prestre de Vauban. *Brusselles*, *de Backer*, 1708, *in-12.* 2 *vol. avec les réflexions sur cet ouvrage.*

798 Projet d'une Taille tarifiée, par l'Abbé de S. Pierre. *Rotterdam*, 1737, *in-12.*

5. *Traités politiques concernant le Commerce, la Navigation & les Arts.*

799 Histoire du Commerce & de la Navigation des Peuples Anciens & Modernes, par (le Chevalier d'Arcq). *Paris*, 1758, 2 *vol. in-12.*

800 Observations sur le Commerce & sur les Arts d'une partie de l'Europe, de l'Asie, de l'Afrique, &c. par J. Cl. Flachat. *Lyon*, 1766, 2 *vol. in-12. fig.*

801 Remarques sur plusieurs branches de Commerce & de Navigation, (par Peyssonnel). 1757, 2 *part. en un v. in-12.*

802 Essai sur l'Histoire Economique des Mers Occidentales de France, par Tiphaigne. *Paris*, 1760, *in-8.*

803 Vûes politiques sur le Commerce des denrées en France, (par Goyon). *Paris*, 1759, *in-12.*

804 Essai politique sur le Commerce, (par Melon). *Amst.* 1735, *in-12.*

805 Réflexions Politiques sur les Finances & le Commerce, par (Dutot). *La Haye*, (*Paris*), 1738, 4 *vol. in-12. avec l'Examen (par Paris).*

806 Considérations sur le Commerce & sur l'Argent, par Law. *La Haye*, 1720, *in-12.*

807 Traités sur le Commerce & sur les avantages qui résultent de la réduction de l'intérêt de l'argent, par Josias Child, trad. de l'Angl. par (Vincent de Gournay). *Amst.* (*Paris*), 1754, *in-12.*

808 Discours Œconomique, monstrant comme de 500 livres une foys employées, l'on peult tirer par an 4500 livres de proffict honneste; par Prudent le Choyselat. *Rouen*, 1612, *in-12.*

809 Remarques sur les avantages & les désavantages de la France & de la Grande Bretagne, par rapport au Com-

merce ; trad. de l'A gl. (par M. Plumard de Dangeul). *Leyde*, 1754, *in-12*.

810 Essai sur l'Etat du Commerce d'Angleterre , (par Butel Dumont). *Londres*, (*Paris*) 1755, 2 *vol. in-12*.

811 Essai sur les causes du déclin du Commerce étranger de la Grande Bretagne , (par l'Ab. Gua de Malves). 1757, 2 *tom. en un vol. in-12*.

812 La Noblesse Commerçante , Militaire, Commerçable & Oisive , par l'Abbé Coyer. *Paris*, 1756, *in-12*.

6. *Traités pratiques du Commerce & des Changes, & de l'Art de Commercer.*

813 Théorie & Pratique du Commerce & de la Marine , trad. de l'Esp. de Don Ger. de Ustariz , (par de Forbonnais). *Paris*, 1753, *in-4*.

814 Élemens du Commerce, (par le même). *Paris*, 1754, 2 *vol. in-12*.

815 Dictionnaire Universel du Commerce ; par Jacques Savary , revû par Philemon L. Savary. *Paris*, 1723, 2 *vol. in-fol*.

816 Le même Ouvrage, augmenté. *Ibid.* 1741, 3 *vol. in-fol*.

817 La Bibliotheque des jeunes Négocians , par J. Laruë. *Lyon*, 1747, *in-4*.

818 Manuel des Négocians , (par Paganucci). *Lyon*, 1761, 3 *vol. petit in-8*.

819 Traité général du Commerce , relativement à la Hollande ; par Sam. Ricard. *Amsterd.* 1714, *in-4*.

820 Le Grand Commerce , ou Traité des Changes étrangers de tous les pays de l'Europe, par Barême. *Paris*, 1709, 2 *vol. gr. in-8*.

821 Traité des Négociations de Banque & des Monnoies étrangeres ; par Est. Damoreau. *Paris*, 1727, *in-4. fig*.

822 Traité des Changes étrangers, pour les principales Villes de l'Europe, avec des tarifs pour lesdites Villes, par Dernis. *Paris*, 1726, *in-4*.

823 Traité des Arbitrages de Change , par J. Wiertz. *Basle*, 1728, *in-4*.

824 Méthode pour bien dresser toutes sortes de Comptes à parties doubles par débit & crédit ; par Cl. Irson. *Paris*, 1678, *in-fol. fil*.

825 L'Art de tenir les Livres de comptes en parties doubles à l'Italienne ; par Sam. Ricard. *Amsterd.* 1724, *in-fol*.

SCIENCES. 55

V. PHILOSOPHIE SURNATURELLE OU MÉTAPHYSIQUE.

1. Traités généraux de Métaphysique ; de l'Existence de Dieu & de ses attributs ; du Destin, &c.

826 Entretiens de Ciceron sur la nature des Dieux, traduits en François (par le Masson). *Paris*, 1721, 3 *vol. in*-12. *v.f.*

827 Le même Ouvrage, traduit en François, avec des Remarques ; par l'Ab. d'Olivet, & le P. Bouhier. *Ibid.* 1732, 2 *vol. in*-12.

828 Entretiens sur la Métaphysique, sur la Religion, & sur la Mort ; par le P. Malebranche. *Paris*, 1732, 2 *vol. in*-12.

829 Réfutation d'un nouveau système de Métaphysique, proposé par le P. Malebranche ; par (le P. du Tertre). *Paris*, 1715, 3 *vol. in*-12.

830 Œuvres Philosophiques, par Fr. de Salignac de la Motte-Fenelon. *Paris*, 1716, *in*-12.

831 Lettres sur divers sujets concernant la Religion & la Métaphysique ; par le même. *Paris*, 1718, *in* 12.

832 Principes de Philosophie, ou preuves naturelles de l'Existence de Dieu & de l'Immortalité de l'ame ; par Genest. (en vers). *Paris*, 1716, *in*-8.

833 L'Existence de Dieu démontrée par les merveilles de la Nature ; traduite de l'Angl. de Ber. Nieuwentyt, en Fr. (par P. Noguez). *Paris*, 1725, *in*-4. *fig.*

834 Théologie Physique, ou Démonstration de l'Existence & des attributs de Dieu, tirée des Œuvres de la Création, par Guill. Derham, & trad. de l'Angl. par Jacq. Lufneu. *Rotter.* 1726, *in*-8.

835 Le même Ouvrage. *Ibid.* 1730, *in*-8.

836 Théologie Astronomique, par le même, trad. de l'Anglois par (Fr. Bellanger). *Paris*, 1729, *in*-8. *fig.*

837 Théologie de l'Eau, traduite de l'Allemand de J. Alb. Fabricius, (par le D. Burnand). *La Haye*, 1741, *in*-8.

838 Théologie des Insectes, traduite de l'Allemand de Lesser, avec des Remarques par P. Lyonnet. *Paris*, 1745, 2 *tom.* en un *vol. in*-8.

839 Examen du Fatalisme (par M. l'Abbé Pluquet). *Paris*, 1757, 2 *vol. in*-12.

2. *Traités particuliers sur l'Ame & son immortalité; l'Origine du Mal, &c. ensemble les Traités sur l'Ame des Bêtes.*

840 Fortunii Liceti de rationalis Animæ varia propensione ad Corpus lib. duo. Ejusdem de Naturâ primo-movente lib. duo. *Patavii*, 1634, 2 *vol. in-4*.

841 Traité de la nature de l'Ame, & de l'origine de ses connoissances, contre le système de Locke (par l'A. Roche). *Paris*, 1759, 2 *vol. in-12*.

842 Traité des Sensations (par l'Abbé de Condillac). *Paris*, 1754, 2 *vol. in-12*.

843 Essai de Théodicée sur la bonté de Dieu, la liberté de l'Homme & l'origine du Mal; par G. Leibnitz. *Amsteraam*, 1714, *in-8*.

844 De l'Origine du Mal; ou Examen des difficultés de Bayle sur cette matiere; par M. le Vic. d'Alès. *Paris*, 1758, 2 *vol. in-12. d. s. tr. fil.*

845 Dissertation sur la perfection du Monde corporel & intelligent, par W. G. Muyss. *Leide*, 1745, *in-12*.

846 Histoire critique de l'Ame des Bêtes, par Guer. *Amsterd.* (*Paris*), 1749, 2 tômes en un vol. in-8.

847 Amusemens Philos. sur le langage des Bêtes, (par le P. Bougeant). *Paris*, 1739, *in-12. avec le Supplément.*

3. *Traités particuliers de l'Homme & de ses facultés; & en premier lieu de l'Esprit humain.*

848 Les Hommes, par l'Abbé de Varenne. *Paris*, 1728, 2 *vol. in-12*.

849 Edonis Neuhusii Theatrum Ingenii humani; sive de cognoscenda Hominum Indole & secretis Animi motibus lib. duo. *Amstelod.* 1648, 2 tômes en un vol. in-12. p. f.

850 Traité de l'Esprit de l'Homme & de ses facultés, suivant les principes de Descartes, par L. de la Forge. *Amst. Wolfgang*, in-12. p. f.

851 Introduction à la connoissance de l'Esprit humain; (par de Vauvenargues). *Paris*, 1747, *in-12*.

852 La Psycantropie, ou nouvelle Théorie de l'Homme, Spectacle des Esprits; (par Falconet de la Bellonie). *Avignon*, 1748, 3 tômes en un vol. in-12.

853 L'Examen des Esprits pour les Sciences, par J. Huarte, trad. en fr. (par Ch. Vion de Dalibray). *Par.* 1645. == Examen de l'Examen

l'Examen des Esprits, par Jourdain Guibelet. *Ibid.* 1631 ,
in-8.

854 L'Art de ne point s'ennuyer, par Deslandes. *Amsterdam ,*
1715 , *in*-12. *p. f.*

855 P. D. Huetii de Imbecillitate Mentis humanæ lib. 111 ,
(curis Jos. d'Olivet in lucem prolati). *Amstel.* 1738, 2 *vol.
in* 12. *avec la Trad. fr.*

4. *Traités de l'Entendement humain & de la Raison humaine;
de l'Opinion ; du Vrai & du Faux ; de la Subtilité; de la
Mémoire & de l'Art mémoratif.*

856 Essai Philos. concernant l'Entendement humain, traduit
de l'Angl. de Locke, par P. Coste. *Amsterd.* 1700 , *in*-4.

857 Traité de la Raison humaine , relativement à la liberté
de raisonner sur la Religion, (par Georges, Duc de Buc-
kingham), traduit de l'Anglois. *Amsterd. in*-16.

858 Traité de l'Opinion, ou Mém. pour servir à l'Histoire de
l'Esprit humain ; par le Gendre de S. Aubin. *Paris,* 1733 ;
5 *tomes en* 10 *vol. in*-12.

859 De la Recherche de la Vérité, par le P. Malebranche.
Paris, 1735 ; 5 *vol. in*-12, *avec la Critique.*

860 Essai sur les Erreurs populaires, ou Examen de plusieurs
opinions reçues comme vraies, qui sont fausses ; traduit
de l'Angl. de Th. Brown, (par l'A. Souchai). *Paris,* 1738,
2 *vol. in*-12

861 Les Préjugés du Public, avec des Observations ; par De-
nesse. *Paris,* 1747, 2 *vol. in*-12.

862 Les Livres de Hier. Cardanus, de la Subtilité & subtiles
inventions ; trad. de latin en françois, par Rich. le Blanc.
Paris, 1556, *in*-4. *vel.*

863 Traité des Systèmes ; (par l'Abbé de Condillac). *La
Haye ,* (*Paris*), 1749, 2 *vol. in*-12 *br.*

864 Jordanus Brunus Nolanus de Umbris Idearum, & Ars Memoriæ. *Paris.* 1582, *in* 8 , *fig. vel.*

865 De Noutechnia ; id est, de Mentis in ediscendo Artificio
liber ; authore P. Truellio. *Lugd.* 1580 , *in*-8. *v. f.*

866 Variorum de Arte Memoriæ Tractatus. *Francofurti,* 1678,
in-8.

867 Nouv. Traité de la Mémoire, où l'on a expliqué d'une
maniere nette & mécanique ses effets les plus surprenans ;
par J. B. de Billy. *Paris,* 1708 , *in*-12.

5.. *Traités du Trouble de l'Esprit, des Visions, des Spectres, des Apparitions, des Esprits & des Songes.*

868 Recueil de Dissertations anciennes & nouvelles, sur les Apparitions, les Visions & les Songes; par l'Abbé Lenglet du Fresnoy. *Paris,* 1751, 2 *vol. in* 12.

869 Traité historique & dogmatique sur les Apparitions, les Visions & les Révelations particulieres; par le même. *Ibid.* 1751, 2 *vol. in*-12.

870 Traité sur les Apparitions des Esprits & sur les Vampires, par Dom Calmet. *Paris,* 1751, 2 *vol. in*-12.

871 De Spectris, Lemuribus & insolitis fragoribus Liber Lud. Lavateri. *Lugd. Bat.* 1687, *in*-12. *br.*

872 Traité de l'Apparition des Esprits, par Noël Taillepied. *Paris, Jean Corrozet.* 1627, *in*-12. *n. f. vel.*

873 P. Thyræus de infestis, ob molestantes Dæmoniot. & defunctor. Hominum Spiritus, Locis. *Lugduni,* 1625, *in*-8.

874 Sicilimentorum Academicorum Fasciculus, de Spectris & Ominibus morientium, Autore Jo. Mich. Sonntagio. *Altdorfi Noricorum.* 1716, *in*-4.

875 Jac. Acontii Stratagemata Satanæ. *Amstel. Ravesteynius,* 1652, *in*-12. *p. f.*

876 Henningii Grosii Magica, seu mirabilium Historiarum de Spectris & Apparitionibus Spirituum Lib. duo. *Islebiæ,* 1597, *in*-4. *vel.*

877 La merveilleuse Histoire de l'Esprit qui depuis nagueres s'est apparu au Monastere des Religieuses de S. Pierre de Lyon; par Adrian de Montalambert. *Paris,* 1528, *gr. in*-8. *Goth.*

6. *Traités de la Magie & des Magiciens, des Enchanteurs & des Sorciers.*

878 De la Demonomanie des Sorciers, par J. Bodin. *Paris,* 1587, *in*-4.

879 Mart. Delrii Disquisitiones Magicæ. *Lovanii,* 1599, 3 *tomes en* 2 *vol. in*-4. *vel.*

880 Phil. Ludwigi Elich Dæmonomagia; sive Libellus Erotematicus de Dæmonis cacurgia, Cacomagorum & Lamiarum energia. *Francof.* 1607, *in*-8. *v. f.*

881 Tableau de l'inconstance des mauvais Anges & des Dé-

mons, où il est traité des Sorciers & de la Sorcellerie ; par Pierre de Lancre. *Paris, 1612, in 4.*

882 L'Incrédulité & mescréance du Sortilege plainement convaincue, par le même. *Paris, 1622, in-4.*

883 L'Incrédulité sçavante & la crédulité ignorante au sujet des Magiciens & des Sorciers, par le P. Jacques d'Autun. *Lyon, 1671, in-4.*

884 Deux Traités nouveaux très-utiles, par Lambert Daneau ; le 1. sur les Sorciers : le 11. sur les Jeux de Cartes & de Dez. *1579, in-12. v f.*

885 Recherches sur ce qu'il faut entendre par les Démoniaques dont il est parlé dans le Nouv. Testament, trad. de l'Angl. de Twells, en françois. *Leyde, 1738, in-12.*

886 Lettres de Saint André sur la Magie, les Maléfices & les Sorciers. *Paris, 1725, in-12.*

887 Recueil de Lettres au sujet des Maléfices & du Sortilege, par Boissier. *Paris, 1731, in-12.*

888 Traité sur la Magie, le Sortilege, &c. où l'on en démontre la vérité & la réalité ; par (M. Daugy). *Paris, 1732, in-12. v. f.*

889 Le Monde enchanté, ou Examen des communs sentimens touchant les Esprits, &c. par Balth. Bekker. *Amst. 1694,* 4 vol. *in-12. p. f. v. f.*

890 Idée générale de la Théologie Payenne, ou Réfutation du Systême de Bekker (par Benj. Binet). *Ibid. 1699, in-12. p. f.*

891 Hist. prodigieuse & lamentable de Jean Fauste, horrible Enchanteur ; par (Victor Palma Cayer). *Paris, 1603, in-12. vel.*

892 Apologie pour tous les grands Hommes qui ont été accusés de Magie, par Naudé. *Paris, 1669, in-12.*

7. *Traités des Energumenes & Possédés ; des Exorcismes, &c.*

893 Enchiridion Leonis Papæ. *Moguntia, 1633, in-18.*

894 Le Manuel de l'admirable victoire du Corps de Dieu sur l'Esprit maling Beelzébub, obtenue à Laon en 1566, par J. Boulœse. *Paris, 1575, in-16. vel.*

895 Hist. admirable de la possession & conversion d'une Pénitente séduite par un Magicien ; ensemble la Pneumalogie ou Disc. des Sorciers, par le P. Seb. Michaelis. *Paris, 1613, in-8. vel.*

896 Hist. véritable arrivée en la Ville de Beauvais, touchant

les Conjurations & Exorcifmes faicts à Denife de la Caille, poffédée du Diable. *Paris*, 1623, *in-12. v. f.*

897 Récit vérit. de ce qui s'eft paffé aux Exorcifmes de plufieurs Religieufes de la Ville de Louviers ; par le Gaufre. *Paris*, 1643, *in-8. v. f.*

898 La Piété affligée, ou Difcours hiftor. & théologiques de la poffeffion des Religieufes de Louviers, par le P. Efprit du Bofroger. *Rouen*, 1652, *in-4.*

899 Abrégé de l'Hift. prodigieufe de Jean Bertet (poffédé) : Differt. pour diftinguer les vraies poffeffions d'avec les fauffes ; & le Triomphe du S. Sacrement fur le Démon. *Paris*, 1732, *in-12. v. f.*

VI. PHILOSOPHIE NATURELLE, OU PHYSIQUE.

1. *Traités généraux de Phyfique de l'Univers crée.*

900 Jo. Scoti de Divifione Naturæ Lib. quinque ; accedit Appendix ex ambiguis S. Maximi ; gr. & lat. *Oxonii, è Th. Sheld.* 1681, *in-fol.*

901 Franc. Baconi Scripta in naturali & univerfali Philofophia. *Amft. Elzev.* 1653, *in-12. p. f.*

902 Curiofitates Philofophicæ ; five de Principiis Rerum Naturalium Differtatio, Auctore T. S. J. F. *Londini, (Holl.)* 1713, *in-4. fig.*

903 Effais de Phyfique, ou Recueil de Traités touchant les chofes naturelles, par Perrault. *Paris*, 1680, 4 *vol. in-12. fig.*

904 Telliamed, ou Entretiens d'un Philof. Indien avec un Miffionnaire, fur la diminution de la mer, la formation de la terre, &c. mis en ordre, par J. A. (Guer). *Amft. (Paris)* 1748, 2 *vol. in-8. br.*

905 Elémens de la Philofophie de Neuton, mis à la portée de tout le monde, par M. de Voltaire. *Amft.* 1738, *in-8. fig. v. ecc. d. f. tr.*

906 Examen & Réfutation des Elémens de Philofophie de Neuton de M. de Voltaire, par J. Banieres. *Paris*, 1739, *gr. in-8.*

907 Le Newtonianifme pour les Dames, trad. de l'Ital. d'Algarotti, par Duperron de Caftera. *Paris*, 1738, 2 *vol. in-12.*

908 Nouvelles vûes fur le Syftême de l'Univers, par (l'Abbé de Pontbriand). *Paris*, 1751, *in-8.*

909 Œuvres de Mariotte. *La Haye*, 1740, *in-4. fig.*

2. *Cours, Principes, Inflitutions & Leçons de Phyfique Expérimentale & Raifonnée.*

910 Ant. le Grand Hiftoria Naturæ, variis experimentis & ratiociniis elucidata. *Londini*, 1680, *in-4.*

911 Cours de Phyfique, par Nic. Hartfoëker. *La Haye*, 1730, *in 4. fig.*

912 Cours de Phyfique expérimentale, par J. F. Défaguliers, trad. de l'Angl. par le P. Pezenas. *Paris*, 1751, *2 vol. in-4. fig.*

913 Collegium experimentale, five curiofum; in quo primaria Seculi fuperioris inventa & experimenta Phyfico-Mathematica publicantur, à Jo. Chrift. Sturmio. *Norimbergæ*, 1701, *2 vol. in-4. fig.*

914 Tentamna experimentorum naturalium captorum in Academia del Cimento; ex Italico latinè verfa, cum additamentis Petri Van Mufchenbroek. *Lugd. Bat.* 1731, *2 part. en un vol. in-4. fig.*

915 Effai de Phyfique, par P. Van Mufchenbroek, avec une Defcription de nouvelles Machines Pneumatiques; trad. du Holl. par P. Maffuet. *Leyden*, 1751, *gros in-4. fig.*

916 Inftitutions de Phyfique (par Mad. la Marq. du Chaftelet). *Paris*, 1740, *2 vol. in-8. fig.*

917 Expériences de Phyfique, par P. Poliniere. *Paris*, 1741, *2 vol. in-12. fig.*

918 Leçons de Phyfique, par Jos. Privat de Molieres. *Paris*, 1734, *6 vol. in-12. fig. dont 2 vol. de critiques.*

919 Leçons de Phyfique expérimentale, par l'Abbé Nollet. *Paris*, 1754, *5 vol. in-12. fig. & le programme de ce Cours*, 1 *vol.*

920 Leçons de Phyfique expérimentale fur l'équilibre des Liqueurs & les propriétés de l'Air, trad. de l'Angl. de R. Côtes, par le Monnier. *Paris*, 1742, *in-8. fig.*

3. *Traités fur l'Attraction & l'Electricité.*

921 Ath. Kircheri Magneticum naturæ Regnum. *Amft.* 1667, *in-12. p. f.*

922 Vincentii Leotandi Magnetologia. *Lugduni*, 1668, *in-4. v. f.*

923 Defcription des Courants Magnétiques, fuivie de quelques Obfervations fur l'Aiman, par M***. *Strasb.* 1753, *in-4. fig. br.*

924 Differtations fur l'incompatibilité de l'Attraction & de fes différentes Loix, & fur les Tuyaux capillaires ; par le P. Gerdil. *Paris* 1754, *in-12. fig.*

925 Hiftoire génér. & partic. de l'Electricité (par M. Guer). *Paris*, 1752, 3 *vol. in-12. fig.*

926 Recueil de Traités fur l'Electricité ; trad. de l'Allemand & de l'Anglois. *Paris*, 1748, 3 *vol. in-12. fig.*

927 Recherches fur les Caufes des Phénomènes électriques, par l'Ab. Nollet. *Paris*, 1749, *in-12. fig. br.*

928 Expériences fur l'Electricité, par Jallabert. *Paris*, 1749, *in-12. fig.*

929 Méchanifme de l'Electricité & de l'Univers; par M. J. C. F. de la Perriere. *Paris*, 1756, 2 *vol. in-12.*

930 Le Spectacle du Feu élémentaire, ou Cours d'Electricité, par Ch. Rabiqueau. *Paris*, 1753, *in-8. fig.*

4. *Traités fur la Pefanteur, le Choc & l'Impulfion des Corps; fur l'Air, le Feu, la Lumiere, les Couleurs, les Odeurs, &c.*

931 Traités de l'Equilibre des Liqueurs & de la pefanteur de la maffe de l'Air, par Pafcal. *Paris*, 1698, *in-12. fig.*

932 Fortunius Licetus de Natura & Arte ; de Centro & Circumferentia; de Terra, unico centro motus fingularum Cæli particularum; de regulari motu, minimaque Parallaxi Cometarum. *Utini*, 1640, *in-4. vel.*

933 Les Effets de la force de la contiguité des Corps, par le P. Cherubin d'Orléans. *Paris*, 1700, *in-12. fig.*

934 Defcription du Ventilateur, par E. Hales, trad. de l'Angl. par P. Demours. *Paris*, 1744, *in-12. fig.*

935 Differtation fur la Glace, par d'Ortous de Mairan. *Paris*, *Imp. Roy.* 1749, *in-12. br.*

936 And. Grandorgæi de Natura Ignis, Lucis & Colorum Differtatio. *Cadomi*, 1664, *in-4. vel.*

937 Fort. Liceti Litheofphorus; five de Lapide Bononienfi Lucem in fe conceptam ab ambiente Claro, mox in tenebris mirè confervante, Liber. *Utini*, 1640, *in-4.*

938 Experimenta & confiderationes de Coloribus; Auctore Rob. Boyle. *Amft.* 1667, *in-12. p. f.*

939 P. Servii Differtatio philologica de Odoribus. *Roma*, 1641, *in-8. vel.*

5. *Physique céleste & terrestre, où il est traité des Astres, des Comètes, du Déluge, du Flux & Reflux de la Mer, de l'Origine des Fleuves, des Phénomènes, &c.*

940 Fortunii Liceti de novis Astris & Cometis Libri sex. *Venetiis, 1622, in-4. vel.*

941 Ejusdem Controversiæ de Cometarum quite, loco boreali sine occasu, parallaxi Aristotelea, sede cœlesti, &c. *Venetiis, 1625.* == Ejusdem de Monstrorum Caussis, natura & differentiis Lib. duo. *Patavii, 1616; in 4. vel.*

942 Chr. Hugenii Cosmotheoros; sive de Terris cœlestibus, earumque ornatu Conjecturæ. *Hagæ-Com. 1698, in-4. vel.*

943 Fr. Baconi de Verulamio Hist. Naturalis de Ventis; de forma Calidi & de motu. *Lugd. Bat. 1638, in-24. v. f.*

944 Isaaci Vossii de motu Marium & Ventorum Liber. *Hagæ-Comitis, 1663, in 4. vel. d'Holl.*

945 Idem de Nili & aliorum Fulminum Origine. *Hagæ-Com. 1666, in-4. gr. pap. vel. d'Holl.*

946 Dissertationes de admirandis Mundi Cataractis, de Æstu Maris refluo & de Paradiso; auctore Jo. Herbinio. *Amst. 1678, in-4. fig.*

947 Fort. Liceti Pyronarcha, sive de Fulminum natura; deque Febrium Origine. *Patavii, 1634, in-4. vel.*

948 Mémoires historiques & physiques sur les Tremblemens de Terre, par Bertrand. *La Haye, 1757, in-12.*

6. *Mélanges de Physique, Entretiens, Dialogues, Observations de Physique, &c. ensemble les Traités sur la Baguette divinatoire & la Magie naturelle.*

949 Observations Physiques & Mathématiques pour servir à l'Hist. Naturelle, & à la perfection de l'Astronomie & de la Géographie, avec des notes par le P. Goüye. *Paris, 1688, in-8. fig. m. r. d. s. tr.*

950 Journal des Observat. Physiques, Mathématiques, &c. faites sur les côtes de l'Amérique Mérid. & aux Indes Occident. par le P. L. Feuillée. *Paris, 1714; 2 vol. in-4. fig.*

951 Observations cur. sur toutes les parties de la Physique, (par Bougeant & Grozellier). *Paris, 1730, & ann. suiv. 3 vol. in-12.*

952 Entretiens Physiques, par le P. Regnault. *Paris, 1755, 5 vol. in-12. fig.*

953 De Quæsitis per Epistolas à Claris Viris responsa Fortunii Liceti. *Bononiæ & Utini*, 1640, *ad ann.* 1653, 7 *vol. in-4. vel.*

954 Lettres qui découvrent l'illusion des Philosophes sur la Baguette, & qui détruisent leurs systêmes, (par le P. P. le Brun). *Paris*, 1693, *in-12.*

955 La Philosophie Occulte de H. Corn. Agrippa, trad. du latin. *La Haye*, 1727, 2 *vol. in 8. fig.*

VII. HISTOIRE NATURELLE.

1. *Histoire Naturelle générale.*

956 C. Plinii Secundi Historiæ Naturalis Lib. XXXVII. cum interpr. & notis Jo. Harduini. *Parif.* 1723, 3 *vol. in-fol.*

957 Histoire Naturelle générale & particuliere avec la Description du Cabinet du Roi ; par MM. de Buffon & d'Aubenton. *Paris, I. R.* 1749, 5 *vol. in-4. fig. prem. édition.* les tomes 4 & 5. brochés.

958 Les Principes de la Nature ; & l'Histoire de l'Univers, par Colonne. *Paris*, 1725 à 1734, 5 *vol. in-12.*

959 Le Spectacle de la Nature, avec l'Hist. du Ciel, par Pluche. *Paris*, 1732, 11 *vol. in-12, fig.*

960 Jo. Jonstoni Thaumatographia Naturalis. *Amst. Janffon*, 1633, *in-12. p. f.*

2. *Histoire Naturelle particuliere ; Regne, Minéral où il est traité de la Terre, des Métaux & Minéraux, des Foffiles & Pétrifications.*

961 Géographie Physique, ou Essai sur l'Hist. Naturelle de la Terre ; trad. de l'Angl. de Woodward par Noguez, & publiée par le P. Niceron. *Paris*, 1735, *in-4. fig.*

962 Lettres Philosophiques sur la formation des Sels & des Cryftaux & sur la génération & le méchanisme organique des Plantes & des Animaux, par Bourguet. *Amst.* 1729, *in-12. v. f.*

963 Traité des Pétrifications, (par le même). *Paris*, 1742, *in-4. fig.*

964 Dominici Gulielmini de Salibus Differtatio. *Lugd. Bat.* 1707, *in-12.*

965 Aug. Scilla de Corporibus Marinis lapidescentibus quæ defoffa reperiuntur ; accedit Fabil Columnæ Differt. de Gloffopetris. *Roma*, 1752, *in-4. fig.*

966 L'Histoire Naturelle éclaircie dans une de ses parties principales, l'Oryctologie, qui traite des terres, des pierres, des métaux, des minéraux, & autres fossiles, par Dezallier d'Argenville. Paris, 1755, gr. in-4. fig.

967 Nouv. Idées sur la formation des Fossiles. Paris, 1751, in-12. br. tiré sur du gr. pap. de Hollande.

968 Dictionn. Univ. des Fossiles propres & des Fossiles accidentels, par Bertrand. Avignon, 1763, pet. in 8. br.

969 Le Mercure Indien, dans lequel il est traité de l'or, de l'argent &c. & de leur usage en valeur; par P. de Rosnel. Paris, 1668, 2 p. en un vol. in 8. vel.

970 Traité des Diamans & des Perles, par Dav. Jeffries, trad. par (Chapotin). Paris, 1753, in-8. fig. ftl.

971 Traité des Eaux minérales, bains & douches de Vichy, par Jac. Fr. Chomel. Clermont-Ferrand, 1731, in-12.

3. *Regne Végétal, où il est traité de l'Histoire Naturelle des Plantes, ou* BOTANIQUE.

972 La Statique des Végétaux, & l'Analyse de l'Air, par Hales, traduites de l'Angl. par M. de Buffon. Paris, 1735, in-4. fig.

973 Jos. Pitton de Tournefort Institutiones Rei Herbariæ; cum Corollario. Paris. è Typ. R. 1700, 3 vol. in-4. fig.

974 Idem Opus, ex editione Ant. de Jussieu. Lagduni, 1719, 3 vol. in-4. fig.

975 Barthol. Marantæ Methodus cognoscendorum Simplicium. Venetiis, Valgrisius, 1559, in-4. vel.

976 Commentaires de l'Histoire des Plantes, composés en latin, par Leon. Fousch, & trad. en langue françoise par Éloy Maignan. Paris, 1547, in-fol. fig. enlum.

977 Mém. pour servir à l'Hist. des Plantes, par Dodart. Par. Impr. Roy. 1679, in-12.

978 Histoire des Plantes de l'Europe, par Bauhin. Lyon, 1737, 2 vol. in-12. fig.

979 Abrégé de l'Hist. des Plantes usuelles, par J. B. Chomel. Paris, 1730, 3 vol. in-12.

980 Jo. Jac. Scheuchzeri Herbarium Diluvianum. Lugd. Bat. 1723, in-fol. fig.

981 Jo. Jonstoni Historia Naturalis de Arboribus. Francof. ad Mænum, 1662, in-fol. fig. v. f.

982 Eman. Sweertii Florilegium selectissimum. Amstelod. Jo. Janssonius, 1631, gr. in-fol. fig. vel.

I

983 Hortus Floridus ; in quo, rariorum Florum Icones ad veram formam, secundum quatuor anni tempora, exhibentur, diligentiâ Crisp. Passæi Junioris. *Arnhemii*, 1614 & 1616, 4 *part. en un vol. in-4. obl. m. r. fig. enlum.*

984 Theatrum Floræ, in quo, ex toto Orbe selecti venustiores Flores proferuntur. *Lutetia Paris.* 1633, *in-fol.*

985 Diverses Fleurs dessinées & gravées d'après le naturel, par N. Robert. *Paris, in-4. obl.*

986 Histoire naturelle du Cacao & du Sucre. *Amsterd.* 1720, *in-12. fig.*

987 Jo. B. Ferrarii Hesperides, sive de Malorum Aureorum cultura & usu Lib. IV. (*Roma*), 1646, *in-fol. fig. de C. Bloemaert.*

4. *Regne Animal, où il est traité de l'Histoire Naturelle générale des Animaux, & particuliere des Quadrupedes.*

988 Mich. Bern. Valentini Amphitheatrum Zootomicum, exhibens Historiam Animalium anatomicam. *Francof. ad Mænum*, 1720, *in-fol. fig.*

989 Ulyssis Aldrovandi de Quadrupedibus, de Avibus, de Insectis & de Piscibus Libri. *Bononia*, 1606, *& variis annis* 7. *vol. in-fol. deest tom. prim. Ornythologiæ.*

990 Henr. Ruysch Theatrum universale omnium Animalium. *Amstel.* 1718, 2 *vol. in-fol. fig.*

991 Livre d'Animaux dessinés & gravés d'après nature, par Ant. Tempeste. 1688. ═ Fleurs gravées par Winc. Hollar. 1671. ═ Papillons, gravés par H. le Roy. *in-4. obl.*

992 Histoire Naturelle des Animaux, par MM. Arnault de Nobleville & Salerne. *Paris*, 1756, 2 *vol. in-12.*

993 Dictionnaire raisonné & universel des Animaux, (par M. de la Chesnaye des Bois). *Paris*, 1759, 4 *vol. in-4.*

994 Conr. Gesneri Historia Naturalis Animalium Quadrupedum. *Tiguri*, 1551, *in-fol.*

995 Jo. Jonstoni Historia Naturalis de Quadrupedibus. *Amst.* 1657, 2 *vol. in-fol. fig.*

996 Chr. Fr. Paullini Lycographia curiosa; seu de natura & usu Lupi. *Francof.* 1694, *in-8.*

5. *Histoire Naturelle des Poissons & des Coquillages.*

997 Fr. Boussueti de Natura Aquatilium Carmen, in alteram partem Gul. Rondeletii Aquatilium Historiæ, cum eorum iconibus. *Lugduni*, 1558, *in-4. vel.*

998 Histoire des Poissons ; par M. Ant. Goüan. *Strasbourg*, 1770, *in-4. fig.*

999 Geor. Everh. Rumphii Thesaurus Imaginum Piscium Testaceorum. *Lugd. Bat.* 1711, *in-fol. fig.*

1000 L'Histoire Naturelle éclaircie dans une de ses parties principales, la Conchyliologie, qui traite des Coquillages de Mer, de Riviere & de Terre ; augmentée de la Zoomorphose ; par M. Dezallier d'Argenville. *Paris,* 1757, *grand in-4. fig.*

6. *Histoire Naturelle des Insectes & des Reptiles.*

1001 Métamorphoses naturelles, ou Hist. des Insectes, par J. Goedart. *La Haye,* 1700, 3 *vol. petit in-8. fig.*

1002 Mémoires pour servir à l'Histoire des Insectes ; par de Réaumur. *Paris, Impr. Roy.* 1734, 4 *vol. in-4. fig.*

1003 Le même Ouvrage. *Amsterd.* 1737, 6 *vol. in-12. fig.*

1004 Franc. Redi Experimenta circa generationem Insectorum ; Latinitate donata (ab And. Frisio). *Amstelod. Frisius,* 1671, *in-12. p. f. fig. v. f. fil.*

1005 Traité d'Insectologie, ou Observ. sur les Pucerons, par Ch. Bonnet. *Paris,* 1745, 2 *vol. in-12. fig.*

1006 Wolferdi Senguerdii Tractatus de Tarantula. *Lugd. Bat.* 1668, *in-12. p. f. vel.*

1007 Histoire Naturelle des Abeilles (par Bazin). *Paris,* 1744, 2 *vol. in-12. fig.*

1008 Abrégé de l'Histoire des Insectes, (par le même). *Paris,* 1747, 2 *vol. in-12. fig. fil. d'or.*

1009 Mémoires pour servir à l'Histoire d'un genre de Polypes d'eau douce ; par Trembley. *Paris,* 1744, 2 *vol. in-12. fig.*

1010 Essai sur l'Histoire Natur. du Polype-Insecte ; par H. Baker, traduit de l'Anglois, par Demours. *Paris,* 1744, *in-12. fig.*

1011 Christ. Fr. Paullini de Lombrico terrestri Schediasma. *Francof.* 1703, *in-8.*

1012 Recherches sur l'origine, la formation, &c. de Vers à tuyau, qui infestent les vaisseaux, les digues, &c. des Provinces-Unies ; par Massuet. *Amsterd.* 1733, *in-12.*

7. *Histoire Naturelle particuliere de différens Pays.*

1013 Hist. des Plantes qui naissent aux environs de Paris, par Pitton Tournefort. *Par. Imp. Royale,* 1698, *in-12.*

1014 Car. Clufii rariorum aliquot Stirpium per Hifpanias obfervatarum Lib. duo. *Antuerpiæ*, 1576, *in-8. fig. vel.*

1015 Plantæ per Galliam, Hifpaniam & Italiam obfervatæ, à Jac. Barreliero, edente Ant. de Juffieu. *Parif.* 1714, *in fol. fig.*

1016 Effai fur l'Hiftoire naturelle de la Mer Adriatique; trad. de l'Ital. de Vitalino Donato. *La Haye*, 1757. *in-4. fig.*

1017 Effai fur l'Hiftoire naturelle des Corallines & d'autres productions marines qui fe trouvent fur les côtes d'Angleterre & d'Irlande, par J. Ellis. *La Haye*, 1756, *in-4. fig.*

1018 Mart. Lifter Hiftoriæ Animalium Angliæ tres tractatus; fcilicet, de Aranæis; de Cochleis terreftribus, fluviatilibus & marinis; &c. *Londini*, 1678, *in-4. fig.*

1019 Fr. Redi Obfervationes variæ; fcilicet, de Viperis, cum Epiftola defenforia : de Ave Diomedea; nec non Experimenta circa res diverfas naturales quæ ex Indiis adferuntur; omnia ex Italico Latine facta, per (A. Frifium). *Amft. apud Eundem*, 1674 & 1675, *in-12. p. f. fig. v. f. fil.*

8. *Mélanges d'Obfervations fur l'Hiftoire Naturelle, & Defcriptions de Cabinets de Curiofités de la Nature.*

1020 Mélanges d'Hiftoire Naturelle, par Alleon Dulac. *Lyon*, 1765, 6 vol. petit *in-8. fig.*

1021 Obfervations d'Hiftoire Naturelle, faites avec le microfcope, par Joblot. *Paris*, 1754, 2 tom. en un vol. in 4. *fig.*

1022 Recueil de différens Traités de Phyfique & d'Hiftoire Naturelle; par Deflandes. *Bruxelles* 1716, *in-12. fig.*

1023 Traité des Dragons & des Efcarboucles, par J. B. Panthot. *Lyon*, 1691, *in-12 p. f.*

1024 Mémoire fur la maniere de raffembler, préparer, conferver & envoyer diverfes curiofités d'Hiftoire Naturelle, (par M. le Chev. Turgot). *Lyon*, 1758, *in-8. fig*

1025 Mufæum Regium; five Catalogus Rerum tàm Natural. quam Artificial quæ in Bafilica Bibliothecæ Chriftiani V. Daniæ Regis, Hafniæ affervantur, defcriptus ab Oligero Jacobæo. *Hafnia*, 1696, *in-fol. fig.*

1026 Catalogue raifonné de Coquilles & autres curiofités d'Hiftoire Naturelle, avec une notice des Cabinets & des Ouvrages fur l'Hiftoire Naturelle; (par Gerfaint). *Paris*, 1736, *in-12. br.*

III. MÉDECINE ET SCIENCES QUI EN DÉPENDENT.

I. MÉDECINE MICROCOSMIQUE.

1. Traités généraux préparatoires à l'Étude de la Médecine.

1027 Politique du Médecin de Machiavel, ou le chemin de la Fortune ouvert aux Médecins, par (de la Mettrie). *Amst.* (*Lyon*), *in-12.*

1028 La Nature opprimée par la Médecine moderne, par M. Guindant. *Paris,* 1768, *in-12.*

1029 De Purganda Medicina à Curarum fordibus; Autore (Phil. Hecquet) *Parif.* 1714 *in-12.*

1030 Le Brigandage de la Médecine, par (le même). *Utrecht,* 1732, 3 *vol. in-12.*

1031 De l'Indécence aux hommes d'accoucher les femmes, & de l'obligation aux meres de nourrir leurs enfans ; (par le même . *Trévoux,* 1708, *in-12. p. f.*

1032 J. Geor. Waltheri Sylva Medica, in quâ omnia Morborum nomina & fynonyma ordine alphabetico ita funt collocata , ut extemplò videri poffit quid, quinam & quot Autores de unoquoque Morbo fcripferint. *Budiffæ,* 1679, *in-4. vel. d'holl.*

1033 Dictionnaire Univerfel de Médecine, traduit de l'Angl. de James, par Diderot & autres ; revû par Julien Buffon. *Paris,* 1746, 6 *vol. in-fol. fig.*

1034 Bibliothéque choifie de Médecine tirée des Ouvrages Périodiques, par Planque. *Paris,* 1748, 4 *vol. in-4. fig.*

2. Médecins Anciens & Modernes.

1035 Jo. Beverovicii Idea Medicinæ Veterum. *Lugd. Bat. Elzev.* 1637, *in-8. fil.*

1036 Œuvres (choifies) d'Hippocrate, trad. en franç. avec des Remarques, par (Dacier). *Paris,* 1697, 2 *vol. in-12.*

1037 Medicæ Artis Principes, poft Hippocratem & Galenum, ab H. Stephano collecti ac editi. *Typis Ejufdem,* 1567, *in-fol.*

1038 Traduction des Ouvrages de Celfe fur la Médecine, par Ninnin. *Paris*, 1753, 2 *vol. in*-12.

1039 Avicennæ Libri in Re Medica omnes qui, hactenus ad nos pervenere; ex recognitione & cum notis Jo. Pauli Mongii & Jo. Coſtæi. *Venetiis, Valgriſius*, 1564, 2 *vol. in-fol.*

1040 Jo. Fernelii Opera omnia. *Lugd. Bat.* 1645; 2 *vol. in* - 8.

1041 Jo. Wieri Medici Opera omnia ; edente Mart. Schoockio. *Amſtelod.* 1660, *in*-4.

1042 Fr. Citeſii Opuſcula Medica. *Pariſ.* 1639, *in*-4. *fil.*

1043 La Médecine raiſonnée de Fr. Hoffman ; trad. en franç. par Jac. J. Bruhier. *Paris*, 1739, 9 *vol. in*-12.

1044 Inſtitutions de Médecine de H. Boerhaave, trad. en fr. par de la Mettrie. *Paris*, 1740, 2 *vol. in*-12.

I. *Phyſiologie.*

1. *Traités généraux de Phyſiologie, de la Nature de l'Homme & de l'Economie Animale.*

1045 Elémens de Phyſiologie (par Bertrand). *Paris*, 1756, *in*-12.

1046 Nouv. Syſtême du Microcoſme, ou Traité de la Nature de l'Homme, par de Tymogue (Edme Guyot). *La Haye*, 1727, *in*-8. *fig.*

1047 Hiſt. de l'Animal, ou la Connoiſſance du corps animé, par la Méchanique & la Chymie ; par Dan. Duncan. *Paris*, 1687, 2 *vol. in*-8.

1048 Idée génér. de l'Œconomie Animale, & Obſervat. ſur la petite vérole, par Helvetius. *Paris*, 1722, *in*-8.

1049 Eſſai Phyſique ſur l'Œconomie Animale, par Queſnay. *Paris*, 1747, 3 *vol. in*-12.

2. *Traités particuliers des différentes ſenſations du Corps humain.*

1050 Jo. Valentini Merbitzii de varietate faciei humanæ, Diſcurſus phyſicus; cui accedunt, Carmina figurata Rabani Mauri. *Dresda*, 1676, *in*-4. *v. f.*

1051 Traité, ou Phyſiologie des Sens, par le Cat. *Paris*, (*Holl.*) 1742, *in*-8. *fig.*

1052 Theod. Feltmanni Tractatus de Somno ; cum Præfat. Pagenſtecheri *Brema*, 1711, *in*-8. *v. f.*

1053 P. Petiti de Lacrymis Lib. tres. *Parif.* 1661, *in*-8.
1054 Martini Schoockii de Sternutatione Tractatus. *Amft.*
1664, *in*-12.

3. *Traités particuliers de la Génération, du Fœtus, &c.*
ensemble les Traités sur les Impressions subites, sur les Monf-
tres, les Eunuques, &c.

1055 Jo. à Pratis Zyricæi de Uteris Lib. duo; de pariente &
partu Lib. unus; de arcenda sterilitate & progignendis
Liberis, Opus. *Amft.* 1657, *in*-12. *p. f.*
1056 Fort. Liceti de perfecta constitutione Hominis in Utero
Liber. *Patavii*, 1616, *in*-4. *vel.*
1057 Thomæ Fieni Tractatus de viribus Imaginationis. *Lugd.*
Bat. Elzev. 1635, *in*-24. *v. f. fil.*
1058 Lettres sur le pouvoir de l'Imagination des Femmes
enceintes (par Bellet). *Puris*, 1745.=Histoire de la Mala-
die singuliere d'une Femme devenue contrefaite par un
ramolissement général des os; par Morand. *Ibid.* 1752,
in-12. *fig.*
1059 L'Orthopédie, ou l'Art de corriger dans les Enfans les
difformités du corps; par Andry. *Paris*, 1741, 2 *vol. in*-12.
1060 Traité de l'Education corporelle des Enfans en bas âge,
par Des-Effartz. *Paris*, 1760, *in*-12.
1061 De Ortu Monstrorum Comment. in quo essentia, causæ
& affectiones mirabilium Animalium explicantur: auctore
Mart. Weinrichio. 1595, *in*-8. *vel.*
1062 Traité des Eunuques, par d'Ollincan (Ancillon).
1707, *in* 12.

I I. *Hygiene.*

1. *Régimes de vie, ou Traités sur l'Art de se conserver la*
Santé; ensemble les Traités de la Vie & de la Mort.

1063 Ant. Gazii florida Corona, quæ ad Sanitatis Hominum
conservationem ac longevam vitam perducendam sunt ne-
cessaria, continens. *Lugduni*, 1516, *in*-4.
1064 Le Jardin de Santé translaté en françois (de l'Arabe
de Rabi Mosis Maimonida.) *Paris, Phil. le Noir, sans*
date, 2 tom. en un *vol. in-fol. fig. goth.*
1065 Marsilius Ficinus de triplici vita; scilicet, de vita sana,
de vita longa & de vita cœlitus. *Editio vetus absque anno*
& loco impressionis; sed circa ann. 1489, *tempus compositionis*
hujus Libri; excusa. in-8.

1066 Méthode pour conserver sa santé, trad. de l'Angl. par de Préville. *Paris*, 1752, *in-12. v. f.*

1067 L'Art de conserver la Santé des personnes valétudinaires, par Cheyne. *Paris*, 1755, *in-12.*

1068 De Militis in Castris Sanitate tuenda; Autore L. A. Portio. *Viennæ Austriæ*, 1685, 2 vol. *in-12. p. f.* avec la trad. fr. de M. Eidous.

1069 Hist. des personnes qui ont vécu plusieurs Siecles & qui ont rajeuni, par de Longeville Harcouet. *Paris*, 1715, *in-12.*

1070 Chr. Franc. Paullini Disquisitio curiosa, an Mors naturalis plerumque sit substantia verminosa? *Francof.* 1703, *in-12.*

2. *Traités diætétiques des Alimens & des Boissons.*

1071 Lud. Nonnii Diæteticon, sive de Re Cibaria Lib. IV. *Antuerpiæ*, 1645, *in-4. v. f. fil.*

1072 Traité des Alimens de Carême, par Nic. Andry. *Paris*, 1713, 2 vol. *in-12.*

1073 Traité des Dispenses de Carême, par (Phil. Hecquet). *Paris*, 1710, 2 vol. *in-1.*

1074 Essai sur les Alimens, par Lorry. *Paris*, 1757, 2 vol. *in-12.*

1075 Traités du Café, du Thé & du Chocolate, par Ph. Sylv. Dufour; avec la Méthode pour composer le Chocolate, par S. Disdier. *La Haye*, 1693, *in-12. p. f.*

1075 * P. And. Canonherii de admirandis Vini virtutibus Lib. tres. *Antuerp.* 1627, *in-8 vel.*

III. *Pathologie.*

1. *Traités théoriques des causes, signes, diagnostics & effets des différentes Maladies.*

1076 Tableau des Maladies de Lommius, trad. en franç. par le Mascrier. *Paris*, 1760, *in-12.*

1077 Traité des Maladies les plus fréquentes & des remédes propres à les guérir; par Helvétius. *Paris*, 1740, 2 vol. *in-12.*

1078 Essai sur les Fiévres, par J. Huxham (trad. de l'Angl. par Eidous & Lavery). *Paris*, 1752, *in-12.*

1079 Traité des Fiévres continues, par Quesnay. *Paris*, 1753, 2 vol. *in-12.*

1080 Traité des Fiévres malignes, pestilentielles & autres, (par Chirac, publié par Senac). *Paris*, 1742, 2 vol. *in-12.*

1081 Traité des Fiévres malignes, de la Rougeole, de la
petite

petite Vérole, &c. par Donet. *Paris*, 1753, 2 *tom. en un vol. in*-12.

1082 Gasp. Marcucii de Melancholiæ Morbo, nec non de Morbo Hypocondriaco variæ quæstiones. *Romæ*, 1645, *in*-4. *vel.*

1083 Differt. sur les Vapeurs & les Pertes de Sang, par P. Hunauld. *Paris*, 1756, *in*-12.

1084 Traité des Affections vaporeuses du Sexe, par Jos. Raulin. *Paris*, 1759, *in*-12.

1085 Traité des Affections vaporeuses des deux Sexes, par M. Pomme. *Lyon*, 1765, *pet. in*-8.

1086 De la Digestion & des Maladies de l'Estomac, suivant le Système de la Trituration, par Phil. Hecquet. *Paris*, 1712, *in*-12. *v. f.*

1087 Traité des Maladies Venteuses, trad. du latin de Combalusier, par Jault. *Paris*, 1754, 2 *vol. in*-12.

1088 Ath. Kircheri Scrutinium contagiosæ Luis quæ dicitur Pestis, cum Præfat. Chr. Langii *Lipsiæ*, 1659, *in*-12. *p. f.*

1089 Discours très ample de la Peste, par Nic. de Nancel. *Paris*, 1581, *in*-8. *v. f.*

1090 Traité des Causes, des Accidens & de la Cure de la Peste, par Fr. Chicoyneau. *Paris*, 1744, *in*-4.

1091 Le Chasse-vérole des petits enfans, par Claude Chanvel. *Lyon*, 1616, *in*-12. *vel.*

1092 De la Génération des Vers dans le corps de l'Homme, par Andry. *Paris*, 1741, 2 *vol. in*-12. *fig.*

1093 Vers solitaires & autres de diverses especes, dont il est traité dans le Livre *de la Génération des Vers, par Andry,* représentés en plusieurs planches. *Paris*, 1718, *in*-4.

1094 Joh. Beverovicii de Calculo Renum & Vesicæ Liber. *Lugd. Bat. Elzev.* 1638, *in*-12. *p. f. vel.*

1095 Gualteri Charleton de Causis, Signis & Sanatione Lithiaseos Diatriba. *Lugd. Bat. Elzev.* 1650, *in*-12. *vel.*

1096 Traité des Maladies des Os, par du Verney. *Paris*, 1751, 2 *vol. in*-12.

1097 Traité des Maladies Vénériennes, trad. du latin d'Astruc (par Jault & retouché par l'Auteur). *Paris*, 1740, 3 *vol. in*-12.

1098 Differt. sur l'incertitude des Signes de la mort, & l'abus des enterremens précipités, par Jac. J. Bruhier. *Paris*, 1759, 2 *vol. in*-12.

K

IV. Thérapeutique.

1. Traités pratiques de la Cure des Maladies.

1099 La Médecine pratique rendue plus simple, par le Camus. *Paris*, 1769, *in-12.*

1100 Principes de Physique rapportés à la Médecine pratique, par Chambon. *Paris*, 1750, 2 *vol. in-12.*

1101 La Médecine, la Chirurgie & la Pharmacie des Pauvres, par Hecquet. *Paris*, 1740, 3 *vol. in-12.*

1102 Le Médecin de soi-même, ou l'Art de se conserver la santé par l'instinct, (par Devaux). *La Haye*, 1699, *in-12 p. f.*

1103 Avis au Peuple sur sa santé, par M. Tissot. *Paris*, 1767, 2 *tom. en un vol. in-12.*

1104 Pratique des Maladies Chroniques ou Habituelles, par Tauvry. *Paris*, 1712, 5 *vol. in-12.*

1105 Pratique des Maladies Aigües, par le même. *Paris*, 1720, 2 *vol. in-12.*

1106 Méthode de guérir les Maladies du Corps, & les déréglemens de l'Esprit qui en dépendent, par Cheyne, trad. de l'Angl. par de la Chapelle. 1749, 2 *vol. in-12.*

1107 Traité des Moyens de dissoudre la Pierre & de guérir la Goute, par Théoph. Lobb. *Paris*, 1744, *in-12.*

1108 L'Art de guérir les Maladies Vénériennes, par Nic. de Blegny. *Amst.* 1696, 3 *tom. en un vol. in-12. p. f. fig.*

1109 Recueil de Traités sur les Vertus médécinales de l'Eau commune (par Noguez). *Paris*, 1730, 2 *vol. in-12.*

1110 Essai sur les Vertus de l'Eau de Chaux pour la guérison de la Pierre, trad. de Rob. Whytt, par M. Roux. *Paris*, 1757, *in-12.*

1111 Cultrivori Prussiaci Curatio singularis, descripta à Dan. Beckero. *Lugd. Batav.* 1640, *in-12. v. f. fig.*

V. Mélanges de Médecine Microcosmique.

1. Dissertations singulieres, Opuscules, Observations, &c.

1112 Réflexions critiques sur la Médecine, par le François. *Paris*, 1715, 2 *vol. in-12.*

1113 Lettres intéressantes pour les Médecins de profession. *Avignon*, 1759, 2 *vol. in-12.*

1114 Mémoires sur divers sujets de Médecine, par le Camus, *Paris*, 1760, *in-12.*

1115 Observations de Médecine de la Société d'Edimbourg, traduites de l'angl. par M. Demours. *Paris*, 1740, 4 *vol. in-12. fig.*

1116 Les Problêmes de Médecine & de Philosophie, trad. du grec, avec soixante autres Problêmes, par Heret. *Paris*, 1555.—Les Problêmes de Jer. Garimbert, trad. de Tuscan en Franç. par J. Louveau. *Lyon*, 1559, *in-8. vel.*

1117 Augerii Clutii Opuscula duo singularia ; de Nuce Medica; de Hemerobio & majali Verme. *Amst.* 1634, *in-4. fig. v. f.*

VI. *Médecine, Chirurgie & Anatomie Vétérinaire.*

1118 Elémens d'Hippiatrique, par Bourgelat. *Lyon*, 1750, 3 *vol. pet. in-8. fig.*

1119 Guill. Harvei Exercitationes de Generatione Animalium. *Hagæ-Comitis*, 1680, *in-12. p. f.*

1120 Anatomie générale du Cheval, par de Garsault. *Paris*, 1732, *in-4. fig.*

I. C H I R U R G I E.

1. *Traités généraux & particuliers de la Chirurgie ; des Opérations chirurgicales & des Maladies done elle traite.*

1121 Les Œuvres d'Ambr. Paré. *Paris*, 1585, *in-fol. gr. p. fig.*

1122 Œuvres de Nic. Abr. de la Framboisiere. *Lyon*, 1669, *in fol.*

1123 Cours de Chirurgie, dicté aux Ecoles de Médecine, par Elie Col. de Vilars. *Paris*, 1764, 6 *vol. in-12.*

1124 Cours d'Opérations de Chirurgie, par Dionis. *Paris*, 1714, *in-8. fig.*

1125 Traité des Opérations de Chirurgie, par René Jac. Croissant de Garengeot. *Paris*, 1731, 3 *vol. in-12. fig.*

1126 Traité de la Phlébotomie & de l'Artériotomie, par Martin. *Paris*, 1741, *in-12.*

1127 Traité de la Lithotomie, par Fr. Tolet. *Paris*, 1708, *in-12. fig.*

1128 Parallele des différentes manieres de tirer la Pierre hors de la vessie, par H. Fr. le Dran. *Paris*, 1730, *in-8. fig.*

1129 Observations chirurgicales sur les Maladies de l'urethre, par Jacques Daran. *Paris*, 1748, *in-12. fig.*

1130 Traité des Tumeurs contre nature, par Deidier. *Paris*, 1732, *in-12*.

1131 Réflexions sur les Playes, ou la méthode de procéder à leur curation, par C. F. Faudacq. *Paris*, 1736, *in-12*.

1132 Observations de Chirurgie, sur le traitement des Playes, par Chirac, & sur la suppuration des parties molles, par Fizes. *Paris*, 1742, *in-12*.

1133 Traité des Playes d'armes à feu, par Ravaton. *Paris*, 1750, *in-12. fig.*

1134 Traité des Maladies de l'Œil, & des remedes propres pour leur guérison, par Ant. Maître-Jan. *Troyes*, 1767, *in-4*.

1135 Traité de l'organe de l'Ouïe, contenant la structure, les usages & les maladies de l'Oreille; par Du Verney. *Leyde*, 1731, *in-12. fig.*

1136 Le Chirurgien Dentiste, par P. Fauchard. *Paris*, 1746, 2 *vol. in-12. fig.*

1137 Traité des Maladies des Femmes-grosses, & de celles qui sont accouchées; par Fr. Mauriceau. *Paris*, 1721, 2 *vol. in-4. fig.*

1138 La Pratique des Accouchemens, par Phil. Peu. *Paris*, 1694, *in-8. fig.*

1139 Traité des Accouchemens par Puzos, revû par M. Morisot Deslandes. *Paris*, 1759, *in-4*.

1140 Observations sur la cure radicale de plusieurs Polypes de la Matrice; par Levret. *Paris*, 1749, *in 8. fig.*

1141 Traité des Hernies, par Pierre Franco. *Lyon*, 1561, *in-8*.

II. ANATOMIE.

1. *Traités généraux & particuliers d'Anatomie, de la Dissection du Corps humain & de ses différentes parties.*

1142 Isbr. de Diemerbroeck Anatome Corporis humani. *Ultrajecti*, 1672, 2 *vol. in-4. fig.*

1143 L'Anatomie du Corps humain, trad. du latin de Diemerbroeck, par J. Prost. *Lyon*, 1727, 2 *vol. in-4*.

1144 Guill. Cowper Anatomia Corporum humanorum, centum & quatuordecim tabulis ad vivum expressis illustrata; & & à Guil. Dundass latinitate donata. *Lugd. Bat.* 1639, *gr. in-fol. forme d'Atlas.*

1145 Nouvelles Tables Anatomiques, où sont représentées toutes les parties du Corps humain, dessinées par Amé

Bourdon. *Paris*, 1678, 8 *feuilles*, *gr. in-fol. forme d'Atlas*, *enluminées au naturel*.

1146 Tabulæ Anatomicæ Barth. Eustachii, cum Præf. & notis Jo. M. Lancisii. *Amst.* 1722, *in-fol. fig. v. f.*

1147 L'Anatomie du Corps humain, par de Saint-Hilaire. *Par.* 1698, 2 *vol. in-8. fig.*

1148 L'Anatomie de l'Homme, suivant la circulation du sang & les expériences, par Dionis. *Paris*, 1729, *in-8. fig.*

1149 Exposition Anatomique de la structure du Corps humain, par Jac. Ben. Winslow. *Paris*, 1732, *in-4. fig. v. f.*

1150 L'Anatomie d'Heister, trad. en françois, par J. B. (Senac). *Paris*, 1724, *in-8. fig.*

1151 L'Anatomie du Corps de l'Homme en abrégé, par Noguez. *Paris*, 1726, *in-12. fig.*

1152 Myologie complette, en couleur & grandeur naturelle; composée de l'Essai & de la suite de l'Essai d'Anatomie en tableaux imprimés ; par Jacques Gautier & du Verney. *Paris*, 1746, 20 *pl. avec l'Explic. imprimée.* == Anatomie générale de la tête, du thorax & du bas-ventre, par les mêmes. *Ibid.* 1748, 20 *pl. avec l'Explic. impr.* == Figure de l'Hermaphrodite, avec l'Explic. de M. Mertrude. *Ibid.* 1749, *en tout* 41 *planches*, *non compris le Discours*.

1153 Nouveau Elémens d'Anatomie raisonnée, par Person. *Paris*, 1749, *in-8. fig.*

1154 Anthropotomie, ou l'art de disséquer les muscles, les ligamens, les nerfs & les vaisseaux sanguins du Corps humain. *Paris*, 1750, 2 *vol. in-12.*

1155 Splanchnologie ou l'Anatomie des Viscères; par R. Jac. Croissant de Gatengeot. *Paris*, 1742, 2 *vol. in-12.*

1156 Traité d'Ostéologie, par Bertin. *Paris*, 1754, 4 *vol. in-12 fig.*

1157 Ant. Mariæ Vasalvæ de Aure humana Tractatus. *Traj. ad Rhen.* 1707, *in-4. fig.*

1158 Guil. Harvæi Exercitat. Anatomicæ de motu Cordis & Sanguinis circulo. *Roterod.* 1661. == Jac. de Back Dissert. de Corde. *Ibid.* 1660, *in-12.*

1159 Bern. Swalve Querelæ & Opprobria Ventriculi. *Amstel.* 1664, *in-12. p. f.*

III. PHARMACIE.

1. *Traités généraux & particuliers de la Matiere Médicale,
de la Composition & des propriétés des Médicamens.*

1160 Traité de la Matiere Médicale de Tournefort; mis au
jour par Besnier. *Paris*, 1717, 2 *vol. in-*12.

1161 Traité de la Matiere Médicale, par Geoffroy, trad.
en fr. par (Bergier). *Paris*, 1743, 7 *vol. in-*12.

1162 Explication & Figures de 719 Plantes, & de 134 Animaux contenus en 730 Planches, grav. en taille-douce sur
les desfins de M. Garfault; suivant l'ordre de la Matiere
Médicale de Geoffroy. *Paris*, 1765, 6 *vol. in-*8. br.

1163 Diction. Botanique & Pharmaceutique. *Paris*, 1738,
gr. *in-*8.

1164 Les Commentaires de Matthiolus sur les six Livres de
Dioscoride, trad. en françois, par Ant. du Pinet. *Lyon*,
1605, *in-fol. fig.*

1165 Les mêmes. *Ibid.* 1680, *in-fol. fig.*

1166 Thomæ Willis Pharmaceutice rationalis. *Haga Comit.*
1675, *in-*12. *p. f.*

1167 Traité Universel des Drogues simples, par Nic. Lemery.
Paris, 1723, *in-*4. *fig.*

1168 Le même Ouvrage sous le titre de Diction. Universel
des Drogues. *Ibid.* 1733, *in-*4. *fig.*

1169 Pharmacopée Univ. par Nic. Lemery. *Par.* 1716, *in-*4.

1170 La même. *Ibid.* 1738, *in-*4. *fig.*

1171 Le Manuel des Dames de Charité, par Arnault de Nobleville & Salerne. *Paris*, 1762, *in-*12.

1172 Remedes faciles & domestiques, recueillis par ordre de
Madame Fouquet. *Paris*, 1740, 2 *vol. in-*12.

1173 Analyse de plusieurs Polychrestes Ultramarins, par L. J.
C. D. C. *Paris*, 1736, *in-*12.

1174 Le Royal Syrop de Pommes, Antidote des Passions
mélancholiques, par Gabr. Droyn. *Paris*, 1615, *in-*8. *vel.*

IV. CHYMIE.

1. *Traités généraux & particuliers de la Chymie & des
Opérations Chymiques.*

1175 Introduction à la Chymie, par G. Rothe, avec une
Analyse raisonnée de l'Antimoine, &c. par Meuder; tra-

duite de l'Allem. par J. L. Clausier. *Paris*, 1741. *in-12.*

1176 Elemens de Chymie Théorique & Pratique, par Macquer. *Paris*, 1741 & 1749, 3 vol. *in-12. fig.*

1177 Cours de Chymie, par Nic. le Fevre; revu par du Monstier. *Paris*, 1751, 5 vol. *in-12.*

1178 Cours de Chymie, par Nic. Lemery. *Paris*, 1730, *in-8. fig.*

1179 Chymie Médicinale, par Malouin. *Paris*, 1750, 2 vol. *in-12. v. f. d. s. tr.*

1180 Guill. Johnson Lexicon Chymicum. *Londini*, 1652 & 1653, 2 vol. *in-12.*

1181 P. Maria Caneparius de Atramentis cujuscumque generis. *Londini*, 1660, *in-4.*

1182 Traité de la Distillation, par Déjan. *Paris*, 1759, *in-12.*

I. *Mélanges de Médecine & de Chymie, ou Recueils de Secrets.*

1183 Albertus Magnus de Secretis Mulierum & de Virtutibus Herbarum; necnon Mich. Scotus de Secretis Naturæ. *Amst.* 1669, *in-12. p. f.*

1184 Trésor des Remedes secretz, par Evonyme, (Conrad Gesner) trad. en françois, par Barth. Aneau. *Lyon*, 1557, *petit in-4. vel.*

1185 Les occultes Merveilles & Secretz de Nature, par Levin Lemne, trad. en fr. (par Jac. Gohory). *Paris*, 1567, *in-8.*

1186 Les Secrets d'Alexis Piemontois. *Rouen*, 1652, *in-8. vel.*

1187 Les Secrets & Merveilles de Nature, receuillis par Jac. Wecker, revûs par P. Meyssonier. *Rouen*, 1608, *in-8. vel.*

1188 Jul. Cæs. Baricelli Hortulus Genialis. *Geneva*, 1620, *in-16.*

1189 Nouveau Recueil de Secrets & Curiosités, par Lemery. *Amst.* 1709, 2 vol. *in-12.*

1190 Le même Ouvrage. *Paris*, 1737, 4 vol. *in-12.*

1191 Nouveaux Secrets pour conserver la beauté des Dames, & pour guérir plusieurs sortes de Maladies; tirés des Mémoires du Chevalier Digby. *La Haye*, 1700, *in-12.*

V. ALCHYMIE.

I. *Traités généraux & particuliers de la résolution des Métaux & de la perfection de la Pierre philosophale.*

1192 Histoire de la Philosophie Hermétique, avec un Cata-

logue des Ecrivains de cette Science, (par Lenglet du Frefnoy). *Paris*, 1742, 3 *vol. in-12.*

1193 Rob. Flud, Philofophia Moyfaïca. *Gouda*, 1638, *in-fol.*
vel.

1194 Reconditorium Opulentiæ Sapientiæque Numinis Mundi
magni, cui deditur in titulum, Chymica Vannus; accedit
Commentatio de Pharmaco Catholico. *Amft.* 1666, *in-4.*

1195 Thréfor de la Philofophie des Anciens; ou Traité de
la Connoiffance des Métaux & Minéraux, & de la maniere
de s'en fervir pour arriver à la perfection du grand Œuvre;
mis en lumiere par Barent Coenders van Helpen. *Cologne*,
1693, *in-fol. fig.*

1196 Cl. Germain Icon Philofophiæ Occultæ; five vera
Methodus componendi Philofophorum Lapidem. *Parif.*
1672, *in-8.*

1197 Le Comte de Gabalis ou Entretiens fur les Sciences
fecretes; par l'Abbé de Villars; avec les Génies Affiftans.
Londres, (*Paris*), 1742, 2 *tom. en un vol. in-12.*

1198 L'Alkaeft, ou le Diffolvant univ. de Van-Helmont,
révélé par Jean-le-Pelletier. *Rouen*, 1704. ═ L'Art de
volatilifer les Alcalis, tiré des Ouvrages de Starkey, par le
même. *Ibid.* 1706, *in-12.*

1199 Trois Traités de la Philofophie Naturelle, par Arte-
phius, Nic. Flamel & Synefius; trad. en fr. par P. Arnauld.
Paris, 1612, *in-4. fig. vel.*

1200 Le Triomphe Hermétique, ou la Pierre Philofophale
victorieufe, (par Saint-Didier). *Amft.* 1689, *in-8.*

1201 Inftruction à la France fur la vérité de l'Hiftoire des
Freres de la Roze-Croix; par G. Naudé. *Paris*, 1623,
in-8. vel.

IV. MATHÉMATIQUES ET SCIENCES QUI EN DÉPENDENT.

I. MATHÉMATIQUES GÉNÉRALES.

1. *Traités généraux des Mathématiques; Cours, Principes,
Leçons, &c.*

1202 Gafp. Schotti Magia univ. Naturæ & Artis; five Optica,
Acouftica, Mathematica & Phyfica. *Herbipoli*, 1657, 4 *vol.*
in-4. fig.

1203 Idem Opus. *Bambergæ, 1677, 4 vol. in-4. fig.*

1204 Mathématique Universelle abregée à l'usage de tout le monde, (par le P. Castel.) *Paris, 1728, in-4.*

1205 Élémens de Géométrie, d'Arithmét. & d'Algèbre, par Rivard. *Paris, 1739, in-4. fig.*

1206 Abrégé des Élémens de Mathématiques du même. *Par. 1740, in-8. fig.*

1207 Cours de Mathématiques, par Camus. *Paris, 1749, 4 vol. gr. in-8. fig.*

1208 Diction. Mathématique, ou Idée générale des Mathématiques, par Ozanam. *Paris, 1691, in-4. fig.*

21 *Traités particuliers de la Construction des Instrumens de Mathématique; Mélanges de Mathématiques, &c.*

1209 Traité de la Construction & des principaux usages des Instrumens de Mathématique, par N. Bion. *Paris, 1725, in-4.*

1210 L'Usage du Compas de proportion, démontré par Ozanam. *Paris, 1736, in-8. fig.*

1211 Observations Mathématiques, Astronomiq. Géograph. &c. tirées des anciens Livres Chinois, ou faites aux Indes & à la Chine, par les Jésuites; publiées par le P. E. Souciet. *Paris, 1729, 3 tom. en 2 vol. in-4. fig.*

1212 Récréations Mathématiques & Physiques d'Ozanam. *Par. 1725, 4 vol. in-8. fig.*

1213 Les mêmes. *Ibid. 1741, 4 vol. in-8. fig.*

II. MATHÉMATIQUES SIMPLES.

I. ARITHMÉTIQUE ET ALGÈBRE.

1. *Traités généraux & particuliers d'Arithmétique & d'Algèbre.*

1214 Les Élémens d'Euclide du P. de Challes & d'Ozanam, revûs par Audierne. *Paris, 1753, in-12. fig.*

1215 P. Bongi mysticæ Numerorum significationes. *Bergomi, 1585, in-fol. vel.*

1216 Traité d'Arithmétique par Théod. Luders. *Paris, 1686, gr. in-fol. gravé.*

1217 Arithmétique, Comptes faits & Livre nécessaire, par Barème. *3 vol. in-12.*

L

1218 Nouveau Traité d'Arithmétique démontrée, par Loiseau. *Paris*, 1741, *gr. in-8.*

1219 L'Arithmétique en sa perfection, par F. le Gendre. *Paris*, 1754, *in-12.*

1220 La Science du Calcul numérique, ou l'Arithmétique raisonnée, par Gallimard. *Paris*, 1751, *petit in-8.*

1221 L'Arithmétique par Tarif, par Isaac Miraband. *Toulouse*, 1722, *2 vol. in-4.*

1222 Calculs tout faits, par Mat. Mésange. *Paris*, 1757, *in-12.*

1223 Dissertation qui a remporté le Prix proposé par l'Académie des Sciences de Berlin, sur le système des Monades; avec les pieces qui ont concourues (au nombre de IX). *Berlin*, 1748, *in-4.*

II. GÉOMÉTRIE.

1. *Traités généraux & particuliers de Géométrie théorique & pratique.*

1224 Élémens de Géométrie, par Clairaut. *Paris*, 1741, *in-8. fig. br.*

1225 Nouveaux Élémens d'Algébre & de Géométrie, par Blaize. *Paris*, 1743, *in-4. fig.*

1226 Institutions de Géométrie, par de la Chapelle. *Paris*, 1757, *2 vol. in-8. fig.*

1227 Pratique de la Géométrie sur le Papier & le Terrain, par Séb. le Clerc. *Paris*, 1682, *in-12. fig.*

1228 Traité de Géométrie, par le même. *Paris*, 1798, *in-8. fig.*

1229 La Géométrie-pratique, par Ozanam. *Paris*, 1736, *in-12. fig.*

1230 Méthode de lever les Plans & les Cartes de terre & de mer; par le même. *Paris*, 1750, *in-12. fig.*

1231 Nouveau Traité du Nivellement, par Lefebvre. *Paris*, 1753, *in-4. fig.*

1232 La Perspective d'Euclide, trad. en franç. par Rol. Freart, Sieur de Chambray; Idée de la Perfection de la Peinture, par le même. *Au Mans*, 1662 & 1663, *in-4.*

1233 Traité des Pratiques Géométrales & Perspectives, par A. Bosse. *Paris*, 1665, *in-8. fig.*

2. *Traités de la Trigonométrie, des Logarithmes, des Lignes, &c. ensemble les différens Problêmes Géométriques.*

1234 Manuel de Trigonométrie-pratique, par l'A. de la Grive. *Paris, 1754, gr. in-8 fig.*

1235 Tables des Sinus, Tangentes, Secantes, & de leurs logarithmes; par Rivard. *Paris, 1743, gr. in-8. fig.*

1236 Méthode pour faire une infinité de Desseins différens, avec des carreaux mipartis de deux couleurs, par le P. Dom. Douat. *Paris, 1722, in-4. fig. br.*

1237 Essai d'Analyse sur les jeux de hasard, par Rémond de Montmort). *Paris, 1713, in-4. fig.*

1238 Essai sur les probabilités de la durée de la vie humaine, par Deparcieux. *Paris, 1746, in-4.*

III. ASTRONOMIE ET COSMOGRAPHIE.

1. *Traités généraux & particuliers d'Astronomie & de Cosmographie; ensemble les Traités sur les Astres, les Planétes, les Etoiles, les Cométes, &c.*

1239 Élémens d'Astronomie & Tables Astronomiques, par Cassini. *Par. Impr. Roy. 1740, 2 vol. in-4. fig.*

1240 Entretiens sur la pluralité des Mondes, par de Fontenelle. *Amsterd. 1701, in-12.*

1241 Christoph. Clavii in Sphæram Jo. de Sacro-Bosco Commentarius, *Roma, Dom. Basa, 1581, in-4. vel.*

1242 L'Usage des Globes célestes & terrestres, & des Spheres, suivant les différens systêmes du Monde, par Bion. *Paris, 1710, in-8. fig.*

1243 La Figure de la Terre déterminée par les Observations faites au Cercle polaire, par M. de Maupertuis. *Paris, Impr. Royale, 1738, in-8. fig.*

1244 Théorie de la figure de la Terre, par Clairaut. *Paris, 1743, in-8. fil.*

1245 Degré du Méridien entre Paris & Amiens, déterminé par la mesure de M. Picard. *Paris, 1741, in-8. fig.*

1246 Mahometis Albatenii de Scientia Stellarum Liber, cum additionibus Jo. Regiomontani. *Bononia, 1645, in-4. v. f. fil.*

1247 Astronomie Nautique, par de Maupertuis. *Par. Impr. Roy. 1751, in-8. v. f.*

1248 Car. Pisonis physicum Cometæ Speculum. *Ponte ad Montionem*, 1619, *in-8. br. fig.*

2. *Tables Astronomiques & Calculs des mouvemens des Astres.*

+ 1249 Les Tables perpétuelles de Phil. Lansbergues des mouvemens célestes; ensemble sa Théorie des mouvemens célestes & ses Observations Astronomiques; trad. du lat. par D. Goubard. *Middelbourg*, 1633, *in-fol.*

1250 Phil. de la Hire Tabulæ Astronomicæ, cum descriptione, constructione & usu Instrumentorum Astronomicorum. *Par.* 1727, *in-4. fig.*

1251 Tables Astronomiques par Hallée; publiées par l'Ab. de Chappe d'Auteroche. *Paris*, 1754, *in-8.*

1252 Tables de la Lune calculées suivant la théorie de la gravitation, par Clairaut. *Paris*, 1754, *in-8.*

1253 Nouvelles Tables Loxodromiques; ou application de la Théorie de la figure de la Terre, à la construction des Cartes marines; trad. de l'angl. de Murdoch; par de Brémond. *Par.* 1742, *in-8. fig.*

I. GNOMONIQUE.

1. *Traités généraux & particuliers de Gnomonique & d'Horlogiographie.*

1254 La Maniere universelle de Desargues, pour poser l'Essieu & placer les heures aux Cadrans solaires; par A. Bosse. *Paris*, 1643, *gr. in-8. fig.*

1255 Traité d'Horlogiographie, par Dom Pierre de Sainte Marie Magdeleine. *Paris*, 1665, *in-8. fig. vel.*

1256 Traité d'Horlogerie pour les Montres & les Pendules, traduit de l'angl. de Derham. *Paris*, 1731, *in-12. fig.*

1257 Traité général des Horloges, par Dom Jac. Allexandre. *Paris*, 1734, *in-8. fig.*

1258 Regle artificielle du Tems, ou Traité de la Division naturelle & artificielle du Tems, des Horloges, &c. par H. Sully. *Paris*, 1737, *in-12. fig.*

1259 Traité de l'Horlogerie méchanique & pratique; par Thiout. *Paris*, 1741, 2 *vol. in-4. fig.*

1260 Traité d'Horlogerie, par J. A. Lepaute. *Paris*, 1755, 4. *fig.*

II. HYDROGRAPHIE.

1. Traités théoriques & pratiques de la Navigation, du Pilotage & de la Construction des Vaisseaux ; Atlas Hydrographiques.

1261 Hydrographie, contenant la théorie & la pratique de la Navigation, par Georges Fournier. *Paris*, 1643, *in-fol.*

+ 1262 Le même Ouvrage. *Paris*, 1667, *in-fol.*

1263 La Théorie de la manœuvre des Vaisseaux. *Paris*, 1689, *in-8. fig.*

1264 Nouveau Traité de Navigation, contenant la théorie & la pratique du Pilotage, par Bouguer. *Paris*, 1753, *in-4. fig. d. f. tr. fil.*

1265 Traité du Navire, de sa construction, & de ses mouvemens, par le même. *Ibid.* 1746, *in-4. fig. d. f. tr. fil.*

1266 Élémens de l'Architecture navale, ou Traité-pratique de la construction des Vaisseaux, par M. Duhamel du Monceau. *Paris*, 1752, *in-4. br. fig.*

1267 Traité de la Fabrique des manœuvres pour les Vaisseaux, ou l'Art de la Corderie perfectionné, par le même. *Paris, Impr. Roy.* 1747, *in-4. fig. br.*

1268 L'Art de bâtir les Vaisseaux & d'en perfectionner la construction ; de les garnir de leurs apparaux, &c. traduit du Hol. avec les Pavillons de presque toutes les Nations. *Amsterdam*, 1719, 2 tom. *fig.* == Le Portulan, ou Guide des Pilotes de la Mer Méditerranée. *Ibid.* 1709, *in-4. fig.*

1269 Atlas de la Navigation & du Commerce. *Amst. L. Renard*, 1715, *in-fol. forme d'Atlas.*

1270 Le Neptune Oriental, ou Routier général des côtes des Indes Orientales & de la Chine ; enrichi de Cartes Hydrographiques, par d'Après de Mannevillette. *Paris*, 1745, *gr. in-fol. forme d'Atlas, m. r. d. f. tr. les cartes sont lavées.*

IV. OPTIQUE, DIOPTRIQUE, CATOPTRIQUE.

1. Traités généraux & particuliers d'Optique & Dioptrique ; du Point de vûe, &c.

1271 Christoph. Scheiner Oculus, hoc est, Fundamentum Opticum. *Londini*, 1652, *in-4.*

1272 Honor. Fabri Synopsis Optica, in qua, omnia quæ ad

Opticam, Dioptricam & Catoptricam pertinent, demonstran-
tur. *Lugduni*, 1667, *in-4. fig.*

1273 Traité d'Optique par le Chev. Newton, trad. en franç.
par Cofte. *Paris*, 1722, *in-4. fig. v. f. fil.*

1274 Traité d'Optique, par Thomin. *Par.* 1749, *in-8. fig.*

1275 La Dioptrique Oculaire, par le P. Chérubin d'Orleans,
Paris, 1671, *in-fol.*

1276 Difcours touchant le point de vûe, par Sébaft. le Clerc.
Par. 1679, *in-12. fig.*

1277 L'Optique des Couleurs, par le P. Caftel. *Paris*, 1740,
in-12. fig.

2. *Traités particuliers de la conftruction & de l'ufage des
Microfcopes, Télefcopes, Lunettes, &c.*

1278 Micrographia : or fome Phyfiological Defcriptions of
minutes Bodies, by Rob. Hooke. *Lond.* 1667, *in-fol. fig.*

1279 Le Microfcope mis à la portée de tout le monde ; trad.
de l'angl. de H. Baker. *Paris*, 1754, *in-8. fig.*

1280 Defcriptions & Ufages de plufieurs Microfcopes tant
fimples que compofés, par L. Joblot. *Paris*, 1718, *in-4.
figures.*

1281 Conftruction d'un Télefcope de Réflexion, de 16 pouces
de longueur, & de plufieurs autres Télefcopes, par (Paffe-
ment). *Paris*, 1738, *in-4. fig.*

1282 Nouvelles Obfervations Microfcopiques, par Néed-
ham ; traduites de l'angl. (par Lavirotte). *Paris*, 1750,
in-12. fig.

1283 Inftruction fur l'ufage des Lunettes ou Conferves pour
toutes fortes de vûes, par Thomin. *Paris*, 1746, *in-12.
d. fur tr.*

V. MÉCHANIQUE ET STATIQUE.

1. *Traités généraux & particuliers de Méchanique, des Forces
mouvantes, &c. enfemble les Recueils de Machines.*

1284 Gafp. Schotti Mechanica Hydraulico - Pneumatica. *Herbipoli*, 1657, *in-4. fig.*

1285 Nouvelle Méchanique ou Statique, par Varignon, publiée par MM. de Beaufort & Camus. *Paris*, 1725, *2 vol.
in-4. fig.*

1286 Leçons Élémentaires de Géométrie & de Méchanique,

par de la Caille. *Paris*, 1743, 2 tom. en un vol. in-8. fig.

1287 Œuvres diverses de Physique & de Méchanique de Cl. & Pierre Perrault. *Leide*, 1721, 2 vol. in-4. fig. v. f.

1288 Traité sur la pratique des Forces mouvantes, par Gobert. *Paris*, 1702, in-4. fig. v. f.

1289 Traité des Forces mouvantes, pour la pratique des Arts & Métiers, par de Camus. *Paris*, 1722, in-8. fig.

1290 Levini Hulsii Instrumentorum Méchanicorum Tractatus tres. *Francof. ad Mæn.* 1605, in-4. fig. vel.

1291 Geor. And. Bockleri Theatrum Machinarum novum, ex Germanicâ in Latinum translatum, operâ Henr. Schmitz, *Colonia*, 1662, in-fol. fig.

1292 Recueil d'Ouvrages curieux de Mathémat. & de Méchan. ou Description du Cabinet de M. Grollier de Serviere; par M. son fils. *Lyon*, 1719, in-4. fig. m. r. d. f. tr. fil.

1293 Remarques & Expériences Physiques sur la construction d'une nouvelle Clepsidre; sur les Barométres, Termométres & Higrométres; par Amontons. *Paris*, 1695, in-12. fig.

I. HYDRAULIQUE.

1294 Traité du Mouvement & de la Mesure des Eaux coulantes, par Varignon, publié par l'A. Pujol. *Paris*, 1725, in-4. fig.

1295 Élevation des Eaux par toutes sortes de Machines, réduite à la mesure, au poids & à la balance par le moyen d'un nouveau piston, par le Chev. Morland. *Paris*, 1685, in-4. fig.

VI. MUSIQUE ET ACOUSTIQUE.

1. Traités généraux théoriques sur la Musique.

1296 Histoire de la Musique & de ses effets, par Bonnet. *Amsterd.* 1725, 2 vol. in-12.

1297 Dialogue sur la Musique des Anciens, (par l'A. de Châteauneuf; avec une Préface par Jac. Morabin). *Paris*, 1725, in-12. fig.

1298 Antiquæ Musicæ Auctores septem; gr. & lat. cum notis Marci Meibomii. *Amstel. Elzev.* 1652, 2 tom. en un vol. in-4. fil.

1299 L'Institutioni harmoniche divise in quatro parti, con il Supplemento, dal Gioseffo Zarlino da Chioggia. *In Venetia*, 1589, 2 tom. en un vol. in-fol. vel.

1300 Harmonie univerfelle, contenant la Théorie & la Pratique de la Mufique; par Marin Merfenne. *Paris*, 1636, 7 part. en un vol. in-fol. fig.

1301 Ath. Kircheri Mufurgia univerfalis, five Ars magna Confoni & Diffoni. *Romæ*, 1650, 2 vol. in-fol. fig.

1302 Differtation fur la Mufique moderne; & Lettre fur la Mufique françoife, par J. J. Rouffeau. *Paris*, 1743 & 1753, 2 vol. in-8.

1303 Comparaifon de la Mufique italienne & de la Mufique françoife. (par le Cerf de la Vieuville). *Brux*. 1705, in-12.

1304 Traité de l'Harmonie réduite à fes principes naturels; par Rameau. *Paris*, 1722, in-4.

1305 Nouveau fyftême de Mufique théorique, par le même. *Paris*, 1726, in-4. fig.

1306 Génération harmonique, ou Traité de Mufique théorique & pratique, par le même. *Paris*, 1737, in-8. fig. v. f.

1307 Démonftration du Principe de l'Harmonie, par le même. *Paris*, 1750, in-8. fig.

1308 Obfervations fur notre inftinct pour la Mufique & fur fon principe; par le même. *Paris*, 1754, in-8. fig.

2. *Elémens, Leçons & Principes de Mufique; Traités fur la Compofition, la Mufique inftrumentale & vocale.*

1309 Dictionnaire de Mufique, contenant une explication des termes grecs, latins, italiens & françois les plus ufités dans la Mufique; par Sébaftien de Broffard. *Par.* 1705; in-8.

1310 Principes de la Mufique en quatre parties, par de Monteclair. *Paris*, 1736, in-fol. br. gravé.

1311 L'Art de la Mufique enfeigné & pratiqué par la nouvelle Méthode du Bureau Typographique; par Dumas. *Paris*, 1753; in-4. gravé.

1312 Traité de la Compofition de Mufique; avec une Differt: fur le Chant Grégorien; par Nivers. *Paris*, 1667 & 1683, 2 vol in-8.

1313 Il Mufico Teftore del P. Zaccaria Tevo. *Venezia*, 1706; in-4. fig.

1314 Le Guide du Compofiteur de Mufique, par Gianotti. *Paris*, 1759, in-8. avec la Mufique gravée.

1315 Le Maître des Novices dans l'Art de chanter; par Fr. Remy Carré. *Paris*, 1744, in-4. g. p.

1316 L'Art du Chant, par Berard. *Paris*, 1755; gr. in-8. br avec la Mufique gravée.

1317 Traité de la Viole, par J. Rousseau. *Paris*, 1687, *in-8. fig.*

1318 L'Art de toucher le Clavecin, par Couperin. *Paris*, 1717, *in-fol. gravé.*

§. *Recueils de Musique notée pour les Instrumens ou pour la voix.*

1319 Sonates en trio pour deux violons, deux flûtes & la basse continue, par Quentin. 3 *vol.* == Idem, par Quantz. 3 *vol.* == Idem, par Handel. 3 *vol.* == Idem, par Dollé. 3 *vol. pet. in-fol. gravés; en tout* 12 *vol.*

1320 Vingt-deux Recueils de Sonates de différens Auteurs François & Italiens, entr'autres de Masciti, Senalié, d'Andrieu, l'Œillet, Locatelli, Handel, &c. 22 *vol. in-fol. grav.*

1321 XII Sonates à une flûte & basse continue, par J. B. l'Œillet. 1 *vol.* == Sonates de Masciti. 3 *vol.* == Sonates en quatuor, par Dornel. 1713, 4 *vol.* == Sonates pour le violon & la basse, par du Val. 1704, 3 *vol. en tout* 11 *vol. in-4. obl. gravés.*

1322 Sonates en trio, composées pour les flûtes, les violons & autres instrumens, par Teleman. 3 *vol. br.* — Item, un paquet de Trios de différens Auteurs. *in-fol. en feuilles, gravées.*

1323 Trois paquets de Sonates, Concertos en plusieurs partitions & Recueils de morceaux de Musique propres à différens instrumens. *format in-fol. rel. en feuille, gravés.*

1324 Concertos pour les flûtes, violons ou hautbois avec la basse, par de Boismortier & Corrette. 14 *parties.* == Concerti Grossi di Corelli. 16 *parties.* == Concerti & Suonate da Camera, da Ant. Vivaldi. 10 *parties.* == Concerti à cinque, da Carlo Tessarini. 5 *parties; en tout* 45 *part. grav.*

1325 Six suites de Concertos & Symphonies pour les violons, flûtes & hautbois, par Aubert. 20 *parties.* == Sinfonie a tre & Concerti a quatro, da Gius. Torelli 3 *parties.* == Concerti à cinque da Th. Albinoni. 7 *parties.* == Baletti e Sonate à tre, da il Medesimo. 2 *parties.* == Extrait des Sonates d'Albinoni, par Hotteterre. 3 *parties.* == Sonates de Tellemann. 1 *vol. en tout* 36 *parties grav.*

1326 Un paquet de Duos pour plusieurs instrumens, par différens Auteurs. *Format in-fol. en feuilles, gravés.*

1327 Recueils de morceaux de Musique pour la flûte, par de la Barre, Hotteterre & autres. 16 *vol. in-4. obl. gravés.*

1328 Pieces de Musique pour le Clavecin, par Couperin, *trois parties*; par Rameau, d'Andrieu & d'Agincourt, avec un Recueil fur la Musette, par Chédeville. *9 vol. in-fol. gr.*

1329 Motets de M. de la Lande. 18 *parties reliées en 7 vol. in-fol. gravés.*

1330 Motets à une ou deux voix avec Symphonie, par Bernier. *Paris, 1703 & 1720, 2 vol. in-fol. gravés.*

1331 Motets à une ou plusieurs voix avec Symphonie, par Campra. 1720, *2 vol.* = Noels choisis avec les variations, par Nodot & autres. *7 parties grav. en tout 9 vol.*

1332 Joach. Vanden Hove, Deliciæ & Recreationes Musicæ; five Cantiones è quamplurimis nostri ævi Musicorum Libris selectæ. *Ultrajecti,* 1612, *pet. in-fol.*

1333 Cantates Françoises à une & deux voix, par Clérambault. *Paris,* 1710, *2 vol. in-fol. gravés.*

1334 Cantates Françoises, par Bernier. *2 vol. in-fol. gravés.*

1335 Cantates Françoises à voix seule, par Blamont. *Paris,* 1723, *3 Livres en un vol. in-fol. gravé.*

1336 Cantates Françoises à voix seule & avec Symphonie, par Montéclair. *3 parties en un vol. in-fol. gravé.*

1337 Cantates Françoises à voix seule, par Stuck. *3 parties en 2 vol. in-4. obl. gravés.*

1338 Un paquet de Cantates à une ou plusieurs voix, compofées par différens Auteurs. *Format in-fol. & in-4. obl. gravées.*

1339 Recueil de Vaudevilles, Menuets, Contredanses, &c. pour la musette, par Chédeville. = Menuets franç. & ital. avec la baffe, par le Clerc. 1730. = Brunettes en duo. *3 vol. in-fol. gravés.*

1340 Recueils de petits Airs, Brunettes, Menuets, Contredanses, par le Clerc, Taillard & autres. *12 vol. in-4. & in-8. obl. gravés.*

TROISIEME CLASSE.

ARTS.

I. BEAUX-ARTS, OU PHILOLOGIE.

I. PHILOLOGIE.

1. *Traités généraux de la Philologie; de la Maniere d'enseigner & d'étudier les Belles-Lettres; Dictionnaires Philologiques.*

1341 DE Philologia, Studiis liberalis Doctrinæ, Informatione & Educatione litteraria generoſorum Adoleſcentum. Tractatus Doctorum Virorum, à Thomâ Crenio editi. *Lugd. Bat.* 1696, *in-4.* 1

1342 Martiani Capellæ Satyricon; in quo, de Nuptiis Philologiæ Lib. duo & de ſeptem Artibus Liberalibus Libri ſingulares; edente Hug. Grotio. *Lugd. Bat.* 1599, *in-8. vel.*

1343 De la maniere d'Enſeigner & d'Etudier les Belles-Lettres, par Rollin. *Paris,* 1728, 7 *vol. in-12. avec le ſuppl. & les critiques de MM. Gibert & Gaullyer.* 8.

1344 Cours de Belles-Lettres, diſtribué par exercices; par M. l'Abbé Batteux. *Paris,* 1747, 4 *vol. in-12.* 4 — 19

1345 Inſtructions importantes aux Etudians & à leurs Parens; avec un Recueil de Précis hiſtoriques & chronol. de tous les Souverains, par Alex. Van de Walle. *Bruxelles,* 1752, 3 *vol. in-12.* 2 — 6

1346 Les Etudes convenables aux Demoiſelles; (par A. Joſ. Panckoucke). *Paris,* 1749, 2 *vol. in-12.* 2 — 12

1347 Diction. portatif des Beaux-Arts; par Lacombe. *Paris,* 1752, *in-8.* 2 — 11

1348 Bas. Fabri Theſaurus Eruditionis Scholaſticæ, ab And. Stubelio emendatum & auctum. *Lipſiæ,* 1717, *in-fol.* 6 — 19

7 8   1349 Diction. Universel, françois & latin, dit *de Trévoux.*
Paris, 1752, 7 *vol. in-fol.*

3 — 1   1350 Manuel Lexique (par l'Ab. Prevost). *Paris*, 1750,
2 *vol. in-8.*

I. *Philologues Anciens & du moyen âge.*

3   1351 Auli Gellii Noctes Atticæ. *Amstel. Janßon*, 1666,
in-12. p. f.

21 — 19   1352 Athenæi Deipnosophistarum Lib. quindecim, Græcè,
cum versione latina Jac. Dalechampii & notis Is. Casauboni,
Lugduni, 1612 & 1621, 2 *vol. in-fol. fil.*

1   1353 Caii Sollii Apollinaris Sidonii, Arvernorum Episcopi,
Opera, scilicet Epistolæ, Carmina & Conciones; cum notis
Jo. Savaronis. *Paris.* 1609, *in-4.*

1 — 10   1354 Poggii Florentini Opera. *Argentinæ, impensis Jo. Kno-*
blouch, sed Typis Jo. Schot, anno 1513, *in-fol.*

1355 Angeli Politiani Epistolæ, Miscellanea & Versiones è
græco latinæ. *Lugduni, Gryphius,* 1533, 2 *vol. in-8. d. f. tr.*

3 —   1356 Ejusdem Opera omnia. *Basileæ*, 1553, *in-fol.*

1 — 11   1357 Alexandri ab Alexandro Geniales Dies; ex Editione
Jo. Ferrerii, cum notis Nic. Mercerii. *Paris.* 1586, *in-8.*

1358 J. B. Mantuani (vel Bapt. Hispagnioli) Opera Theologica, Philosophica, Poetica, &c. *Antuerpiæ*, 1576, 4 tom.
en 3 *vol. in-8. vel.*

II. *Philologues Modernes François & Etrangers.*

3   1359 Œuvres diverses de Cyrano de Bergerac. *Amst.* 1699,
2 *vol. in-12. fig.*

3 — 1   1360 Œuvres de Voiture. *Paris*, 1739, 2 *vol. in-12.*

1 — 10   1361 Œuvres meslées de Chevreau. *La Haye*, 1697, 2 tom.
en un *vol. in-12. v. f.*

1362 Les mêmes. *Ibid.* 1717, 2 *vol. in-12.*

9 —   1363 Jo. Harduini Opera selecta. *Amst.* 1709, *in-fol. fig.*

6 0   1364 Œuvres diverses de P. Bayle. *La Haye*, 1727 à 1731,
4 *vol. in-fol.*

1 — 16   1365 Œuvres posthumes du Chev. de Meré, publiées par l'A.
Nadal. *Paris*, 1700, *in-12.*

1 — 16   1366 Œuvres de M. de Sacy, de l'Acad. Françoise. *Paris*,
1722, *in-4.*

12 — 2   1367 Œuvres de M. de Saint-Evremond, avec la vie de

l'Auteur, par des Maizeaux. (*Paris*) 1753, 12 tom. en 6 vol. in-12.

1368 Œuvres de Mad. de Ville-Dieu. *Paris*, 1711, 12 vol. in-12. p. f.   11 — 19

1369 Œuvres posthumes de Maucroix. *Paris*, 1710, in-12.

1370 Œuvres mêlées de l'A. Nadal. *Paris*, 1738, 3 vol in-12.   } 4 — 17

1371 Œuvres de M. de Fontenelle. *Paris*, 1742, 6 vol. in-12.   9 — 4

1372 Œuvres mêlées du Chev. de S. Jory. *Amst.* (*Paris*) 1735, 2 vol. in-12. v. f.   2

1373 Recueil de divers Ouvrages en Profe & en Vers, par le   6 — 12
P. Brumoy. *Paris*, 1741, 4 vol. in-12.

1374 Œuvres de Boindin. *Paris*, 1753, 2 vol. in-12. br. . . . . 1 — 6

1375 Œuvres de Coffin. *Paris*, 1755, 2 tom. en un vol. in-12. . . 1 — 6

1376 Œuvres diverses de l'Abbé Gédoyn. *Paris*, 1745, in-12. — 1.

1377 Œuvres de M. de Voltaire. (*Paris*) 1757, 22 vol. — 30
in-12. fig.

1378 Œuvres mêlées, en profe & en vers, de M. de R. B.   2 — 9
Amst. 1740, in-12. fig.

1379 Annæ Mariæ à Schurman Opuscula profaïca & metrica;   2 — 11
edente Frid. Spanhemio. *Lugd. Bat. Elzev.* 1648, pet.
in-8. vel.

1380 Œuvres diverses de Locke, (trad. en partie par J. le   4 — 12
Clerc). *Amst. Bernard*, 1732, 2 vol. in-12.

1381 Œuvres du Comte Ant. Hamilton. (*Paris*) 1749, 6 vol.   10 — 5
in-12. p. f.

1382 Œuvres diverses de Pope, trad. de l'Anglois par diffé-   — 12 —
rens Auteurs. *Amst.* 1754, 6 vol. in-12. fig.

II. PHILOLOGIE SIMPLE.

I. ART GRAMMATICAL.

1. *Traités univerfels des Langues; Dictionnaires Polyglottes;
Grammaires & Dictionnaires des Langues Hébraïque,
Chinoife, Perfane & Grecque.*

1383 L'Harmonie Etimologique des Langues, par Eft. Gui-   2 — 19
chart. *Paris*, 1618, in-8. vel.

1384 Thréfor de l'Hiftoire des Langues de cet Univers, par   4 — 20
Cl. Duret. *Yverdon*, 1619, in-4. v. f.

1385 Ambr. Calepini Dictionarium octolingue, ex Edit. Laur.   4 — 15
Chiffletii. *Lugduni*, 1681, 2 vol. in-fol.

1386 Jo. A. Comenii Janua Linguarum referata; gr. lat. &   2 — 2 gallicè ; edente Steph. Curcellæo. *Amst. Elzev.* 1649 , *in-8. fil.*

1 — 10 1387 Grammatica Hebraïca à punctis libera. *Paris.* 1716 , *in-12.*

13 — 10 {
1388 Linguæ Sinarum Grammatica duplex , Lat. & Sinicè : item Sinicorum Regiæ Bibliothecæ Librorum Catalogus; cum notis Steph. Fourmont. *Lutetiæ Paris.* 1742, *in-fol.*
1389 Ejusdem Meditationes Sinicæ. *Ibid.* 1737 , *in-fol.*
}

16 — 19 1390 Angeli à S. Joseph Gazophylacium Linguæ Persarum, Ital. Latinè & Gallicè reseratum. *Amstel.* 1684, *in-fol.*

1 — 10 1391 Cl. Salmasii de Hellenistica Commentarius. *Lugd. Batav. Elzev.* 1643 , *in-8. v. f. fil.*

1. 1392 Funus Linguæ Hellenisticæ, sive confutatio exercitationis de Hellenistis & Lingua Hellenistica, (per eundem Salmasium). *Lugd. Bat.* 1643 , *in-8.*

2 — 10 1393 Thesaurus utriusque Linguæ; hoc est , Philoxeni, aliorumque veterum Authorum Glossaria Latino-græca & Græco-latina; edente Bonav. Vulcanio. *Lugd. Bat.* 1600, *in-fol*

54 1394 Henr. Stephani Thesaurus Linguæ Græcæ. *Typis. Ejusdem*, 1572, 4 *vol. in-fol.*

8 — 19 1395 Jo. Scapulæ Lexicon Græco-latinum. *Aureliæ Allobr.* 1609, *in-fol.*

1 — 10 1396 Corn. Schrevelii Lexicon manuale Græco-latinum & Latino-græcum. *Lutetiæ-Paris.* 1705 , *in-8.*

35 — 19 1397 Glossarium ad Scriptores mediæ & infimæ Græcitatis; auctore Car. du Fresne D. du Cange. *Lugduni* , 1687, 2 *vol. in-fol.*

2. Grammaires & Dictionnaires de la Langue Latine.

1 — 15 1398 M. Terentii Varronis Opera omnia quæ extant, cum notis Scaligeri, Adr. Turnebi & Ant. Augustini. *Durdrechti,* 1619, 2 *tom. en un vol. in-8.*

19. 1399 Sextus Pompeus Festus & Marc. Verrius Flaccus de verborum significatione, cum notis And. Dacerii , ad usum S. D. *Lutetiæ-Paris.* 1681 , *in-4. d. f. tr.*

2. {
1400 Gasp. Scioppii Grammatica Philosophica Linguæ Latinæ. *Amstel.* 1664 , *in-12.*
1401 De Elegantiori Latinitate comparanda Scriptores selecti; studio Richardi Ketelii. *Amst.* 1713 , *in-4.*
}

1 — 16. {
1402 Cl. Dausquii antiqui novique Latii Orthographica. *Tornaci,* 1632 , 2 *tom. en un vol. in-fol.*
1403 Recherches sur la Langue Latine. *Paris* , 1747 , 2 *vol. in-12.*
}

1404 L'Art d'enseigner le Latin aux petits enfans ; par de   3 — 12.
Vallange. *Paris*, 1730, 4 *vol. in*-12.

1405 Latini Sermonis Exemplaria selecta ex Auctoribus pro-   8 — 6.
batissimis tùm in versu cùm in prosa ; accedit versio gallica,
auctore P. Chompré. *Lutetiæ Paris.* 1744 , 13 *tom. en*
12 *vol. in*-12.

1406 Rob. Stephani Thesaurus Linguæ Latinæ ; cum annot.   33.
H. Stephani ; edente Ant. Birrio. *Basileæ*, 1740 , 4 *vol.*
in-fol.

1407 Jos. Laurentii Amalthea Onomastica. *Lugduni*, 1664 ;   2 — 8.
in-fol.

1408 Ger. Jo. Vossii Lexicon Linguæ Latinæ ; necnon de   5.
Litterarum permutatione Tractatus. *Amstel. Elzev.* 1662 ;
in-fol. v. f.

1409 Novitius, seu Dictionarium Latino-Gallicum , ad usum   9.
Delphini , (studio Nic. Magniez). *Lut. Paris.* 1733 ; 2 *tom.*
en un vol. in-4. *Double 9 — 10.*

1410 P. Danetii Dictionarium Latinum & Gallicum. *Parisi*   6
1691, *gr. in*-4. *d. s. tr.*

1411 Dictionnaire François & Latin , par le même. *Lyon* ,   8 — 4.
1707, *in*-4.

1412 Caroli du Fresne Dom. du Cange Glossarium ad Scrip-   70.
tores mediæ & infimæ Latinitatis, studio Monachor. Ord.
S. B. (Scilicet Dom Maur d'Antine & Dom Carpentier).
Paris 1733 , 6 *vol. in-fol.*

3.º *Traités généraux de la Langue Françoise ; Grammaires &* *Dictionnaires de cette Langue.*

1413 Project du Livre intitulé, de la Précellence du Langage   2 — 19.
François, par Henri Etienne. *Paris, Patisson*, 1579 ; *in*-8.

1414 Traicté de la Conformité du Langage François avec le   4 — 5.
Grec, par le même. *sans date. in*-8.

1415 De l'Excellence de la Langue Françoise, par Charpen-   2.
tier. *Paris* , 1683 , 2 *vol. in*-12.

1416 Remarques nouvelles, sur la Langue Françoise, par le   2.
P. Bouhours; avec la suite; les doutes d'un Gentilhomme de
Province, & autres pieces critiques. *Paris*, 1682 , & ann.
suiv. 6 vol. in-12.

1417 L'Art de prononcer la Langue Françoise, par J. H. D.   1 — 10.
H. (Jean Hindret). *Paris* , 1696 , 2 *vol. in*-12.

1418 Les Agrémens du Langage réduits à leurs principes,   2 — 10.
(par Gamache). *Paris*, 1718, *in*-12.

1 — 10. 1419 L'Art de bien parler François, par de la Touche. *Amst.* 1730, 2 vol. *in-*12.

4 — 12. 1420 Le Tretté de la Grammère Françoeze, fet par Louis Meigret Lionoes. *Paris, Wechel,* 1550. = Réponse de Loüis Meigret à la dezesperée repliqe de Glaomalis de Vezelet, transformé en Guillaome des Aotels. *Ibid.* 1551, *in-*4. *d. s. tr. d'une Orthographe singuliere.*

1 — 19. 1421 Traité de la Grammaire Françoise, par Régnier Desmarais. *Paris,* 1706, *in-*4. *la même in* 12 . . 1°. 10.

3 — 1. 1422 La Bibliotheque des Enfans, contenant le système du Bureau Typographique & la Méthode pour leur apprendre les Langues Françoise & Latine, par Dumas. *Paris,* 1731, 2 tom. en un vol. *in-*4.

2 — 8. 1423 Grammaire Françoise sur un plan nouveau, par le P. Buffier. *Paris,* 1741, *in-*12.

3 — 1424 Les Principes de la Langue Françoise, par l'Abbé Girard. *Paris,* 1747, 2 vol. *in-*12. *D.* 2 — 8.

1 — 4 1425 Méthode pour apprendre l'Orthographe par Principes, par Jacquier. *Paris,* 1728, *in-*8.

3 — 2 1426 Traité de l'Orthographe Françoise, en forme de Dictionnaire, par Restaut. *Poitiers,* 1752, *in-*8.

6 — 13 1427 Les Origines de quelques Coutumes anciennes, & de plusieurs façons de parler triviales, par de Brieux. *Caen,* 1672, *in-*12. *p. f.*

7 — 5 1428 Dictionnaire des Proverbes François, par George de Backer. *Bruxelles,* 1710, *in-*12. *D.* 6 — 16.

8 — 19. 1429 Le grand Dictionnaire des Prétieuses, par de Somaize. *Paris,* 1661, 2 vol. *in-*8. *vel. un peu piqué des vers.*

1 — 16. 1430 Celt-Hellenisme, ou Etymologie des mots François tirez du Grec, par Leon Trippault. *Orleans,* 1586, *in-*8. *vel.*

6 — 12. 1431 Dictionnaire Etymologique de la Langue Françoise, par Ménage, avec les Origines Françoises de Caseneuve, &c. publiées par Sim. de Val-Hébert. *Paris,* 1694, *in-fol.*

2 1432 Le même Ouvrage, augmenté par A. Fr. Jault. *Paris,* 1750, 2 tom. en un vol. *in-fol.*

2 — 2. 1433 Thrésor de la Langue Françoyse tant ancienne que moderne, par J. Nicot. *Paris,* 1606, *in-fol.*

2 — 11. 1434 Diction. général & curieux de la Langue Françoise, par Céfar de Rochefort. *Lyon,* 1685, *in-fol.*

1 1435 Dictionnaire de l'Académie Françoise. *Paris,* 1740, 2 vol. *in-fol.*

1 — 10. 1436 Trois Factums pour Ant. Furetiere, contre quelques-uns.

uns de l'Académie Françoise. *Amst.* 1688. = L'Enterrement du Dictionnaire de l'Académie. 1697. = Réponse à l'Apothéose du Dictionnaire de l'Académie. 3 *vol. in-12.*

1437 Dictionnaire portatif de la Langue Françoise, extrait de Richelet, (par l'Abbé Goujet). *Lyon,* 1756, *in-8.*

1438 Les Synonymes François, par l'Abbé Girard. *Paris,* 1740, *in-12.*

1439 Dictionnaire des Synonymes François, (par de Livoy). *Paris,* 1767, *in-8.*

1440 Dictionnaire Provençal & François, par Sauveur-André Pellas. *Avignon,* 1723, *in-4.*

4. *Grammaires & Dictionnaires des Langues Italienne, Espagnole, Angloise, Flamande, &c.*

1441 Le Origini della Lingua Italiana, compilata da Egidio Menagio. *In Geneva,* 1685, *in-fol. v. f.*

1442 Nouv. Méthode pour apprendre la Langue Italienne, par MM. de Port-Royal. *Paris,* (*Holl.*) 1696, *pet. in-8.*

1443 Le Maître Italien, par de Veneroni, revû par Minario. *Lyon,* 1729, 2 *vol. in-12.*

1444 Dictionnaire Italien & François, par le même. *Paris,* 1695, 2 *tom. en un vol. in-4.*

1445 Grammaire Italienne, par l'Abbé Antonini. *Paris,* 1746, *in-12.*

1446 Dictionnaire Italien, Latin & François, par le même. *Lyon,* 1760, 2 *vol. in-4.*

1447 Nouv. Méthode de la Langue Italienne; avec des Dialogues, &c. par Bertera. *Paris,* 1747, *in-12.*

1448 Concetti di Girol. Garimberto, & d'altri Autori, raccolti da lui per iscrivere & ragionar familiarmente. *In Venetia, Comin da Trino,* 1562, *in-8.*

1449 Nouv. Grammaire Espagnole & Françoise, par Fr. Sobrino, avec les Dialogues du même. *Bruxelles,* 1703, & 1724, 2 *vol. in-12.*

1450 Grammaire Angloise & Françoise, par Miege & Boyer. *Paris,* 1745, *in-12.*

1451 Dictionnaire Royal François-Anglois & Anglois-François, par Boyer. *Amst.* 1727, 2 *vol. in-4.*

1452 Dictionnaire Flamand-François, & François-Flamand, par Fr. Halma. *Amst.* 1717 & 1719, 2 *vol. in-4. vel.*

II. ART ORATOIRE.

1. Traités généraux de l'Art Oratoire ; Orateurs Grecs.

1453 La Rhétorique d'Aristote, trad. en françois par Caffan-
dre. *La Haye*, 1718, *in-12.*

1454 Hermogenis Ars Oratoria ; Gr. & Lat. ex verfione &
cum notis Gafp. Laurentii. *Geneva*, 1614, *in-8. vel.*

1455 Principes pour la lecture des Orateurs, (par l'Abbé
Mallet). *Paris*, 1753, 3 *vol. in-12.*

1456 Dionyfii Longini de Sublimitate Orationis Libellus ;
Gr. & Lat. cum notis Tanaq. Fabri. *Salmurii*, 1663, *in-12.*

1457 Traité du Sublime de Longin, trad. du grec en françois,
par Boileau Defpreaux, avec le texte à côté. *Paris*, 1694,
in-12.

1458 Le Sublime des Auteurs, ou Penfées choifies, rédigées
par matieres, fuivant l'ordre alphabétique. *Paris*, 1705,
in-12.

1459 Recueil de Piéces fur la Rhétorique, la Poëtique &
l'Eloquence, (publié par de la Martiniere). *Amft.* 1730,
2 *vol. in-12.*

1460 Demofthenis & Æfchinis Opera, gr. & latinè, ex Editione & cum notis Hier. Wolfii. *Bafileæ*, 1572, 2 *vol.
in-fol.*

1461 Philippiques de Demofthène, trad. en françois, avec
des remarques, par Tourreil. *Paris*, 1701, *in-4.*

1462 Philippiques de Démofthène, & Catilinaires de Cicéron;
trad. en françois, par l'Abbé d'Olivet, avec des remarques
par Bouhier. *Paris*, 1744, *in-12.*

2. Traités généraux & particuliers de l'Eloquence Latine ; Orateurs Latins.

1463 Ger. Jo. Voffii Rhetorices contractæ five Partitionum
Oratoriarum Lib. V. *Lugd. Bat.* 1640, *in-8.*

1464 Gabr. Fr. Le Jay Bibliotheca Rhetorum, præcepta &
exempla tàm ad Oratoriam quàm ad Poeticam facultatem
complectens. *Paris*, 1725, 2 *vol. in-4.*

1465 Conciones & Orationes ex Hiftoricis Latinis excerptæ.
Amftel. Elzev. 1662, *in-12. p. f.*

1466 M. T. Ciceronis quæ ad Artem Oratoriam fpectant
Opera. *Lugd. Batav. Elzev.* 1642, *in-12. p. f. fil.*

1467 Traité de l'Orateur de Cicéron, trad. en françois, avec des notes, par l'Abbé Colin. *Paris*, 1737, *in-12*.

1468 M. T. Ciceronis Orationes; cum notis Car. de Merouville, ad us. S. D. *Paris*. 1684, 3 *vol. in-4*.

1469 Les Oraisons de Cicéron, trad. en françois, avec des remarques, par de Villefore. *Paris*, 1732, 8 *vol. in-12*.

1470 Fabii Quintiliani Institutionum Oratoriarum Lib. duodecim. *Lugduni*, *Gryphius*, 1575, *in-8*.

1471 Idem Opus, edente Car. Rollin. *Paris*. 1715, 2 *vol. in-12*.

1472 Idem Opus, ex recens. & cum notis Cl. Capperonnerii. *Ibid.* 1725, *in-fol.*

1473 Quintilien de l'Institution de l'Orateur, trad. en franç. par l'Abbé Gédoyn. *Paris*, 1718, *in-4*.

1474 Panegyrici Veteres; cum notis Jac. de la Baune, ad us. S. D. *Paris*. 1676, *in-4*.

1475 Jos. Juvenci & Car. Porée Orationes. *Paris*. 1714 & 1747, 5 *vol. in-12*.

3. *Traités généraux & particuliers de l'Eloquence Françoise; Orateurs François.*

1476 L'Eloquence Françoise, ou la Rhétorique moderne. *Amst.* 1729, *in-12*.

1477 L'Art Oratoire, par M. Gerard de Benat. *Amst.* (*Paris*), 1760, 4 *vol. in-12*.

1478 Fragmens choisis d'Eloquence, (par le même). *Avignon*, 1755, 2 *vol. in-12*.

1479 Regles pour former un Avocat, par de Merville. *Paris*, 1740, *in-12*.

1480 L'Eloge & les devoirs de la profession d'Avocat. *Paris*, 1713, *in-12*.

1481 Maximes sur le Ministère de la Chaire, & Discours Académiques, par le P. Gaichies. *Paris*, 1739, *in-12*.

1482 Rhétorique Françoise, à l'usage des jeunes Demoiselles, par Caillard. *Paris*, 1752, *in-12*.

1483 Le Trésor des Harangues faites aux entrées des Roys, Reynes, &c. par (L. Gueret). *Paris*, 1668, 2 *vol. in-12*.

1484 Recueil des Harangues de MM. de l'Académie Françoise. *Paris*, 1698, *in-4*.

1485 Discours & autres Ouvrages de M. le Chancelier d'Aguesseau. *Amst.* (*Paris*), 1756, 2 *vol. in-12*. *br.*

1486 Œuvres posthumes de M. de (Glatigny), contenant —

ſes Harangues au Palais , ſes Diſcours Académiques, &c.
Lyon , 1757 , *in-12. br.*

1487 Œuvres diverſes du Pere Baudory. *Paris* , 1750 ,
in-12.

1488 Recueil des Oraiſons Funébres de Boſſuet , Fléchier
& Maſcaron. *Paris* , 1738 , 3 *vol. in-12.*

1489 Oraiſon Funébre de Louis XIV , par le P. Porée. *Paris* ,
1716 , *in-12. avec les Pieces critiques , à l'occaſion de cette
Oraiſon , par MM. Grenan , Lafargue , le Maſſon , &c.*

III. ART POÉTIQUE.

I. *Poéſie Lyrique.*

1. *Traités généraux & particuliers de l'Art Poëtique , des
différentes ſortes de Poëmes , & de l'Etude des Poëtes.*

1490 La Poëtique d'Ariſtote , trad. en françois avec des Remarques (par M. Dacier). *Paris* ,1692,*in-4.*

1491 Raiſon , ou Idée de la Poéſie ; trad. de Gravina , par
Réquier. *Paris* , 1755 , 2 *vol. in-12. p. f.*

1492 Réflexions crit. ſur la Poéſie & la Peinture , par l'Abbé
Dubos. *Paris* , 1733 , 3 *vol. in-12.*

1493 Traité du Poëme Épique , par le P. le Boſſu. *La Haye* ,
1714 , *in-12. v. f. fil.*

1494 Nicolai Mercerii de conſcribendo Epigrammate Liber ,
cum exemplis. *Pariſ.* 1653 , *in-8.*

1495 Fr. Vavaſſoris de Epigrammate Liber , & Epigrammatum Lib. III. *Pariſ.* 1669 , *in-8.*

1496 Méthode d'Etudier & d'Enſeigner les Lettres humaines,
& en premier lieu les Poëtes, par rapport aux Lettres divines,
par le P. Thomaſſin. *Paris* , 1681 , 3 *vol. in-8.*

1497 Connoiſſance des Poëtes Latins les plus célébres ; (par
M. Allets). *Paris* , 1751 , 2 *vol. in-12.*

I. *Poëtes Grecs.*

1. *Collections & Extraits des Poëtes Grecs.*

1498 Carminum Poetarum novem , Lyricæ Poeſeos Principum Fragmenta ; Græcè , cum lat. Interpret. Henr. Stephani. *Typis Ejuſdem.* 1566 , *in-16.*

1499 Pindari & cæteror. octo Lyricorum Carmina ; gr. &
    lat. *Antuerpiæ*, *Plantinus*, 1567, *in*-16. *d. ſ. tr. lav. regl.*

1500 Vetuſtiſſim. Authorum Georgica, Bucolica & Gnomica
    Poemata que ſuperſunt ; gr. & lat. *Geneva*, *Criſpinus*,
    1569, *in*-16. *vel.* 2 *tom. en un vol.*

1501 Poetæ Minores Græci ; gr. & lat. cum Indice & notis
    Rod. Wintertoni in Heſiodum. *Cantabr.* 1652, *in*-8.

1502 Florilegium Diverſor. Epigrammatum, in ſeptem Libr.
    Græcè. *Pariſ. Badius*, 1531, *in*-8. *vel.*

1503 Florilegium Diverſorum Epigrammatum Veterum ;
    Græcè : cum notis H. Stephani. *Typis Ejuſdem*, 1566,
    in-4. *d. ſ. tr.*

2. *Poëtes Grecs par Ordre Chronologique.*

1504 Homeri Ilias & Odyſſea, Græcè, cum verſione lat.
    ad verbum. (*Genevæ*) *Criſpinus*, 1567, 2 *vol. in*-16.
    vel. d. ſ. tr.

1505 Ejuſdem Opera, gr. & lat. accedunt Homerici Centones.
    Amſt. Raveſteinius, 1650, 2 *vol. pet. in*-8.

1506 L'Iliade & l'Odyſſée du même, trad. en françois (par
    de la Valletrye). *Paris*, 1709, 4 *vol. in*-12. *fig.*

1507 L'Iliade du même, trad. en franç. avec des Remarques,
    par Mad. Dacier. *Paris*, *Rigaud*, 1711, 3 *vol. in*-12.

1508 L'Iliade, Poëme, par M. de la Motte ; avec un Diſcours
    ſur Homere. *Paris*, 1714, *pet. in*-8. *fig.*

1509 Pieces diverſes ſur la conteſtation de Mad. Dacier & de
    M. de la Motte ſur Homere ; ſçavoir, des Cauſes de la
    corruption du goût, par Dacier. 1714. Réflexions ſur la
    Critique, par de la Motte. 1715. Diſſert. ſur les Ouvrages de
    M. de la Motte. 1715. Homere vengé, par (Gacon). 1715.
    Diſſ. crit. ſur Homere, par Terraſſon. 1715. 2 *vol.* Apologie
    d'Homere & le Bouclier d'Achille, par Boivin. 1715. Apol.
    d'Homere, par le P. Hardouin. 1716. Examen pacifique de
    la querelle de Mad. Dacier & de M. de la Motte, par Four-
    mont. 1716, 2 *vol.* Voyage du Parnaſſe, par (de Saint-Didier).
    1716, *en tout* 12 *vol. in*-12. *rel. & br.*

1510 Odyſſeæ Homeri Lib. viginti-tres, Raph. Regio Vola-
    terrano interpr. *Lugd. Gryphius*, 1541.==Q. Calabri dere-
    lictorum ab Homero Lib. quattuordecim. Jod. Valeræo
    interpr. *Ibid.* 1541. *in* 8. *Corio Suillo. d. ſ. tr. fil.*

1511 Ejuſdem Q. Calabri Paralipomena ; id eſt, Hiſtoria
    Belli Trojani ab interitu Hectoris (quo definit Homerus),

ad excidium Trojæ & reditum Græcorum; Græcè, cum verfione lat. Laur. Rhodomani. *Hanoviæ*, 1604, *in-8.*

1512 Hefiodi Afcræi quæ extant, gr. & lat. cum notis felectiffimis; acceffit Lamb. Barlæi in Ejufdem Theogoniam Commentarius; ftudio Corn. Schrevelii. *Lugd. Bat.* 1658, *pet. in-8.*

1513 Pindari Olympia, Pythia, Nemea, Ifthmia; Græcè, cum paraphrafi, metaphrafi latina & notis Jo. Benedicti. *Salmurii*, 1620; *in-4. fil.*

1514 Ejufdem Pindari Opera omnia, latino carmine reddita, per Nic. Sudorium. *Lutetiæ, Morellus*, 1582, *in-8. vel. lav. regl.*

1515 Les Poéfies d'Anacréon & de Sapho, trad. en franç. par Mlle. le Fevre. *Paris*, 1681, *in-12.*

1516 Les mêmes, trad. en vers françois, par de la Fosse. *Ibid.* 1704, *in-12.*

1517 Les Idylles de Théocrite, trad. en vers françois, avec le texte grec à côté; par (de Longepierre). *Paris*, 1688, *in-12.*

1518 Les Idylles de Bion & de Mofchus en grec; trad. en françois (par le même). *Paris*, 1686, *in-12.*

II. Poëtes Latins.

1. *Collections & Extraits des Poëtes Latins anciens.*

1519 Opera & Fragmenta Veterum Poëtarum Latinorum, Profanorum & Ecclefiafticorum; Studio Mich. Maittaire collecta. *Londini*, 1713, *2 vol. in-fol.*

1520 Auctores quidam Claffici, Poëtæ vel Hiftorici, per Raphelengium, Janffonium Cæfium & Elzevirios editi. *17 vol. in-24.*

1521 Poëtæ Latini Rei Venaticæ Scriptores & Bucolici antiqui; cum notis Variorum & obferv. Ger. Kempheri. *Lugd. Bat.* 1728, *2 tom. en un vol. in-4.*

1522 Jani Ulitii Venatio Novantiqua; id eft, Gratii Falifci, Nemefiani & Calpurnii Poëmata Venatoria; cum Comm. Ulitii. *Lugd. Bat. Elzev.* 1645; *in-12. p. f. fil.*

1523 Les Paftorales de Nemefien & de Calpurnius; trad. en fr. par (Mairault). *Brux. (Paris)*, 1744, *in-12.*

1524 Poëme de Petrone; fur la Guerre Civile, & deux Epitres d'Ovide, trad. en vers françois, avec des rem. & des conjectures sur le *Pervigilium Veneris* (par le Pr. Bouhier). *Amst.* 1737, *in-4.*

1525 Ruris Deliciæ, edente Fr. Bertrand. *Parisiis*, 1757, *in-12.*

2. *Poëtes Latins Anciens par Ordre Chronologique.*

1526 Q. Ennii Poetæ vetustissimi quæ supersunt Fragmenta, ab Hier. Columna explicata. *Neapoli*, 1590, *in-4.*

1527 T. Lucretii Cari Poetæ, de Rerum natura Lib. sex. *Lugd. Gryphius*, 1546, *in-16. l. r.*

1528 Idem ; edente Oberto Gifanio. *Antuerp. Plantinus*, 1566, *in-8. vel.*

1529 Idem, cum notis Tan. Fabri. *Salmurii*, 1662, *in-4.*

1530 Idem, ex interpret. & cum notis Th. Creech. *Londini*, 1717, *gr. in-8.*

1531 Lucrece de la Nature des choses ; en lat. & en fr. avec des Remarq. par (le Baron des Coutures). *Paris*, 1708, 2. *vol. in 12.*

1532 Catulli, Tibulli & Propertii Poemata; ex recensione Jos. Scaligeri. *Antuerpia*, 1582, *in-8.*

1533 P. Virgilii Maronis Opera, cum Comm. Mauri Servii, & Castigationibus Pierii Valeriani. *Paris. Rob. Stephanus*, 1532, *in fol. lav. r.*

1534 Ejusdem Opera, cum notis Th. Farnabii. *Amst.* 1650, *in-12. m. r. d. s. tr. fil.*

1535 Idem, cum notis Varior. edente Corn. Schrevelio. *Lugd. Bat.* 1666, *in 8.*

1536 Idem, cum notis Varior. & observ. Jac. Emmenessii, & Indice Erythræi. *Ibid.* 1680, 3 *vol. in-8. fig.*

1537 Idem, ad us. S. D. cum notis Car. Ruæi. *Paris.* 1675, *in-4.*

1538 Idem, accurante Nic. Heinsio. *Lugd. Bat. Hackius*, 1671, *in-24. cum fig. innumeris.*

1539 Idem, ex eadem Recensione. *Ultraj. Van de Water*, 1704, *in-12.*

1540 L'Eneide de Virgile, trad. en vers franç. par P. Perrin. *Paris*, 1658, 2 *vol. in-4. fig. de Bosse.*

1541 Œuvres de Virgile, en lat. & en franç. de la trad. de l'Abbé de Marolles. *Paris*, 1662, 3 *vol. in-8.*

1542 Les mêmes, en lat. & en franç. avec des notes du P. Catrou. *Paris*, 1729, 4 *vol. in-12. v. f.*

1543 Les mêmes, trad. en franç. avec le texte à côté, par l'Abbé des Fontaines. *Paris*, 1743, 4 *vol. pet. in-8.*

1544 Les mêmes, trad. en franç. avec le latin à côté, par M.

l'Abbé de Saint-Remy. *Paris*, 1746, 4 *vol. in-12. p. f. br.*

1545 L'Opere di Virgilio, commentate in lingua volgare Toscana, da Giov. Fabrini, Carlo Malatesta & Filip. Venuti. *In Venetia*, 1615, *in-fol. fil. d'or.*

1546 Q. Horatii Flacci Poemata, cum comm. Jo. Bond. *Amstel. Elzev.* 1676, *in-12. litteris quadratis.*

1547 Essai d'une nouvelle trad. d'Horace en vers franç. par divers Auteurs, (publié par Bruzen de la Martiniere). *Amst.* 1727, *in-12.*

1548 Œuvres d'Horace, en lat. & en franç. avec des Remar. de M. Dacier. *Paris*, 1709, 10 *vol. in-12. v. f.*

1549 Les mêmes. *Amst.* 1727, 10 *vol. in-12. v. f.*

1550 Les mêmes, en latin & en françois; avec des Remarques, par le P. Sanadon. *Paris*, 1756, 8 *vol. in-12.*

1551 Les mêmes, trad. en franç. par Batteux. *Paris*, 1750, 2 *vol. in-12. p. f.*

1552 Traduct. en vers françois de l'Art Poétique d'Horace, des Satyres IV & X, &c. avec un Traité de la versification françoise; par de Prépetit de Grammont. *Paris*, 1711, *in-12.*

1553 P. Ovidii Nasonis Opera omnia, cum notis Varior. ex Recens. Nic. Heinsii, edente Corn. Schrevelio. *Lugd. Bat.* 1662, 3 *vol. in-8. fig.*

1554 Ejusdem Metamorphoseos Libri XV. cum notis Th. Farnabii & figuris à Salom. Savery æri incisis. *Paris.* 1637, *in-fol. v. f.*

1555 Métamorphoses d'Ovide en Rondeaux, par Benserade. *Paris, Imp. Roy.* 1676, *in-4. g. p. fig. de le Clerc.*

1556 Les mêmes, mises en vers françois, par Th. Corneille. *Paris*, 1697, 3 *vol. in-8. fig.*

1557 Les mêmes, trad. en franç. par du Ryer. *La Haye*, 1728, 4 *vol. in-12. fig.*

1558 Les mêmes. (*Paris*) 1744, 4 *vol. in-12. fig.*

1559 Les mêmes, avec des Explications, par l'Abbé de Belle-garde. *Paris*, 1701, 2 *vol. in-8. fig.*

1560 Les mêmes, trad. en françois avec des Remarques & des Explic. histor. par l'Abbé Banier. *Amst.* 1732, 2 tom. en un *vol. gr. in-fol. fig. de B. Picart. v. f. d. f. tr. fil.*

1561 Tutti gli Libri di Ovidio Metamorphoseos, tradutti dal litteral in verso vulgar, con le sue allegorie in prosa, per Nic. Agustini. *In Venetia, per Jacome de Leco, l'Anno* 1522, *in-4, fig.*

1562 Le Medesime, ridotte da Giov. And. dell' Anguillara in ottava rima. *In Venetia*, 1637, *in-8. vel. fig.*

1563

1563 Les Epîtres héroïques d'Ovide, trad. en vers franç. par Madem. l'Héritier. *Paris*, 1732, *in-12.*

1564 M. An. Lucani Pharsalia, cum notis Grotii, edente Farnabio. *Amst.* 1643, *in-12. p. s. m. r. d. s. tr.*

1565 Decii Juvenalis & Auli Persii Satyræ; cum notis Varior. curante Schrevelio. *Lugd. Batav.* 1648, *in-8. vel. d'Holl. Litt. Ital.*

1566 Eædem Satyræ, cum notis Th. Farnabii. *Amst. Blaeu*, 1650, *in-12. m. r. fil.*

1567 Auli Persii familiaris Explanatio, per Jod. Badium, cum Jo. Britannici interpretatione. *Paris.* 1505. = B. Mantuani Buccolica, ab eodem Badio exposita. *Ibid.* 1505, *in-4.*

1568 M. Val. Martialis Epigrammata, cum notis Th. Farnabii. *Amst. Blaeu*, 1644, *in-12. p. s. m. r. fil.*

1569 Eadem Epigrammata, cum notis Varior. curante Corn. Schrevelio. *Lugd. Bat.* 1670, *in-8. Litt. Ital.*

1570 C. Valerii Flacci Argonoticon Lib. octo, cum notis Var. curante P. Burmanno. *Leidæ*, 1724, *in-4. en feuilles.*

1571 Statii Papinii Opera Poetica. *Lugduni*, *Gryphius*, 1547, *in-16.*

1572 Ausonii Opera, cum notis Jul. Floridi, in us. S. D. ex Edit. Jo. B. Souchay. *Paris.* 1730, *in-4. v. s.*

1573 Cœlii Sedulii, Poetæ Christiani, Paschale Carmen & Hymni duo; edente Chr. Cellario. *Halæ Magdeb.* 1704, *in-8. fil.*

3. *Collections & Extraits des Poëtes Latins Modernes.*

1574 Delitiæ Italorum Poetarum, collectore Ranutio Ghero, (Jano Grutero). *Francof.* 1608, 2 *vol. in-16.*

1575 Delitiæ Poetarum Gallorum; collectore (Eodem). *Francof.* 1609, 2 *vol. in-16.*

1576 Delitiæ Poetarum Germanorum; collectore (Eodem). *Francof.* 1612, 6 *vol. in-16.*

1577 Delitiæ Poetarum Belgicorum, collectore (Eodem). *Francof.* 1614, 2 *vol. in-16.*

1578 Poëtarum ex Academia Gallica, qui Latine aut Græce scripserunt Carmina, edente Oliveto. *Paris.* 1738, *in-12. v. s.*

1579 Æg. Annæ Xav. de la Sante Musæ Rhetorices. *Lutetiæ Paris.* 1745, 2 *vol. in-12.*

1580 Poëmata Didascalica (edente Jos. Oliveto). *Paris.* 1749, 3 *vol. in-12.*

4. Poëtes Latins Modernes de toutes Nations.

1581 Theod. Bezæ Poemata. *Sine anno*, *ad Infigne Capitis Mortui.*==Buchanani Poemata quædam. *Parif. R. Steph.* 1567, *in-16.*

1582 Mich. Hofpitalii Epiftolæ. *Lutetiæ*, *Patiffon*, 1585, *pet. in-fol.*

1583 Ægid. Menagii Græca, Latina, Gallica & Italica Poemata. *Parif. le Petit*, 1680, *in-12.*

1584 Jac. Vanierii Prædium rufticum; & alia Carmina. *Parif.* 1696 & 1746, 2 *vol. in-12. fig.*

1585 Jo. B. Santolii Opera omnia. *Parif.* 1698, 2 *vol. in-12.*

1586 Nat. Steph. Sanadonis Carminum Lib. IV. *Lutetiæ Parif.* 1715, 3 *vol. in-12.*

1587 Emin. Card. de Polignac Anti-Lucretius, five de Deo & Natura Lib. IX. *Parif.* 1749, 2 *tom. en un vol. in-12. p.f.*

1588 L'Anti-Lucrece, Poëme du Card. de Polignac, trad. en franç. par de Bougainville. *Paris*, 1750, 2 *vol. in-12.*

1589 Marc. Palingenii (P. Ang. Manzoli) Zodiacus vitæ; hoc eft, de Hominis vitâ, ftudio ac moribus optimè infti-tuendis Lib. XII. 1569, *in-12.*

1590 Julii Cæfaris Scaligeri Poemata; Sophoclis Ajax Lora-rius, ftylo tragico à Jof. Scaligero tranflatus; accedunt ejuf-dem Epigrammata. 1574, *gros in-8.*

1591 Trium Fratrum (Hier. J. B. & Cornelii) Amaltheo-rum Carmina, edente Grævio. *Amft.* 1689, *in-12.*

1592 Annib. Campegii Lufus quatuor, in variis anni Tem-peftatibus. *Ticini*, 1627, *in-8. m. bl. fil.*

1593 Philomathi (Fabii Chifi, poftea Papæ Alexandri VII). Mufæ Juveniles. *Parif. è Typ. R.* 1656, *in-fol. d. f. tr.*

1594 Georg. Buchanani Carmina. *Salmurii*, 1621, *in-24. vel.*

1595 Joan. Owenii Epigrammata. *Amftel. Janffon*, 1640, *in-24.*

1596 Nic. Heinfii & Joan. Rutgerfii Poemata. *Lugd. Batav. Elzev.* 1653, *in-12. p.f. fil.*

1597 Dominici Baudii Poemata. *Amftel.* 1640, *in-12. p. f. fil.*

1598 Conftantini Hugenii Momenta defultoria; five Poemata & Epigrammata. *Hagæ-Com.* 1655, *in-12.*

1599 Fafciculus Poematum Diderici Liebergii, curante Arn. Henr. Wefterhovio. *Hagæ-Comitum*, 1738, *in-8.*

III. *Poëtes Macaroniques.*

1600 Merlini Cocaii (Theoph. vel Ambrosii Folengii) Opus Macaronicorum. *Venetiis,* 1613, *in-*12. *vel.*

1601 Antonius de Arena ad suos Compagnones qui sunt de persona friantes ; & alia Macaronica Poemata. *Londini,* (*Lugduni*) 1758, *in-*12. *v. éc. fil.*

IV. *Poëtes François.*

1. *Traités généraux de la Poésie Françoise ; Collections & Extraits des Poëtes François.*

1602 Histoire de la Poésie Françoise, par Mervesin. *Paris,* 1706, *in-*12.

1603 Hist. de la Poésie Françoise, par l'Abbé Massieu. *Paris,* 1739, *in-*12.

1604 Réflexions sur la Poésie Françoise, par le P. du Cerceau. *Paris,* 1742, *in-*12.

1605 Recueil des plus belles Pieces des Poëtes François, depuis Villon jusqu'à Benserade, (par Barbin). *Paris,* 1762, 5 *vol. in-*12.

1606 Recueil des plus beaux Vers de Malherbe, Racan, Boisrobert, Motin, &c. *Paris,* 1627, *in-*8.

1607 Recueil de Pieces choisies tant en prose qu'en vers, recueillies par (Bern. de la Monnoye). *La Haye,* 1714, 2 *vol. in-*12.

1608 Nouv. Choix de Pieces de Poésie. *Paris,* 1715, 2 *vol. in-*12.

1609 Nouveau Parterre du Parnasse François, par D. B. B. *La Haye,* 1737, *in-*12.

1610 Recueil général des Vers, Chansons, &c. faits à l'occasion de la prise du Port-Mahon (par M. le Duc de Richelieu). 1757, *in* 8.

1611 Recueil des plus belles Epigrammes des Poëtes François depuis Marot jusqu'à présent, par Cl. Ign. Brugieres, (ou plutôt Pierre Richelet). *Paris,* 1698, 2 *vol. in-*12.

1612 Nouveau Recueil des Epigrammatistes François Anciens & Modernes, (par Bruzen de la Martiniere). *Amst.* 1720, 2 *vol. in-*12.

2. *Poéſie Françoiſe Morale & Chrétienne.*

1613 Recueil de Poéſies Chrétiennes, par M. de la Fontaine. *Paris, 1671, 3 vol. in-12.*

1614 Choix de Poéſies Morales & Chrétiennes depuis Malherbe juſqu'aux Poëtes de nos jours, par (le Fort de la Moriniere). *Paris, 1740, 3 vol. pet. in-8.*

1615 Pſeaumes & Cantiques Spirituels de différens Auteurs du ſiecle de Louis XIV, mis en Muſique (par Franç. du Halde) ; *& recueillis par ſon fils en 3 vol. gr. in-4. mſſ. d. ſ. tr.*

1616 Nouv. Poéſies Spirituelles & Morales ſur les plus beaux airs de la Muſique Françoiſe & Italienne. *Paris, 1730, gros in-4. obl. gravé.*

1617 Les Poéſies Chrétiennes de Racan. *Paris, 1660.* ═ De l'Amitié & l'Art de prêcher, Poëmes, par l'Abbé de Villiers. *Ibid. 1697, in-8.*

1618 Eſſay de Pſeaumes & Cantiques mis en Vers François par Madem. (Eliz. Sophie Cheron). *Paris, 1694, in-8. fig. de L. Cheron.*

1619 Cantiques Spirituels de l'Amour divin, par le P. Surin; revus par (Pellegrin). *Paris, 1731, in-8. avec les airs notés.*

1620 Cantiques Spirituels & Noels nouveaux, par le même Pellegrin. *Paris, 1728 & 1735, 2 vol. in-8. avec les airs notés.*

1621 Odes Sacrées ſelon l'Eſprit des Pſeaumes, par de la Monnerie. *Amſt. 1740, in 12.*

3. *Poëtes François juſqu'à Malherbe.*

1622 Les Poéſies de Thibaut, Roy de Navarre, avec des Notes & un Gloſſaire par M. l'Évêque de la Ravaliere. *Par. 1742, 2 vol. petit in-8.*

1623 Le Romant de la Roſe (par Guill. de Lorris & J. de Meun) ; Codicile & Teſtament de Jehan de Meun, avec l'Épitaphe de Charles VII, qui trépaſſa à Meun. *Paris, ſans date, in-4. goth. vel. fig.*

1624 Le même, revu par Lenglet du Freſnoy. *Paris, 1735, 4 vol. in-12. avec le ſupplément au Gloſſaire, par Lantin.*

1625 Le Livre de Mathéolus, qui nous montre ſans varier, les biens auſſi les vertus, qui viennent pour ſoy marier ; (en vers) ; (par Jehan le Fevre). *Sans date, petit in-4. fig. gothique. Voyez Y. 4420 & 4421.*

1626 Recueil des Poëtes de Couſtelier; ſavoir, Villon, Coquillart, Cretin, Martial d'Auvergne, Pathelin, Faifeu, Jean Marot & Racan, (publiés en partie par M. de la Monnoye). *Paris, 1723 & ſuiv. 10 vol. in-12.*

1627 Les Poéſies de Martial de Paris, dit d'Auvergne. *Paris, Couſtelier, 1724, 2 vol. in-12.*

1628 Les Poéſies de Guill. Cretin. *Paris, Couſtelier, 1723, in-12.*

1629 La Légende de Faifeu, miſe en Vers par Ch. Bourdigné. *Paris, Couſtelier, 1723, in-12.*

1630 Œuvres de Clément Marot. *Rouen, 1596, in-16.*

1631 Les mêmes. *La Haye, 1700, 2 vol. in-12. p. f. ſans titres.*

1632 Les mêmes, (publiées par Lenglet du Freſnoy). *Ibid. 1731, 6 vol. in 12. p. f.*

1633 Œuvres Poëtiques de Mellin de Saint-Gelais, avec des Notes (par de la Monnoye). *Paris, 1719, in-12. v. f.*

1634 Vidi Fabri Pibracii Tetraſticha, græcis & latinis verſibus expreſſa, cum textu gallico; autore Florente Chriſtiano. *Lutetiæ, 1584, in-4. vel.*

1635 Les Œuvres de P. de Ronſard. *Paris, 1567, ſix part. en 3 vol. in-4. m. r. l. r. d. ſ. tr.*

1636 Les premieres Œuvres de Philippes des Portes. *Rouen, 1607, in-12.*

1637 Les Œuvres de G. de Saluſte, ſieur du Bartas. *Paris, 1611, in-fol.*

4. *Poëtes François depuis Malherbe juſqu'a nos jours.*

1638 Œuvres de Fr. de Malherbe; avec des Obſervations de Ménage & Chevreau. *Paris, 1723, 3 vol. in-12.*

1639 Œuvres de M. Honorat de Beuil, Seigneur de Racan. *Paris, Couſtelier, 1724, 2 vol. in-12.*

1640 Les Vers héroïques de Triſtan l'Hermite. *Paris, 1648, in-4. v. f.*

1641 Les Chevilles de Maître Adam (Billaut), Menuiſier de Nevers. *Paris, 1644, in-4. v. f.*

1642 Le Vilebrequin, du même. *Paris, 1663, in-12. p. f.*

1643 Œuvres de M. A. Ger. de Saint-Amant. *Paris, 1661, in-12. p. f. vel.*

1644 Œuvres de Benſerade. *Paris, 1697, 2 vol. in-12.*

1645 Recueil de Pieces Galantes en Profe & en Vers, par Madame de la Suze & Peliffon. *Lyon*, 1695, 4 *vol.* *in-12.*

1646 Poéfies de Mefdames Deshoulieres. *Paris*, 1724, 2 *vol. in-8.*

1647 Les mêmes. *Ibid.* 1739, 2 *vol. in-8.*

1648 Œuvres diverfes en Profe & en Vers, par la Fontaine. *Paris*, 1729, 3 *vol. in-12.*

1649 Voyage de Bachaumont & Chapelle ; & Poéfies des mêmes. *La Haye*, (*Paris*) 1732, *in-12. p. f.*

1650 Poéfies Françoifes de l'Ab. Régnier Defmarais. *La Haye*, 1716, 2 *vol. in-12.*

1651 Œuvres de Nic. Boileau Defpréaux, avec des Éclaircif-femens hiftoriques donnés par lui-même. *Amfterd.* 1718, 2 *vo'. in-fol. d. f. tr. fil. fig.* de B. Picart, *belles épreuves.*

1652 Nic. Boileau Defpreaux Opera, è gallicis numeris in latinos tranflata, à D. Godeau. *Parif.* 1737, *in-12.*

1653 Poéfies du P. Saulecque. *Harlem.* (*Paris*, *Couftelier*). 1726, *in-12.*

1654 Œuvres diverfes de l'Abbé de Chaulieu. *Amfterd.* 1735, 2 *tom. en un vol. in 8.*

1655 Les mêmes. *Londres*, 1740, 2 *vol. in-8.*

1656 Œuvres diverfes de Vergier. *Amfterd.* (*Rouen*) 1731, 4 *vol. in-12,*

1657 Le Poëte fans fard (Gacon) ; ou Difcours fatiriques fur différens fujets, en vers. 1701, *in-12.*

1658 Poëmes & autres Poéfies de (l'A. de Villiers). *Paris*, 1712, *in-12.*

1659 Poéfies de M. de la Monnoye ; avec fon Éloge, par (Sallengre). *La Haye*, 1716, *in-8.*

1660 Recueil de Poéfies diverfes, par le P. du Cerceau. *Par.* 1720, *in-8.*

1661 Œuvres de M. Houdar de la Motte. *Paris*, 1754, 11 *vol. in 12. br.*

1662 Clovis, Poëme, par (Ign. Fr. de Limojon, Ch. de S. Difdier). *Paris*, 1725, *in-8.*

1663 Les Œuvres de J. B. Rouffeau. *Amfterd.* 1712, 3 *vol. in-12.*

1664 Épigrammes, Madrigaux & Chanfons, par le Brun. *Paris*, 1714, *in-8.*

1665 Recueil de diverfes Poéfies du fieur D... *Londres*, (*Holl.*) 1731, *in-12.*

1666 Les Dons des Enfans de Latone ; la Mufique & la Chaffe

du Cerf, Poëmes, (par Joſ. de Rieux de Serré). *Paris*, 1734, *in-8. fig.*

1667 Œuvres de Vadé. *Là Haye*, 1760, 4 *vol. in-12. br.*

1668 La Grandeur de Dieu dans les merveilles de la Nature, Poëme, par Dulard. *Paris*, 1756, *in-12. p. f.*

1669 Œuvres diverſes de Roy. *Paris*, 1727, 2 *tomes en un vol. in-8.*

1670 Œuvres de M. Racine fils; avec les Mémoires pour la Vie de Jean Racine, & ſes Lettres. *Paris*, 1747, 6 *vol. in-12. p. f. br.*

16.1 La Religion, Poëme, par le même; avec le Poëme ſur la Grace. *Paris*, 1747, *in-12. p. f.*

1672 Della Religione, Poema del medeſimo, trad. dal françeſe in verſi Toſcani ſciolti dall' Abbate Fil. de Venuti. *In Avignone*, 1748, *in-8.*

1673 Poéſies de Madem. de Malcrais de la Vigne (Desforges-Maillard). *Paris*, 1735, *in-12.*

1674 Pieces dérobées à un ami, par M. l'Abbé de Lattaignan. *Amſterd.* (*Paris*), 1750, 2 *vol. in-12.*

1675 Œuvres diverſes de M. le Franc. *Paris*, 1753, 3 *vol. in-12. p. f. fig.*

1676 Œuvres de M. Greſſet. *Londres*, 1748, 2 *vol. in-12.*

1677 Le Paradis Terreſtre, Poëme imité de Milton, (par Mad. du Boccage). *Londres*, (*Paris*), 1748, *gr. in-8. fig.*

1678 La Bardinade, ou les Nôces de la Stupidité; Poëme, (par M. Iſoird de l'Iſle). 1765, *in-8. br.*

1679 La Chriſtiade, ou le Paradis reconquis, Poëme en Proſe (par de la Beaune), pour ſervir de ſuite au Paradis perdu de Milton. *Brux.* 1753, 6 *vol. in-12.*

1680 Joſeph, Poëme(en Proſe), par Bitaubé. *Paris*, 1768, *in-12. p. f.*

5. *Poëtes Chanſonniers.*

1681 Les Chanſons de Gaultier - Garguille (Hugues Geru, dit Fléchelles). *Paris*, 1636, *in-12.*

1682 Le Concert des Enfans de Bacchus, compoſé par les meilleurs Buveurs & Sacrificateurs de Bacchus, dédié à leurs rouges trongnes. *Paris*, 1633, *in-12. vel.*

1683 Recueils de Parodies Bachiques. 3 *vol.* de Brunettes. 3 *vol.* de Tendreſſes Bachiques. 2 *vol.* Les Rondes à danſer. 2 *vol.* La Clef des Chanſons. 2 *vol.* Tous ces Ouvrages par Chr. Ballard. *Paris*, 1700, & *ann. ſuiv.* 12 *vol. in-12.*

1684 Nouveau Recueil de Chanfons choifies; avec la Mufique. *La Haye*, 1731, 7 *vol. in-*12.

6. *Poëtes François Provinciaux, ou qui ont écrit dans le patois de leurs Provinces.*

1685 Las Obros de Pierre Goudelin è d'autres Pouetos de Touloufo; avec un Dictionnaire de la Langue Touloufaine. *Amfterd.* 1700, *in-*12.
1686 Noei Borguignon de Güi Borôzai, (Bern. de la Monnoye); avec un Gloffaire. *Ai Dioni*, 1720, *p. in-*8.

V. *Poëtes Italiens.*

1. *Extraits & Collections des Poëtes Italiens; Poëtes Italiens Anciens & Modernes.*

1687 Rime de piu illuftri Poeti Italiani, fcelte dall' Abbate Antonini. *in Parigi*, 1739, 2 *vol. in-*12.
1688 La Divina Comedia di Dante Alighieri, ridotta à miglior Lezione, da gli Accadémici della Crufca, & pofta in luce da Gio. Ant. Volpi. *In Padova*, 1727, 3 *vol. in-*8 *fil. let. ital.*
1689 Delle Cofe volgari & latine, del Beatiano. *Venetiis, per Barth. Zanetti de Brixia*, 1538, *in-*8. *v. f.*
1690 Orlando furioso di Lod. Ariofto, con gli argomenti in ottava rima di Lud. Dolce, è le allegorie di Thom. Porcacchi. *In Venetia*, 1750, *in-*8. *fig. l. r.*
1691 Roland Furieux, Poëme héroïque de l'Ariofte, trad. (par Fr. Mirabaud). *La Haye*, 1741, 4 *vol. in-*12.
1692 Nouvelle traduction de Roland l'Amoureux de Boyardo, par Alain-René le Sage. *Paris*, 1717, 2 *vol. in-*12. *fig.*
1693 L'Italia liberata da' Goti, di Giangiorgio Triffino; riveduta per l'A. Antonini. *Parigi*, 1729, 3 *vol. in* 8.
1694 Il Goffredo; ovéro Gierufalemme liberata di Torquato Taffo. *In Amft. Elzev.* 1678, 2 *vol. in-*24. *v. f. con fig. di Seb. Clerico.*
1695 Jerufalem délivrée, Poëme du Taffe, trad. en françois, par Mirabaud. *Paris*, 1735, 2 *vol. in-*12. *v. f.*
1696 La même. *Amft.* (*Rouen*); 1761, 2 *vol. in-*12.
1697 L'Adone, Poema del Cav. Marino, con gli argomenti del Conte Fort. Sanvitale. *In Amfterd.* (*Elzeviers*) 1651, 2 *vol. in-*16. *vel d'Holl.*

1698 Il Medesimo Poema. *In Amsterd.* 1678, 4 *vol. in*-24. *con fig. di Seb. Clerico.*

1699 La Secchia rapita, Poëme du Tassoni, trad. en françois, (par Pierre Perrault.). *Paris,* 1678, 2 *vol. in*-12.

1700 Rime di Michelagnolo Buonarroti. *In Firenze, Giunti,* 1623, *in*-4.

1701 Fasti di Lodovico XIV il Grande, esposti in versi, da Philippo Sampieri. *In Bologna,* 1701, *in*-4. *fig. v. f.*

V. I. *Poëtes Portugais & Anglois.*

1702 La Lusiade du Camoëns, Poëme sur la découverte des Indes Orientales ; trad. du Portugais, par Duperron de Castera. *Amst.* (*Paris*) 1735, 3 *vol. in*-12. *fig. v. f.*

1703 Idée de la Poésie Angloise ; ou trad. (en prose) des meilleurs Poëtes Anglois qui n'ont point encore paru dans notre Langue ; par l'Abbé Yart. *Paris,* 1749, 6 *vol. in*-12. *brochés.*

1704 Le Paradis perdu de Milton, trad. de l'Anglois avec des remarques d'Addisson ; (par Nic. Fr. du Pré de Saint-Maur). *Paris,* 1729, 5 *vol. in*-12. *avec la critique du P. Routh.*

1705 Les Principes de la Morale & du Goût, Poëmes, trad. de Pope, en vers franç. par du Resnel. *Par.* 1737, *gr. in*-8.

I I. *Poésie Dramatique.*

1. *Traités généraux de l'Art du Théâtre, de la Tragédie, &c.*

1706 La Pratique du Théâtre, par l'Abbé d'Aubignac. *Amst.* 1715, 2 *vol. in*-12.

1707 Réflexions Historiques & Critiques sur les différens Théâtres de l'Europe, par L. Riccoboni. *Paris,* 1738, *in*-8.

1708 Dan. Heinsii de Tragœdiæ Constitutione Liber ; necnon Aristotelis de Re Poëtica libellus ; gr. & lat. cum notis ejusdem Heinsii. *Lugd. Bat. Elzev.* 1643, *in*-12. *p. f.*

1709 Des Représentations en Musique, anciennes & modernes, par le P. Menestrier. *Paris,* 1681, *in*-12.

1710 Des Ballets anciens & modernes, selon les Regles du Théâtre, par le même. *Paris,* 1686, *in*-12.

P

I. Poëtes Grecs & Latins Dramatiques Anciens & Modernes.

1711 Le Théâtre des Grecs, par le P. Brumoy. *Paris*, 1730, 3 *vol. in*-4.

1712 Aristophanis Comœdiæ, gr. & lat. ex editione Nicod. Frischlini. *Francof.* 1597. = Reliquia Libror. Friderici II. Imperatoris de Arte Venandi cum Avibus. *Augusta Vindel.* 1596, *in*-8. *vel.*

1713 Le Plutus, ou les Nuées d'Aristophane, trad. en françois par Mademoiselle le Févre. *Paris*, 1684, *in*-12. *v. f. d. s. tr.*

1714 L'Œdipe & l'Electre de Sophocle, trad. en françois, par Madame Dacier. *Paris*, 1692, *in*-12.

1715 Œdipe, Tragédie de Sophocle, & les Oiseaux, Com. d'Aristophane, trad. en fr. par Boivin. *Paris*, 1729, *in*-12. *fil. d'or.*

1716 M. Accii Plauti Comœdiæ ; cum notis Varior. edente M. Zuerio Boxhornio. *Lug. Bat.* 1645, *in*-8. *vel d'Holl. Litt. Ital.*

1717 Œuvres de Plaute, en latin & en françois, avec des remarques, par H. Ph. de Limiers. *Amst.* 1719, 10 *vol. in*-12. *fig.*

1718 L'Amphitrion, le Rudens & l'Epidicus, Comédies de Plaute, en latin & en françois, avec des remarques d'Anne le Févre. *Paris*, 1683, 3 *vol. in*-12.

1719 P. Terentii Comœdiæ sex ; cum notis Varior. *Lugd. Bat.* 1644, *in*-8. *vel. d'Holl. Litt. Ital.*

1720 Eædem, ex recensione Heinsiana, cum notis Thomæ Farnabii. *Amst. Blaeu*, 1661, *in*-12. *p. f. m. r. d. s. tr.*

1721 Les Comédies de Térence en latin, avec la trad. franç. & les remarques de Madame Dacier. *Amst.* 1724, 3 *vol. petit in*-8. *fig.*

1722 L. A. Senecæ Tragœdiæ, cum notis Varior. edente Ant. Thysio. *Lugd. Batav.* 1651, *in*-8. *vel. d'Holl. Litt. Ital.*

1723 Caroli Ruæi Tragœdiæ & Carmina. *In*-4. *g. p. fig.*

1724 Caroli Porée Comœdiæ ac Tragœdiæ. *Lut. Paris.* 1749, 2 *vol. in*-12.

II. *Poëtes François Dramatiques.*

1. *Traités généraux & historiques des Théâtres établis en France.*

1725 Recherches fur les Théâtres de France, depuis l'an 1161 jufqu'à préfent, par de Beauchamps. *Paris*, 1735, 3 *vol. pet. in-*8.

1726 Hiftoire du Théâtre François, par MM. Parfait. *Paris*, 1745 & ann. fuiv. 15 *vol. in-*12.

1727 Hiftoire du Théâtre de l'Opéra en France, (par de Noinville). *Paris*, 1758, 2 *tom. en un vol. in-*8.

1728 Recueil de pieces critiques contre l'Opéra; dont le petit Prophéte de Boehmifchbroda, (par M. Grimm). 1753. *in-*8.

1729 Mémoires pour fervir à l'Hiftoire des Spectacles de la Foire, (par MM. Parfait). *Paris*, 1743, 2 *tom. en un vol. in-*12.

1730 Hiftoire du Théâtre Italien, par Louis Riccoboni. *Paris*, 1730, 2 *vol. in-*8. *fig.*

1731 Bibliotheque des Théâtres, par (Maupoint). *Paris*, 1733, *in-*8.

1732 Dictionnaire des Théâtres de Paris, par MM. Parfait. *Paris*, 1756, 7 *vol. in-*12.

2. *Poëtes François Dramatiques; Théâtre de la* COMÉDIE FRANÇOISE.

1733 Recueil des meilleures pieces du Théâtre François. *Paris*, 1737, 12 *vol. in-*12. *v. f.*

1734 Les Tragédies de Rob. Garnier. *Lyon*, 1615, *in -* 16. *vel.*

1735 Les Œuvres de Moliere. *Paris*, 1682, 8 *tom. en* 4 *vol. in-*12. *v. f. fig.*

1736 Le Théâtre de Pierre & Th. Corneille. *Paris*, 1723, 11 *vol. in-*12. *fig.*

1737 Le même. *Ibid.* 1738, 11 *vol. in* 12.

1738 Œuvres de Racine. *Amft. Wolfgang*, 1690, 2 *vol. in-*12. *p. f. fig.*

1739 Les mêmes. *Ibid.* 1721, 2 *vol. in-*12. *fig.*

1740 Recueil de Differt. fur plufieurs Tragédies de Corneille & de Racine, (par Fr. Granet). *Paris*, 1740, 2 *vol. in-*12.

1741 Remarques fur les Tragédies de J. Racine, par Louis Racine fon Fils. *Paris*, 1752, 2 *vol. in-12. br.*

1742 Œuvres de Regnard. *Paris*, 1728, 2 *vol. in-12. fig. v. f.*

1743 Les mêmes. *Ibid.* 1731, 5 *vol. in-12.*

1744 Tragédies de Mademoifelle Barbier. *Paris*, 1707, *in-12.*

1745 Théâtre de Bourfault. *Paris*, 1725, 3 *vol. in-12.*

1746 Théâtre de Poiffon. *Paris*, 1723, 2 *vol. in-12.*

1747 Œuvres de Théâtre de la Motte. *Paris*, 1730, 2 *vol. in-8.*

1748 Théâtre de Brueys. *Paris*, 1735, 3 *vol. in-12.*

1749 Œuvres de Palaprat. *Paris*, 1711, 2 *vol. in 12.*

1750 Théâtre de le Grand. *Paris*, 1731, 4 *vol. in-12.*

1751 Œuvres de Campiftron. *Paris*, 1739, 2 *vol. in-12.*

1752 Théâtre de Riviere du Frefny. *Paris*, 1731, 6 *vol. in-12.*

1753 Œuvres de la Grange-Chancel. *Paris*, 1742, 3 *vol. in-12.*

1754 Œuvres de Champmeflé. *Paris*, 1735, 2 *vol. in-12.*

1755 Théâtre de Baron. *Paris*, 1736, 2 *vol. in-12.*

1756 Œuvres de Théâtre de Deftouches. *Paris*, 1736, 7 *vol. in-12.*

1757 Théâtre de Hauteroche. *Paris*, 1736, 3 *vol. in-12. v.f.*

1758 Théâtre d'Autreau. *Paris*, 1749, 4 *vol. in-12. avec la Mufique.*

1759 Œuvres de Théâtre de l'Abbé de Voifenon. *Paris*, 1753, *in-12.*

1760 Œuvres de Nivelle de la Chauffée. *Paris*, 1762, 5 *vol. in-12.*

1761 Les Amazones Révoltées, Comédie en cinq Actes, fur l'Hiftoire Univerfelle & la Fable, par Louis le Meingre de Boucicault. *Rott.* 1738, *in-12.*

1762 La Femme Docteur, ou la Théologie tombée en Quenouille, Comédie, (par le P. Bougeant). *Liege*, *in-12.*

3. Théâtre François Lyrique, ou de l'OPÉRA.

1763 Théâtre de Quinault. (*Holl. Wolfgang*) 1663, 2 *vol. in-12. p.f.*

1764 Le même, avec la Vie de l'Auteur, par (Bofcheron). *Paris*, 1715, 5 *vol. in-12. fig.*

1765 Recueil général des Opéras, repréfentez par l'Académie

de Musique ; par J. Nic. de Francini. *Paris*, 1703, 12 *vol. in-12. p. f.*

1766 Tragédies Françoises mises en Musique, par J. B. Lully; savoir, Amadis : Roland : Psiché : Athys : Thésée : Armide : Proserpine : Phaeton : Persée : Isis : Cadmus & Hermione : Bellerophon. 12 *vol. in-fol. imprimés en différentes années.*

1767 Alceste, Tragédie, mise en Musique, par le même. *Paris*, 1708, *in-fol. gravé.*

1768 Phaéton, Tragédie, mise en Musique, par le même. *Paris*, 1709, *in-fol. gravé.*

1769 Roland, Tragédie, mise en Musique, par le même. *Paris*, 1709, *in-fol. gravé.*

1770 Atys, Tragédie, mise en Musique, par le même. *Paris*, 1709, *in-fol. gravé.*

1771 Persée, Tragédie, mise en Musique, par le même. *Paris*, 1710, *in-fol. gravé.*

1772 Thésée, Tragédie, mise en Musique, par le même. *Paris*, 1711, *in-fol. gravé.*

1773 Armide, Tragédie, mise en Musique, par le même. *Paris*, 1713, *in-fol. gravé.*

1774 Achille & Polixene; Énée & Lavinie; Thétis & Pelée; Polixene & Pirrhus; Tragédies, mises en Musique, par Collasse. 4 *vol. in-fol. imprimés.*

1775 Différentes Tragédies ou Opéras, Ballets & Fêtes, mises en Musique, par Campra, Marais, Royer & autres. 47 *vol. in-4. obl. imprimés.*

1776 Alcione, Tragédie, mise en Musique, par Marais. *in-4. obl. grav.*

1777 Pirithoüs, Tragédie; & le Triomphe des Sens, Ballet; mis en Musique, par Mouret. 2 *vol. in-4. obl. gravés.*

1778 Jephté, Tragédie, mise en Musique, par Montéclair. *Paris*, 1732, *in-fol. gravé.*

1779 Castor & Pollux, Tragédie, mise en Musique, par Rameau. *Paris*, 1737, *in-4. obl. gravé.*

1780 Dardanus, Tragédie, mise en Musique, par le même. *Paris*, 1739, *in-4. obl. gravé.*

1781 Zoroastre, Tragédie, mise en Musique, par le même. *Paris*, 1749, *in-4. obl. gravé.*

1782 Acis & Galatée Pastorale; le Carnaval, Mascarade; Idylle sur la Paix, avec l'Egloque de Versailles; le Temple de la Paix; & le Triomphe de l'Amour; Ballets; mise en Musique, par de Lully. 5 *vol. in-fol. imprimés.*

1783 Titon & l'Aurore, Pastorale, mise en Musique, par Mondonville. *Paris*, 1753, *in-fol. gravé.*

1784 Isbé, Pastorale, mise en Musique, par le même. *Paris*, *in-fol. gravé.*

1785 Balet Comique de la Royne, faict aux nopces du Duc de Joyeuse & de Madem. de Vaudemont sa sœur; par Balt. de Beaujoyeulx. *Paris*, 1582, *in-4. vel. fig.*

1786 Ballet de la Paix, mis en Musique, par Rebel & Francœur. *Paris*, 1738, *in-4. obl. gravé.*

1787 Les Voyages de l'Amour, Ballet, mis en Musique, par de Boismortier. *Paris*, 1736, *in-fol. gravé.*

1788 Zaïde, Reine de Grenade; Ballet, mis en Musique, par Royer. *Paris*, 1739, *in-fol. gravé.*

1789 Les Fêtes d'Hébé, ou les Talens Lyriques, Ballets, mis en Musique, par Rameau. *Paris*, 1739, *in-4. gravé, br.*

1790 Les Indes Galantes, Ballet, mis en Musique, par le même. *Paris*, *in-4. obl. gravé.*

1791 Zaïs, Ballet, mis en Musique, par le même. *Paris*, 1748, *in-4. obl. gravé.*

1792 Platée, Comédie-Ballet, mise en Musique, par le même. *Paris*, 1749, *in-4. obl. gravé.*

1793 Œglé, Ballet, mis en Musique, par de Lagarde. 1751. = Le Devin du Village, Interméde, par J. J. Rousseau. 1753. = Les Troqueurs, par Dauvergne. 1751, *in-fol. gr.*

4. *Théâtre Bouffon*, dit DE LA FOIRE & DES BOULEVARDS.

1794 Le Théâtre de la Foire, ou de l'Opéra-Comique, par le Sage & d'Orneval. *Paris*, 1721, 9 *vol. in-12. fig.*

1795 Théâtre des Boulevards, ou Recueil de Parades. *Mahon*, (*Paris*), 1756, 3 *vol. in-12.*

5. *Théâtre Italien établi en France.*

1796 Le Théâtre Italien de Gherardi, avec la suite. *Paris*, 1700 & 1725, 10 *vol. in-12. fig.*

1797 Le Nouveau Théâtre Italien. *Paris*, 1729, 9 *vol. in-12.*

1798 Supplément à l'Edition du Nouveau Théâtre Italien imprimé en 1728. *Paris*, 1733, 3 *vol. in-12.*

1799 Les Parodies du Nouveau Théâtre Italien. *Paris*, 1731, 3 *vol. in-12. avec la Musique.*

1800 Recueil des divertissemens du Nouveau Théâtre Italien, par Mouret, 3 *vol. in-4. obl. gravé.*

III. *Poëtes Italiens Dramatiques.*

1801 Aminta, Favola boscareccia di Torquato Tasso. *In Amst. Elzev. 1678, in-24 v. f. con fig. di Seb. Clerico.*

1802 Nouv. Traduction Françoise de l'Aminte du Tasse, avec le texte à côté, (par Pecquet). *Paris, 1734, in-12.*

1803 Il Pastor fido, Tragi- Comedia del Batt. Guarini. *In Amst. Elzevier, 1678, in-24. v. f. con le figure di Seb. Clerico.*

1804 Nouvelle Traduction Françoise du Pastor fido, avec le texte à côté, (par Pecquet). *Paris, 1732, in-12.*

1805 Filli di Sciro, Favola pastorale del Conte Guidubaldo de' Bonarelli. *In Amst. Elzevier, 1678, in-24. con figure di Seb. Clerico.*

1806 Œuvres Dramatiques d'Apostolo Zeno, trad. de l'Ital. *Paris, 1758, 2 vol. in-12.*

1807 Œuvres de l'Abbé Métastasio, trad. en françois, par (Richelet). *Vienne, (Paris), 1750, 11 vol. in-12. p. f.*

IV. *Poëtes Dramatiques Espagnols & Anglois.*

1808 Extraits de plusieurs Pieces du Théâtre Espagnol; avec des Réflexions, par Duperron de Castera. *Amst. 1738, in-12.*

1809 La Critique du Théâtre Anglois, comparé au Théâtre d'Athènes, de Rome & de France; trad. de l'Anglois de Collier, (par le P. Courbeville). *Paris, 1715, in-12.*

1810 Le Théâtre Anglois, par de la Place. *Paris, 1745, 8 vol. in-12.*

1811 Choix de petites Pieces du Théâtre Anglois, trad. des Originaux, (par M. Patu). *Paris, 1756, 2 tom. en un vol. in-12.*

IV. F I C T I O N S.

I. *Mythologie.*

1. *Traités généraux de la Mythologie; Mythographes Anciens & Modernes.*

1812 Conférence de la Fable avec l'Histoire Sainte, par de Lavaur. *Paris, 1730, 2 vol. in-12.*

1813 Dictionnaire de Mythologie, par l'Abbé Declauftre. *Paris*, 1745, 3 *vol. in-12.*

1814 Antonini Liberalis Transformationum Congeries; gr. & lat. interpr. G. Xylandro, ex recenfione Th. Munckeri. *Amftel.* 1676, *in-12. p.f.*

1815 Mythographi Latini, cum notis ejufdem Munckeri. *Amft.* 1681, *in 8.*

1816 Jo. Boccaccii Genealogiæ Deorum, cum Tabulis Genea-logicis; edente Jo. Kierhero. *Opus excufum Parrhifiis ftanneis notulis, opera Dion. Roce & fociorum, an.* 1511. == Nonius Marcellus; Feftus Pompeius Varro; ex editione Jo. B. Pii Bononienfis. *Mediolani, per Jo. Ang. Scinzin-zeler, 1500, in-fol.*

1817 Les Dieux & la Religion des Payens, en fr. & en lat. par le P. Gautruche, trad. en Holl. par Fr. Halma. *Utrecht, 1660, in-12. vel. d'Holl.*

1818 Fr. Pomey Pantheum Mythicum, feu Fabulofa Deo-rum Hiftoria. *Ultrajecti,* 1701, *in-12. fig. de Van-Vianen; avec la trad. franç. de Tenant, in-12.*

1819 Explication hiftorique des Fables, par l'Abbé Banier. *Paris,* 1715, 3 *vol. in-12.*

1820 La Mythologie & les Fables expliquées par l'Hiftoire, par le même. *Paris,* 1738, 3 *vol in-4.*

1821 Mythologie, ou Recueil des Fables Grecques, Éfopi-ques & Sybaritiques, mifes en fr. par de Frafnay. *Orléans,* 1750, 2 *tom. en un vol. in-12.*

1822 Tableaux du Temple des Mufes, raffemblés par M. Fa-vreau, avec une Explic. par l'Abbé de Marolles. *Amft.* 1676, *in-4. fig.*

1823 Le Temple des Mufes orné de LX Tableaux deff. & gr. par B. Picart; avec des Explic. (par de la Barre de Beau-marchais). *Amft.* 1733, *gr. in-fol.*

II. *Hiftoires fabuleufes, ou Romans.*

1. *Traités Critiques & Apologétiques pour & contre les Romans; Recueils & Bibliotheques de Romans.*

1824 Traité de l'Origine des Romans, par Huet. *Paris,* 1685, *in-12.*

1825 De l'Ufage des Romans, avec une Bibliotheque des Romans, par le Ch. Gordon de Percel, (l'Abbé Lenglet du Frefnoy). *Amft. (Paris)* 1734, 2 *vol. in-12.*

1826 L'Histoire justifiée contre les Romans, par l'Ab. Lenglet du Fresnoy. *Amst.* (*Paris*) 1735, *in* 12.

1827 Académie galante, contenant diverses Historiettes. *Amst.*
1732, *2 part. en un vol. in-12. p. f.*

1828 La Nouv. Mer des Histoires. *Paris*, 1733, *4 parties
in-12. br.*

1829 Amusemens Historiques. *Paris*, 1735, *2 vol. in-12.*

2. *Romans Grecs & Latins Anciens.*

1830 L'Ane d'or, ou les Métamorphoses de Luce Apulée,
trad. en fr. par J. de Montlyard. *Paris*, 1612, *in-12. p. f.*

1831 Heliodori Æthiopicorum Lib. X. gr. & lat. edente Jo.
Bourdelotio. *Lutetiæ-Parif.* 1619, *in-8. vel.*

1832 Achilles Tatius de Clitophontis & Leucippes Amoribus;
gr. & lat. edente Cl. Salmasio. *Lugd. Bat.* 1640, *in-12. p. f.*

1833 Les Amours de Leucippe & de Clitophon, trad. du
grec d'Achille Tatius, avec des notes, par Duperron de
Castera. *Amst.* (*Paris*) 1733, *in-12.*

1834 Jo. Barclaii Argenis, cum Clave. *Lugd. Bat. Elzev.*
1630, *in-12. p. f.*

1835 L'Argenis de Barclay, trad. en franç. par l'A. Josse. *Chartres*, 1732, *3 vol. in 12. v. f.*

3. *Romans d'Amour.*

1836 Discours du Songe de Poliphile, (par Fr. Colonna)
trad. en franç. & revu par Jean Martin. *Paris*, 1546, *in-fol.
fig. avec celle de la page 121.*

1837 Tableau des riches inventions qui font représentées
dans le Songe de Poliphile, dévoilées par Béroalde de Ver-
ville. *Paris*, 1600, *gr. in 4. fig. v. f.*

1838 Zayde, par de Ségrais; (ou plutôt Mad. de la Fayette):
avec un Traité de l'Origine des Romans, par M. Huet.
Paris, 1705, *2 vol. in-12.*

1839 Les Illustres Françoises, (par Challes). *Paris*, 1723,
3 vol. in-12.

1840 Les mêmes. *La Haye*, 1737, *3 vol. in 12.*

1841 Histoire de Dona Rufine, dite la Courtisanne de Sé-
ville; trad. de l'Espagnol. *Amst.* (*Paris*) 1731, *2 vol.
in-12. fig. v. f.*

1842 La Paysanne parvenue, par le Chev. de Mouhy. *Paris*,
1735; *6 part. en 3 vol. in-12.*

Q

1843 Jeannette Seconde, ou la Nouvelle Paysanne parvenue, par M. (Gaillard) de la Bataille. *Amst.* (*Rouen*) 1744, *2 part. en un vol. in-12. p. f.*

1844 Mémoires du Comte de Comminville. *Paris*, 1735, *in-12.*

1845 La Vie de Chimene de Spinelli, par le Chevalier de Mouhy. *Paris*, 1737, *2 vol. in-12.*

1846 Mémoires de la Comtesse d'Horneville, par Simon. *Amst.* (*Paris*) 1739, *2 vol. in-12.*

1847 Hist. d'une Grecque moderne, (par l'Abbé Prevost). *Amst.* (*Paris*) 1740, *2 part. en un vol. in-12.*

1848 Amusemens des Eaux d'Aix-la-Chapelle. *Amst.* 1736, *3 vol. in-12. fig. v. f.*

4. *Romans de Chevalerie.*

1849 Livre de la Conqueste de la Toison d'or, par Jason; faict par figures, gravées par René Boyvin, avec exposition d'icelles, par Jac. Gohory. *Paris*, 1563, *in-4. obl. vel.*

1850 Histoire de Melusine, Princesse de Lusignan, & de ses Fils, par (Nodot). *Paris*, 1700, *2 vol. in-12.*

1851 Histoire de Gérard, Comte de Nevers & de la Princesse Euriant de Savoye sa Mye, avec des notes (par Gueullette). *Paris.* = Histoire d'Amenophis, Prince de Lybie. *Ibid.* 1728; *in-12.*

1852 L'Histoire & plaisante Chronicque du petit Iehan de Saintré; de la jeune Dame des belles-Cousines; (par Ant. de la Salle) avec des notes crit. (par M. Gueullette). *Paris*, 1724, *3 vol in-12. p. f.*

1853 L'Astrée d'Honoré d'Urfé, avec la conclusion, par Balth. Baro. *Paris*, (*Rouen*), 1638, *5 vol. in-8. v. f. fil. fin caractere.*

5. *Romans Héroïques, Philosophiques & Moraux.*

1854 Les Avantures de Télémaque fils d'Ulysse, par Fr. de Salignac de la Motte-Fénélon; avec la suite du 4e. Livre & la Telemacomanie, par Faydit. *Paris*, 1717, *4 tomes en 3 vol. in-12. fig.*

1855 Critique générale des Avantures de Télémaque (par Gueudeville). *Cologne*, 1700, *3 tomes en un vol. in-12. petit format.*

1856 Les Voyages de Cyrus, avec un Discours sur la Mythologie, par Mich. Ramſay. *Paris*, 1727, 2 *vol. in*-12.

1856 * Réflexions de Cyrus ſur ſes Voyages, (par P. Guyot des Fontaines). *Amſterd.* 1728, *in*-12.

1857 Le Repos de Cyrus, (par l'Abbé Pernetti). *Paris*, 1732, 2 *tomes en un vol. in*-8. *fig.*

1858 Sethos, Hiſtoire ou Vie tirée des monumens de l'anc. Égypte, par l'Abbé Terraſſon. *Paris*, 1731, 3 *vol. in*-12.

1859 Le Payſan parvenu, par de Marivaux. *Par.* 1734, 5 *part. en* 2 *vol. in*-12.

1860 La Vie & les Avantures de Robinſon-Cruſoé, trad. de l'angl. (de Dan. de Foé, par de Thémiſeuil, ou plutôt Van-Effen). *Amſterd.* (*Rouen*), 1720, 3 *vol. in*-12. *fig.*

1861 Pamela, ou la Vertu récompenſée, trad. de l'angl. (par J. Oſborn). *Londres*, 1741, 3 *vol. in*-12. avec l'anti-*Pamela.*

1862 Mémoires & Avantures d'un Homme de Qualité, (par l'Abbé Prevoſt). *Paris*, 1728, 6 *part. en* 3 *vol. in*-12. *v. f.*

1863 Mémoires & Avantures d'une Dame de Qualité qui s'eſt retirée du monde, (par l'Abbé Lambert). *La Haye*, 1739, 3 *vol. in*-12. *p. f.*

1864 Le Doyen de Killerine, (par l'Abbé Prevoſt). *Paris*, 1735, 6 *part. en* 3 *vol. in*-12. *v. ece.*

1865 Le Philoſophe Anglois, où Hiſtoire de Cleveland, fils naturel de Cromwell, traduit de l'angl. par le même. *Utrecht*, 1756, 8 *vol. in*-12.

6. *Romans Satyriques, Critiques & Allégoriques.*

1866 Vida y hechos del ingenioſo Hidalgo Don Quixote de la Mancha, compueſta por Miguel de Cervantes Saavedra. *En Haya*, 1744, 4 *vol. petit in*-8. *fig. de Folkema.*

1867 Hiſtoire de l'admirable Don Quichotte de la Manché, trad. de l'Eſpagnol de Mich. de Cervantes, (par Filleau de Saint Martin); avec la ſuite de Benengeli. *Paris*, 1722 & 1726, 12 *vol. in*-12. *fig.*

1868 Le Roman Bourgeois, par Furetiere. *Nancy*, 1712, *in*-12. *fig.*

1869 L'Infortuné Napolitain, ou les Avantures de Rozelli; avec la ſuite. *Amſterd.* (*Rouen*), 1715, 2 *vol. in*-12. *fig.*

1870 Le Payſan Gentilhomme, ou Avantures de Ranſau; par de Catalde. *Paris*, 1737, 2 *part. en un vol. in*-12.

1871 Hiſtoire de Gilblas de Santillane, par le Sage. *Paris*, 1715, 4 *vol. in*-12. *fig.*

1872　La même Histoire. *Ibid.* 17;0, 4 vol. *in* 12. *fig.*

1873　Le Diable Boiteux, par le même. *Paris*, 1736, 2 vol. *in*-12. *fig.* v. *f.*

1874　Le Bachelier de Salamanque, par le même. *Paris*, 1736, 2 vol. *in*-12. *fig.*

7. *Romans Historiques & Anecdotiques.*

1875　Anecdotes de la Cour de Philippe Auguste, par Madem. de Luffan. *Paris*, 1738, 6 vol. *in*-12.

1876　Le Maréchal de Boucicault; Nouvelle historique, (par J. B Née de la Rochelle). *Paris*, 1714, *in*-12.

1877　Histoire de Jean de Bourbon, Prince de Carency, par Madame d'Aulnoy. *Paris*, 1729, 2 vol. *in*-12.

1878　La Princeffe de Cleves, (par le Duc de la Rochefoucauld, la Comteffe de la Fayette & Ségrais). *Paris*, 1704, 3 tom. en un vol. *in*-12.

1879　Mémoires hiftoriques, ou Anecdotes galantes & fecretes de la Ducheffe de Bar, Sœur de Henry IV, Roi de France, (par Melle de la Force). *Amfterd.*, 1713, *in* 12.

1880　Relation de l'Ifle imaginaire & l'Hiftoire de la Princeffe de Paphlagonie, (par Madem. Anne-Louife de Bourbon, Princeffe de Montpenfier). (*Bourdeaux*), 1659, *in*-8. *fil.* édit. orig. dont il n'a été tiré que 100 exemplaires.

1881　Mémoires de Prodez, Marquis d'Almacheu. *Amfterd.* 1677, 2 part. en un vol. *in*-12. *p. f.*

1882　Mémoires de Madame la Marquife de Frefne, (par Gatien de Courtilz). *Amfterd.* 1702, *in*-12. *fig.*

1883　Hiftoire de Melle de la Charce, ou Mémoires de ce qui s'eft paffé fous le regne de Louis XIV. *Paris*, 1731, *in*-12.

1884　Mémoires de la Vie du Comte D *** avant fa retraite, rédigés par de Saint-Évremont. *Paris*, 1696, 4 vol. *in* 12.

1885　Adélaïde de Meffine. *Amfterd.* (*Rouen*), 1722, 2 tomes en un vol. *in*-12. p. f. *fig*

1886　Mémoires de la Vie du Comte de Grammont, par (Ant. Hamilton). *Cologne*, 1713, *in*-12.

1887　Mémoires de Mad. de Barneveld, par d'Auvigny, avec les Portraits fatyriques inférés par (l'Abbé des Fontaines). *Paris*, 1732, 2 vol. *in*-12.

1888　La Saxe galante, (par de Solignac). *Amfterd.* 1734, 2 tomes en un vol. *in*-12. *p. f.*

8. *Romans Facétieux.*

1889 Le Roman Comique de Scarron. *Paris*, 1733, 3 *vol. in-12.*

1890 La vraie Histoire Comique de Francion, par Nic. du Moulinet, (Charles Sorel). *Leyde*, (*Paris*), 1721, 2 *vol. in-12.*

1891 La Vie de Guzman d'Alfarache, (trad. de l'espagnol de Matheo Aleman). *Paris*, 1709, 3 *vol. in-12. fig.*

1892 La Vie de Pedrille del Campo, Roman Comique, par Thibault, avec quelques Poésies du même Auteur. *Paris*, 1718, *in-12. fig.*

1893 Histoire d'Estevanille Gonzalez, par le Sage. *Paris*, 1741, 2 *vol. in-12.*

1894 La Mandarinade, ou Histoire Comique du Mandarinat de l'Abbé de Saint-Martin, (par l'Ab. Porée). *Lu Haye*, (*Rouen*), 1738, 2 *vol. in-12.*

1895 Les Étrennes de la S. Jean, (par M. de Caylus). *Troyes*, 1742, *in-12. v. f.*

II. *Nouvelles & Contes.*

1896 Il Decamerone di Giov. Boccaccio, con le Annotationi di P. Bembo. *In Lyone, Rovillio*, 1555, *in-16. lett. rondes, fig. vel.*

1897 Laberinto d'Amore del medesimo ; con la Epistola confortatoria à Messer Pino di Rossi. *Senz'anno, P. Alexandro Paganini*, *pet. in-8.*

1898 Novelas exemplares de Miguel de Cervantes Saavedra. *En Haya*, 1739, 2 *vol. petit in-8. fig. de Folkema.*

1899 Œuvres de Vergier, & de quelques Auteurs anonymes. *Paris* (*Holl.*) 1727, 2 *vol. petit in-8.*

1900 Les Agrémens & les Chagrins du Mariage, Nouvelle galante. *La Haye*, 1693, *in-12. p. f. vel.*

1901 Edele de Ponthieu, Nouvelle Historique, par (de Vignacourt). *Paris*, 1723, *in-12.*

1902 Les Saturnales Françoises, (par l'A. de la Beaume). *Paris*, 1736, 2 *vol. in-12.*

III. *Féerie, ou Contes de Fées.*

1903 Les Contes des Fées, par Mad. la Comtesse d'Aulnoy. *Paris*, 1725, 4 *tomes en* 2 *vol. in-12.*

1904 Contes des Fées (par Mad. la Comtesse de Murat. *Par.* 1698, *in-12.*

1905 Les Fées, Contes des Contes, (par Madem. de Caumont de la Force). *Paris,* 1725, *in-12.*

1906 Histoire de Fleur d'Épines = le Belier = les quatre Facardins ; Contes, par Antoine Hamilton. *Paris,* 1730, 3 *vol. in* 12.

1906 * Nouveaux Contes des Fées, par M. D*** (Ant. Fr. Prevôt d'Exiles). = Mémoires du Comte de Comminges, (par Madem. Guerin de Tencin). *Paris,* 1735 *in-12.*

1907 Acajou & Zirphile, Conte, (par Duclos). *Minutie,* 1744, *in-4. fig.*

1908 Les mille & un Jour, Contes Persans, par Pétis de la Croix. *Paris,* 1710, 5 *vol. in-12.*

1909 Les mille & une Nuit, Contes Arabes, trad. en franç. par Galland. *Paris,* 1726, 12 *vol. in-12.*

1910 Les mille & un Quart-d'heure, Contes Tartares, par Th. Sim. Gueullette. *Paris,* 1723, 3 *vol. in-12.*

1911 Les Avantures du Mandarin Fum-Hoam, Contes Chinois, par le même. *Paris,* 1723, 2 *vol. in-12.*

IV. Voyages fabuleux & supposés.

1912 Peregrinaggio di tre Giovanni Figlivoli del Re di Serendippo, trad. della Persiana lingua da Christoforo Armeno. *In Venetia,* 1557. = Gli Amori d'Ismenio, composti per Eustathio, & di Greco trad. per Lelio Carani. *Ibid.* 1560. = Il Libro della bella Donna, de Federico Luigini da Udine. *Ibid.* 1554, *in-8.*

1913 Voyages & Avantures des trois Princes de Serendip, tradnit du Persan, (par le Chev. de Mailly). *Paris,* 1719, *in - 12.*

1914 Voyage de Gulliver, par le Doct. Swift, traduit en franç. (par l'A. des Fontaines). *Paris,* 1727, 2 *tomes en un vol. in-12. p. f. fig.*

1915 Le Nouveau Gulliver, (par le même Abbé des Fontaines). *Paris,* 1730, 2 *vol. in-12. v. f.*

1916 Philoctete, ou Voyage instructif & amusant, par M. Ansart. *Paris,* 1737, *in-12. fig.*

1917 La Découverte de l'Empire de Cantahar, (par B. de Varennes). *Paris,* 1730, *in-12. v. f. fil.*

1918 Histoire des Sevarambes, (par Challes). *Amst.* 1716, 2 *vol. in-12.*

V. CRITIQUE.

1. *Traités généraux de l'Art de la Critique ; Critiques Anciens & Modernes.*

1919 Petri Andr. Canonherii de Curiosa Doctrina Lib. quinque. *Florentiæ*, 1607, *in-8.*

1920 Jo. Clerici Ars Critica. *Amstel.* 1699, 3 *vol. petit in-8.*

1921 Aur. Theodosii Macrobii Opera, ex recensione Jo. Is. Pontani, cum notis Jo. Meursii. *Lugd. Bat.* 1628, *in-8.*

1922 Guil. Canteri novarum Lectionum Lib. VII. *Basileæ*, *Oporinus*, *absque anno*, *in-8. vel.*

1923 Hadr. Junii Animadversorum Libri; nec non Comm. de Coma Veterum. *Basileæ*, 1556, *in-8. vel.*

1924 Henr. Stephani Observationum, Emendationum, Disquisitionum variarum Lib. tres. *Typis Ejusdem*, 1578, *in-8 vel.*

1925 Justi Lipsii Opera omnia quæ ad Criticam propriè spectant; quibus accedit Electorum Lib. secundus. *Antuerpiæ*, 1585, *petit in-4.*

1926 Ph. Rubenii Electorum Lib. duo; in quibus antiqui Ritus, Emendat. Censuræ, nec non Poemátia. *Antuerp.* 1608, *in-4. fig. de Corn. Galle.*

1927 Sam. Petiti Miscellaneorum Lib. novem. *Paris.* 1630, *in-4. vel.*

1928 Casp. Scioppii suspectarum Lectionum Lib. V. *Amst.* 1664.═Ejusdem Consultationes de Studiorum ratione. *Ibid.* 1660, *in-12. vel.*

1929 Jo. Fred. Gronovii Observationum Lib. tres. *Lugd. Bat.* 1639, *in-12. v. f.*

1930 Gisberti Cuperi Observationum Libri tres. *Ultraj. Elzev.* 1670, *in-8. vel.*

2. *Traités singuliers de la Critique, concernant l'Etude des Auteurs; le style, la traduction, les beautés & les défauts dans les Ouvrages.*

1931 Traité sur la maniere de lire les Auteurs avec utilité, par (M. Duhamel). *Paris*, 1747, 3 *vol. in-12.*

1932 Réflexions Historiques & Critiques sur le Goût & sur les Ouvrages des Anciens & des Modernes, par le Marquis d'Argens. *Berlin*, 1743, *in-8.*

1933 Essai Historique & Philosophique sur le Goût, par Cartaud de Villate. *Amsterd.* 1736, *in-12.*

1934 Traité du Beau, par J. B. de Crousaz. *Amsterd.* 1724, 2 *vol. in* 12.

1935 Essai sur le Beau, par (le P. André). *Paris*, 1741, *in-12.*

1936 Franç. Vavassoris de Ludicra Dictione Liber. *Lutetiæ Paris.* 1658, *in-4.*

1937 P. Dan. Huetius de optimo genere Interpretandi, & de claris Interpretibus; accedit ejusdem Liber de Origine Fabularum Romanensium, à Gul. Pyrrho Latine versus. *Hagæ-Comitis*, 1683, *in-12.*

3. *Critiques particulieres de différens Auteurs; de quelques points d'Histoire ou de Littérature; de divers usages & de plusieurs abus.*

1938 Le Parnasse réformé; la Guerre des Auteurs; & la Carte de la Cour, (par Gabriel Gueret). *Paris*, 1674; 3 *vol. in-12.*

1939 Remarques sur Virgile, sur Homere, & sur le style poëtique de l'Écriture-Sainte; par Faydit. *Paris*, 1705 & 1710, 2 *vol. in-12.*

1940 Les Erreurs de Voltaire, par Nonnotte. *Amst.* (*Paris*), 1766, 2 *vol. in-12.*

1941 Les Amenités de la Critique, ou Remarques nouvelles sur divers points de l'Antiquité Ecclésiastique & Prophane; (par Dom Liron). *Paris*, 1717, *in-12.*

1942 Théâtre Critique, ou Discours différens sur toutes sortes de matieres trad. de l'espagnol de Benoît-Jér. Feijo, (par d'Hermilly). *Paris*, 1742, 4 *vol. in-12. br.*

1943 Critique du siécle, ou Lettres sur divers sujets, par le Marq. d'Argens, *La Haye*, (*Paris*), 1755, 2 *vol. in-12. petit format.*

1944 La Bagatelle, ou Discours ironiques, où l'on prête des Sophismes ingénieux au vice & à l'extravagance pour en faire sentir le ridicule, (par Van-Effen). *Amsterd.* 1719, 3 *vol. in-12. br.*

1945 Productions d'Esprit, contenant tout ce que les Arts & les Sciences ont de rare & de merveilleux, par le Docteur Swift. *Paris*, 1736, 2 *part. en un vol. in-12.*

1946 L'Histoire des Imaginations de M. Oufle, (par Bordelon). *Paris*, 1753, 5 *tom. en 2 vol. in-12.*

1947

1947 Jo. Frid. Matenesii Critices Christianæ Libr. duo, de ritu bidendi super Sanitate Pontificum, Cæsarum, Amicorum, Amicarum, &c. *Colonia, 1640, in 12. vel.*

1948 Critique de la Charlatanerie, (par Denis Fr. Camusat). *Paris, 1726, 2 vol. in-12.*

I. Satyre.

1. *Traités universels de la Satyre; Satyriques généraux Anciens & Modernes.*

1949 Traité de la Satyre, par l'Abbé de Villiers. *Paris, 1695, in-12.*

1950 Elegantiores præstantium Virorum Satyræ. *Lugd. Bat. Maire, 1655, 2 vol. in-12. p. f.*

1951 Titi Petronii Arbitri Satyricon, & diversorum Poetarum lusus in Priapum, cum notis varior. curante Sim. Abbes Gabbema *Traj. ad Rh. 1654, in-8. accedit Fragmentum Petronii; cum Opusculis criticis. 2 vol. in-8.*

1952 Idem Opus, cum notis diver sorum; edente Petro Burmanno. *Traj. ad Rh. 1709, 2 tom. en un vol. in-4.*

1953 Petrone Latin & Franç. traduit par Nodot. 1713, 2 vol. *in-12. fig.*

1954 Le même. *Amsterd. 1736, 2 vol. in-12. fig.*

1955 Moriæ Encomium, sive Des. Erasmi Stultitiæ Laus, cum comm. Ger. Listrii & figuris Jo. Holbenii: edente Car. Patino. *Basilea, 1676, in-8. fil.*

1956 L'Éloge de la Folie, par Erasme, trad. en françois par Gueudeville. *Leide, 1717, in-12. fig.*

1957 Œuvres de Fr. Rabelais, avec des notes (par le Duchat). *Amsterd. 1711, 5 vol. in-12. bonne édition.*

1958 Jo. Barclaii Satyricon, cum Clave. *Lugd. Bat. Elzev. 1655, in-12. p. f.*

2. *Satyres particulieres des Personnes ou des Choses.*

1959 Pasquillorum tomi duo, cum Præfatione (Cælii Secundi Curionis). *Eleutheropoli, (Basilea), 1544, 2 tomes en un vol. in-8. v. f. d. s. tr. fil. Rarum Opus: Exemplar eximiæ nitoris; cui subjungitur, (Remigii Belleau) Dictamen Metrificum de Bello Huguenotico & Reistrorum piglamine; ex altero Libro depromptum.*

1960 Nic. Turlupini (Jo. Hotmanni de Villiers) Anti-Cho-

pinus ; Epistola Bened. Passavantii (Theod. Bezæ) ad P. Lysetum ; Matagonis de Matagonibus., (Fr. Hotmanni) Mo-
nitoriale adv. Italo-Galliam A. Matharelli ; Strigilis Papirii
Massonii. *Wiliorbani*, 1593. == Ger. Busdragus de Aqua
Benedicta. *Ibid.* 1594, *in-8.*

1961 Mémoires pour servir à l'Histoire de la Calotte ; en Vers
& en Prose. *Moropolis*, 1739, *3 part. en un vol. in-12. petit
format.*

1962 Le Conseil de Momus , & la Revûe de son Régiment,
Poëme calotin , avec la Journée Calotine. *2 vol. in-8. fig.*

1963 Les Chats, (par de Moncrif). *Paris*, 1727, *in-8. fig.
de Coypel.*

1964 Histoire des Rats , (par de Sigrais). *Ratopolis*, *(Paris)*,
1737 , *in-8. br.*

1965 *Cymbalum mundi*, ou Dialogues Satyriques sur différens
sujets ; par Bonaventure des Periers ; avec une Lettre contenant l'histoire de cet Ouvrage , par Pr. Marchand. *Amster.*
1732, *in-12. p. f.*

1966 Traité des dissentions entre les Nobles & le Peuple dans
les Républiques d'Athènes & de Rome ; l'Art de ramper en
Poésie, &c. par le Doct. Swift. 1733, *in-12.*

1967 Le Chef-d'Œuvre d'un Inconnu, par le Docteur Matanasius , (Themiseuil de S. Hyacinthe & Sallengre). *La Haye,*
1716 , *in-12. fig.*

1968 Le même Ouvrage ; avec la Déification du Docteur
Aristarchus Masso, &c. *Ibid.* 1745, *2 vol. in-12. br.*

1969 Satyres (en vers) du sieur de Courval Sonnet, sur
les poignantes traverses du Mariage ; &c. *Paris*, 1621,
in-8.

III. MÉLANGES DE PHILOLOGIE.

1. *Recueils de Pieces & de Dissertations Littéraires
& Philologiques.*

1970 Christ. Besoldi Dissert. Philologicarum Pentas ; accedit,
Frid. Heini Diss. de probatione per ignem & aquam quæ
olim fieri solebat. *Tubingæ*, 1622, *in-4. vel.*

1971 Mélanges Critiques de Littérature (par Dav. Ancillon).
Amsterdam, 1701 , *in-12.*

1972 Fragmens d'Histoire & de Littérature. *La Haye*, 1706,
in-12.

1973 Mélanges d'Histoire & de Littérature , par de Vigneul-

Marville (Dom-Bonav. d'Argonne) (édition publiée par l'A. Banier). *Paris*, 1725, 3 *vol. in-12.*

1974 Mélanges de Littérature tirés des Lettres de M. Chapelain, (par Camufat). 1726, *in-12.*

1975 Éclairciſſemens ſur les Principes de la Langue Françoiſe. 1712. = Traité du Récitatif. 1707. = Traité ſur la maniere d'écrire les Lettres. 1709. = Et la Vie de Moliere, avec les Additions, par de Grimareſt. 4 *vol. in-12.*

1976 Nouveau Recueil de Pieces fugitives d'Hiſtoire & de Littérature, par l'A. Archimbaud. *Paris*, 1718, 3 *vol. in-12. fil.*

1977 Mémoires Hiſtoriques, Politiques, Critiques & Littéraires, par Amelot de la Houſſaie. *La Haye*, (*Paris*), 1737, 3 *vol. in-12.*

1978 Continuation des Mémoires de Littérature & d'Hiſtoire de Sallengre, (par le P. Deſmoletz). *Paris*, 1726, & ann. ſuiv. 11 *vol. in-12. v. f. manque le Tome I.*

1979 Recueil de diverſes Hiſtoires mêlées, Politiques & Morales, par de Lavau. *Rouen*, 1721, 2 *vol. in-12.*

1980 Recueil de Littérature, de Philoſophie & d'Hiſtoire, (tiré des Papiers de M. de la Croze, par C. E. Jordan). *Amſterd.* 1730, *in-12.*

1981 Recueil de Pieces d'Hiſtoire & de Littérature, par (l'Abbé Granet). *Paris*, 1731, 4 *tom. en 2 vol. in-12.*

1982 Singularités Hiſtoriques & Littéraires (par Dom Lyron). 1738, 4 *vol. in-12.*

1983 Amuſemens Littéraires, par de la Barre de Beaumarchais. *La Haye*, 1740, 2 *vol. in-12. v. ec. fil.*

1984 Recueil du Parnaſſe, ou Nouveau Choix de Pieces fugitives en proſe & en vers, (par M. Philippe). *Paris*, 1743, 4 *vol. in-12.*

1985 Eſſais ſur divers ſujets de Littérature & de Morale, par l'Abbé Trublet. *Paris*, 1749, 2 *vol. in-12.*

1986 Mémoires Hiſtoriques, Critiques & Littéraires, par Franç. Bruys, (publiées par l'A. Joly). *Paris*, 1751, 2 *vol. in-12.*

1987 Anecdotes Littéraires, (par l'Abbé Raynal). *Paris*, 1750, 2 *vol. in-12.*

1988 Variétés Hiſtoriques, Phyſiques & Littéraires par l'Abbé de Londres). *Paris*, 1752, 3 *vol. in-12.*

1989 Mélanges Hiſtoriques & Philologiques, par M. Michault. *Paris*, 1754, 2 *vol. in-12.*

1990 Nouveaux Mémoires d'Hiſtoire, de Critique & de Littérature, par l'A. d'Artigny, (publiés en partie par l'A. Lenglet du Fresnoy). *Paris*, 1749 à 1756, 7 *vol. in-12. veau fauve.*

1991 Differtations Littéraires & Philofophiques, par de Gamaches. *Paris*, 1755, *in 12.*

1992 Recueil de différentes chofes, par le Marquis de Laffay. *Laufanne*, 1756, 4 *vol. in-8. br.*

1993 Variétés férieufes & amufantes, par M. Sablier. *Paris*, 1769; 4 *vol. in-12.*

1994 Le Confervateur, ou Collection de morceaux rares & d'Ouvrages anciens, traduits & refaits, depuis le mois de Novembre 1756, jufqu'en Octobre 1758, (par MM. Bruix, Turben & Blanc). *Paris*, 24 *tomes en* 12 *vol. in-12.*

2. *Recueils Philologiques dont le nom fe termine en* ANA.

1995 Scaligerana, (par les freres Vaffan, publié par Is. Voffius). *Colonia, Agrip.* 1667, *in-12.*

1996 Perroniana & Thuana, (par Chr. Dupuy & publiés par le même Voffius). *Cologne*, 1694, *in-12.*

1997 Ménagiana, ou les bons Mots & Remarques critiques, hiftoriques, morales & d'érudition de Ménage (publiés par de la Monnoye). *Paris*, 1754, 4 *vol. in-12. avec les cartons.*

1998 Anti-Menagiana (par Jean Bernier). *Paris*, 1693, *in-12.*

1999 Sorberiana, ex Mufæo Fr. Graverol; accedunt, Ejufdem Epiftola de Vita & Scriptis Sam. Sorbiere & J. B. Cotelier; & Explanatio Marmori Nemaufiani. *Tolofa*, 1694, *in-12.*

2000 Valefiana, ou les Penfées critiques, hiftoriques & morales d'Adr. Valois, avec fes Poefies latines, recueillies par Ch. de Valois fon fils. *Paris*, 1695, *in-12. v. f.*

2001 Arliquiniana, (par l'Abbé Cottolendi). *Paris*, 1694, *in-12.*

2092 Furetieriana, ou les Bons-mots de Furetiere. *Brux.* 1696, *in-12.*

2003 Anonimiana, ou Mêlanges de Poefies, d'Eloquence & d'Erudition. *Paris*, 1700, *in-12.*

2004 Parrhafiana, ou Penfées diverfes fur des matieres de critique, d'hiftoire, de morale & de politique; avec la défenfe de divers Ouvrages (de J. le Clerc) par Théod. Parrhafe, (le même). *Amft.* 1699, *in-12.*

2005 Saint-Evremoniana, ou Recueil de diverfes pieces curieufes de Saint-Evremont, (par Cottolendi). *Amst.* 1701, *in-*12.

2006 Naudæana & Patiniana. *Paris*, 1701, *in-*12.

2007 L'Esprit de Guy Patin, tiré de ses Conversations, de ses Lettres, &c. avec son portrait. *Amst.* (*Paris*) 1709, *in-*12.

2008 Poggiana, avec l'Hist. de la République de Florence; l'Oraison funebre d'Emanuel Chrysoloras, &c. (par Lenfant). *Amst.* 1720, 4 *part. en* 2 *vol. in-*12.

2009 Huetiana, (publié par l'A. d'Olivet). *Paris*, 1722, *in-*12.

2010 Ségraisiana; Eglogues & Operas de Ségrais; Relation de l'Isle imaginaire, & l'Hist. de la Princesse de Paphlagonie, (publié par de la Monnoye). *in-*12.

2011 Polissonniana, (par l'Abbé Cottolendi). 1725.=Explic. d'une Pierre gravée du cabinet de M. de Pontchartrain, par Baudelot. *Paris*, 1710, *in-*12.

2012 Santeuilliana. *La Haye*, 1710, *in-*12.

2013 La Vie & les bons Mots de Santeuil, avec plusieurs Poesies & autres pieces curieuses du même (publiées par l'A. Dinouart). *Cologne*, 1742, 2 *tom. en un vol. in-*12.

2014 Carpentariana, ou Remarques d'Histoire, de Critique & d'Erudition de Charpentier, (publié par Camusat). *Paris*, 1724, *in-*12.

2015 Longueruana, (publié par M. Desmarest). *Berlin*, 1754, 2 *vol. in-*12.

2016 Ducatiana, ou Remarques de le Duchat, sur divers sujets d'Histoire & de Littérature, recueillies par Formey. *Amst.* 1738, 2 *vol. in-*12. *v. s.*

2017 Bolæana, (publié par de Monchesnai) avec les Poésies de Sanlecque, &c. *Amst.* 1742, *in-*12.

2018 Elite des Bons mots, & des Pensées choisies, recueillies des plus célebres Auteurs, & principalement des Livres en ANA. *Amst.* 1708, 2 *vol. in-*12.

3. *Dissertations Philologiques & singulieres.*

2019 Laus Asini, cum aliis festivis Opusculis (Dan. Heinsii). *Lugd. Bat. Elzev.* 1629, *in-*24. *vel.*

2020 Laus Ululæ, Authore Curtio Jaële (Conr. Goddæo). *Glaucopoli*, (*Holl.*) *absque anno. in-*18.

2021 Erycii (Henrici) Puteani Cæcitatis Consolatio. *Lovanii*, 1609, *in-*12. *p. s. v. s.*

2022 Eloges de la Goutte, de l'Asne, de Rien, de quelque

chofe, de la Méchante femme ; le Triomphe de la Charlatanerie, (par L. Coquelet). *Paris*, 1727, *in-12. v. f.*

2023 La magnifique Doxologie du Feftu, par Seb. Roulliard.
Paris, 1610, *in-8.*

2024 Recueil de Pieces Littéraires ; dont l'Eloge de quelque
chofe dédié à quelqu'un, (par Coquelet) : les Soupers de
Daphné, & les Dortoirs de Lacédémone, (par de Querlon):
la Chercheufe d'Efprit : Lettres fur la Robe, &c. *in-12.*

2025 Le Réparateur des Brodequins d'Apollon à la Cour, (ou
Voyage de Fontainebleau) ; par H. Sellier. *Paris*, 1702.
⹀Santolius Martyr, à Belgis laqueo fufpenfus.⹀Sermon
pour la confolation des Cocus, &c. *in-12.*

2026 Hier. Cardani Neronis Encomium. *Amft. Blaeu*, 1640,
in-16.

2027 L'Eloge de l'Yvreffe (par Sallengre). *La Haye*, 1714,
in-12.

2028 Henr. Kornmanni de Virginitate, Virginum ftatu &
jure tractatus ; accedit ejufdem de Linea amoris & de triplici
Annulo Comm. *Francof.* 1629, *in-12.*

2029 Hilarii Drudonis practica Artis amandi, & alia ejufdem
argumenti. *Amftel.* 1651, *in-12. p. f.*

2030 Philofophie d'Amour de Léon Hébreu, trad. d'Italien
en François, par du Parc. *Lyon*, 1551, *in-8. v. f. l. r.*

2031 Arefta Amorum LI. (per Martialem Arvernum), cum
Comm. Bened. Curtii. *Lugd. Gryphius*, 1546, *in-8.*

2032 Cinquante-trois Arrêts d'Amour, par le même, avec
l'Ordonn. fur les Mafques, & le Comm. de Benoît de Court.
Rouen, 1587, 2 *vol. in-16.*

2033 Dictionnaire d'Amour, par (Dreux du Radier). *La Haye*,
(*Paris*) 1741, *in-12.*

2034 Les quinze joyes de Mariage, (par de Roffet) ; le Blafon
des faulles Amours, (par Guill. Alexis) ; le Loyer des folles
Amours, &c. avec des Remarq. (par le Duchat). *La Haye*,
1734, *in-12. br.*

2035 La Contre-Lefine, ou Difcours & Louanges de la Libé-
ralité ; avec les Nôces d'Anti-Lefine, Comédie ; par le
Pafteur Monopolitain, trad. en fr. *Paris*, A. Saugrain,
1604, *in-12. p. f.*

2036 Hiftoire des Francs-Maçons, par le Frere de la Tierce.
L'Orient, 1745, 2 *vol. in-12.*

4. *Traités Critiques & Apologétiques fur la Préférence des deux Sexes.*

2037 Recueil de Pieces Académiques, en profe & en vers, fur la Préférence des Sexes, par de Vertron. *Paris*, 1701, 2 vol. *in-12.*

2038 Difcours des Champs faez à l'honneur & exaltation de l'Amour & des Dames, par C. de Taillemont. *Paris*, 1571, *in-16. vel.*

2039 Figures Myftiques du riche & précieux Cabinet des Dames; où font repréfentées au vif, tant les beautés, parures & pompes du corps féminin, que les perfections & atours fpirituels de l'ame; par A. du Chefne. *Paris*, 1605, *in-12. p. f. vel.*

2040 Dyalogue Apologétique, ou Défenfoire du Sexe dévot feminin, contre Bouche maldifant du dict Sexe. *Paris*, 1516, *in-8. goth.*

2041 Le Champion des femmes, qui foutient qu'elles font plus nobles, plus parfaites & plus vertueufes que les hommes; par le Ch. de l'Efcale. *Paris*, 1618, *in-12. vel.*

2042 Hippolytus redivivus; id eft remedium contemnendi Sexum Muliebrem. 1644, *in-18. fil. d'or; editio originalis.*

I. *Gnomiques.*

1. *Sentences, Apophtegmes, Penfées choifies & Bons-mots des Anciens & des Modernes.*

2043 Jo. Stobæi Sententiæ, ex Thefauris Græcorum delectæ, gr. & lat. *Aureliæ Allobr.* 1609, *in-fol.*

2044 Conr. Lycofthenis Apophtegmata, ex optimis utriufque linguæ Scriptor. collecta. *Lugduni*, 1556, *in-8.*

2045 Adagia, five Proverbia Græcorum, ex Zenodoto, Diogeniano & Suidæ Collectaneis; Græcè, cum verfione latina & notis And. Schotti. *Antuerpiæ*, 1612, *in-4.*

2046 Les Apophtegmes des Anciens, tirés de Plutarque, & trad. par Nic. Perrot d'Ablancourt; avec une trad. des Stratagêmes de Frontin. *Amft.* 1694, *in-12.*

2047 Præclara Dicta Philofophorum, Imperat. Oratorum & Poetarum, ab Arfenio Archiepifcopo Monembafiæ collecta, & Leoni X Pontifici, dicata; Græcè. *Abfque loci vel anni indicatione. in-8.*

2048 Comicorum Græcorum Sententiæ; latinis verfibus ab H.

Stephano redditæ; accedunt quorundam Latinorum Sententiæ. *Typis Ejusdem*, 1569 *in-16*.

2049 Dicta Poetarum quæ apud Jo. Stobæum extant., Græcè; emendata & latino carmine reddita ab Hug. Grotio. *Parif.* 1623, *in-4*.

2050 Pensées Ingénieuses des Peres de l'Eglise, recueillies par le P. Bouhours. *Paris*, 1700, *in-12*.

2051 Les Paroles remarquables, les bons Mots & les Maximes des Orientaux, trad. par Galland. *Paris*, 1694, *in-12*.

2052 Des. Erasmi Adagia, cum Annot. Henr. Stephani. *Parif.* 1572, *in-fol*.

2053 Jo. Sartorii Adagiorum Chiliades tres, ex recensione Corn. Schrevelii. *Lugd. Bat.* 1656, *in-12. vel. a'Holl*.

2054 Des bons-Mots & des bons Contes, de leur usage, de la Raillerie des Anciens, de la Raillerie & des Railleurs de notre tems, (par de Callieres). *Paris*, 1692, *in-12*.

2055 Amusemens Sérieux & Comiques, ou Nouv. Recueil de bons-Mots, de bons Contes, &c. en Franç. & en Anglois. *La Haye*, 1719, *pet. in-8*.

2056 Bibliotheque des Gens de Cour, ou Mêlange curieux des bons-Mots d'Henri IV, de Louis XIV, &c. par Gayot de Pitaval. *Paris*, 1722, 7 *vol. in-12*.

2057 Heures perdues du Chev. de Rior....(Gayot de Pitaval). *Paris*, 1715, *in-12. v. f.*

2058 Le même Ouvrage sous le titre de Roger Bontems en belle humeur. *Cologne*, (*Rouen*) 1734, 2 *tom. en un vol. in-12*.

2059 Esprit des Conversations agréables, par le même de Pitaval. *Paris*, 1731, 3 *vol. in-12*.

2060 Le Passe-tems agréable, ou Nouveaux choix de bons-Mots. *Rott.* 1737, 2 *tom. en un vol. in-12*.

2061 Amusemens agréables, ou Nouv. Passe-tems à la Mode. *La Haye*, 1738, *in-12*.

II. *Facéties & Plaisanteries*.

2062 Facetiæ Facetiarum, hoc est Joco-Seriorum Fasciculus. *Francof.* 1615, *in-12. v. f.*

2063 Nicod. Frischlini; Henr. Bebelii & Poggii Facetiæ selectiores. *Amst.* 1651, *in-12. v. f.*

2064 L. Domitii Brusonii Facetiarum Exemplorumque Lib. VII. edente Conr. Lycosthene. *Basileæ*, 1559, *in-4. v. f.*

2065 Oth. Melandri Jocorum atque Seriorum memorabilium Centuriæ

Centuriæ aliquot. *Francof.* 1603, *in-12. p. f. v. f.*

2066 Facetie, motti & burle di diverfi Signori & Perfone pri-
vate, raccolte per Lod. Domenichi, con l'aggiunta di Th.
Porcacchi. *In Venetia*, 1584. = Le Facetie di M. Poncino
della Torre. *In Cremona*, 1581. = Le Rime burlefche di
Giovan Francefco Ferrari. *In Venetia*, *Seffa*, 1570, *in-8.*
vel.

2067 Scelta di facetie, motti, burle & buffonerie del Piovano
Arlotto, (Agoft. Mainardi) & altri autori. *In Venetia*,
1641, *in-12. br.*

2068 Jo. Peregrini Convivialium Sermonum Liber. = For-
ciànæ Quæftiones, autore Philalete Politopienfi. *Bafilea*,
1542. = Didafcalus, Comœdia Jac. Zovitii. *Colonia*, 1541,
in-8.

2069 Jo. Hulsbuch Sylva Sermonum jucundiffimorum. *Bafilea*, 1568, *in-12.*

2070 Serées de Guillaume Bouchet. *Rouen*, 1635, 3 vol.
in-8.

2071 Les Facetieufes Nuits de Straparole, trad. de l'Italien,
par J. Louveau & P. de Larivey, avec une Préface & des
remarques de M. Laifnez, (publiées par de la Monnoye).
(*Paris*, *Couftelier*) 1726, 2 vol. *in-12. p. f.*

2072 La Pogonologie, ou Difcours facetieux des Barbes, par
R. D. P. *Rennes*, 1589, *in-12. m. r. fil.*

III. *Entretiens, Colloques & Dialogues Philo-
logiques & familiers.*

2073 Defid. Erafmi Colloquia, ex editione Corn. Schrevelii. *Lugd. Bat.* 1655, *in-8.*

2074 Idem Opus; edente Eodem. *Ibid.* 1664, *in-8. m. r. d.
f. tr. fil.*

2075 Les Colloques d'Erafme, trad. en françois, avec des
notes, par Gueudeville. *Leyde*, 1720, 6 vol. *in-12. fig.*

2076 Hexameron, ou fix journées, trad. de l'hefpagnol d'Ant.
de Torquemade, en franç. par G. Chappuys. *Lyon*, 1583,
in-8. vel.

2077 Neuf Dialogues faits à l'imitation des Anciens, par
Orafius Tubero, (La Mothe le Vayer). *Francfort*, (*Holl.*)
1716, 2 vol. *in-12.*

2078 Les Entretiens d'Arifte & d'Eugène, par le P. Bouhours.
Paris, 1721. = Sentimens de Cléanthe fur les Entretiens

d'Arifte & d'Eugène, (par Barbier d'Aucourt). *Ibid.* 1700, 3 *vol. in* 12.

2079 De' Ragguagli di Parnaffo, del Trajano Boccalini. *In Amft.* 1669, 2 *vol. in-12.*

IV. Epiftolaires.

1. *Traités du Style Epiftolaire & Modeles de Lettres ; Lettres des Auteurs Anciens & du moyen Age.*

2080 La Rhétorique de l'honnête-homme, ou la maniere de bien écrire des Lettres. *Amft.* 1710. = Bibliotheque Choi-fie, par Colomies. *Ibid.* 1699, *in-12.*

2081 Les plus belles Lettres Françoifes fur toutes fortes de fujets ; avec des notes , par P. Richelet. *Paris* , 1705 , 2 *vol. in-12.*

2082 Lettres fur toutes fortes de fujets ; avec des avis fur la maniere de les écrire , par de Vaumoriere. *Paris ,* 1706, 2 *vol. in-12.*

2083 Protocole , ou maniere dont les Princes du Sang écri-vent, & dont on leur répond. (Exemplaire de M. le Prince de Conti défunt). *in-8. Mff. v. f.*

2084 Epiftolæ Apollonii Tyanei , Anacharfidis , Phalaridis, Bruti & aliorum veterum Græcorum ; gr. & lat. edente Eilhardo Lubino. *Heidelberga ,* 1601 , *& feq.* 3 tom. *en un vol. in-8. vel.*

2085 Lettres Galantes d'Ariftenete , trad. du grec en franç. (par M. Moreau). *Cologne,* (*Paris*), 1752, *in-12.*

2086 M. T. Ciceronis Epiftolæ ad familiares. *Lutetia, Ma-mertus Patiffonius,* 1578 ; *in* 24. *fil.*

2087 Idem Opus, cum notis Varior. edente Jo. Geor. Grævio. *Amft. Elzev.* 1677 , 2 *vol. in-8.*

2088 Les Lettres de Ciceron à Atticus & à fes amis , trad. fur l'édition de Grævius ; en françois , avec des remar-ques , (par l'Abbé de Mongault). *La Haye ,* 1709, 7 *vol. in-12.*

2089 Lettres du même à Brutus ; & de Brutus au même, trad. en françois, (par l'Abbé Prevoft, avec les notes de Middle-ton). *Paris ,* 1744, *in-12.*

2090 Les Epîtres de Séneque , trad. en françois , par Pintrel, & revues par de la Fontaine. *Paris,* 1681, 2 *vol. in-12.*

2091 Plinii Epiftolæ & Panegyricus ; ejufdem de Viris Illuf-tribus in re militari liber ; Suetonius de Claris Grammaticis

& Rhetoribus ; necnon Julius Obsequens de Prodigiis. Par. Rob. Siephanus, 1529, in-8. v. f.

2092 Les Lettres de Pline le Jeune, trad. en françois, (par de Sacy). Paris, 1702, 2 vol. in-12.

2093 P. Abælardi & Heloisæ conjugis ejus Epistolæ, cum Præfatione apologetica Fr. Amboesii. Paris. 1616, in-4. vel.

2094 Idem Opus, ex edit. Ric. Rawlinson. Londini, 1718, in-8.

2095 Les véritables Lettres d'Abeillard & d'Heloise, trad. en françois, avec le latin à côté. (par Dom. Gervaise). Paris, 1723, 2 vol. in-12.

2096 P. Bineli, Pauli Manutii, Longolii, Sadoleti & aliorum Epistolæ; accedunt P. Bembi Epistolæ, Leonis decimi nomine scriptæ. Typis H. Stephani; 1581, 2 vol. in-8.

2097 Philologicarum Epistolarum centuria ; Rich. de Buri Philobiblion ; & Bessarionis Epistola de Bibliothecæ suæ Donatione ; edente Melch. Goldasto. Francof. 1610, in 8. vel.

2098 Obscurorum Virorum ad Orthuinum Gratium Epistolæ, (Auctore Reuchlino, alias Capnion). Utopiæ, sine anno, in-12. fil.

2099 Eædem Obscurorum Virorum ad Ortuinum Gratium Epistolæ; accedunt, Epist. Mag. Bened. Passavantii. (Th. Bezæ) ad P. Lysetum ; & la complainte de P. Lyset sur le trespas de son Feunez. Londini, 1710, 3 part. en un vol. in-12. v. f. fil.

2. Lettres Philologiques des Auteurs François & Etrangers.

2100 Lettres de Fr. Rabelais, escrites pendant son voyage d'Italie ; avec des Observations de MM. de Sainte-Marthe. (édition de Jean Godefroy). Bruxelles, 1710, in-12.

2101 Lettres Choisies de Guy Patin. Paris, (Holl.) 1692, 3 vol. in-12.

2102 Nouvelles Lettres de Guy Patin, tirées du Cabinet de Spon, (par Mahudel). Amst. 1718, 2 vol. in-12.

2103 Tanaquilli Fabri Epistolæ, quarum pleræque ad emendationem veterum Scriptorum pertinent. Salmurii, 1659 & 1665, 2 vol. in-4.

2104 Recueil des Lettres de Madame la Marquise de Sévigné, à Madame la Comtesse de Grignan, sa Fille. Paris, 1733, 6 vol. in-12. br.

2105 Lettres de Roger de Rabutin, Comte de Buſſy. *Paris*, 1720, 7 *vol. in*-12.

2106 Lettres Choiſies de M. de la Riviere, Gendre du Comte de Buſſy - Rabutin, (publiées par M. Michault). *Paris*, 1751, 2 *vol. in*-12.

2107 Lettres Choiſies de M. Fléchier; avec une relation des Fanatiques du Vivarais; &c. *Paris*, 1715, 2 *vol. in*-12. *v. f.*

2108 Lettres de M. Ant. Arnauld. *Nancy*, 1727, 8 *vol. in*-12. *v. f.*

2109 Lettres écrites de la Campagne, (par Themiſeuil de S. Hyacinthe). *La Haye*, 1721, *in*-12.

2110 Lettres Curieuſes ſur divers ſujets, par D. *Paris*, 1725, 2 *vol. in*-12.

2111 Lettres Choiſies de Simon Tyſſot de Patot. *La Haye*, 1727, 2 *vol. in*-12.

2112 Lettres du Marquis d'Argens à Aaron Monceca. *La Haye*, (*Paris*) 1742, 6 *vol. gr. in*-12.

2113 Lettres du même à Abukibak. *La Haye*, 1737, 4 *vol. petit in*-8.

2114 Lettres du même à Yn-Che-Chan. *La Haye*, (*Paris*) 1755, 6 *vol. in*-12. *p. f.*

2115 Lettres de J. B. Rouſſeau, ſur différens ſujets de Littérature. *Genève*, 1750, 5 *vol. in*-12. *v. f. br. en cart.*

2116 Lettres Françoiſes & Germaniques, ou Réflexions ſur les François & les Allemands. *Londres*, (*Holl.*) 1740, *in*-12.

2117 Lettres d'un François, (par l'Abbé le Blanc). *La Haye*, (*Paris*) 1745, 3 *vol. in*-12.

2118 Lettres Philoſophiques, Sérieuſes, Critiques & Amuſantes, par L. C. D. T. *Paris*, 1733, *in*-12.

2119 Lettres au Prince Royal de Suede, par le Comte de Teſſin. *Paris*, 1755, 2 *vol. in*-12.

2120 Hug. Grotii Epiſtolæ quotquot reperiri potuerunt. *Amſt.* 1687, *in fol.*

2121 Lettres de Critique, de Littérature, d'Hiſtoire, &c. par Giſbert Cuper, recueillies par M. de B. *Amſt.* 1743, *in*-4.

3. *Lettres Galantes des Auteurs François & Etrangers.*

2122 Œuvres de M. le Pays, contenant des Lettres Galantes. *Paris*, 1664 & 1672, 3 *vol. in*-12.

2123 Lettres Hiftoriques & Galantes ; (par Madame Petit du Noyer). *Amft.* (*Rouen*) 1719, 5 *vol. in-12.*

2124 Mémoires & Œuvres mêlées, de la même. *Cologne*, 1711, 5 *vol. in 12.*

2125 Lettres Nouvelles, Fables, Contes & Épigrammes de Bourfault, avec les Lettres à Babet. *Paris*, 1722, 3 *vol. in-12.*

2126 Lettres de Ninon de l'Enclos, au Marquis de Sévigné. *Amft.* (*Paris*) 1750, 2 *part. en un vol. in-12.*

2127 Lettres d'une Péruvienne, (par Mad. de Graffigny). (*Paris*) *in-12. p. f. fil.*

2128 Nouvelles Lettres Perfannes, trad. de l'anglois, (par de Secondat. *Londres*, 1735, 2 *tom. en un vol. in-12. p. f.*

2129 Lettere del Signor Gio. Franc. Loredano, raccolte da Henr. Giblet. *In Bologna*, 1674, 2 *tom. en un vol. in-12. vel.*

II. ARTS SYMBOLIQUES.

I. ART, OU SCIENCE DES EMBLEMES ET DES HIEROGLYPHES.

1. Traités généraux des Hieroglyphes & de la Science des Emblêmes.

2130 Traité des principaux fignes dont nous nous fervons pour manifefter nos penfées, par Alph. Coftadeau. *Lyon*, 1717, 4 *vol. in-12. fig.*

2131 Iconologie, ou Explication de plufieurs Emblêmes & Figures Hieroglyphiques des vertus, des vices, &c. par Céfar Ripa, moralifées par J. Baudouin. *Paris*, 1681, *in-4. fig.* de Jac. de Bie.

2132 Le même Ouvrage. *Amfterd.* 1698, 2 *vol. in-12. fig.*

2133 Effai d'un Dictionnaire contenant la connoiffance du Monde, des Sciences univerfelles, des Médailles, des Paffions, &c. repréfentée par des Figures Hieroglyphiques expliquées en Profe & en Vers, par Dan. de la Feuille. *Amfterd.* *fans date, in-4. fig.*

2134 Jo. Pierii Valeriani Hieroglyphyca, & alia Opera ; accédunt, Hori (vel Ori) Apollinis & Lud. à Cafanova Hieroglyphicorum Libri. *Lugduni*, 1626, *in-fol.*

2135 Essai sur les Hieroglyphes des Égyptiens, trad. de l'angl. de Warburthon, (par Léonard de Malpeine). *Paris*, 1744, 2 vol. *in*-12.

2. *Recueils d'Emblêmes ; Emblêmes Héroïques, Moraux & d'Amour.*

2136 Le Théâtre des bons Engins, contenant cent Emblêmes moraulx, par Guill. de la Perriere. *Paris, Janot*, 1539, *in*-8. *fig. en bois.*

2137 And. Alciati Emblemata, cum Cl. Minois Commentario. *Luga. Bat.* 1593; *in*-8. *fig. vel. d'Holl.*

2138 Hadr. Junii Emblemata & Ænigmata. *Antuerpia*, 1565. ═Jo. Sambuci Emblemata & aliquot Nummi. *Ibid.* 1566; *in*-8. *fig. en bois.*

2139 Microcosmus , sive (Homo) parvus Mundus, in quo, res humanæ, virtutes & vitia Emblematicè depinguntur, à Laur. Haechtano. 1579. ═ Jo. Mercerii Emblemata, 1592, *in*-8. *oblong.*

2140 Joach. Camerarii Symbolorum & Emblematum ex Re Herbaria desumptorum Centuria. *Norvergæ*, 1590, *in*-4. *vel cum fig. elegant. Hans Schroderi, ut conjicitur.*

2141 Q. Horatii Flacci Emblemata, imagin. in æs incisis notisque illustr. studio Oth. Vænii. *Antuerpiæ*, 1607, *in*-4.

2142 Idem Opus sub hoc titulo, Emblemata Horatiana. ; Lat. Germ. Gallico & Belgico Carmine illustrata. *Amst.* 1684, *in*-8. *fig.*

2143 Amorum Emblemata, figuris æneis incisa , studio ejusdem Vænii. *Antuerpia* 1608, *in*-4. *obl.*

2144 Typus Mundi , in quo, ejus calamitates & pericula, nec non Divini Humanique Amoris antipathia Emblematicè exponuntur. *Antuerpiæ*, 1627, *in*-16. *fig. v. f.*

2145 Pauli Macei Emblemata. *Bononia*, 1628, *in*-4. *fig. de Corio.*

2146 Recueil d'Emblêmes divers, par J. Baudoin. *Paris*, 1638, 2 vol, *in*-8. *v. f. fig. de Briot.*

2147 Emblêmes Royales à Louis le Grand ; par Martinet. *Paris*, 1673, *in*-12. *fig.*

2148 Les Emblêmes d'Amour Divin & Humain , expliqués en vers franç. par un Capucin. *Paris, Mariette*, *in*-12. *fig. de J. Messager.*

II. ART DES DEVISES.

1. Traités généraux de l'Art des Devises ; Devises & Symboles Héroïques & d'Amour.

2149 La Philosophie des Images, composée d'un Recueil de Devises & du Jugement sur les Ouvrages qui ont été faits sur cette matiere, par le P. Menestrier. *Par.* 1682, *in-8.*

2150 Devises Héroïques, par Claude Paradin. *Lyon,* 1557, *in-8. fig.*

2151 Emblêmes ou Devises Chrétiennes, par Georgette de Montenay. *La Rochelle,* 1620, *in-4. fig. vel.*

2152 Silv. Petrasanta de Symbolis Heroïcis Lib. IX. *Antuerpiæ,* 1634, *in-4. fig.*

2153 Devises & Emblêmes d'Amour moralisés, gravés par Alb. Flamen. *Paris,* 1650, *in-8. vel.*

2154 Symbola varia diversorum Principum Ecclesiæ & Imperii Romani, cùm Isagoge Jac. Typotii. *Arnhemii,* 1679, *in-16. fig.*

III. ART DU BLASON.

1. Traités généraux & particuliers de l'Art du Blason & de la Science des Armoiries.

2155 Le Blason des Armoiries, par Hier. de Bara. *Par.* 1628.— L'Estat & comportement des Armes, par J. Schohier. *Ibid.* 1630, *in-fol.*

2156 La vraie & parfaite Science des Armoiries, par Louvan Geliot, augmentée par P. Palliot. *Dijon,* 1664, *in fol. figures.*

2157 Origine des Armoiries, par le P. C. F. Menestrier. *Paris,* 1680, 2 vol. *in-12. fig.*

2158 Le véritable Art du Blason, avec l'Art du Blason justifié; par le même. *Lyon,* 1671, 2 vol. *in-12. fig.*

2159 Méthode raisonnée du Blason; par le même. *Lyon,* 1734, *in-12. fig.*

2160 Traité historique & moral du Blason, par J. B. Dupuy-Demportes. *Paris,* 1754, 2 vol. *in-12.*

2161 Nouveau Livre de différens Cartouches, Couronnes, Casques, Supports & Tenans, dessinés & gravés, par C. Mavelot. *in-16. obl.*

III. ARTS GRAPHIQUES.

I. ART DE L'ÉCRITURE.

1. *Traités généraux & Principes de l'Art d'Ecrire & de la Stéganographie, ou Ecriture secrette.*

2162 Champ-Fleury, auquel est contenu la vraye proportion des Lettres Antiques ou Romaines, proportionnées selon le corps & visage humain ; par Geoffroy Tory. *Paris, 1529, petit in-fol. fig.*

2163 Libro nuovo d'imparare à scrivere tutte sorte Lettere antiche & moderne di tutte le Nationi, composto per Giovambattista Palatino. *In Roma, 1544, in-4. prem. edit. mar. v.*

2164 Béle Prérie où chacun peut voir les Lettres tant romaines que de forme en leur fleur & perfection, réduites au pied du compas, par P. le Bé. *Paris, 1701, in-4. obl. fig. vel.*

2165 Les Œuvres de Lucas Materot, où l'on comprendra la maniere de bien écrire toutes sortes de Lettres Italienne. *in-4. obl. gravé vel.*

2166 L'Art d'écrire, par Alais. *Paris, 1680, in-fol. fig. grav. par Senault.*

2167 Tacheographie, ou l'Art d'écrire aussi vîte qu'on parle ; en lat. & en franç. par Ch. Ramsay. *Paris, 1681, in-12. m. r. d. s. tr.*

2168 Gustavi Seleni, id est, (Gustavi Luneburgensis) Cryptomenytices & Cryptographiæ Lib. IX, in quibus, Steganographiæ Jo. Trithemii enodatio traditur. *Luneburgi, 1624, in-fol. vel.*

II. ART, OU SCIENCE DE LA DIPLOMATIQUE.

1. *Traités généraux & particuliers de la Diplomatique, ou de l'Art du Déchifrement des Ecritures anciennes.*

2169 De Re Diplomatica Lib. sex, cum Supplemento ; auctore Jo. Mabillon. *Lutetiæ Paris. 1681 & 1704, 2 vol. in-fol. fig.*

2170 Barth. Germon de veteribus Regum Francorum Diplomatibus

matibus Difceptationes duæ; ad Jo. Mabillonium. *Parif.* 1703 & 1706, 2 *vol. in-12.*

2171 Hiftoire des Conteftations fur la Diplomatique; avec l'Analyfe de l'Ouvrage de Dom J. Mabillon; (par l'Abbé Raguet). *Paris*, 1708, *in-12.*

2172 Alphabetum Tironianum; feu Notas Tironis explicandi Methodus; ftudio D. P. Carpentier. *Lutetiæ Parif, Guerin,* 1747, *in-fol. fig. fil. d. f. tr.*

III. ART DE L'IMPRIMERIE.

1. *Traités généraux & particuliers hiftoriques & pratiques de l'Art de l'Imprimerie.*

2173 Hiftoire de l'origine & du progrès de l'Imprimerie, par (Profper Marchand). *La Haye*, 1740, *in 4.*

2174 Hiftoire de l'Imprimerie & de la Librairie de Paris, par J. de la Caille. *Paris, J. de la Caille,* 1689, *in-4.*

2175 L'Origine de l'Imprimerie de Paris, Differtation hiftorique & critique, par André Chevillier. *Paris*, 1694, *in-4.*

2176 La Science-Pratique de l'Imprimerie, par Martin-Dom. Fertel. *Saint-Omer,* 1741, *in-4. fig.*

IV. ARTS LIBRES.

I. ARCHITECTURE.

1. *Traités généraux de l'Architecture; Cours, Principes & Elémens de cet Art.*

2177 Des Principes de l'Architecture, de la Sculpture, de la Peinture & des autres Arts qui en dépendent, par Félibien. *Paris,* 1676, *in 4. fig.*

2178 Mémoires critiques d'Architecture, par Frémin. *Paris,* 1702, *in-12.*

2179 Nouveau Traité de toute l'Architecture; avec un Dictionnaire des termes d'Architecture; par de Cordemoy. *Paris,* 1714, *in-4. fig.*

2180 Effai fur l'Architecture, (par l'Abbé Laugier) : avec l'Examen de cet Effai, (par M. de la Font de S. Yenne). *Paris,* 1753, 2 *vol. in-12.*

2181 Regles des cinq Ordres d'Architecture, de Vignolle, revûes par le Muet. *Paris, 1632, in-8 gravé; vel.*

2182 Cours d'Architecture, par C. A. d'Aviler, augmenté par Pierre-Jean Mariette. *Paris, 1750, gr. in-4. fig.*

2. *Architectes Anciens & Modernes.*

2183 Les dix livres d'Architecture de Vitruve, traduits en françois avec des notes, par Perrault. *Paris, 1684, gr. in-fol fig.*

2184 Abrégé des dix livres d'Architecture de Vitruve, (par le même). *Paris, 1674, in-12. fig.*

2185 Recueil des Œuvres d'Architecture de Cottart. 1686, *in-fol. fig.*

2186 Livre d'Architecture contenant les principes généraux de cet Art & les Plans de quelques Bâtimens; avec la Description de la fonte de la Statue équeftre de Louis XIV: par Boffrand. *Paris, 1743 & 1745, in-fol, grand papier, figures.*

2187 Diverses inventions des Temples & Épitaphes, Sculptures, Ornemens des Autels, &c. d'après Michel-Ange-Bonnarotti, Bern. Radi Kortonese, & autres. *Utrecht, Crifp. de Pas, in-fol. vel.*

2188 Nouveaux Portraitz & Figures de Termes pour ufer en l'Architecture, composés par Jof. Boillot. *Langres, 1592, in-fol.*

3. *Traités particuliers concernant l'Architecture civile.*

2189 L'Architecture des Voûtes, par le P. Fr. Dérand. *Paris, 1643, in-fol. gr. pap. fig.*

2190 La Mécanique du feu, par (Gauger). *Paris, 1713, in-12. fig.*

2191 Caminologie, ou Traité des Cheminées, par F. P. H. *Dijon, 1756, petit in-8. fig.*

2192 Traité des Ponts & Chauffées, & de la Conftruction des Chemins, par Gautier. *Paris, 1716 & 1717, 3 tom. en un vol. in 8. fig.*

2193 Architecture Hidraulique, par Bélidor. *Paris, 1737, 2 vol. in-4. fig.*

4. *Recueils de Plans, Vûes & Profils de différens Châteaux, de Maisons particulieres, d'Eglises, &c.*

2194 Perspectivæ pulcherrimæ viginti selectissimarum Fabricarum & decem Hortorum, à Jo. Wreedmanno, in usum Pictorum delineatæ, & ab Hieronymo Cock in æs incisæ. *Antuerd.* 1560, *in-4. obl. vel.*

2195 Trattato delle Piante & Imagini di Sacri Edifizi da Terra Sancta, disegnate in Jerusalemme, dal Bernardino Amico. *In Firenza,* 1620, *in-fol. fig.*

2196 Les plus excellens Bâtimens de France avec leurs Plans & Elevations, dessinés par Jac. Androüet du Cerceau. *Paris,* 1576 à 1611, 3 *vol. in-fol. fig.*

2197 Plans, coupes & vûes des Châteaux, Maisons Royales & particulieres construites par J. Marot; avec les vûes des Jardins & Bosquets, gravées par Perelle, Aveline, &c. *in-fol. obl.*

2198 Recueil des Plans, Profils, & Elevations de plusieurs Palais, Châteaux, Eglises, &c. dessinés & gravés par le même. *in-4.*

2199 Plans, Profils, &c. du Château de Richelieu, gravés par le même. *in-4. obl.*

2200 Les Plans, Profils & Elévations des Ville & Château de Versailles, levés en 1714. *Paris, Demortain, gr. in-fol.*

2201 Le grand Escalier de Versailles, dit Escalier des Ambassadeurs, peint par Ch. le Brun, & gravé par L. Surugue. *in-fol. forme d'Atlas, m. r. dent. &c.*

2202 Recueil des Statues, Groupes, Fontaines & autres ornemens des Château & Parc de Versailles, gravés par Simon Thomassin; avec des Explications en quatre langues. *La Haye,* 1723, *in-4. gr. p.*

2203 Labyrinthe de Versailles, (avec les Quatrains de Ch. Perrault). *Paris, Imp. R.* 1679, *gr. in 8. fil. fig. de Séb le Clerc.*

2204 Fragmens d'Architecture & de Dessins de Croisées qui décorent les Façades du Louvre; par Fr. Blondel. *in-fol. fig. br.*

2205 Description historique de l'Hôtel des Invalides, par l'Abbé Pérau; avec les Plans, Coupes, &c. de cet Edifice, les Peintures & Sculptures de l'Eglise dessinées par M. Cochin. *Paris,* 1756, *gr. in-fol. fig. fil.*

2206 Recueil des Plans, Elévations & Coupes des Châteaux, Jardins, &c. que le Roi de Pologne occupe en la Place Royale de Nancy, par M. Héré, gravés par François. *Par.* 1753, 3 *vol. in-fol. forme d'Atlas , br. en carton.*

2207 Recueil des Fondations & Etabliſſemens faits par le Roi de Pologne, avec le Compte général de ſa dépenſe pour l'embelliſſement de Nancy. *Luneville,* 1761 & 1762, *2 tom. en un vol. in-fol. fig. d. ſ. tr. fil.*

II. ART MILITAIRE.

1. *Traités généraux de l'Art Militaire; Elémens & Principes de cet Art.*

2208 Vegetius de Re Militari; Sexti Jul. Frontini Opera; & alia veterum ejuſdem argumenti Scripta; edente Petro Scriverio. *Lugd. Bat. Maire,* 1644, *in-12. p. f.*

2209 Inſtitutions Militaires de Végece, trad. en franç. (par Bourdon). *Amſt.* 1744, *in-12. fig. fil.*

2210 Les Travaux de Mars , ou l'Art de la Guerre , par Allain Maneſſon Mallet. *Paris,* 1685, 3 *vol. gr. in-8. fig.*

2211 Le même Ouvrage. *Ibid.* 1691, 3 *vol. gr. in-8. fig.*

2212 L'Ecole de Mars, par de Guignard. *Paris,* 1725, *2 vol. in-4. fig.*

2213 L'Art de la Guerre, par le Marq. de Quincy. *La Haye,* 1728, *2 vol. in-12. fig.*

2214 Mémoires ſur la Guerre , par le Marquis de Feuquieres, (publiés par le Febvre de S. Marc). 1735 , 3 *vol. in-12.*

2215 Mém. ſur la Guerre, tirés des Originaux de M***. *Par.* 1739, *2 tom. en un vol. in-12.*

2216 Hiſtoire de la Guerre, par Beneton de Morange. *Par.* 1741, *in-12. v. f.*

2217 L'Art de la Guerre, par M. le Marq. de Puyſegur. *Par.* 1748, *2 vol. in-fol. gr. pap. fig. br. en carton.*

2218 Elémens de l'Art Militaire, par d'Héricourt. *La Haye,* (*Paris*) 1748, *2 tom. en un vol in-12. p. f.*

2219 Inſtructions Militaires, (par le Comte de Sparr). *Paris,* 1753, *gr. in-8. fig. fil.*

2220 Les Rêveries, ou Mémoires ſur l'Art de la Guerre , de Maurice Comte de Saxe; publiés par de Bonneville. *La Haye ,* 1756, *2 tom. en un vol. petit in-8. fig.*

2221 Réflexions Militaires & Politiques, trad. de l'Eſpagnol du Marquis de Santa-Cruz, par de Vergy. *Paris*, 1735, 11 *vol. in*-12.

2222 L'Esprit du Chevalier Folard, tiré de ses Commen. sur l'Hist. de Polybe. (*Laufanne*) 1760, *in*-12. *fig.*

2223 Dictionnaire Militaire, (par M. de la Chenaye des Bois). *Paris*, 1745, 3 *vol. in*-8.

2. *Traités particuliers de l'Art Militaire ; de la Caftramétation, &c.*

2224 Détails Militaires, par de Chéneviere. *Paris*, 1742, 2 *vol. in*-12.

2225

2226 Les Rufes de guerre de Polyen, & les Stratagêmes de Frontin; trad. du grec en fr. avec des notes. *Paris*, 1739, 2 *vol. in*-12.

2227 Effai fur la Caftramétation, ou fur la mefure & le tracé des Camps, par le Blond. *Paris*, 1748, *in*-8. *fig.*

I. *Tactique.*

1. *Traités généraux & particuliers de la Tactique & des Exercices, ou Evolutions Militaires.*

2228 L'Art Militaire - François pour l'Infanterie, contenant l'Exercice & le Maniement des Armes. *Paris*, 1696, *pet. in*-8. *fig. de P. Giffart.*

2229 Nouvelles Conftitutions Militaires; avec une Tactique adoptée à leurs Principes. *Francfort*, (*Paris*), 1760, *gr. in*-8. *fig.*

2230 La Tactique & Difcipline, felon les nouveaux Réglemens Pruffiens; par D. G. *Francfort*, 1759, 2 *vol. in*-12. *fig.*

2231 Maniment d'Armes, d'Arquebufes, Moufquets & Piques; repréfenté par figures (en bois) de Jac. de Geyn; avec une explication en Franç. Flam. & Angl. *Zutphen*, 1619, *in*-4.

2232 Planches concernant l'Exercice de l'Infanterie, deffinées par Eifen, & gravées par de la Foffe, *gr. in-fol. en feuilles.*

I I. *Artillerie.*

1. *Traités généraux & particuliers de l'Artillerie Militaire & Civile.*

2233 Nouveau Cours de Mathématique, à l'usage de l'Artillerie & du Génie, par Bélidor. *Paris*, 1725, *in-4. fig.*

2234 Pratique de la Guerre contenant l'usage de l'Artillerie, & un Traité des feux de joie; par Malthus. *Paris*, 1650, *in-4. fig. vel.*

2235 La Pyrotechnie de Hanzelet Lorrain, où sont représentez les secrets des machines & feux artificiels propres pour battre toutes Places. *Pont-à-Mousson*, 1630, *in-4. fig.*

2236 Mémoires d'Artillerie, recueillis par Surirey de Saint-Remy. *Paris*, 1697, 2 *vol. in-4. fig.*

2237 Le Bombardier François, par Bélidor. *Paris*, *Impr. R.* 1731, *in-4.*

2238 L'Art de jetter les Bombes, par Blondel. *La Haye*, 1685, *in-12. fig.*

2239 Essai sur les Feux d'artifice, par Perrinet d'Orval. *Paris*, 1745, *in-8. fig.*

I I I. *Génie.*

1. *Traités généraux & particuliers de l'Art de fortifier, de défendre & d'attaquer les Places ; & de ce qui concerne les Ingénieurs.*

2240 L'Ingénieur François, par M. N. *Paris*, 1695, *in-8. fig.*

2241 La Science des Ingénieurs, par Bélidor. *Paris*, 1729, *gr. in-4. fig.*

2242 Dictionnaire portatif de l'Ingénieur, par le même. *Paris*, 1755, *pet. in-8.*

2243 Le Parfait Ingénieur François, ou la Fortification offensive & défensive. *Paris*, 1736, *in-4. fig.*

2244 Nouvelle maniere de fortifier les Places ; tirée des méthodes du Chevalier de Ville, du Comte de Pagan & de M. de Vauban. *Paris*, 1689, *in-8. fig.*

2245 Mémoires pour l'attaque & la défense d'une Place ; par Goulon ; avec une Relation du Siege d'Ath, & les Mémoires de M. de Vauban. *Paris*, 1730, *in-8. fig.*

2246 Nouveau système sur la maniere de défendre les Places

par le moyen des Contremines ; par d'Azin , & publié par
de Marne. *Paris* , 1731 , *in-12. fig.*

2247 De la Charge des Gouverneurs des Places , par Ant.
de Ville. *Amst. Wolfgang*, 1674 , *in-12.*

III. ART DE LA PEINTURE.

1. *Cours , Principes & Elémens de l'Art de la Peinture.*

2248 Le Peintre converti aux précises & universelles regles
de son Art , par A. Bosse. *Paris* , 1667 , *in-8.*

2249 Sentimens des plus habiles Peintres du temps sur la
pratique de la Peinture ; mis en tables de préceptes , par
H. Testelin. *Paris* , 1680, *in-fol. gravé.*

2250 Les premiers Elemens de Peinture - Pratique , par de
Piles) ; avec des figures de proportion mesurées sur l'antique , & gravées par J. B. Corneille. *Paris* , 1684 , *in-12.*

2251 Cours de Peinture par principes ; composé par le même
de Piles. *Paris* , 1708 , *in-12. fig.*

2252 Abrégé d'Anatomie accommodée aux Arts de Peinture &
de Sculpture , par Fr. Tortebat , (rédigé par Roger de Piles).
Paris , *in-fol. fig. br.*

2253 Dictionnaire Abrégé de Peinture & d'Architecture ,
(par l'Abbé de Marsy). *Paris* , 1746 , 2 *vol. in-12.*

2254 Dictionnaire portatif de Peinture , Sculpture & Gravure ; par Dom Ant. Jos. Pernetti. *Paris* , 1757 , *in-8.*

2255 Dictionnaire des Monogrammes , Chiffres , &c. des
Peintres & Graveurs, trad. de l'Allem. de Christ, par (Sellius).
Paris , 1750, *in-8. fig.*

2. *Traités théoriques généraux sur l'Art de la Peinture.*

2256 Fr. Junii de Pictura Veterum Lib. tres. *Amst.* 1637 ,
in-4. fil.

2257 L'Art de Peinture de Ch. Alph. du Fresnoy, trad. en
françois, avec des remarques, (par de Piles). *Paris* , 1668 ,
in-8.

2258 Traité de Peinture , par Léonard de Vinci, augmenté
de la vie de l'Auteur. *Paris* , 1716, *in-12. fig. belles épreuves.*

2259 Traité de la Peinture & de la Sculpture, par Richardson.
Amst. 1728 , 3 *vol. in-8.*

2260 La Théologie des Peintres , Sculpteurs , Graveurs &
Dessinateurs ; par M. l'Abbé Méry. *Paris* , 1765 , *in-12.*

2261 Tableaux tiré de l'Iliade, de l'Odiffée d'Homere & de l'Eneide, de Virgile ; avec des obfervations générales fur le Coftume, (par le Comte de Caylus). *Paris*, 1757, *in-8.*

3. *Traités particuliers fur la Connoiffance des Ouvrages des Peintres.*

2262 Sentimens fur la diftinction des diverfes manieres de Peinture, Deffin & Gravure, & des Originaux d'avec leurs Copies ; par A. Boffe. *Paris*, 1749, *in-12. p. f. fig. fil.*

2263 Converfations fur la Connoiffance de la Peinture, & fur le jugement qu'on doit faire des Tableaux, (par de Piles). *Paris*, 1677, *in-12.*

2264 Differtation fur les Ouvrages des plus fameux Peintres ; & le cabinet de M. le Duc de Richelieu, par le même. *Paris*, 1682, *in-12.*

2265 Obfervations fur les Arts & fur quelques morceaux de Peinture & de Sculpture, expofés au Louvre en 1748. = Sentimens fur quelques Ouvrages de Peinture, Sculpture & Gravure, (par de la Font de S. Yenne). 1754. = Examen d'un Effai fur l'Architecture, (par le même). 1753, *in-12.*

2266 Le Génie du Louvre aux Champs Élifées, Dialogue. 1756. = Réflexions fur l'Etat préfent de la Peinture en France. 1747. = L'Ombre du grand Colbert, (par le même). 1752, *in-12.*

2267 Cabinet des fingularités d'Architecture, Peinture, Sculpture & Gravure, par Florent le Comte. *Paris*, 1699, 3 *vol. in-12. fig. de B. Picart.*

4. *Recueils de Tableaux & Defcriptions de différens Cabinets de Peinture.*

2268 Theatrum Pictorium Davidis Teñiers, in quo, exhibentur ipfius manu delineatæ, ejufque cura in æs incifæ (per varios Cælatores) Picturæ. *Antuerpiæ*, 1658, *in-fol. gr. pap.*

2269 Les Tableaux des deux Philoftrates, mis en françois, par Bl. de Vigenere, & publiés par Artus-Thomas, Sieur d'Embry. *Paris*, 1637, *in-fol. fig.*

2270 Recueil de Defcriptions de Peintures & d'autres Ouvrages faits pour le Roy ; par Félibien. *Paris*, 1689, *in-12.*

2271 Defcription des Tableaux du Palais Royal, par Dubois de Saint-Gelais. *Paris*, 1727, *in-12.*

2272 L'Art d'imprimer les Tableaux, par J. C. le Blon. Pàris, 1756, *in-8. fig. br.*

IV. ARTS DU DESSIN, DE LA GRAVURE ET DE LA SCULPTURE.

2273 Histoire des Arts qui ont rapport au deſſin ; par P. Monier. *Paris*, 1698, *in-12.*

2274 Les Principes du Deſſin, par Gerard de Laireſſe. *Amſt.* 1719, *in-fol. fig.*

2275 Le Cabinet des Beaux-Arts, ou Recueil d'Eſtampes gravées d'après les Tableaux d'un Plafond où les Beaux-Arts ſont repréſentés. *Paris*, 1690, *in-4.*

2276 Recueil d'Eſtampes, gravées d'après les plus beaux Tableaux, & les plus beaux Deſſins qui ſont en France; par les ſoins de M. de Crozat. *Paris, Impr. R.* 1729, *2 vol. in-fol. forme d'Atlas, belles épr.*

2277 Deſcription ſommaire des Deſſins du Cabinet de M. Crozat, avec des Réflexions, par P. J. Mariette. *Paris,* 1741, *in-8. v. écc.*

2278 Traité des manieres de graver en cuivre à l'eau-forte, par A. Boſſe. *Paris,* 1645, *in-8. fig.*

2279 Deſcription de ce qui a été pratiqué pour fondre la Statue Equeſtre de Louis XIV, par Boſfrand. *Paris,* 1743, *in fol. gr. pap. fig. br.*

V. ARTS GYMNASTIQUES.

I. ART DE MONTER A CHEVAL.

1. *Elémens & Principes de l'Art de l'Equitation ; enſemble les Traités de la Connoiſſance & du Traitement des Chevaux.*

2280 Ecole de Cavalerie, par de la Gueriniere. *Paris,* 1733, *gr. in-fol. fig.*

2281 Le même Ouvrage. *Ibid.* 1736, *2 vol. in-8. fig.*

2282 Le même Ouvrage, ſous ce titre: Elémens de Cavalerie, par de la Gueriniere. *Paris,* 1741, *2 vol. in-12. p. f. fig.*

2283 Deſcription du Manége Moderne dans ſa perfection, expliqué par le Baron d'Eiſenberg, & repréſenté en figures gravées par B. Picart. *La Haye,* 1733, *in-4. obl.*

2284 La Connoiſſance parfaite des Chevaux, & l'Art de monter à Cheval, par Deſcamps. *Paris,* 1730, *in-8. fig.*

V

2285 Cavallo frenato di Pirro Ant. Ferraro. *In Venetia,* 1620, *in-fol.*

2286 Le Parfait Maréchal, avec un Traité des Haras, par de Solleyfel. *Paris,* 1693, *in-4. fig.*

2287 L'Anatomie du Cheval, par Fr. Ant. de Garfault. *Paris,* 1734, *in-4. fig.*

2288 Le Nouv. Parfait Maréchal, par le même. *Paris,* 1755, *in-4. fig.*

2289 Traité des Voitures, pour fervir de Supplément au Parfait Maréchal, par le même. *Paris,* 1756, *in-4. fig.*

2290 Obfervations & Découvertes faites fur les Chevaux, par Lafoffe. *Paris,* 1754, *in-8. fig.*

2291 Le Gentilhomme Maréchal, trad. de l'Angl. de J. Bartlet, par Dupuy-Demportes. *Paris,* 1756, *in-12. fig.*

2292 Le Parfait Cocher, (par Desbois). *Paris,* 1744, *in-12.*

II. ART DE LA DANSE.

1. *Traités généraux & particuliers concernant l'Art de la Danfe & les autres Exercices Gymnaftiques.*

2293 Hiftoire de la Danfe Sacrée & Profane, par Bonnet. *Paris,* 1723, *in-12.*

2294 Traité hiftorique de la Danfe Anc. & Moderne, par de Cahufac. *La Haye,*(*Paris*) 1754, 2 *tom. en un vol.in-12. p.f.*

2295 Lettres fur la Danfe & fur les Ballets, par M. Noverre. *Lyon,* 1760, *in-12.*

2296 Nobilta di Dame del Sign. Fabritio Carofo; Libro altra volta chiamato, il Ballarino. *In Venetia,* 1605, *in-4. v. f. fig. di Giacomo Fracho.*

2297 Chorégraphie, ou l'Art d'écrire la Danfe, par Feuillet & Dezais. *Paris,* 1713, *in-4. gravé; avec un Recueil de Danfes.*

2298 Abrégé de la Nouv. Méthode dans l'Art d'écrire & de tracer toutes fortes de Danfes de Ville, par Rameau. *Paris,* 1725, *in-8. fig.*

2299 Le Maître à Danfer, par le même. *Paris,* 1734, *in-8. fig.*

2300 L'Art de Nager, par Thevenot. *Paris,* 1696, *in-12.*

III. JEUX ACADÉMIQUES.

2301 Traité du Jeu, par Jean Barbeyrac. *Amft.* 1709, 2 *vol. in-12.*

2302 Pascasii Justi de Alea Lib. duo; edente Zuerio Boxhornio. *Amst. Elzev.* 1642, *in-24.*

2303 Académie Universelle des Jeux. *Paris,* 1730, *in-12.*

2304 L'Analyse du Jeu des Echecs, par A. D. Philidor. *Londres,* 1749, *gr. in-8.*

2305 Méthode facile pour apprendre le grand Jeu de Trictrac, par (l'Abbé Soumille). *Paris,* 1756, *gr. in-8.*

VI. ARTS RURAUX ET CONDIMENTAIRES.

I. AGRICULTURE.

1. *Traités généraux & particuliers de la Culture des Terres.*

2306 Rei Rusticæ auctores Latini veteres. *Heidelbergæ,* 1595, *in-8.*

2307 L. J. Mod. Columellæ de Re Rustica Lib. tredecim. *Lugd. Gryphius,* 1537, *in-8.*

2308 Curiosités de la Nature & de l'Art sur la Végétation; ou l'Agriculture & le Jardinage dans leur perfection, par de Vallemont. *Paris,* 1705, *in-12. fig.*

2309 Traité de la Culture des Terres, par Duhamel du Monceau. *Paris,* 1753, 6 *vol. in-12. fig.*

2310 L'Agronomie & l'Industrie, ou les Principes de l'Agriculture, du Commerce & des Arts, réduits en pratique, (par M. de Neuve-Eglise). *Paris,* 1761, 6 *vol. in-8. br.*

2311 Mémoire & Pratique sur les Défrichemens, (par M. le Marq. de Turbilly). *Paris,* 1760, *in-12.*

2312 Traité Politique & Economique des Communes. *Paris,* 1770, *in-8. br.*

2313 L'Agronome, Dictionnaire portatif du Cultivateur, (par M. Alletz). *Paris,* 1760, 2 *tom. en un vol. in-8.*

2. *Traités généraux & particuliers sur la Culture des Arbres & Arbustes.*

2314 L'Agriculture parfaite, ou Nouv. Découverte touchant la culture & la multiplication des Arbres, des Arbustes & des Fleurs; par G. A. Agricola. *Amst.* 1752, *in-8. fig.*

2315 Traité des Bois servans à tous usages, par Cl. Caron. *Paris,* 1717, 2 *vol. in-8. fig.*

2316 La Phyſique des Arbres, par M. Duhamel du Monceau. *Paris*, 1758, 2 *vol. in*-4. *fig.*

2317 Traité des Bois & des différentes manieres de les ſemer, planter, cultiver, &c. par M. Maſſé. *Paris*, 1769, 2 *vol. pet. in*-8.

2318 Traité de la Culture & de la Plantation des Arbres à ouvrer, par M. Roux. *Paris*, 1750, *in*-12.

I. JARDINAGE.

1. *Traités généraux concernant le Jardinage ; & particuliers ſur la Culture des Jardins Fruitiers & Potagers.*

2319 Traité du Jardinage, ſelon les raiſons de la Nature & de l'Art, par Jac. Boyceau. *Paris*, 1638, *in fol. gr. pap. fig.*

2320 Théâtre des Plans & Jardinage ; avec un Traité d'Aſtrologie pour ceux qui s'occupent de la culture des Jardins. *Paris*, 1752, *in*-4. *gr. pap. fig.*

2321 Nouv. Obſervations ſur le Jardinage, trad. de l'Anglois de Bradley, (par M. de Puiſieux). *Paris*, 1756, 3 *vol. in*-12. *fig.*

2322 Inſtruction pour les Jardins Fruitiers & Potagers, par de la Quintinye. *Paris*, 1730, 2 *vol. in*-4. *fig.*

2323 Le même Ouvrage. *Ibid.* 1739, 2 *vol. in*-4. *fig.*

2324 La Pratique du Jardinage, par l'Abbé Roger Schabol, rédigée par M. d'Argenville. *Paris*, 1770, 2 *vol. petit in*-8. *fig.*

2325 Le Jardinier Solitaire; (par Frere François, Chartreux). *Paris*, 1738, *in*-12 *fig.*

2326 L'Ecole du Jardin Potager, par (de Combes). *Paris*, 1749, 3 *vol. in*-12. *avec le Traité de la Culture du Pêcher, du même.*

2. *Traités particuliers ſur les Jardins d'ornemens & la Culture des Fleurs.*

2327 La Théorie & la Pratique du Jardinage, où l'on traite des Jardins de Plaiſance, par (Dézallier d'Argenville). *Paris*, 1713, *in*-4. *fig.*

2328 Le même Ouvrage. *Ibid.* 1732, *in*-4. *fig. de J. B. Alex. le Blond.*

2329 Le Jardinier Fleuriſte & Hiſtoriographe, par L. Liger. *Paris*, 1704, 2 *vol. in* 12. *fig.*

2330 Traité sur la Jacinte, par Geor. Voorhelm. *Harlem*, Enschede, 1752, in-8. fig. br.

2331 Traité de la Culture des Renoncules, des Œillets, des Auricules, des Tulipes & des Jacintes, (par Moët). *Paris*, 1754, 2 vol. in-12.

2332 Traité des Renoncules, par d'Ardenne. *Paris*, 1746, in-8. fig.

II. ECONOMIE RUSTIQUE.

1. *Traités généraux & particuliers de l'Economie rurale, & du Ménage des Champs.*

2333 Diction. Œconomique de Noël Chomel, avec le Supplément. *Paris*, 1740, & 1743, 4 vol. in-fol.

2334 La Nouvelle Maison rustique, par Liger. *Paris*, 1740, 2 vol. in-4. fig.

2335 Le même Ouvrage. *Ibid.* 1749, 2 vol. in-4. fig.

2336 Les Agrémens de la Campagne. *Paris*, 1754, 3 vol. in-12. fig.

2337 L'Année Champêtre, par d'Ardenne. *Paris*, 1769, 3 vol. in-12. fig.

2338 Traité de la Conservation des Grains; par Duhamel du Monceau. *Paris*, 1754, in-12. fig.

2339 Traité sur la Nature & la Culture de la Vigne; sur le Vin, la façon de le faire; &c. par Bidet, revû par Duhamel du Monceau. *Paris*, 1759, 2 vol. in-12. fig.

2340 Instruction sur la maniere d'élever & de perfectionner les Bêtes à laine; trad. du Suédois de Hastfer, par M***. *Paris*, 1756, in-12.

2341 Art de faire éclore & d'élever en toute saison des Oiseaux domestiques, par de Réaumur. *Paris*, Impr. R. 1749, 2 vol. in-12. fig.

2342 Le Gouvernement admirable de la République des Abeilles, par J. Simon. *Paris*, 1742, in-12. fig. v. f.

2343 Petit Discours contenant la maniere de nourrir les Vers à soye, & de la tirer, avec des fig. dessinées par J. Strada & gr. par J. Galle. *Paris*, 1668, in-fol. obl. vel.

2344 L'Art de Cultiver les Muriers blancs; d'élever les Vers à soye; & de tirer la soye des Cocons, par (l'Admiral). *Paris*, 1757, in-8. fig.

II. ARTS DE LA CHASSE ET DE LA PÊCHE.

1. *Traités généraux & particuliers de l'Art de la Chasse & de la Pêche.*

2345 L'Eloge de la Chasse ; avec plusieurs aventures agréables qui y sont arrivées, (par le Chev. de Mailly). *Amst.* 1724, *in-*12. *v. f.*

2346 Jani Ulitii Venatio Novantiqua. *Lugd. Bat. Elzev.* 1645, *in-*12. *p. f.*

2347 Le Livre de la Chasse, composé par Gaston Phébus, Comte de Foix. *pet. in-fol. mss. sur papier, relié en bois.*

2348 Amusemens de la Campagne, par Liger. *Paris*, 1709, 2 *vol. in-*12.

2349 Délices de la Campagne, où les Ruses innocentes de la Chasse & de la Pêche. *Amst.* 1732, 2 *vol. in-*12.

2350 Nouveau Traité de Vénérie, par Pierre Clément de Chappeville. *Paris*, 1750, *in-*8. *fig.*

2351 L'Ecole de la Chasse aux Chiens courans, par le Verrier de la Conterie. *Rouen*, 1763, 2 *tom. en un vol. in-*8. *fig.*

2352 Tre Libri de gli Uccelli da Rapina, di Franc. Sforzino da Carcano. *In Vinegia*, G. Giolito, 1568, *in-*8. *vel.*

III. ART DE LA CUISINE.

1. *Traités généraux & particuliers de l'Art de la Cuisine ; de l'Office, &c.*

2353 Il Trinciante di Vincenzo Cervio, con il Maestro di Casa. *In Roma*, 1594, *in-*4. *fig.*

2354 Les Dons de Comus, ou les Délices de la Table ; avec la suite, (par Marin). *Paris*, 1739, & 1742, 4 *vol. in-*12.

2355 Le Nouveau Cuisinier Royal & Bourgeois, par Massialot. *Paris*, 1748, 3 *vol. in-*12. *fig.*

2356 La Cuisiniere Bourgeoise, (par Menon). *Paris*, 1756, 2 *vol. in-*12.

2357 Cuisine & Office de Santé. *Paris*, 1767, *in-*12.

2358 Dictionnaire des Alimens, par C. D. (Briand). *Paris*, 1750, 3 *vol. in-*12.

VII. ARTS ILLUSOIRES.

I. ASTROLOGIE JUDICIAIRE.

1. *Traités généraux & particuliers de l'Astrologie Judiciaire;
de la Divination, de l'Interprétation des Songes, &c. &
des Nativités.*

2359 In Aftrologos Conjectores Lib. v. auctore Alex. de
Angelis. *Lugduni*, 1615, *in-4. vel.*

2360 Geor. Ragufeii de Divinatione Lib. duo; edente Car.
Hannib. Fabroto. *Parif.* 1623, *in-8. vel.*

2361 Jo. B. Morini Aftrologia Gallica. *Hagæ-Comitis,*
1661, *in-fol.*

2362 Le Palais des Curieux, ou Traité de l'interprétation
des Songes; augmenté d'un Traité de la Physiognomie, par
Wulfon de la Colombiere. *Paris*, 1660, *in-12.*

2363 Cenforinus de Die Natali, ex recenfione Henr. Lindenbrogii. *Lugd. Batav.* 1642, *in-12. vel.*

2364 Del Georgio Rizza Cafa breve Trattato di naturale Aftrologia giudiciaria, intorno à Giudicii fopra le Nativita. *Lyone,*
1591, *in-4. vel.*

2365 Chrift. Pezelii Præcepta Genethliaca; five de prognof-
ticandis Hominum Nativitatibus Commentarius. *Francof.*
1607, *in-4.*

2. *Prédictions; Oracles des Sybilles, &c.*

2366 Profetie dell' Abbate Gioachino & di Anfelmo Vefcovo
di Marfico, intorno a' Pontefici paffati e c'hanno à venire.
In Venetia, 1646, *in-4. con fig. in legno.*

2367 Les vraies Centuries & Prophéties de Noftradamus.
Rouen, 1691. == La Clef de Noftradamus, avec la Critique.
Paris, 1710. == La Concordance des Prophéties de Noftradamus avec l'Hiftoire; par Guynaud. *Ibid.* 1710, 3 *vol.
in-12.*

2368 Pléiades du S. de Chavigny; où font les Explications
des antiques Prophéties conférées avec les Oracles de Noftradamus. *Lyon*, 1603, *in-8.*

2369 Panthéon, ou Temple des Oracles divertiffans, par le
Ch. d'Hervé. *Paris*, 1654, *in-8.*

2370 Le plaifant jeu du Dodechedron , (Dez) de Fortune, par Jean de Meun. *Paris , Nic. Bonfons, 1577, in-8.*

2371 Ludus Fortunæ, ad recreandam Societatem, latinis verfibus , omnibus in contrario fenfu retrogradis , exhibitus ; authore Jo. Sturmio. *Lovanii, 1633, in-4. vel.*

2372 Le Paffetems de la fortune des Dez, compilé par Laurens l'Efprit. *Paris , Nic. Bonfons, 1585, pet. in-4. vel.*

2373 Pratique curieufe ; ou les Oracles des Sybilles fur chaque queftion propofée, par Commiers. *Paris, 1717, in-12.*

II. GÉOMANCE; PHYSIONOMIE; MÉTOPOSCOPIE; CHIROMANCE; MAGIE-NATURELLE.

2374 Fafciculus Geomanticus ; in quo, variorum Opera Geomantica continentur. *Verona , (in Germania) 1704, in-8. v. f. fil.*

2375 Della Celefta Fifionomia , di Gio. Batt. dalla Porta. *Sanz'anno e luogho ; in-8. con figure belliffime.*

2376 Enfeignemens de Phyfionomie & Chiromancie , par Bart. Cocles. *Paris, 1638 , in-8. fig. vel.*

2377 Hier. Cardani Metopofcopia ; cui acceffit Melampodis de nævis corporis Tractatus , gr. & lat. interprete Claudio Mart. Laurenderio. *Lutetiæ-Parif. 1658, in-fol. fig.*

2378 Curiofitates inauditæ de Figuris Perfarum Talifmanicis , auctore Jac. Gaffarello , cum notis Greg. Michaelis. *Hamburgi, 1676, 2 vol in-12. fig.*

2379 Jo. Bapt. Portæ Magia-Naturalis. *Lugd. Bat. 1650, in-12. p. f.*

VIII. ARTS PLASTIQUES, OU MÉTIERS.

1. Traités généraux fur les Arts & Métiers.

2380 Defcriptions des Arts & Métiers , par MM. de l'Académie des Sciences ; fçavoir , l'Art des Forges, 3 fections; le Parcheminier ; le Papetier; le Cirier; le Chandelier; le Cuir doré; l'Epinglier; l'Ardoifier; le Charbonnier; & les Ancres. *Reliés en 4 vol. in-fol. en vel. vert avec fil.*

2381 Defcription abrégée des principaux Arts & Métiers, & des Inftrumens qui leurs font propres. *Paris , in-4. fig. & Difcours gravé.*

2382 Secrets des Arts & Métiers. *Bruxelles*, 1747, 2 vol. *in-12.*

2. *Arts & Métiers divers.*

2383 Traité de Charpenterie & des Bois de toutes espèces, par Mat. Mésange. *Paris*, 1753, 2 vol. in-8.

2384 Tarif du Toisé superficiel & solide, par le même. *Paris*, 1743, *in-8.*

2385 Traité & Tarif général du Toisé des Bois de Charpente, par N. Ginet. *Paris*, 1760, *in-8. fig.*

2386 Détail des Ouvrages de Menuiserie pour les Bâtimens, avec les tarifs du Toisé, par Potain. *Paris*, 1749, *in-8.*

2387 L'Art de Tourner, par le P. Ch. Plumier. *Paris*, 1749, *in-fol. fig.*

2388 La fidelle ouverture de l'Art de Serrurier; & le Théâtre de l'Art de Charpentier, par Math. Jousse. *La Flèche*, 1627, 2 tom. en un vol. *in-fol. fig.*

2389 L'Art de Convertir le Fer en Acier, par de Réaumur. *Paris*, 1722, *in-4. fig.*

2390 Discours traitant de l'Antiquité, Utilité, Excellences, &c. de la Pelleterie & Fourrure, par Charrier. *Paris*, 1634, *in-8. vel.*

2391 Traité des Pierres précieuses & de la manière de les employer en parure, par Pouget. *Paris*, 1762, *in-4. fig. br.*

2392 Ant. Neri de Arte Vitraria Lib. septem, cum notis Christoph. Merretti. *Amst. A. Frisius*, 1669, *in-12. p. f. fig.*

2393 L'Art de la Verrerie, par Haudicquer de Blancourt. *Paris*, 1718, 2 vol. *in-12. fig.*

QUATRIEME CLASSE.

HISTOIRE.

I. PROLÉGOMÈNES.

1. *Traités généraux de l'Histoire & de son utilité; & de la maniere de lire & d'écrire l'Histoire.*

2394 Jo. Bernartii de utilitate legendæ Historiæ, Lib. duo. *Antuerpiæ*, 1593, *in-8. vel.*

2395 Ger. Jo. Vossii Ars historica, sive de Historiæ & Historices natura, Historiæque scribendæ præceptis commentatio. *Lugd. Bat.* 1653, *in-4. fil. v. f.*

2396 Discours des vertus & des vices de l'Histoire & de la maniere de la bien escrire, par le Roy. *Paris*, 1620; *in-4. vel.*

2397 Lettres sur l'Histoire, par Henry Saint - Jean, Lord Vicomte Bolingbroke; trad. de l'Angl. par (Barbeu du Bourg). 1752, 2 *vol. petit in-8.*

2. *Livres élémentaires, & Traités généraux & particuliers sur la maniere d'étudier & d'apprendre l'Histoire.*

2398 Atlas Historique, ou Introduction à l'Histoire, à la Chronologie & à la Géographie, par M. C . . . avec des Dissertations sur l'Histoire de chaque État, par Gueudeville. *Amsterdam*, 1721, & *années suivantes*, 7 *vol. in-fol. gr. pap. fig.*

2399 Méthode d'étudier & d'enseigner les Historiens Profanes, par rapport à la Religion Chrétienne, par le P. Thomassin. *Paris*, 1693, 2 *vol. in-8.*

2400 Méthode pour étudier l'Histoire; avec un Catalogue des

Historiens, par l'Abbé Lenglet du Fresnoy. *Paris*, 1729, 5 *vol. in-4. gr. pap. fig. v. f. avec le Supplément.*

2401 La même, sans supplément. *Ibid.* 1735., 9. *vol. in-12. figures.* | 11 — 5

2402 Les Elémens de l'Histoire, par l'Abbé de Vallemont. *Paris*, 1729, 4 *vol. in-12. fil.* | 4 — 1

2403 Pratique de la Mémoire Artificielle, pour apprendre l'Histoire, par le P. Buffier. *Paris*, 1712, 3 *vol. in-12.* | 1 — 1

2404 Jeux pour apprendre aux enfans l'Histoire de France & de tous les Pays du monde, inventés par E. Vouillemont. 2 *vol. in-8. gravés par de Fer.* | 2 — 1

2405 Le petit Dictionnaire du tems, pour l'intelligence des Nouvelles de la Guerre, par l'Admiral. *Paris*, 1747, *in-12. figures.* | 1 — 1

I. Géographie.

I. *Géographie simple.*

1. *Livres Elémentaires de Géographie généraux & particuliers.*

2406 Introduction à la Géographie, avec la Description Géographique de l'Afrique & de l'Amérique, par les sieurs Sanson. *Paris*, 1705, 3 *vol. in-4.* | 1 — 4

2407 Méthode pour apprendre la Géographie, par Robbe. *Paris*, 1703, 2 *vol. in-12. fig.* | 1

2408 Méthode pour étudier la Géographie, par l'Abbé Lenglet du Fresnoy. *Paris*, 1742, 7 *vol. in-12.* | 9 — 4

2409 Essais de Géographie pour les Commençans, avec un Dictionnaire Géographique franç. & latin, & latin & franç. (par M. Philippe). *Paris*, 1744, *gr. in-8. fig.* | 1 — 6

2410 Géographie Universelle, par Noblot. *Paris*, 1725, 6 *vol. in-12.* | — 2 —

2411 Abrégé de la vieille & nouvelle Géographie, par J. Hubner. *Amsterd.* 1735, 2 *vol. gr. in-8. fig.* | 3 —

2412 Mensura Geographica & usus Globi Terrestris, Artisque navigandi institutio, per Adr. Metium. *Franequerae*, 1614, *in-4. vel.*

2413 L'Usage des Globes Célestes & Terrestres, & des Spheres, suivant les différens systêmes, par N. Bion. *Paris*, 1751, *gr. in-8. fig.* | 5 —

2414 Traité de la Sphere, par Rivard. *Paris*, 1743, *in-8. figures.* | 2 —

2. *Dictionnaires Géographiques.*

2415 Mich. Ant. Baudrand Lexicon Geographicum. *Parif.* 1670, *in-fol.*

2416 Dictionnaire Géographique universel, tiré de celui de Baudrand, par C. Maty, avec un Catal. latin des noms anciens & modernes des lieux, trad. en françois. *Utrecht,* 1712, *in-4.*

2417 Dictionnaire Géographique & Historique, par Thomas Corneille. *Paris,* 1708, 3 *vol. in-fol.*

2418 Dictionnaire Géographique & Critique, par Bruzen de la Martiniere. *Paris,* 1739, 6 *vol. in-fol. v. f.*

2419 Dictionnaire Géographique portatif, par Vosgien. *Par.* 1749, *in-8.*

3. *Géographes Anciens & Modernes.*

2420 Jo. Ant. Magini Geographiæ veteris & novæ volumina duo ; five Comm. in Cl. Ptolemæi Geographiam, cum Tabulis Geographicis ab Hier. Porro in æs incifis. *Arnhemii,* 1617, 2 *tom. en un vol. in-4. vel.*

2421 If. Vossii Observationum ad Pomp. Melam Appendix ; accedunt ejusdem ad tertias P. Simonii objectiones Responfio, & Pauli Colomefii Epistol. ad Justellum. *Londini,* 1686, *in-4. d. f. tr. fil.*

2422 Introductiones in Respublicas nec non Respublicæ, Status & Imperia Populorum non modo nostræ Regionis, fed etiam aliarum hujus orbis partium, studio diverfor. Auctorum editæ. *Typis Elzeviriorum & Janffoniorum,* variis annis ; 65 *vol. in-16. Collectio curis nostris delecta in multiplici exemplariorum farragine, & in ea varias editiones ejufdem operis, si modo adfuerant differentias quafdam, infervimus.*

2423 Difcours des Pays felon leur fituation, avec les mœurs, loix & cérémonies d'iceulx. *Lyon, de Tournes,* 1552, *in-16. m. citr. d. f. tr. fil.*

2424 Phil. Briet Theatrum Geographicum Europæ veteris. *Parif.* 1653, *in-4. obl.*

2425 La Géographie ancienne & historique, par d'Audiffret. *Lyon,* 1689, 3 *vol. in-4. fig.*

2426 Defcription de l'Univers, par Allain Manesson Maller. *Paris,* 1683, 5 *vol. in-8. fig.*

2427 Cours des principaux Fleuves & Rivieres de l'Europe, 8.
composé & imprimé par Louis XV. *Paris*, *1718*, *grand
in-8.*

4. *Atlas & Cartes Géographiques.*

2428 Le Théâtre des Cités du monde, par George Braunius, 12.
ou Brun. *Cologne*, *1575*, *& ann. suiv. 6 tom. en 3 vol.
in-fol. fig. enlum.*

2429 Illustrium Europæ & Orbis Urbium Tabulæ, nec non At- 37 — 19
las universalis Hydrographicus. *Amstelod. Jo. Janssonius*,
1650, *5 vol. grand in-folio*, *enluminés entierement*, *vel.
d'Holl.*

2430 Atlas, contenant les Cartes géographiques des Empires, 38.
des Monarchies, Royaumes, États & Villes principales des
quatre parties du monde, tirées des meilleurs Géographes
François, Allemands, &c. & enluminées entierement. *5 vol.
in-fol. d. s. tr.*

2431 Orbis habitabilis Oppida & Vestitus, per Car. Allard. 4 — 10
Amstel, in-fol.

2432 Atlas nouveau, contenant toutes les parties du monde, 6
par Hub. Jaillot. *Paris*, *1689*, *in-fol.*

2433 Onze grandes Cartes des différentes parties du monde, 11
par le même, *collées sur toile avec gorge.*

2434 Recueil de Cartes Géographiques de J. B. Nolin. *gr.* 1 — 19
in-fol. vel. vert.

2435 Atlas portatif, universel & militaire, par Robert. *Paris*, 15
1748, *2 vol. in-4. les Cartes sont lavées.*

2436 Atlas nouveau portatif, à l'usage des Militaires, &c. par 5 — 1
G. le Rouge. *Paris*, *in-4.*

2437 Deux Porte-feuilles remplis de Cartes de Samson, du 24 — 1
Val, Nolin & autres; plus, dix Rouleaux de Cartes de la
France & des Pays étrangers, dont la Carte de Bourgogne,
par J. Querret.

2438 Vingt-deux Cartes de différentes grandeurs & de divers 18.
Auteurs, collées sur toile, avec gorge, dont celle du Dio-
cèse de Rouen, par Frémont.

I I. *Géographie Historique*, *ou Voyages.*

1. *Traités généraux & particuliers sur les Voyages*; *& leur
utilité*; *les Mœurs & les Coutumes de toutes les Nations.*

2439 De l'utilité des Voyages, par Baudelot de Dairval. *Rouen*, 3 — 1
1727; *2 vol. in-12. fig.*

1—4　2440 Joh. Henr. Heideggeri Differtatio de Peregrinationibus Religiofis. *Tiguri*, 1670, *in* 12. *vel.*

2—9　2441 Recherches curieufes fur les diverfités des Langues & des Religions, par Ed. Brérevood, tr. en franç. par J. de la Montagne. *Saumur*, 1662, *in*-8.

1—16　2442 Traité des Marques nationales, par Beneton de Morange de Peyrens. *Paris*, 1739, *in*-12.

3—19　2443 Recueil d'Obfervations curieufes, fur les Mœurs, les Coutumes, les Ufages, &c. de toutes les Nations, (par l'Ab. Lambert). *Paris*, 1749, 4 *vol. in*-12.

2—6　2444 Cérémonies Nuptiales de toutes les Nations, par de Gaya. *Paris*, 1680, *in*-12.

9　2445 Traité des Cérémonies Funèbres & des Feftins de toutes les Nations, par Muret. *Paris*, 1675 & 1682, 2 *vol. in*-12.

120—1　2446 Recueil d'Habits & Modes des principales Nations de l'Univers; contenant 220 Eftampes gravées à Nuremberg en 1577; mifes en ordre & collées fur du grand papier, par Foffard, & enluminées; avec un titre écrit en encre de couleur. *Grand in-fol. br.*

2. *Collections de Voyages.*

72　2447 Collectiones Peregrinationum in Indiam Orientalem, fcilicet, in varias Africæ Regiones; cum fig. elegantiffimis Jo. Theod. & Jo. Ifr. de Bry. *Francof.* 1598, & *ann. feq. part. novem, in duobus voluminibus, in-fol. compacta.*

　2448 Collectiones Peregrinationum in Indiam Occidentalem, vulgo dictam Orbem Americanum. *Francof. fumptibus Jo. Th. de Bry.* 1590, & *ann. feq. part. novem, in tribus voluminibus in-fol. compactæ, cum fig.*

9　2449 Relations de divers Voyages curieux qui n'ont point été publiées, recueillies par Thevenot. *Paris*, 1666, 2 *vol. in-fol. fig.*

14—19　2450 Recueil des Voyages qui ont fervi à l'établiffement & aux progrès de la Compagnie des Indes Orientales, par Conftantin de Renneville. *Rouen*, 1725, 10 *vol. in*-12. *fig. v. f.*

220　2451 Hiftoire générale des Voyages, par l'Abbé Ant. Franç. Prevoft. *Paris*, 1746, & *ann. fuiv.* 17 *vol. in*-4. *fig.*

3. *Voyages du Tour du Monde.*

2452 Voyage autour du Monde, par Guil. Dampier. *Amster.* 4 — 17
1701, 3 *vol. in-12. fig. v. f.*

2453 Voyages de A. de la Motraye, en Europe, Asie & Afri- 12 — 1
que. *La Haye,* 1727, 3 *vol. in-fol. fig.*

2454 Voyage autour du Monde, par le Gentil. *Paris,* 1727, 3
2 *vol. in-12. fig.*

2455 Voyages de Rob. Lade en Afrique, en Asie & en Amé- 2 — 1
rique, trad. de l'angl. (par l'A. Prevost). *Paris,* 1744, 2 *vol.*
in-12.

2456 Voyage autour du Monde, par Geor. Anson, traduit de 6
l'angl. (par l'A. de Gua de Malves). *Amsterd.* 1749, *in-4.*
figures.

4. *Voyages d'Europe.*

2457 Le Voyageur d'Europe, par A. Jouvin. *Paris,* 1672, 4 — 18
7 *vol. in-12. fig.*

2458 Voyages Historiques de l'Europe, par Cl. Jordan. *Par.* 4
1701, 8 *vol. in-12.*

2459 Abrah. Golnitzii Ulysses Belgico-Gallicus, per Bel- 1
gium, Hispaniam, Galliam, &c. *Amstel. Elzev.* 1655,
in-12. p. f. vel.

2460 Relations historiques & curieuses de Voyages en Alle- 1
magne, Angleterre, Hollande, Bohême, Suisse, &c. par
Charles Patin. *Amsterd.* 1695, *in-12. fig.*

2461 Voyages de Dumont en France, en Italie, en Alle- 12 — 10
magne, à Malthe, & en Turquie. *La Haye,* 1699, 4 *vol.*
in-12. fig.

2462 Voyage Littéraire de deux Religieux Bénédictins, (Dom 4 — 5
Martene & Ursin Durand). *Paris,* 1717 & 1724, 3 *tomes en*
2 *vol. in-4. fig.*

2463 Le même Ouvrage sous le titre de Voyage Littéraire 4
pour la Découverte du Tour du Monde. *Amsterd.* 1730,
2 *tom. en un vol. in-4. fig.*

2464 Histoire d'un Voyage Littéraire fait en 1733, en Fran- 2 — 8
ce, en Angleterre & en Hollande (par Ch. Et. Jordan). *La*
Haye, 1735, *in-12. fil.*

2465 Lettres du Baron de Pollnitz, contenant les Observations 6
qu'il a faites dans ses Voyages, & le caractère des Princes
de l'Europe. *Londres,* (*Paris*), 1741, 5 *vol. in-12.*

2466 Voyage en France, en Italie & aux Isles de l'Archipel, 3 — 12 trad. de l'anglois, par (M. de Puisieux). *Paris*, 1763, 4 *vol. in-12.*

2 — 5   2467   Lettres fur les Anglois, les François, & fur les Voyages, (par de Muralt). 1726, 3 *vol. in-12. br.*

1.   2468   Andr. Schotti Itinerarium Italiæ. *Amstel. Janƒƒon,* 1655, *in-12. p. f. fig.*

7 — 13.   2469   Nouveau Voyage d'Italie, par Max. Miƒƒon ; avec les Remarques d'Addiƒƒon. *La Haye,* 1702, & *Paris,* 1722, 4 *vol. in-12. fig.* Doulle. 6—3.

8 — 12.   2470   Voyage d'Italie, dans lequel on découvre les moyens dont les Prêtres fe fervent pour tenir les Peuples dans l'erreur, par G. d'Emiliane. *Rotterd.* 1719, 2 *vol. in-12.*

3 — 12   2471   Relation d'un Voyage en Moſcovie; par Auguſtin Baron de Mayerberg, trad. du latin. *Leyde,* 1688, *in-12.*

2 — 11.   2472   La Vie, les Avantures, & le Voyage de Groenland, du R. P. P. de Méſange, Cordelier. *Amſter.* 1720, *in-12.*

5.   *Voyages d'Aſie & d'Afrique.*

9 —   2473   Les Obſervations de pluſieurs ſingularités & choſes mémorables trouvées en Gréce, Aſie, Judée, Egypte, &c. par P. Belon. *Paris,* 1554, *in-4. fig. enluminées, vel.*

4 . —   2474   Hiſtoire de la Navigation de J. Hugues de Linſchot; avec le grand Routier de Mer, par le même, & des Annotations de B. Paludanus. *Amſt.* 1638, 2 *tom. en un vol. in-fol. fig.*

2 — 1.   2475   Les Voyages de Pietro della Vallé, trad. de l'Italien, par L. C. (les PP. Carneau & le Comte). *Paris,* 1670, 4 *vol. in-4.*

3   2476   Journal des Voyages de Monconys ; publiés par de Liergues ſon fils. *Lyon,* 1666, 2 *vol. in-4. fig. v. f.*

1 — 17   2477   Voyages de J. Ovington en Aſie & en Afrique, (trad. en françois par le P. Niceron). *Paris,* 1725, 2 *vol. in-12. fil.*

5.   2478   Voyage de Dalmatie, de Grece & du Levant, par Geor. Wheler. *Anvers,* 1689, 2 *vol. pet. in-8. fig.*

26 —   2479   Voyages au Levant, par Corn. le Bruyn. *Paris,* (*Holl.*) 1714, *in-fol. gr. p. fig.*

15 — 17.   2480   Les mêmes, (revûs par l'Abbé Banier). *Paris,* (*Rouen*), 1728, 5 *vol. in-4. fig.*

16 — 1.   2481   Relation d'un Voyage au Levant, par Pitton de Tournefort. *Lyon, Aniſſon,* 1717, 3 *vol. in-8. fig.*

29.   2482   Le même Ouvrage. *Par. Impr. R.* 1717, 2 *vol. in-4. fig.*

2483

2483 Voyages du fieur du Loir en Turquie ; avec la relation 4.
du fiege de Babylone, fait en 1639 , par Sultan Mourat.
Paris, 1654, *in-4. v. f.*

2484 Voyage de Conftantinople, par Grelot. *Paris*, 1680, 1 — 11.
in-4. fig.

2485 Voyages de J. B. Tavernier en Turquie, en Perfe & 13 — 12
aux Indes, (publiés par Sam. Chappuzeaux). *Rouen*, 1713,
6 vol. *in-12. fig.*

2486 Voyages du Chevalier Chardin en Perfe & autres lieux 33.
de l'Orient. *Amft.* 1711, 10 vol. *in-12. fig.*

2487 Les Voyages de J. Struys en Mofcovie, en Tartarie,
aux Indes, &c. par Glanius. *Rouen*, 1718, 3 vol. *in-12. fig.*

2488 Voyages de Glantzby dans les Mers Orientales de la
Tartarie. *Paris*, 1729, *in-12.*

2489 Voyages de Dellon, avec fa relation de l'Inquifition de
Goa. *Cologne*, 1711, 3 vol. *in-12.*

2490 Voyages de Fr. Bernier au Mogol. *Amft.* 1719, 2 vol.
in-12. fig.

2491 Voyages en divers Etats de l'Europe & d'Afie, pour
découvrir un nouveau chemin à la Chine, par le P. Ph.
Avril. *Paris*, 1692, *in-4. fig.*

2492 Relation du Voyage de M. Evert Ifbrand, Envoyé du
Czar à la Chine; par Adam Brand. *Amft.* 1699, *in-12.*

2493 Voyage de François Pirard aux Indes Orientales,
aux Moluques, &c. *Paris*, 1619, 2 vol. *in-8.*

2494 Relation du Voyage de l'Ifle de Ceylan dans les Indes
Orientales, par Rob. Knox; publiée par Rob. Hooke. *Amft.*
1693, *in-12. fig.*

2495 Defcription de l'Ile Formofa en Afie, dreffée fur les
Mémoires de Geor. Pfalmanaazar, par N. F. D. B. R.
Amft. 1705, *in-12. fig.*

2496 Relation de l'Afrique Occidentale, par le P. J. B.
Labat. *Paris*, 1728, 5 vol. *in-12. fig.*

2497 Il devotiffimo Viaggio di Gierufalemme, fatto e def-
critto dal fign. Giov. Zuallardo. *In Roma*, 1595, *in-8.*
fig. vel.

2498 Defcription du Cap de Bonne-Efpérance, tirée des
Mémoires de P. Kolbe, (par M. Bertrand). *Amft.* 1742, 3
vol. *in-12. fig.*

6. *Voyages au Nouveau Monde, ou en Amérique.*

2499 Relation des Voyages & des découvertes que les Efpa-

gnols ont fait dans les Indes Occidentales , écrite par Dom
B. de las Cafas , avec la relation curieufe des Voyages du
S. de Montauban , Capitaine des Flibuftiers, en Guinée l'an
1695. *Amft.* 1698, *in-*12.

2500 Voyage de Fr. Coreal aux Indes Occidentales. *Amft.*
1722, 3 *vol. in-*12. *fig.*

2501 Nouv. Voyage aux Ifles de l'Amérique ; par le P. J. B.
Labat. *Paris*, 1722, 6 *vol. in-*12. *fig.*

2502 Voyage de l'Amérique, par de la Potherie. *Amft.* 1722,
4 *vol. in-*12. *fig.*

2503 Nouvelle découverte d'un très - grand Pays fitué dans
l'Amérique , entre le nouveau Mexique & la mer Glaciale;
par le P. Louis Hennepin. *Amft.* 1698 , *in-*12. *fig.*

2504 Relation d'un Voyage aux côtes d'Afrique , Détroit de
Magellan , Bréfil , &c. fur une Efcadre commandée par M. de
Gennes ; par Froger. *Paris*, 1698 , *in-*12. *fig. fil.*

2505 Voyage de Th. Gage dans la Nouvelle Efpagne, trad.
de l'Angl. par de Beaulieu Hues O Neil, (Adr. Baillet).*Amft.*
1699 , 2 *vol. in-*12. *fig.*

2506 Voyage de Marfeille à Lima & aux Indes Occidentales,
par Bachelier , revû par Durret. *Paris*, 1720, *in-*12. *fig.*

2507 Voyage fait à l'Équateur , fervant d'introd. à la mefure
des trois premiers degrés du Méridien , par de la Conda-
mine. *Paris*, *Impr. R.* 1751, *in-*4. *fig. d. f. tr. avec le Supplément br.*

2508 Voyage du Baron de la Hontan dans l'Amérique Septentrionale. *Amft.* 1705 , 2 *vol. in-*12. *fig.*

2509 Le même, (publié par de Gueudeville). *Amft.* (*Rouen*),
1728 , 3 *tom.* en 2 *vol. in-*12. *fig.*

2510 Avantures de C. le Beau parmi les Sauvages de l'Amérique Septentrionale. *Amft.* 1738, 2 *vol. in-*12. *fig.*

2511 Voyage & Avantures de Fr. Leguat & de fes Compa-
gnons, en deux Ifles défertes. *Amft.* 1708, 2 *vol. in-*12.

2512 Voyages & Avantures de Jac. Maffé. *Cologne*, 1710,
*in-*12.

II. CHRONOLOGIE.

I. *Chronologie Technique.*

2513 Dion. Petavii Rationarium Temporum. *Parif.* 1688, 2
*tom. en un vol. in-*12.

2514 L'Antiquité des Temps rétablie & défendue contre les
Juifs & les nouv. Chronologiftes , (par Paul Pezron). *Amft.*

1687, *in-12. vel d'Holl. & la défense du Texte Hebreu contre cet ouvrage ; par Martianay.* 1689, *in-12.*

2515 Systême tiré de l'Ecriture Sainte sur la durée du Monde, depuis le premier avénement de J. C. jusqu'à la fin des Siecles. *Paris,* 1733, *in-12.*

2516 Histoire du Calendrier Romain, par Blondel. *Paris,* 1682, *in-4.*

2517 L'Art de vérifier les dates des faits historiques, &c. (par Dom Maur d'Antine & Dom Clémencet). *Paris,* 1750, *gr. in-4.*

II. *Chronologie Historique.*

2518 Marmora Oxoniensia ex Arundellianis, Seldenianis, aliisque conflata, cum Comm. Humphridi Prideaux. *Oxonii, e Th. Sh.* 1676, *in-fol. fig.*

2519 Christ. Helvici Theatrum Historicum & Chronologicum ; sive Tabulæ Chronologicæ à Jo. Justo Winkelmanno continuatæ. *Francof.* 1666, *in-fol.*

2520 La Bibliothéque de Nicolas Vignier, contenant la disposition & concordance des temps, des histoires, &c. jusqu'en 1560. *Paris,* 1587, 4 *vol. in-fol. d. s. tr.*

2521 Trésor Chronologique & Historique, par le P. Dom Pierre de S. Romuald. *Paris,* 1658, 3 *vol. in-fol.*

2522 Abrégé Chronologique de l'Histoire Sacrée & Profane, par le P. Petau, trad. en fr. (par de Maucroix). *Paris,* 1715, 5 *vol. in-12.*

2523 Tables Chronol. de l'Histoire Universelle, par Lenglet du Fresnoy, en V. Planches. *Paris,* 1729, *in-fol. v. f.*

2524 Les mêmes, augmentées. *Ibid.* 1744, 2 *vol. in-8. v. éc.*

2525 La Chronologie des anciens Royaumes, corrigée par le Chevalier Newton, & trad. de l'Angl. (par l'Abbé Granet). *Paris,* 1728, *in-4.*

2526 Rerum toto Orbe gestarum Chronica ; auctoribus Eusebio Cæsariensi ; Hieronymo Presbytero ; Sigeberto & Anselmo Gemblacensibus ; &c. edente Aub. Miræo. *Antuerpia,* 1608, *in-4. vel.*

2527 Chronicon Alexandrinum (sive Paschale), ab Orbe Condito ad Ann. Chr. 629 : (auctore Georgio Diacone Constantinopolitano, vel Petro Alexandriæ Episcopo) ; gr. & lat. edente Mat. Radero. *Monachii,* 1615, *in-4.*

II. HISTOIRE UNIVERSELLE.

I. Histoire Universelle depuis l'origine du Monde.

2528 Histoire Universelle de Diodore de Sicile ; trad. en françois, par l'Abbé Terrasson. *Paris*, 1737, 7 *vol. in-12. v. éc.*

2529 Justini Historiæ Philippicæ & totius mundi, ex Trogo Pompeio depromptæ ; cum notis Varior. edente A. Thysio. *Lugd. Bat.* 1650 , *in-8. vel d'Holl.*

2530 Idem Opus ; ex recens. Jo. Geor. Grævii, cum notis Varior. *Amst.* 1691 , *in 8. vel d'Holl.*

2531 Idem Opus, cum notis Jos. Cantel, ad us. S. D. *Paris.* 1677, *in-4.*

2532 Histoire Universelle de Justin, trad. par M. l'Abbé A. *Paris*, 1708 , 2 *vol in-12.*

2533 La Mer des Histoires depuis la Création du Monde jusqu'en 1550 ; (par Jean Colonne) continuée depuis 1535, par J. le Gendre. *Paris*, 1550 , 3 *tom. en un vol. in-fol. goth.*

2534 Discours sur l'Histoire Universelle, par J. Ben. Bossuet, avec la continuation, (par Jean de la Barre). *Paris*, 1703, 2 *vol. in-12.*

2535 Le Grand Théâtre Historique, ou nouvelle Histoire Universelle tant Sacrée que Profane, par Gueudeville. *Leide*, 1703, 5 *tom. rel. en 3 vol. in-fol. fig.*

2536 Introduction à l'Histoire Générale & Politique de l'Univers; par le Baron de Pufendorff & Bruzen de la Martinière. *Amst.* 1722, 9 *vol. in-12. fig.*

2537 La même. *Ibid.* 1732, 9 *vol. in-12. fig.*

2538 Histoire Universelle depuis le commencement du Monde jusqu'à la fin de l'Empire Romain en Italie ; trad. de l'Angl. d'une Société de Gens de Lettres, (Georg. Psalmanasar & autres). *Amst.* 1747, & ann. suiv. 14 *vol. in-4. fig.*

2539 Abrégé de l'Histoire Universelle, par Claude de l'Isle. *Paris*, 1731; 7 *vol. in-12. v. f.*

2540 Tables Généalogiques & Historiques des Patriarches, des Rois, des Empereurs & des autres Princes des principaux États de l'Univers, par le même. *Paris*, 1718 , *in-fol.*

2541 Abrégé de l'Histoire Universelle, traduit du latin de Tursellin, par l'Abbé Lagneau. *Paris*, 1757, 4 *vol. in-12.*

2542 Histoire Générale de tous les Peuples du Monde, par l'Abbé Lambert. *Paris*, 1750, 14 *tom. rel. en* 15 *vol. in-12.*

2543 L'Histoire Profane, (par L. Ellies - du - Pin). *Paris*, 1714, 6 *vol. in-12.*

2544 Portraits des Princes célebres anciens & modernes de toutes Nations, & des plus fameux Jurisconsultes ; avec une explication, par Jac. de Fonteny. *in-fol.*

2545 Les Souverains du Monde, avec un Catalogue des Auteurs qui en ont le mieux écrit. *La Haye*, 1722, 4 *vol. in-12. fig. v. f.*

2546 Histoire des Conjurations, Conspirations & Révolutions célebres anc. & modernes, par Duport du Tertre. *Paris*, 1754, 10 *vol. in-12.*

2547 Histoire Générale des Guerres, par M. le Chevalier d'Arcq. *Paris*, *Impr. R.* 1736, 2 *vol. in-4.*

2548 Histoire Générale des Larrons, par F. D. C. *Rouen*, 1709, *in-8.*

II. Histoire Universelle de différens Siecles.

2549 Abrégé de l'Histoire Universelle, depuis Charlemagne jusqu'à Charles V, par de Voltaire. *La Haye*, 1754, 2 *vol. in-12.*

2550 Histoire Générale du XII.e Siecle, par A. de Marigny. *Paris*, 1750, 5 *vol. in-12.*

2551 Histoire du XVI.e Siecle, par D. Durand. *La Haye*, 1734, 4 *vol. in-12. v. ecc. fil.*

2552 Pauli Jovii Historiarum sui Temporis Libri XXIV. *Lutetiæ*, *Vascosan*, 1558, 2 *tom. en un vol. in fol.*

2553 Jac. Aug. Thuani Historiæ sui temporis, ab anno 1546 ad ann. 1607, cum Sylloge Scriptorum de vita Authoris ; ex Editione Th. Carte & Sam. Buckley. *Londini*, 1733, 7 *vol. in-fol. v. ecc. fil. d'or.*

2554 Hist. univ. de Jac. Aug. de Thou, depuis 1543, jusqu'en 1605 ; trad. en françois (par l'Abbé des Fontaines & autres). *Londres*, (*Paris*) 1734, 16 *vol. in-4.*

2555 Abrégé de la même, par Rémond de Sainte - Albine. *La Haye*, (*Paris*) 1759, 10 *vol. in-12. fil. d'or.*

2556 Histoire universelle du sieur d'Aubigné. *Amsterd.* 1626, 3 *tom. en un vol. in-fol.*

2557 Joh. Wolfii Jœgeri Historia Ecclesiastica & Politica, ab

anno 1600 ad ann. 1710. *Hamburgi*, 1717, 2 *vol. in-fol. br.*
2558 Mémoires pour servir à l'Histoire du XVIIIe Siecle,
par de Lamberty. *La Haye*, 1724, & *ann. suiv.* 14 *vol. in-4.*

III. HISTOIRE ECCLÉSIASTIQUE.

I. HISTOIRE ECCLÉSIASTIQUE UNIVERSELLE.

1. *Histoire Ecclésiastique de toutes les Religions.*

2559 Cérémonies & Coutumes Religieuses de tous les Peuples
du Monde, (recueillies par J. Fr. Bernard) & représentées
en figures gravées par B. Picart. *Amst.* 1723, 4 *vol. in-fol.*
sçavoir les 3 prem. vol. des Cérémonies des Juifs & des
Chrétiens, & le tom. Ier. Ire. partie des Peuples Idolâtres.
2560 Les Religions du Monde, écrites par Alex. Ross, & trad.
par Thom. la Gruë. *Amst.* 1666, *in-4. fig.*
2561 Histoire critique des Dogmes & des Cultes bons &
mauvais, qui ont été dans l'Eglise depuis Adam jusqu'à J. C.
par Jurieu. *Amst.* 1704, *in-4.*
2562 L'Histoire des Religions de tous les Royaumes du
Monde, par Jovet. *Paris*, 1710, 4 *vol. in-12.*
2563 Dictionnaire historique des Cultes Religieux établis dans
le Monde, depuis son Origine jusqu'à présent. *Paris*, 1770,
3 *vol. pet. in-8. br.*
2564 Œuvres du P. L. Maimbourg ; concernant l'Histoire
Ecclésiastique ; sçavoir, le Traité de l'Egl. de Rome ; l'Hist.
des Pontificats de S. Léon & de S. Grégoire ; des Croisades,
des Schismes des Grecs & d'Occident ; du Calvinisme (avec
la critique de Bayle) : du Luthéranisme ; des Iconoclastes ;
de l'Arianisme ; de la Ligue ; & de la Décadence de l'Empire.
Paris, 1680, & *ann. suiv.* 27 *vol. in-12. v. f. fil.*

II. HISTOIRE ECCLÉSIASTIQUE PARTICULIERE.

I. HISTOIRE CATHOLIQUE.

1. *Histoire Catholique Universelle de l'Ancien & du*
Nouveau Testament.

2565 Tables Géographiques & Chronologiques de tous les

Archevêchés & Evêchés de l'Univers, par l'A. de Comman-
ville. *Rouen*, 1700, *in-8. v. f.*

2566 Sulpicii Severi Historia Sacra & alia Opera, cum Comm.
Variet. edente Geor. Hornio. *Lugd. Bat.* 1647, *in-8. Litt.
Ital. vel. d'Holl.*

2567 Idem. *Ibid.* 1654, *in-8. Litt. Ital.*

2568 Eusebii Pamphili Hist. Ecclesiastica, & vita Imp. Cons-
tantini; gr. & lat. edente H. Valesio. *Paris.* 1659, *in-fol.*

2569 Socratis & Sozomeni Historia Ecclesiastica; gr. & lat.
edente Eodem. *Paris.* 1668, *in-fol.*

2570 Theodoriti & Evagrii Historia Eccles. item Excerpta ex
Historiis Philostorgii & Theodori Lectoris; gr. & lat. edente
Eodem. *Paris.* 1673, *in-fol.*

2571 Histoire Eccles. d'Eusebe, Socrate, Sozomene, Evagre, &c.
trad. en françois, par le Pr. Cousin. *Paris*, 1675, 4 *vol. in-4.*

2572 La même. (*Hollande*), 1686, 6 *vol. in-12.*

2573 Nicephori Callixti Ecclesiasticæ Historiæ Lib. octode-
cim, gr. & lat. edente Frontone Ducæo. *Paris.* 1630,
2 *vol. in-fol.*

2574 Histoire de la Religion, depuis Adam jusqu'à J. C. La
Vie de J. C. & l'Hist. de l'Eglise, depuis J. C. jusqu'à Jovien,
avec des Réflexions, par Mallemans. *Paris*, 1704, 6 *vol. in-12.*

2575 Hist. de l'Anc. & du Nouv. Testament, & des Juifs,
pour servir d'Introd. à l'Hist. Eccles. de Fleury, par Aug.
Calmet. *Paris*, 1719, 2 *vol. in-4.*

2576 Le même Ouvrage. *Paris*, 1725, 7 *vol. in-12.*

2577 Histoire Ecclésiastique de Fleury, continuée par le P.
Fabre (& l'A. Goujet) jusqu'en 1595. *Paris, Aubouyn*,
1691 à 1738, 36 *vol. in-4.*

2578 La même. *Paris*, 1717, 36 *vol. in-12.*

2579 Neuf Discours sur l'Histoire Eccles. par Fleury; avec la
justification des Discours & de l'Hist. Ecclésiastique du
même, (par du Sellier). *Paris*, 1724 à 1736, 5 *vol. in-12.*

2580 Histoire de l'Eglise, par A. Godeau. *Lyon*, 1697,
6 *vol. in-12. v. f.*

2581 Mémoires pour servir à l'Histoire Ecclésiastique, par Le-
nain de Tillemont. *Paris*, 1701, & ann. suiv. 16 *vol. in-4.*

2582 Histoire de l'Eglise, par Basnage. *Rotterd.* 1699,
2 *vol. in-fol.*

2583 Hist. de l'Eglise, par l'Abbé de Choisy. *Paris*, 1703,
11 *vol. in-4.*

2584 La même, continuée jusqu'en 1715. *Paris*, 1727,
11 *vol. in-12.*

2585 Histoire de l'Eglise, par Demandes & par Réponses; (par L. E. du Pin). *Paris*, 1712, 4 *vol. in-12.*

2586 Histoire du Peuple de Dieu, depuis son Origine jusqu'à la Naissance du Messie ; & depuis cette Epoque jusqu'à la fin de la Synagogue, par le P. Is. Jos. Berruyer. *Paris*, 1728 & 1755, 11 *vol. in-4.*

2587 Le même Ouvrage. *Ibid.* 1740 & 1753, 18 *vol. in-12.* dont 8 *vol. br.*

2588 Histoire Sainte, tirée des seules paroles de l'Ecriture, avec de courtes notes. *Paris*, 1735, 2 *vol. in-12.*

2589 Histoire Sainte des deux Alliances, avec des Réflexions, (par de S. Aubin). *Paris*, 1741, 7 *vol. in-12.*

2590 Abrégé de l'Histoire Ecclésiastique, (par M. l'Abbé Racine), avec les Lettres à Morénas, (par Dom Clémencet). *Cologne*, 1752, 13 *vol. in-12. en feuilles.*

2591 Abrégé Chronol. de l'Histoire Ecclésiastique, jusqu'en 1700, (par Macquer). *Paris*, 1751, 2 *vol. in 8. fil.*

2592 Histoire des Persécutions de l'Eglise, par Henri Bullinger. 1577, *in-12. fil. d'or.*

2593 Anecdotes Ecclésiastiques, par Giannone. *Amst.* 1738, *in-12.*

2. *Histoire Catholique de différens Siecles & de différens Pays.*

2594 Histoire de l'Eglise & de l'Empire, depuis la Naissance de J. C. jusqu'en 1000, par J. le Sueur. *Geneve*, 1674, 8 *vol. in-4.*

2595 Mémoires Chronol. & Dogmatiques, pour servir à l'Hist. Ecclés. depuis 1600 jusqu'en 1716, par (le P. d'Avrigny). 1720, 4 *vol. in-12. v. f.*

2596 Mémoires pour servir à l'Hist. Ecclés. du XVIIIe Siecle; années 1728 à 1751. 4 *vol. in-4.*

2597 Emmanuelis à Schelstrate Ecclesia Africana sub Primate Carthaginiensi. *Colonia*, 1679, *in-4.*

2598 Lettres Edifiantes & Curieuses écrites des Missions étrangeres, par des Missionnaires de la Comp. de Jésus. *Paris*, 1718 & ann. suiv. 26 *vol. in-12. fig,*

2599 Mém. Histor. sur les Missions des Indes Orientales, par le P. Norbert. *Luques*, 1744, 2 *vol. in-4.*

2600 Lettres Edifiantes sur la visite de M. de la Baume, Evêque d'Halicarnasse, à la Cochinchine en 1740, par Favre. *Venise*, 1746, *in-4.*

3. *Mélanges d'Histoire & d'Antiquité Ecclésiastique Catholique.*

2601 P. Fr. Chiffletii Dissertationes septem circà Historiam
Ecclesiasticam. *Paris.* 1676 & 1679, 2 vol. *in* 8.

2602 Ouvrages Posthumes de Dom J. Mabillon & de Dom
Thierri Ruinart; publiés par D. Vincent Thuillier. *Paris*,
1724, 3 vol. *in-*4.

2603 Jo. B. Casalius de Profanis & Sacris veteribus Ritibus,
Francof. 1681, 2 tom. en un vol. *in-*4. *fig.*

2604 Prosp. Stellartii de Coronis & Tonsuris Paganorum,
Judæorum & Christianorum Lib. tres. *Duaci*, 1625, *in-*8.
fig. vel.

2605 Mémoires pour servir à l'Hist. de la Fête des Foux; par
du Tilliot & autres. *Lausanne*, 1751, *pet. in-*8. *fig.*

II. HISTOIRE DES CONCILES.

1. *Histoire générale & particuliere des Conciles.*

2606 Edm. Richerii Historia Conciliorum Generalium. *Colonia.*
1683, 4 tom. en 3 vol. *in-*4.

2607 Histoire du Concile de Pise, par Jac. Lenfant. *Utrecht*,
1731, 2 vol. *in-*4.

2608 Histoire du Concile de Constance, par le même. *Amst.*
1714, 2 tom. en un vol. *in-*4. *fig. de Picart.*

2609 Nouv. Histoire du Concile de Constance, par Bourgeois
du Chastenet. *Paris*, 1718, *in-*4.

2610 Histoire de la Guerre des Hussites & du Concile de
Basle, par Jac. Lenfant. *Utrecht*, 1731, 2 vol. *in-*4. *fig.*

2611 Histoire du Concile de Trente de Fra-Paolo Sarpi,
trad. en françois, avec des remarques, par Amelot de la
Houssaie. *Amst.* 1704, *in-*4.

2612 La même Histoire, trad. en fr. avec des notes, par P.
Fr. le Courayer. *Amst.* 1736, 2 vol. *in-*4. *fil.*

2613 Critique de l'Hist. du Concile de Trente, de Fra-Paolo
& des Lettres de Vargas. *Rouen*, 1719, *in-*4.

2614 Lettres anecdotes & Mémoires du Nonce Visconti,
Ministre de Pie IV, au Concile de Trente; publiées par J.
Aymon. *Amst.* 1719, 2 vol. *in-*12.

2615 Hist. de la Réception du Concile de Trente, dans les
Etats Catholiques, (par M. l'Abbé Mignot). *Amst. (Paris)*
1756, 2 vol. *in-*12.

Z

III. HISTOIRE PONTIFICALE.

1. *Histoire générale & particulière des Papes.*

2616 B. Platynæ (seu Barth. Scacchi) Hystoria de vitis Pontificum perjucunda, ad Paulum II usque; & alia ejusdem Opera. *Venetiis, Pincius*, 1504, *in-fol. editio incastrata.*

2617 Idem Opus, ad Sixtum IV. continuatum. (*In Holl.*) 1664, *in-12. p. f.*

2618 Histoire des Papes, depuis S. Pierre jusqu'à Benoist XIII. inclusivement, (par Fr. Bruys). *La Haye*, 1732, 5 vol. *in-4. v. f.*

2619 Historia Summorum Pontificum ab An. 1417 ad ann. 1678, per eorum numismata; Studio Cl. du Molinet. *Lutetia*, 1679, *in-fol. fig.*

2620 Numismata Pontificum Romanor. aliorumque Ecclesiasticorum, à Laur. Begero explicata. *Col. Brandenb.* 1704, *in-fol. gr. p. fig.*

2621 Hist. de S. Grégoire le Grand, Pape, par Dom Denys de Sainte-Marthe. *Rouen*, 1697, *in-4.*

2622 Hist. de la Papesse Jeanne, tirée de la Dissert. lat. de M. Spanheim, par Lenfant. *La Haye*, 1720, 2 vol. *in-12. fig.*

2623 Dav. Blondelli Dissertatio, an Fæmina inter Leonem IV & Benedictum III, Romanos Pontifices, media sederit. *Amst.* 1657, *in-12. 2 vol. avec la trad. françoise.*

2624 L'Anti-Papesse, par Florimond de Rémond. *Paris*, 1607, *in-8.*

2625 Mémoires histor. & critiq. sur la vie du Pape Grégoire VII. avec des Mém. sur la Bulle de Canonization de Vincent de Paul. *A S. Pourcain*, 1743, 3 vol. *in-12. br.*

2626 Maximes politiques du Pape Paul III. touchant ses Démêlés avec l'Empereur Charles V. au sujet du Concile de Trente; avec des Réflexions, par Gueudeville. *La Haye*, 1716, *in-12.*

2627 Vie du Pape Sixte V. trad. de l'Italien de Gr. Leti. *Paris*, 1731, 2 vol. *in-12. fig.*

2628 Histoire de Clément XI. Pape, par Reboulet. *Avignon*, 1752, *in-4.*

2. *Histoire du S. Siége & de la Cour de Rome.*

2629 L'Etat du Siége de Rome, dès le comm. du Siecle passé jusqu'à présent. *Cologne, sans date*, 3 vol. *in-12.*

2630 Origine de la Grandeur de la Cour de Rome; & de la Nomination aux Evêchés de France, par l'Abbé de Vertot. *La Haye*, 1737, *in*-12.

2631 Histoire des Conclaves, depuis Clément V. jusqu'à présent. *Cologne*, 1694, 2 *vol. in*-12. *fig.*

2632 Il Nipotismo di Roma, (da Greg. Leti). 1667, 3 *vol. in*-12. *avec la trad. françoise.*

2633 Il Cardinalismo di santa Chiesa, (dal Medesimo). 1668, 3 *vol. in*-12. *p. f. v. f. d. f. tr.*

3. *Histoire des Cardinaux & du Clergé Romain.*

2634 Duodecim Cardinalium pietate, doctrina rebusque gestis maximè illustrium, Imagines & Elogia. *Antuerpiæ*, 1598, *in*-4. *fig. de Theod. Galle.*

2635 Histoire des Cardinaux François, avec leurs armes & leurs portraits; par Fr. Duchesne. *Paris*, 1660, 2 *vol. in-fol.*

2636 Ant. M. Gratianus de Vita Jo. Fr. Commendoni Cardinalis; edente Rog. Akakia. *Paris.* 1669, *in*-4. *m. r. l. r.*

2637 La Vie du Card. Commendon, trad. de Gratiani, par Fléchier. *Paris*, 1671, *in*-4.

2638 La même. *Ibid.* 1734, 2 *vol. in*-12.

2639 Cleri totius Romanæ Ecclesiæ subjecti Habitus, à Jud. Ammanno figuris (ligno incisis) expressi, cum Fr. Modii Octostichis. *Francof.* 1585, *in*-4. *vel.*

IV. HISTOIRE MONASTIQUE.

1. *Histoire Universelle des Ordres Religieux.*

2640 Histoire ou Antiquités de l'Etat Monastique & Religieux, par le P. Cl. Delle. *Paris*, 1698, 4 *tom.* en 3 *vol. in*-12.

2641 Histoire des Ordres Monastiques, Religieux & Militaires, & des Congrégations séculieres de l'un & l'autre sexe, par (le P. Helyot). *Paris*, 1714 & *ann. suiv.* 8 *vol. in*-4. *fig.*

2642 Le même Ouvrage. *Ibid.* 1721, 8 *vol. in*-4. *fig.*

2643 Degli habiti delle Religioni, con le armi e breve descrittion loro, da Odoardo Fialetti. *In Venetia*, 1626, *in*-4. *vel. fig. de Marc Sadeler; le Discours gravé.*

2644 Hist. des Chanoines; ou Recherches hist. & crit. sur l'Ordre Canonique, par Raim. Chaponnel. *Paris*, 1699, *in*-12.

2645 Figures des différents habits des Chanoines Réguliers,

(grav. par le Doyen) avec un Difcours fur les habits des Chanoines, anc. & modernes; par le P. Cl. du Molinet. *Paris*, 1666, *in-4*.

2646 L'Apocalypfe de Meliton, ou Révélation des Myfteres Cénobitiques, (par Claude Pythois). *Saint-Léger*, 1668, *in-12. p. f.*

2 *Hiftoire Monaftique des Hermites de l'Orient, de la Paleftine, &c.*

2647 Effai fur l'Hiftoire Monaftique d'Orient, par un Béné-dictin, (L. Bulteau). *Paris*, 1680, *in-8*.

2648 Les Vies des SS. Peres des Déferts, écrites par les Peres de l'Eglife, &c. & traduites en franç. par Arnauld d'Andilly. *Paris*, 1736, 3 *vol. in-8*.

2649 Vies des SS. Peres des Déferts d'Orient & d'Occident, (par Jof. Fr. de Villefore). *Paris*, 1722, 5 *vol. in-12. figures.*

2650 Solitudo, five Vitæ Patrum & Fœminarum Eremicolarum, à Martino de Vos in æs incifæ, & impenfis Fratrum Sadeler excufæ. 1621, 6 *fuites en un vol. gr. in-4. obl. vel.*

2651 Effigies quorondam Heremitarum æri incifæ, cum tetraftichis de eorum Vitâ. *in-8.*

2652 Corn. Curtii Virorum Illuftr. ex ordine Eremitarum D. Auguftini Elogia, cum fingulorum Iconibus à C. Galle in æs incifis. *Antuerpia*, 1636, *in-4. v. f.*

3. *Hiftoire de l'Ordre de S. Benoît & des Chartreux.*

2653 Jo. Mabillonii Præfationes Actis Sanctorum Ord. S. Benedicti præfixæ; accedit Difquifitio de Curfu, id eft de (Breviario) Gallicano. *Rotomagi*, 1732, *in-4.*

2654 Eloges de plufieurs Perfonnes illuftres en piété de l'Ordre de S. Benoît, par Sœur Jeanne Bouette de Blémur. *Par.* 1679, 2 *vol. in-4.*

2655 La Vie de S. Bruno, Fondateur de l'Ordre des Chartreux, peinte au Cloître de la Chartreufe de Paris, par Euft. le Sueur, & gravée par Fr. Chauveau. *Grand in-fol. belles épreuves.*

2656 Annales Ordinis Cartufienfis, ab Innocentio (Le Maffon, Miniftro Generali Ordin. Carth.) *Correriæ*, 1687, *in-fol. Tomus primus & unicus.*

2657 Idem Opus fub titulo fequenti: Difciplina Ord. Cartufienfis, in tres Lib. diftributa. *Paris.* 1703, *in-fol.*

2658 La Vie de S. Bernard, Abbé de Clairveaux, (par Ant. le Maiftre). *Paris*, 1648, *in-4.*

2659 Vie de Dom Armand J. le Bouthillier de Rancé, Abbé de la Trappe, par Marfollier. *Paris*, 1703, *2 part. en un vol. in-4.*

2660 La même, par Dom Pierre le Nain. *Paris*, 1719, 2 vol. *in-12.*

2661 Relations de la mort de quelques Religieux de la Trappe, (par Dom le Nain & autres). *Paris*, 1696, 2 vol. *in-12.*

4. *Hiftoire de l'Ordre de Saint François, des Minimes & Récollets; de l'Ordre de Saint Dominique, des Céleftins, &c.*

2662 . . . .

2663 La Guerre Séraphique; avec une Differtation (de M. Thiers) fur l'Infcription du Portail des Cordeliers de Reims. *La Haye*, 1740, *in-12.*

2664 La Vie de S. Pietre d'Alcantara, Réformateur des Récollets, trad. de l'Italien du P. Marchefe. *Lyon*, 1670, *in-4.*

2665 Les Figures & l'Abrégé de la Vie, de la Mort & des Miracles de S. François de Paule, Fondateur des Minimes; par Antoine Dondé. *Paris*, 1671, *in-fol. maroq. rouge, d. fur tr. fil.*

2666 Hiftoire Générale de l'Ordre des Minimes, par le P. L. Dony d'Attichy. *Paris*, 1624, *2 tom. en un vol. in-4.*

2667 La Vie de S. Dominique de Guzman, par le P. A. Touron. *Paris*, 1739, *in-4.*

2668 Vie de S. Thomas d'Aquin, par le même. *Paris*, 1737, *in-4.*

2669 La Vie de Dom Barthelemy des Martyrs, traduite de l'Efpagnol du P. L. de Grenade & autres, (par Ant. le Maiftre). *Paris*, 1663, *in-4.*

2670 Vita B. Petri Cæleftini V. Pont. Max. Ord. Cæleftinorum Inftitutoris, à P. ab Aliaco fcripta, & à Dion. Fabro publicata. *Paris. Fr. Stephanus*, 1539. == Antiquités, prérogatives & privileges du Couvent des Céleftins de Paris, par L. Beurrier. *Paris*, 1634, *in-4.*

2671 S. Norberti Canonicorum Præmonftratenfium Patriarchæ, Vita, à Jo. Chryf. Vander Sterre eloquis illuftrata.

Antuerpiæ, Jo. Gallæus, abſque anno, in-4. m. bl, fig. &
Diſcours gravé par Théod. Gallé.

5. Hiſtoire des Jéſuites.

2672 Rod. Hoſpiniani Hiſtoria Jeſuitica. *Tiguri,* 1619,
in-fol.

2673 Hiſtoriæ Societ. Jeſu Pars quinta, Tomus poſterior, ab
ann. 1591 ad ann. 1616, Auctore Joſ. Juvencio. *Romæ,*
1710, *in-fol. br.*

2674 Recueil de Pieces touchant l'Hiſtoire de la Compagnie
de Jéſus, compoſée par le P. Jouvenci. *Liege,* 1713, *in-12.*
avec la fig. de la Pyramide.

2675 Hiſtoire Générale de la naiſſance & des progrès de la
Compagnie de Jéſus, (par M. Coudrette). (*Paris*), 1761,
4 *vol. in-12. br.*

2676 La Monarchie des Solipſes, traduite de Melchior In-
chofer (Jules Clément Scoti), en fr. avec des Notes (par
de Reſtaut). *Amſterd.* 1753, *in-12.*

2677 Alph. de Vargas, (Gaſp. Scioppii) Relatio ad Reges
& Principes Chriſtianos de Stratagematis Jeſuitarum ad Mo-
narchiam orbis terrarum ſibi conficiendam. (*In Holl.*)
1641, *in-16.*

2678 Artes Jeſuiticæ in ſuſtinendis novitatibus laxitatibuſque
Sociorum, Clementi Papæ XI denuntiatæ, par Chriſtianum
Aletophilum. *Argentor.* 1717, *in-12.*

2679 Recueil de Pieces contre les Jéſuites, dont Proſopopée
de la Pyramide du Palais; Lettre déclaratoire de la Doctrine
des Jéſuites, par le P. Coton. 1610. L'Anti-Coton, (par
Céſar de Plain). 1610, *in-8.*

2680 Les Enluminures du fameux Almanach des Jéſuites;
l'Onguent pour la brûlure, (par Barbier d'Aucourt) & autres
Pieces critiques. *Liége,* 1683, *in-12. fig.*

2681 Le Cabinet Jéſuitique, contenant pluſieurs Pieces très-
curieuſes des P. Jéſuites. *Cologne, ſans date, in-12.*

2682 Problême Hiſtorique; qui des Jéſuites, ou de Luther
& Calvin ont le plus nui à l'Egliſe Chrétienne, (par l'Abbé
Meſnier). *Avignon,* 1757, 2 *vol. in-12.*

2683 Hiſt. de Dom Inigo de Guipuſcoa, (Ign. de Loyola),
par Herc. Raſiel de Selva; avec l'Anti-Coton, & une Diſſertation ſur cet Ouvrage, (par Pr. Marchand). *La Haye,*
1738, 2 *vol. in-12. fig.*

2684 Vie de S. François Xavier, Jésuite, par le P. Dom. Bouhours. *Paris*, 1682, *in*-4.

6. *Histoire de quelques Congrégations & Sociétés Religieuses.*

2685 La Vie de S. Philippe de Néri, Fondateur de la Congrégation de l'Oratoire, trad. de l'ital. de P. Jac. Bacci en franç. par Fr. Doullay de Villeneuve. *Paris*, 1685, *in*-8.

2686 Mémoires pour servir à l'Histoire de Port-Royal, par Fontaine. *Cologne*, 1752, 4 *vol. in-*12. *p. f.*

2687 Vies intéressantes & édifiantes des Religieuses de Port-Royal, (par l'Abbé le Clerc). (*Cologne*) 1750, 4 *vol. in-*12. *br.*

2688 Hist. de la Congrégation des Filles de l'Enfance, (par Reboulet). *Amst.* (*Paris*) 1734, 2 *vol. in-*12. & 2 *autres vol. relatifs.*

2689 Recueil de Pieces concernant la Congrégation des Filles de l'Enfance. *Amst.* (*Rouen*) 1718, 3 *vol. in-*12. *avec le Mémoir de Juliard.*

7. *Histoire des Ordres Religieux & Militaires.*

2690 Dan. à Virgine Maria Vinea Carmeli, seu Historia Fratrum B. V. Mariæ de Monte-Carmelo. *Antuerpiæ*, 1662, *in*-4.

2691 Vie de la Mere Magdeleine de S. Joseph, Carmelite, par un Prêtre de l'Oratoire, (J. Fr. Senault). *Paris*, 1670, *in*-4.

2692 Histoire de l'Ordre Sacré & Militaire de N. D. de la Mercy. *Amiens*, 1685, *in-fol.*

2693 Histoire des Chevaliers de Malthe, par l'Ab. de Vertot. *Paris*, 1726, 5 *vol. in-*12.

2694 Histoire de Pierre d'Aubusson, Grand-Maître de Rhodes, par le P. Bouhours. *Paris*, 1676, *in*-4.

V. HISTOIRE SAINTE.

1. *Actes des Martyrs; Martyrologes & Vies des Saints.*

2695 Le Martyrologe Romain pour chaque jour de l'année, par le P. Simon Mothier. *Paris*, 1705, *in*-4. *br.*

2696 P. Biveri Sacrum Sanctuarium crucis & patientiæ crucifixorum & cruciferorum. *Antuerpiæ*, *B. Moretus*,

1634, *in-4. mar. bl. d. f. tr. cum figuris elegantiffimis.*

2697 Les véritables Actes des Martyrs, par D. Thierry Ruinart, trad. en fr. par Drouet de Maupertuy. *Paris*, 1739, 2 *vol. in-12.*

2698 Ant. Gallonii de Cruciatibus Martyrum Liber. *Romæ,* 1594, *cum fig. in ligno incifis.* == Theatrum Crudelitatum Hæreticorum noftri temporis. *Antuerpiæ*, 1587, *in-4. fig.*

2699 Idem Opus Gallonii; cum figuris, per Ant. Tempeftam æri iucifis. *Parif.* 1660, *in-4.*

2700 Le Vite de' Santi Padri, tradotte da Santo Hieronymo in lingua volgare; col prato fpirituale. *In Venetia*, 1565, *in-4. fig. vel.*

2701 La Légende dorée, en françois. *Paris,* 1499, *in-4. fig. goth.*

2702 Aloyfii Lipomani Hiftoriæ de Vitis Sanctorum. *Lovanii,* 1581, 2 *tom. en un vol. in-fol.*

2703 Les Saintes Métamorphofes, ou les changemens miraculeux de quelques grands Saints, par J. Baudoin. *Paris, Moreau,* 1644, *in-4. fig.*

2704 Vies de plufieurs Saints illuftres de divers fiecles, par Arnauld d'Andilly. *Paris,* 1665, 2 *vol. in-8.*

2705 La Vie des Saints pour tous les jours de l'année, (par Nic. Fontaine) *Paris,* 1697, 5 *vol. in-8. avec les Vies des SS. de l'Anc. Teftament..*

2706 Les Vies des Saints felon l'ordre des Calendriers & des Martyrologes, par Adr. Baillet. *Paris,* 1704, *& ann. fuiv.* 17 *vol. in-8.*

2707 Les Vies des Saints pour chaque jour de l'année, tirées des Auteurs originaux, (par Blondel). *Paris,* 1722, *in-fol.*

2708 Vies des Saints pour tous les jours de l'année, (par de Méfenguy). *Paris,* 1730, 2 *vol. in-4.*

2. *Vies particulieres de quelques Saints & Saintes.*

2709 Vita e Fatti di Giefu Chrifto, tradotta dalla lingua latina del P. Gioach. Perionio, nell' italiano, dal Barth. Dionigi da Fano. *In Venetia,* 1593, *in-4. fig.*

2710 La Vie de Jefus-Chrift, par de Saint-Réal. *Par.* 1678, *in-4. fil.*

2711 La Vie de S. Paul, avec des Réflexions tirées des SS. Peres, (par Dom Gervaife). *Paris,* 1735, 3 *vol. in-12.*

2712 La Vie de S. Ambroise, par Godefroy Hermant. Paris, 1679, *in* 4.

2713 La Vie de Saint Athanase, par le même. *Paris*, 1671, 2 *vol. in*-4.

2714 Vie de S. Augustin, par Ant. Godeau. *Paris*, 1652, *in*-4.

2715 La Vie de S. Basile le Grand & celle de S. Grégoire de Nazianze, par Godefroy Hermant. *Paris*, 1679, 2 *vol. in*-4.

2716 La Vie de S. Cloud, Prêtre, petit-fils de Clovis, (par Jac. Perrier). *Paris*, 1696, *in*-12.

2717 La Vie de S. Jean Chrysostôme, par Hermant. *Paris*, 1664, *in*-4.

2718 Vie de S. Cyprien, Martyr, (par Dom Gervaise). *Par.* 1717, *in*-4.

2719 La Vie de S. François de Sales, par Marsollier. *Paris*, 1701, 2 *vol. in*-12.

2720 La Vie de S. Jérôme, par Dom Jean Martianay. *Paris*, 1706, *in*-4.

2721 La Vie de S. Irenée, Evêque de Lyon, (par Dom Gervaise). *Paris*, 1723, 2 *vol. in*-12.

2722 La Vie de S. Martin, Evêque de Tours, par Nic. Gervaise. *Tours*, 1699, *in*-4.

2723 Vie du B. Jean Franç. Regis, par le P. d'Aubenton. *Lyon*, 1718, *in*-12. *m. r. d. s. tr.*

2724 Histoire de la Vie de S. Remy, Archev. de Reims, par le P. J. Dorigny. *Paris*, 1714, *in*-12.

2725 Vie de Rufin, Prêtre de l'Eglise d'Aquilée, (par Dom Gervaise). *Paris*, 1724, 2 *vol. in*-12. *v. f.*

2726 Histoire de Tertullien & d'Origene, par de la Motte, (Pierre Th. du Fossé). *Paris*, 1675, *in*-8.

2727 La Vie de Sainte Thérese de Jesus, par le P. Cyprien. *Paris*, 1643, 2 *vol. in* 8.

3. *Vies particulieres de quelques Personnes illustres en piété.*

2728 Vie du Pere Ch. Faure, Abbé de Sainte Geneviéve de Paris, (par Fr. Ant. Chartonnet). *Paris*, 1698, *in*-4, *fil.*

2729 La Vie & les Lettres de Jean Soanen, Evêque de Sénez, (par J. B. Gautier), *Cologne*, 1750, 2 *vol. in*-4.

2730 Vie de la Mere Marguerite Marie, Religieuse de la Visitation; par J. B. Jos. Languet. *Paris*, 1729, *in*-4.

2731 Mémoires touchant la Vie de M. de S. Cyran, par Lancelot. *Cologne*, 1738, 2 *vol. in-12. v. f.*

2732 La Vie & les Miracles de Félix Vialart, Évêque de Chaalons, (par l'Abbé Goujet). *Utrecht*, 1738, 3 *part. en un vol. in-12.*

2733 Histoire de la Vie de M. de Fénelon, Arch. de Cambray, (par Ramsay). *La Haye*, 1723, *in-12. v. f.*

2734 Vie de Madame de Miramion, par l'Abbé de Choisy. *Paris*, 1706, *in-4.*

2735 Vie de M. Pavillon, Evêque d'Alet, avec la Relation d'un Voyage d'Alet, (par l'Abbé de la Chassaigne). *Saint-Miel*, 1738, 4 *vol. in-12.*

III. HISTOIRE ECCLÉSIASTIQUE PARTICULIERE HÉTÉRODOXE.

I. *Histoire générale & particuliere des Hérésies, des Sectes, des Superstitions, &c.*

2736 P. Mag. Amadæi de Cesare, Hæreseologia, in qua, omnes Errores Hæresesque à Mundi primordio ad hæc usque tempora historicè, chronologicè, &c. referuntur & refutantur. *Romæ*, 1736, 3 *vol. in-fol.*

2737 Histoire Critique des Pratiques Superstitieuses qui ont séduit les Peuples & embarrassé les Savans; par Pierre le Brun, (publiée par l'Abbé Granet). *Paris*, 1732, 4 *vol. in-12. v. f.*

2738 Histoire des Révolutions arrivées dans l'Europe en matiere de Religion, par Varillas. *Paris*, 1686, 6 *vol. in-4.*

2739 Dictionnaire Chronologique, Historique & Critique sur l'Origine de l'Idolatrie; des Sectes des Samaritains & des Juifs; des Hérésies, des Schismes, &c. par le P. Pinchina. *Paris*, 1736, *in-4.*

2740 Dictionnaire des Hérésies & des Schismes, par M. l'Abbé Pluquet. *Paris*, 1764, 2 *vol. in-8.*

2741 Henrici de Noris Historia Pelagiana; Diss. de Synodo quinta Œcumenica; Vindiciæ Augustinianæ, &c. *Lovanii*, 1702, *in fol.*

2742 Le Prédestinatianisme, ou Hérésies sur la Prédestination & la Réprobation, par J. B. Duchesne. *Par.* 1724, *in-4.*

2743 Melch. Leydeckeri Historia Jansenismi. *Traj. ad Rhen.* 1695, *in-8. v. f.*

2744 Histoire Générale du Janséniſme, par l'Abbé Gerberon. *Amſt.* 1700, 3 *vol. in-8. fig.*

2745 Hiſt. des Albigeois & Vaudois, par le P. Benoiſt. *Par.* 1691, 2 *vol. in-12. v. f.*

2746 Jac. Boileau Historia Flagellantium. *Pariſiis,* 1700, *in-12.*

2747 Le même Ouvrage, trad. en franç. (& publié par l'Ab. Granet). (*Ibid.*) 1732 , *in-12.*

2748 Critique de l'Hiſt. des Flagellans, par J. B. Thiers. *Ibid.* 1703 , *in-12.*

II. *Hiſtoire de la Religion Réformée & des Sectes qu'elle a fait naître.*

2749 Histoire des Variations des Egliſes Proteſtantes, avec la Défenſe contre la Réponſe de Baſnage ; par J. Ben. Boſ-ſuet. *Paris,* 1730, 5 *vol. in-12.*

2750 Hiſtoire du Fanatiſme dans la Religion Proteſtante, par le P. Fr. Catrou. *Paris,* 1733, 3 *vol. in-12.*

2751 Hiſt. Abrégée de la Réformation des Pays-Bas, tra-duite du Holl. de Ger. Brandt. *La Haye,* 1726, 3 *vol. in-12. v. f.*

2752 Actiones & Monumenta Martyrum (Proteſtantium), eorum qui, à Wiclefo & Huſſo ad noſtram hanc ætatem, veritatem Evangelicam ſanguine ſuo obſignaverunt, (per Jo. Criſpinum). *Genevæ, Criſpinus,* 1560, *in-4.*

2753 Hiſtoire des Anabaptiſtes, & des troubles qu'ils ont cauſé depuis l'an 1521 juſqu'à préſent, (par le P. Catrou). *Amſt.* 1699, *in-12. fig-v. f.*

2754 Hiſtoire du Socinianiſme, (par le P. Anaſtaſe). *Paris,* 1723, *in-4. v. f.*

2755 Hiſtoire Abrégée de la Naiſſance & du Progrès du Kouakeriſme, (par Varillas). *Cologne,* 1692, *in-12. p. f.*

I. *Hiſtoire particuliere de la Religion Proteſtante en France.*

2756 Hiſtoire de l'Edit de Nantes, (par Elie Benoiſt). *Delft,* 1693, 5 *vol. in-4.*

2757 Traité Dogmatique & Hiſtorique des Edits & autres moyens dont on s'eſt ſervi dans tous les temps (en France) pour maintenir l'Unité de l'Egliſe Catholique, par le P. Thomaſſin. *Paris, Imp. R.* 1703 , 3 *vol. in-4.*

2758 Conférence des Edicts de Pacification des troubles émus en France pour le faict de la Religion, par P. de Belloy. *Paris, 1600, in-8. vel.*

2759 Nouveau Recueil de tout ce qui s'est fait pour & contre les Protestans en France, par Jac. le Févre. *Paris,* 1686, *in-4.*

2760 Mémoire Théologique & Politique sur le Mariage des Protestans en France, avec la Lettre d'un Patriote sur la Tolérance civile des Protestans en France. 1755 & 1756, *in 8.*

2761 Histoire du Fanatisme de notre temps, par Brueys. *Montpellier,* 1709, *4 tom. en 2 vol. in-12.*

III. *Histoire des Religions des Idolâtres.*

2762 De Religione Gentilium Errorumque apud eos causis; Authore Edoardo Herbert de Cherbury. *Amstelod.* 1663, *in-4. fil.*

2763 Ant. Van-Dale Dissertat. de Origine ac Progressu Idololatriæ & Superstitionum. *Amst.* 1696, *in-4. v. f.*

2764 La Porte ouverte pour parvenir à la connoissance du Paganisme caché; ou la Vie, les Mœurs & la Religion des Bramines; par Abr. Roger; trad. en fr. par Th. la Grue. *Amst.* 1670, *in-4. fig.*

IV. HISTOIRE PROFANE ANCIENNE.

I. HISTOIRE GÉNÉRALE DES MONARCHIES ANCIENNES.

1. *Histoire Universelle des Monarchies qui ont existé avant la venue de Jesus-Christ.*

2765 Histoire Ancienne, par M. Rollin. *Paris,* 1730, 14 *vol. in-12.*

2766 Abrégé de l'Histoire Ancienne de Rollin, par l'Abbé Tailhié. *Lausanne,* 1754, 5 *vol. in 12. fig.*

2767 Histoire des Empires & des Républiques, depuis le déluge jusqu'à J. C. par l'Abbé Guyon. *Paris,* 1736, 12 *vol. in-12.*

2768. Abrégé Chronol. de l'Histoire ancienne des Empires & des Républiques qui ont paru avant J. C. par Lacombe. *Paris*, 1757, *in-8. fil.*

2769 Réflexions Critiques fur les Histoires des anciens Peuples, jufqu'au tems de Cyrus, par Et. Fourmont. *Paris*, 1735, 2 *vol. in-4. br.*

II. HISTOIRE PARTICULIERE DE LA MONARCHIE DES HÉBREUX.

1. *Histoire générale & particuliere de la Monarchie des Hébreux.*

2770 Flavii Jofephi Antiquitates Judaicæ & Bellum Judaicum; Græcè, cum interpretatione latina Sigif. Gelenii. *Bafileæ, Frobenius,* 1559, 2 *vol. in-fol.*

2771 Ejufdem Opera, gr. & lat. *Geneva*, 1634, *in-fol.*

2772 Histoire des Juifs, écrite par Flavius Jofeph, & traduite en franç. par Arnauld d'Andilly. *Paris*, 1680, 5 *vol. in-12.*

2773 La même. *Amfterd.* 1700, 2 *tom. en un vol. in-fol. gr. p. fig.*

2774 Histoire des Juifs depuis J. C. jufqu'à préfent; pour fervir de continuation à celle de Jofeph, par Bafnage. *La Haye,* 1716, 15 *vol. in-12. fig.*

2775 Histoire des Juifs & des Peuples voifins, depuis la décadence des Royaumes d'Ifrael & de Juda, jufqu'à fe mort de J. C. par Prideaux; trad. de l'Anglois. *Amft.* 1722, 5 *vol. in-12. fig.*

2776 La République des Hébreux, trad. du latin de Cuneus, par (Guill. Goerée). *Amft.* 1705, 3 *vol. in-8. fig.*

2777 Le même Ouvrage *Ibid.* 1713, 3 *vol. in-8. fig.*

2778 La Monarchie des Hébreux, traduite de l'Efpagnol du Marquis de Saint-Philippe, en franç. par de la Barre de Beaumarchais. *La Haye*, 1728, 4 *vol. in-12.*

2779 Réflexions fur l'Histoire des Juifs, pour fervir de preuves à la Vérité de la Religion Chrétienne; par J. P. *Genev.* 1721, 2 *vol. in-12.*

III. HISTOIRE PARTICULIERE DE LA MONARCHIE DES GRECS.

1. *Hiſtoire générale & particuliere de la Grece.*

2780 Pauſaniæ de veteris Græciæ Regionibus commentarii, Romæo Amaſæo interprete ; ex editione Frid. Sylburgii. *Francof.* 1624, *in*-8.

2781 Pauſanias, ou Voyage Hiſtorique de la Grece, trad. en françois avec des remarques, par Gédoyn. *Paris*, 1731, 2 *vol. in*-4. *v. f.*

2782 Herodoti Hiſtoriæ Lib. IX. Laur. Valla interprete ; ex Cteſiâ excerptæ Hiſtoriæ & Apologia H. Stephani pro Herodoto, edente Frid. Sylburgio. *Francof.* 1584, *in*-8. *vel.*

2783 Les Hiſtoires d'Herodote, miſes en françois, par P. du Ryer. *Paris*, 1660, 2 *vol. in*-12.

2784 Apologie pour Herodote, par H. Eſtienne. *Anvers*, 1568, *in*-8.

2785 La même, avec des remarques, par le Duchat. *La Haye*, 1735, 3 *vol. in*-12. *fil. d'or.*

2786 Hiſtoire de Grece, trad. de l'Angl. de Temple Stanian. *Paris*, 1743, 3 *vol. in*-12.

2787 La retraite des Dix-mille de Xenophon, trad. par Nic. Perrot d'Ablancourt. 1695, *in*-12.

2788 La Cyropédie, par le même, trad. en fr. avec l'éloge d'Ageſilaus, par Charpentier. *La Haye*, 1732, 2 *tom. en un vol. in*-12. *v. f.*

2789 Q. Curtii Rufi de Rebus Alexandri Magni Lib. octo ; cum notis Titi Popmæ. *Lugd. Bat. Elzev.* 1622, *in*-12. *p. f.*

2790 Idem. *Amſt. Elzev.* 1670, *in*-12. *p. f.*

2791 Idem, cum notis Joh. Loccenii. *Amſtel. Janſſon*, 1648, *in*-16.

2792 Idem, ex edit. Nic. Blancardi. *Lugd. Bat.* 1649, *in*-8. *vel. d'Holl.*

2793 Idem, cum notis Variorum & Supplem. Freinshemii. *Lugd. Bat.* 1696, *in*-8. *fig.*

2794 Quinte-Curce de la vie & des actions d'Alexandre le Grand, trad. en françois, par de Vaugelas, avec le latin à côté. *Paris*, (*Holl.*) 1692, 2 *vol. in*-8. *vel. d'Holl.*

2795 Hiſtoire des Amazones anc. & modernes, par l'Abbé Guyon. *Paris*, 1740, 2 *tom. en un vol. in*-12. *fig. v. éc.*

IV. HISTOIRE PARTICULIERE DE L'EMPIRE ROMAIN.

1. *Topographie & Histoire Universelle de l'Empire Romain.*

2796 Ath. Kircheri Latium ; five nova Latii veteris & novi Defcriptio. *Amft.* 1671, *in-fol. v. f.*

2797 Hiftoire des grands chemins de l'Empire Romain, par Nic. Bergier. *Paris*, 1622, *in-4. m. r. d. f. tr.*

2798 Le même Ouvrage. *Bruxelles*, 1736, 2 *vol. in-4. fig.*

2799 Les Antiquités Romaines de Denys d'Halicarnaffe, trad. du grec, par le P. Gabr. Fr. Le Jay. *Paris*, 1722, 2 *vol. in-4.*

2800 Le même Ouvrage, trad. en franç. (par l'Abbé Bellanger). *Paris*, 1723, 2 *vol. in-4. fig.*

2801 Titi Livii Hiftoriarum Libri, ex recenfione J. F. Gronovii. *Lugd. Bat. Elzev.* 1645, 3 *vol. in-12. vel.*

2802 Idem Opus, cum notis Jo. Tillemonii. *Parif.* 1672, 3 *vol. in-12.*

2803 Idem Opus, cum Suppl. Freinshemii & notis J. B. L. Crevier. *Parif.* 1735, & *ann. feqq.* 6 *vol. in-4. gr. pap. fil.*

2804 Les Décades qui fe trouvent de Tite - Live, mifes en françois, avec des annotations, par Bl. de Vigenere. *Paris*, 1617, 3 *vol. in-fol. fig.*

2805 Hiftoire Romaine de Tite-Live, trad. en françois, par Guerin. *Paris*, 1739, 10 *vol. in-12.*

2806 C. Velleius Paterculus de Hiftoria Romana, cum notis varior. curante Ant. Thyfio. *Lugd. Bat.* 1659, *in 8. m. r.*

2807 Abrégé de l'Hiftoire Romaine & Grecque de Velleius Paterculus & autres Auteurs, trad. en françois, par Doujat. 1708, 2 *vol. in-12.*

2808 L. A. Flori Rerum Romanarum Lib. IV. cum notis varior. ex recenf. Nic. Blanckardi. *Lugduni Bat.* 1648, *in-8. vel. d'Holl. Litt. Ital.*

2809 Idem ; cum notis Cl. Salmafii & varior. accedit L. Ampelii Liber memorialis. *Lugd. Bat. Elzev.* 1655, *in-8. Litt. Quadratis.*

2810 Eutropii Hift. Romanæ Breviarium, ab Urbe condita ad Valentinianum ; cum notis Annæ T. Fabri filiæ, in uf. S. D. *Parif.* 1683, *in 4.*

2811 Idem Opus, cum Pæani Metaphrafi Græca ; Meffala Corvinus de Augufti Progenie ; & Julius Obfequens de Prodigiis : cum notis Th. Hearne. *Oxonii, è Th. Sheld.* 1703, *in-8.*

2812 Hiſtoire Romaine depuis la fondation de Rome juſqu'à la tranſlation de l'Empire, par Conſtantin ; trad. de Laurent Echard, en françois, (par D. Laroque & l'Abbé des Fontaines). *Paris,* 1734 à 1742, 16 *vol. in-12.*

2813 Hiſtoire Romaine, avec des Réflexions critiques, politiques & morales, à l'uſage des jeunes Gens, par l'Abbé Tailhié. *Paris,* 1755, 4 *vol. in-12.*

2814 Conſidérations ſur les cauſes de la grandeur des Romains & de leur décadence, par (Louis Secondat de Monteſquieu). *Amſt.* 1734, *in-12.*

2. *Hiſtoire Romaine particuliere, depuis ſon Origine juſqu'à la fin de la République.*

2815 Hiſtoire de Polybe, trad. du grec, par Dom Vincent Thuillier ; avec un Comment. par le Chevalier de Folard. *Paris,* 1727, 6 *vol. in-4. fig.*

2816 C. Salluſtius Criſpus, cum veter. Hiſtoricor. Fragmentis. *Lugd. Bat. Elzev.* 1634, *in-12. p. f. vel. d'Holl.*

2817 Idem. *Amſtel. Elzev.* 1658, *in-12. p. f.*

2818 C. Julii Cæſaris quæ exſtant Opera, cum notis varior. curante Arnoldo Montano. *Lugd. Bat.* 1661, *in-8. Litt. Ital.*

2819 Idem, cum notis ejuſdem. *Amſt. Elzevir.* 1670, *in-8. Litt. Quadratis.*

2820 Idem, ex emend. Joſ. Scaligeri. *Amſt. Janſſon,* 1665, *in-12. p. f. vel.*

2821 Idem, ex eadem emendatione. *Ibid. Elzev.* 1675, *in-12. p. f.*

2822 Les Commentaires de Céſar, trad. en françois, par N. Perrot d'Ablancourt. *Paris,* 1699, 2 *vol. in-12. fig.*

2823 Onuphrii Panvinii Reipublicæ Romanæ Commentariorum Lib. tres ; & alia. *Venetiis, Valgriſius,* 1558, *in-8.*

2824 Hiſtoire Romaine, depuis la fondation de Rome juſqu'à la mort de Pompée, par les PP. Catrou & Rouillé. *Paris,* 1731, 20 *vol. in-12.*

2825 Hiſtoire Romaine, depuis la fondation de Rome juſqu'à la bataille d'Actium, par Rollin. *Paris,* 1738, 14 *vol. in-12.*

2826 Hiſtoire des deux Triumvirats, (par Citri de la Guette). *Amſt. (Rouen)* 1720, 4 *vol. in-12.*

2827 Histoire des Révolutions arrivées dans le Gouvernement de la République Romaine, par l'Abbé de Vertot. *Paris, 1727, 3 vol. in-12.*

3. *Histoire Romaine particuliere sous les Regnes des Empereurs.*

2828 Historiæ Augustæ Scriptores, cum notis Marci Boxhorn-Zuerii. *Lugd. Batav. Maire, 1632, 4 vol. in-12. p. f. m. r. d. f. tr. fil.*

2829 Ejusdem Historiæ Scriptores sex, cum notis varior. edente Corn. Schrevelio. *Lugd. Bat. 1661, in-8.*

2830 Histoire Romaine, écrite par Xiphilin, Zonare & Zozime, depuis Pompée jusqu'à l'an de J. C. 409, trad. du grec, par le Pr. Cousin. *Paris, 1678, in-4.*

2831 Historia Augusta Imperatorum Romanor. à C. Julio Cæsare ad Josephum Imper. cum Comm. Henr. Chr. Henninii. *Amstel. 1710, in-fol. fig.*

2832 Histoire des Empereurs, par le Nain de Tillemont. *Paris, 1720, & ann. suiv. 6 vol. in 4.*

2833 Histoire des Empereurs Romains, depuis Auguste jusqu'à Constantin, par Crévier. *Paris, 1749, 12 vol. in-12.*

2834 Abrégé Chronologique de l'Histoire des Empereurs, par Adr. Richer. *Paris, 1753, 2 vol. petit in-8.*

2835 Corn. Taciti necnon Velleii Paterculi Opera, cum Comm. Justi Lipsii. *Antuerpia, 1627, in-fol.*

2836 Idem Tacitus, cum notis Zuerii Boxhornii. *Amstelod. Jansson, 1643, in-12. p. f.*

2837 H. Savilius in Taciti Historiam, Agricolæ vitam, & Comm. de Militia Romana. *Amst. Elz. 1649, in-12. p. f.*

2838 Œuvres de Tacite, trad. en françois, par Nic. Perrot d'Ablancourt. *Paris, 1681, 3 vol. in 12.*

2839 Tibere, Discours politiques sur Tacite, par Amelot de la Houssaye. *Paris, 1685, in-8.*

2840 Les Annales de Tacite, traduites en françois, avec des notes Histor. & Polit. par le même. *Paris, 1724, 4 tom. en 3 vol. in-12.*

2841 Corn. Nepotis Vitæ excellentium Imperatorum, cum notis varior. edente Rob. Keuchenio. *Lugd. Batav. 1658, in-8.*

2842 Caius Suetonius Tranquillus de duodecim Cæsaribus. *Paris. è Typ. R. 1644, 2 vol. in-16.*

B b

2843 Idem, cum notis varior. edente Jo. Schildio. *Lugduni Bat.* 1647, *in-*8. *vel. d'Holl. Litt. ital.*

2844 Idem, edente Eodem. *Ibid.* 1656, *in-*8. *Litt. quadratis.*

2845 Idem, cum notis Zuerii Boxhornii. *Amst.* 1668, *in-*12. *p. f.*

2846 Idem, cum |Comm. Petri Almeidæ, ad uf. Jofephi Portugalliæ Principis. *Hagæ-Comitum,* 1727, *in-*4. *v. f.*

2847 Les Impératrices Romaines ; ou Hiftoire de la vie des Femmes des douze Céfars, &c. par de Serviez. *Paris,* 1728, 3 *vol. in-*12. *fil.*

2848 Herodiani Hiftoriæ de Imperio Imperatorum poft Marcum, vel de fuis temporibus Lib. octo ; gr. & lat. edente Dan. Pareo. *Francof.* 1627, *in-*8.

2849 Hiftoire d'Herodien, depuis Marc-Aurele jufqu'à Maxime; trad. du grec avec des remarques, par (Nic. Hub. de Mongault). *Paris,* 1700, *in-*12.

2850 Ammiani Marcellini rerum per Romanos geftarum, ab anno Chr. 353 ad an. 378, Libri qui fuperfunt; ex editione Henr. Valefii. *Parif.* 1681, *in-fol. gr. pap.*

2851 Hiftoire Romaine d'Ammian Marcellin, depuis l'Empire de Nerva jufqu'à la mort de Valens, trad. en françois par l'Abbé de Marolles. *Paris,* 1672, 3 *vol. in* 12.

2852 Hiftoire de Céfar Germanicus, par M. de Beaufort. *Leyde,* 1741, *in-*12. *br.*

4. *Hiftoire particuliere des Empereurs Romains en Orient, & de l'Empire de Conftantinople fous les Empereurs Grecs & François.*

2853 Vie de l'Empereur Julien, par l'Abbé de la Bléterie. *Paris,* 1746, *in* 12.

2854 Chronicon Pafchale, à mundo condito ad Heraclii ann. vicefimum ; gr. & lat. ftudio Carol. du Frefne du Cange : accedit, Chronicon Orientale P. Rahebi, ex arabico lat. redditum, à Jof. S. Affemano. *Venetiis,* 1729, 2 *vol. in-fol. br.*

2855 Hiftoire de Conftantinople, depuis l'ancien Juftin jufqu'à la fin de l'Empire, trad. du grec de différens Auteurs, par le Préfident Coufin. *Paris,* 1672, 8 *vol. in-*4.

2856 La même. *Paris,* (Holl.) 1685, 10 *vol. in-*12.

2857 Hiftoire de l'Empire de Conftantinople, écrite par Geoffroy de Ville-Hardouin, & publiée avec des Obferv.

par Ch. du Fresne Sieur du Cange. *Paris, Impr. Royale,* 1657, *in-fol.*

2858 Gesta Dei per Francos, sive Orientalium Expeditionum & Regni Francorum Hierosolimitani Historia, à variis Scriptoribus cœvis ; edente (Jac. Bongarsio). *Hanoviæ,* 1611, 2 *tom. en un vol. in-fol.*

2859 Oriens Christianus, exhibens Ecclesias, Patriarchas & cæteros totius Orientis Præsules ; studio Mich. le Quien. *Paris. è Typ. R.* 1740, 3 *vol. in fol. gr. pap. en feuilles.*

2859 * Notitia Dignitatum Imperii Romani cùm Orientis tùm Occidentis, ultra Arcadii Honoriique tempora ; cum Comm. Guidi Panciroli. *Lugduni,* 1608, *in-fol.*

2859 ** Notitia Dignitatum Imp. Romani ; ex recensione Ph. Labbe. *Paris. è Typ. R.* 1651, *in-12.*

V. ANTIQUITÉS, OU PREUVES DE L'HISTOIRE PROFANE ANCIENNE.

1. *Traités généraux & Recueils d'Ouvrages concernant les Antiquités Romaines.*

2860 Introduction à la connoissance des Antiquités Romaines, par L. Vaslet. *La Haye,* 1723, *in-12.*

2861 Jo. Rosini Antiquitatum Romanarum Corpus absolutissimum, edente Dempstero. *Lutetia Paris.* 1613, *in-fol.*

2862 Idem Opus, cum notis Dempsteri & Schrevelii. *Lugd. Batav.* 1663, *in-4. fig.*

2863 Dictionarium Antiquitatum Romanarum & Græcarum, in usum Delphini, auctore Petro Danetio. *Lutetia Paris.* 1698, *gr. in-4.*

2864 L'Antiquité expliquée & représentée en figures, par Dom Bern. de Montfaucon ; avec le Supplément. *Paris,* 1719 & 1757, 15 *tom. rel. en 8 vol. in-fol. gr. pap. fig.*

2865 Jac. Gronovii Thesaurus Antiquitatum Græcarum. *Lugd. Bat.* 1697, 13 *vol. in-fol. fig. vel d'Holl.*

2866 Thesaurus Antiquitatum Romanarum, in quo continentur lectissimi Scriptores qui Romanam Historiam explicarunt & illustrarunt ; edente Jo. Geor. Grævio. *Traj. ad Rhen.* 1694, 12 *vol. in-fol. fig. br. en cart. avec un dos de peau rouge.*

2867 Alb. H. de Sallengre novus Thesaurus Antiquitatum Romanarum. *Haga Comitis, du Sauzet,* 1716, 3 *vol. in-fol. fig.*

2868 Utriufque Thefauri Antiquitatum Romanarum Græca-
rumque Nova Supplementa, congefta à Jo. Poleno. *Venetus,*
1737, 2 *vol. in-fol. fig.*

2869 Sam. Pitisci Lexicon Antiquitatum Romanarum. *Leo-
vardiæ , Halma,* 1713, 2 *vol. in-fol. fig.*

2870 Idem Opus. *Hagæ-Comit.* 1737, 3 *tom. en un vol. in-fol.
fig.*

2871 Thefaurus Antiquitatum & Hiftoriarum Italiæ , Mari
Liguftico & Alpibus vicinæ; ftudio Jo. Geor. Grævii. *Lugd.
Bat.* 1704, 6 *part. en 3 vol. in-fol. fig. vel. d'Holl.*

2872 Catalogus Librorum qui in Thefauris Romano, Græco,
Italico & Siculo continentur ; cum Præfatione P. Burmanni.
Leidæ, 1725, *in-8.*

2.   *Traités d'Antiquités concernant la Religion des Anciens.*

2873 Mat. Brouërius de Niedek de Populorum veterum ac re-
centiorum Adorationibus. *Amft.* 1713, *in-12. fig.*

2874 Hiftoire des Temples des Payens, des Juifs & des Chrétiens , par l'Abbé Ballet. *Paris,* 1760, *in-12.*

2875 Ant. Van Dale de Oraculis Ethnicorum Differt. cuæ;
accedit Schediafma de confecrationibus Ethnicorum. *Amftel.*
1683, *in-8. fig.*

2876 Differtation fur les Oracles des Sybilles , par le P. J.
Craffet. *Paris,* 1678, *in-12.*

2877 Réponfe à l'Hiftoire des Oracles de M. de Fontenelle ,
par (le P. Baltus). *Strasbourg,* 1707 & 1708, 2 *vol. in-8.*

2878 Des Sybilles célebres ; tant par l'Antiquité payenne que
par les SS. Peres, par D. Blondel. *Paris,* 1649, *in-4. vel.*

2879 Servatii Gallæi Differtat. de Sibyllis earumque Oraculis. *Amft.* 1688, *in-4. fig. de Romain ae Hooghe.*

2880 P. Caftellani de Feftis Græcorum Syntagma. *Antuerpiæ,*
1617, *in-8. vel.*

2881 Jo. Nicolai Commentatio de Ritu antiquo & hodierno
Bacchanaliorum. *Helmeftndii,* 1679, *in-4. vel.*

2882 Jo. Seldeni de Diis Syris Syntagmata duo. *Lugd. Bat.
Elʒ.* 1629, *in-8. vel.*

2883 Difcours de la Religion des anciens Romains , de la
Caftrametation & Difcipline Militaire d'iceux ; par Guill.
du Choul. *Lyon, Rouille,* 1567, *in-4. fig.*

2884 Hiftoire des Veftales; avec un Traité du Luxe des Dames
Romaines ; par l'Abbé Nadal. *Paris,* 1725, *in-12. m. r. d.
f. tr. &c.*

2885 Explication de divers monumens singuliers qui ont rapport à la Religion des anciens Peuples, (par Dom Jacques Martin). *Paris*, 1739, *in*-4. *fig. v. f.*

3. *Traités d'Antiquités concernant les Mœurs, les Loix, le Gouvernement, les Monnoyes, &c. des Anciens.*

2886 Traité des mœurs & usages des Romains; avec une Dissertation sur la maniere de discerner les Médailles antiques d'avec les contrefaites, par (le Févre de Morsan). *Paris*, 1739 & 1740, 2 *vol. in*-12.

2887 Antiquitatum Roman. Pauli Manutii Lib. duo; unus de Legibus, alter de Senatu. *Coloniæ Agrippinæ*, 1582, *in*-12. *fig.*

2888 De l'Impôt du Vingtieme sur les Successions; & de l'Impôt sur les Marchandises chez les Romains; essais historiques, par M. Bouchaud. *Paris*, 1766, *in*-8. *br.*

2889 Hier. Magii de Equuleo Lib. posthumus, cum notis Goth. Jungermanni. *Amst. And. Frisius*, 1664, *in*-12. *f. f. fig.*

2890 Histoire du Commerce & de la Navigation des Anciens, par Huet. *Paris*, (*Holl.*) 1727, *in*-12.

2891 Dan. Angelocratoris Doctrina de Ponderibus, Mensuris & Monetis. *Marpurgi*, 1617. == Jo. Rhodius de Ponderbus & Mens. vet. Medicorum & de vita Celsi; edente Th. Bartholino. *Hafniæ*, 1672, *in*-4.

2892 Jo. Casp. Eisenschmidii de Ponderibus & Mensuris veterum Roman. Græcorum & Hebræorum; necnon de valore Pecuniæ veteris Disquisitio. *Argentor.* 1708, *in*-8.

2893 Guil. Budæi de Asse & partibus ejus Lib. V. *Lugduni*, Gryphius, 1550, *in*-8. *vel.*

2894 Jo. Frid. Gronovius de Sesterciis, vel de Pecuniâ vetere Græcâ aut Romanâ; accesserunt, Volusius Mæcianus & Balbus Mensor de Asse. *Amst. Elz.* 1656, *in* 8. *vel.*

4. *Traités d'Antiquités concernant les Usages civils & domestiques, les Amusemens, les Jeux, les Habillemens &c. des Anciens.*

2895 De Re Vestiaria, Vascularia & Navali, ex Bayfio Car. Stephani Excerpta. *Lutetia, Typis ejusdem*, 1553. == Ejusdem Stephani de Re Hortensi Libellus. *Ibid.* 1545, *in*-8. *vel. vert.*

2896 Octavii Ferrarii de Re Vestiaria Lib. VII. *Patavii*, 1654, 2 *tom. en un vol. in-*4. *fig.*

2897 Antonii Bynæi de Calceis Hebræorum Lib. duo : accedit Somnium de Laudibus Critices. *Dordraci*, 1682, *in-*12. *p. f. fig.*

2898 B. Balduini Calceus Antiquus & Mysticus ; & Jul. Nigronius de Caliga Veterum ; edente Jo. Fred. Nilant. *Lugd. Bat.* 1711, *in-*12. *fig.*

2899 Jo. Nicolai de Chirothecarum (Gallicè *un Gant*) usu & abusu Disquisitio Historica. *Giessæ - Hassor.* 1701. = Ejusdem de Calcarium usu & abusu tractatus. *Francof.* 1702. = Salom. Sprangeri Homines sub aquis viventes. *Lipsia*, 1692, *in-*12. *p. f.*

2900 Jac. Phil. Thomasini de Tesseris Hospitalitiis Liber. *Amst. A. Frisius*, 1670, *in-*12. *p. f. fig. v. f.*

2901 Laur. Pignorii de Servis & eorum apud veteres Ministeriis Comm. *Amstelod. A. Frisius*, 1674, *in-*12. *p. f. fig.*

2902 Jo. Guil. Stuckii Antiquitatum Convivialium Lib. tres. *Tiguri*, 1582, *in fol. vel.*

2903 Jul. Cæs. Bulengerus de Conviviis & de Pictura, plasticè, Statuaria. *Lugduni*, 1627, *in-*8.

2904 Jos. Lanzonii de Coronis & Unguentis in Antiquorum Conviviis Exercitatio, latinè facta ab Hier. Baruffaldo ; accedit traductoris Schediasma de armis convivialibus. *Ferrariæ*, 1715, *in-*8.

2905 P. Ciacconius de Triclinio Romano. *Romæ*, 1586, *in-*8. *v. f.*

2906 Idem Opus, cum appendice Fulvii Ursini & Hier. Mercurialis de accubitu in Cœna antiquor. Dissertatio. *Amst. Frisius*, 1664, *in-*12. *fig.*

2907 Jac. Gutherii de jure Manium, seu de ritu, more & legibus prisci funeris Lib. tres ; & de Orbitate toleranda Lib. unus. *Paris.* 1615, *in-*4. *vel.*

2908 Funerailles & manieres d'ensevelir des Anciens Grecs, Romains, &c. par Cl. Guichard. *Lyon, J. de Tournes*, 1581, *in-*4. *fig. v. f. d. s. tr.*

2909 Joh. Nicolai de Græcorum Luctu, lugentiumque ritibus tractatus. *Thielæ*, 1697, *in-*12.

2910 Jo. Kirchmannus de funeribus Romanorum ; accedit Nic. Rigaltii funus Parasiticum. *Lugd. Bat.* 1672, *in-*12. *p. f. fig. v. f.*

2911 Recherches sur la maniere d'inhumer des Anciens, à

l'occasion des tombeaux de Civaux en Poitou, par le P. B. R. (Bern. Routh). *Poitiers*, 1738, *in-12.*

2912 Jo. Meursii Græcia Ludibunda; sive de Ludis Græcorum Liber; accedit Dan. Souterii Palamedes, vel de Tabulâ lusoriâ, &c. *Lugd. Bat. Elzev.* 1625, *in-8. vel.*

2913 Thomiæ Hyde de Ludis Orientalibus partes tres. *Oxonii*, è *Theatro Sh.* 1694, *in-8. fig.*

2914 Nic. Calliachii de Ludis Scenicis Mimorum & Pantomimorum Syntagma posthumum. *Patavii*, 1713, *in-4.* broché.

2915 Jul. Cæf. Bulengeri de Theatro Ludisque Scenicis Lib. duo. *Tricassibus*, 1603, *in-8. fig.*

2916 Onuph. Panvinius de Ludis Circensibus & de Triumphis; accedit Bulengeri de Spoliis Bellicis Liber, &c. *Parif.* 1601, *in-8.*

2917 Idem Bulengerus de Circo Romano, de Ludis Circensibus & de Circi Venatione. *Lutetiæ Parif.* 1598, *in-8. vel.*

2918 Le vrai Théâtre d'Honneur & de Chevalerie; contenant les Combats des Grecs, des Romains, &c. & autres exercices des anciens Nobles durant la paix : par Marc de Wlson de la Colombiere. *Paris*, 1648, 2 *vol. in-fol. gr. pap. fig.*

2919 Fr. Blanchini de tribus generibus instrumentorum Musicæ veterum Organicæ dissertatio. *Romæ*, 1742, *in-4. v. f. fig.*

2920 Casp. Bartholini de Tibiis veterum & earum antiquo usu Lib. tres; necnon ejusdem expositio veteris in Puerperio ritus. *Romæ*, 1677, *in-8. fig.*

2921 Hier. Magii de Tintinnabulis Liber, cum notis Fr. Sweertii. *Amst.* 1664, *in-12. p. f. fig.*

I. HISTOIRE ANCIENNE PAR LES MONUMENS.

I. *Médailles des anciens Peuples, Hébreux, Grecs & Romains.*

2922 Jo. Harduini Nummi antiqui Populorum & Urbium illustrati. *Parif.* 1684, *in-4.*

2923 Adr. Relandi de Nummis vet. Hebræorum Dissertationes quinque. *Ultraj. ad Rh.* 1709, *in-12. fig. v. f.*

2924 Levini Hulsii Imp. Romanorum Numismata, à C. J. Cæsare, ad Rudolphum II. cum eorum vita & aversa parte Numinorum. *Francof.* 1603, *in-8. fig.*

29 Æneæ Vici Commentariorum in vetera Imperatorum

Romanor. Numifmata Lib. primus ; edente J. B. du Vallio. *Parif.* 1619 , *in-4. fig. fil.*

2926 Numifmata Imperat. Romanorum, à Trajano Decio ad Palæologos Auguftos ; (operâ L. Fr. Jof. de la Barre) & Anf. Banduri qui Bibliothecam Nummariam his adjecit. *Lutetiæ Parif.* 1718 , 2 *vol. in-fol. fig.*

2. *Recueils de Médailles ; Defcriptions de différens Cabinets de Médailles , & Traités Ifagogiques de la Connoiffance des Médailles.*

2927 Difcorfo di Seb. Erizzo fopra le Medaglie antiche. *In Venetia , Valgrifi ,* 1559 , *in-8. vel.*

2928 Difcours fur les Médailles antiques, par Louis Savot. *Paris ,* 1627 , *in-4. vel.*

2929 Jo. Seldeni, (vel potius Alex. Sardi) Liber de Nummis; necnon Bibliotheca Nummaria. *Londini ,* 1675 , *in-4. vel.*

2930 La Science des Médailles, par L. Jobert, avec des re-marques , par (le Baron de la Baftie). *Paris ,* 1739 , 2 *vol. in-12. fig.*

2931 Cl. Nicafii Differtatio de Nummo Pantheo Hadriani Imperatoris. *Lugduni ,* 1690 , *in-4. fig. br.*

2932 Alex. Xav. Panelii de Ciftophoris Liber. *Lugd.* 1734 , *gr. in-4. v. f.*

2933 Selecta Numifmata antiqua ex Mufeo P. Seguini , cum ejufdem Obfervat. *Lutetiæ Parif.* 1684 , *in-4. fig.*

2934 Selectiora Numifmata in ære maximi moduli, è Mufeo Fr. de Camps, cum interpretationibus D. Vaillant. *Parif.* 1694 , *in-4. fig.*

2935 Eliæ Brenneri Thefaurus Nummorum Sueo-Gothicorum vetuftus. *Holmiæ ,* 1731 , *in-4. fig.*

2936 Gotha Nummaria, fiftens Thefauri Friderici (Saxo-num Ducis) Numifmata antiqua, à Chr. Sigif. Liebe de-fcripta. *Amft.* 1730 , *in-fol. fig.*

2937 Nummi veteres Collegii Turnonenfis Societatis Jefu. *Avenione ,* 1731. == Series Numifmatum antiquorum & Antiquitatum omnigeneris quas congefferat Guill. Baro de Craffier. *Augufta Eburonum ,* 1721. == Catalogue de Mé-dailles antiques ramaffées par Augufte Krieg. 1728 , *in-12. v. f.*

3. *Recueils & Explications de différentes Pierres antiques gravées, de Bagues, Cachets, &c.*

2938 Abr. Gorlæi Dactyliotheca, seu Annulorum Sigillarium quorum apud priscos usus, Promptuarium; cum Explic. Jac. Gronovii. *Lugd. Bat.* 1695, 2 *vol. in-4. fig.*

2939 Le Gemme Antiche figurate di Leonardo Agostini. *In Roma,* 1686, 2 *vol. in-4. fig.*

2940 Le Gemme Antiche figurate di Mich. Ang. Causeo de la Chausse. *In Roma*, 1700, *gr. in-4. fig. vel. d'Holl.*

2941 Pierres gravées antiques, butinées par B. Picart, expliquées par Phil. de Stoch & traduites en françois, par de Limiers. *Amst.* 1724, *in-fol. gr. pap. fig.*

2942 Traité des Pierres gravées, par P. J. Mariette. *Paris,* 1750, 2 *vol. in-fol. fig.*

2943 Histoire de Ptolémée Auletès, ou Dissert. sur une Pierre gravée du Cabinet de Madame; par Baudelot de Dairval. *Paris,* 1698, *in-8.*

4. *Recueils de différens Monumens anciens; Edifices, Tombeaux, Lampes sépulcrales & domestiques; Statues, &c.*

2944 Les Ruines des plus beaux Monumens de la Grece, par le Roy. *Paris,* 1758, 2 *part. en un vol. in-fol. forme d'Atlas, fig. grav. par le Bas, belles épreuves.*

2945 Antiquæ Urbis Romæ Splendor, operâ Jac. Lauri in lucem editus. *Romæ,* 1612, *in-4. obl. fig. m. r.*

2946 Ædificiorum & Ruinarum Romæ Liber, à Jo. Maggio incisus & delineatus. *Romæ, Jo. J. de Rubeis,* 1649. =Illustr. Virorum Græcorum ut extant expressi vultus, cœlo Aug. Veneti. *Ibid. Bolzetta,* 1648, *in-4.*

2947 Roma Illustrata, (ex Justi-Lipsii Commentariis Opus concinnatum). *Lugd. Bat.* 1645, *in-12. p. f. fig. fil.*

2948 Roma subterranea novissima, ex Opere Pauli Aringhi concinnata. *Arnhemiæ,* 1671, *in-12. p. f. fig.*

2949 Raph. Fabretti de Aquis & Aquæductibus veteris Romæ Dissertationes. *Romæ,* 1680, *in-4. fig.*

2950 Traité des Antiquités de Rome & de ce qui s'y trouve aujourd'hui de plus remarquable; en ital. & en franç. par J. P. Pinaroli. *Rome,* 1725, 3 *vol. in-12. p. f. fig.*

2951 Gli antichi Sepolcri, overo Mausolei Romani & Etruschi, raccolti & intagliati da P. Santi-Bartoli. *In Roma,* 1699, *in-fol. v. f. Tome I.*

2952 Le Pitture antiche del Sepolcro de Nafonii, nella via Flaminia, intagliate in rame dal Medefimo, & defcritte da Gio. P. Bellori. *In Roma*, 1680, *in-fol. vel.*

2953 Le antiche Lucerne Sepolcrali, figurate & intagliate nelle loro forma, dal medefimo Bartoli; con l'Offervatione del prenominato Bellori. *In Roma*, 1691, *in-fol. d. f. tr. m. r.*

2954 Fort. Liceti de Lucernis Antiquorum Lib. fex. *Utini*, 1653, *in-fol. fig.*

2955 Edmundus Figrelius de Statuis Illuftr. Romanorum. *Holmiæ*, 1656. = Jo. Schefferus de Antiquorum Torquibus. *Ibid.* 1656, *in-8.*

II. MÉLANGES D'ANTIQUITÉS.

1. *Recueils de Differtations fur différens points d'Antiquités, & Defcriptions des divers Cabinets d'Antiquités.*

2956 Les illuftres Obfervations Antiques de Gabr. Symeoni. *Lyon, de Tournes*, 1558, *in-4. fig. vel.*

2957 Jo. Meurfii Mifcellanea Laconica; five variarum Antiquitatum Laconicarum Lib. IV. editi curâ Sam. Pufendorfii. *Amft.* 1661, *in-4.*

2958 M. Zuerii Boxhornii Quæftiones Romanæ, quibus facri & profani Ritus explicantur; accedunt Plutarchi Quæftiones Romanæ; gr. & lat. *Lugd. Bat.* 1637, *in-4. fil.*

2959 Laur. Begeri Spicilegium Antiquitatis. *Coloniæ-Brandenb.* 1692, *in-fol. fig.*

2960 Henr. Spoor Favissæ utriufque Antiquitatis, in quibus reperiuntur Icones Deorum, Virorum & Fœminarum illuftrium. *Ultrajecti*, 1707, *in-4.*

2961 Recueil d'Antiquités Egyptiennes, Etrufques, Grecques & Romaines, par M. de Caylus. *Paris*, 1752, 2 *vol. in-4. fig.*

2962 Mich. Angeli Caufei de la Chauffe Mufeum Romanum, five Thefaurus eruditæ Antiquitatis. *Roma*, 1707, *in-fol. fig. vel. d'Holl.*

2963 Le Cabinet de la Bibliotheque de Sainte Génevieve, par le P. Cl. du Molinet. *Paris*, 1692, *in-fol gr. pap. fig.*

V. HISTOIRE PROFANE MODERNE.

I. HISTOIRE DE L'EUROPE.

I. PROLÉGOMENES.

1. *Hiſtoire générale & particuliere de l'Europe pendant différens Siecles ; Journaux & Gazettes hiſtoriques de l'Europe.*

2964 Siècle de Fer, où Hiſt. de notre Temps ; depuis 1598 juſqu'en 1663. *La Haye,* (*Trévoux*) 1705, 5 *vol. in-12.* avec la continuation.

2965 Mém. pour ſervir à l'Hiſt. Univ. de l'Europe, depuis 1600 juſqu'en 1716, (par le P. d'Avrigny). *Paris,* 1725, 4 *vol. in-12. v. f.*

2966 Mémoires Secrets, tirés des Archives des Souverains de l'Europe, depuis le regne d'Henri IV, (trad. de V. Siri, par Réquier). *Amſt.* (*Paris*) 1765, 6 *tom. en 3 vol. in-12.*

2967 Mercure de Vittorio Siri, ou Hiſtoire génér. de l'Europe, depuis 1640 juſqu'en 1655 ; trad. de l'Ital. par M. Réquier. *Paris,* 1758 ; 3 *vol. in-4. en feuilles.*

2968 L'Eſpion dans les Cours des Princes Chrétiens, par Jean-Paul Marana. *Cologne,* 1710, 6 *vol. in-12. fig.*

2969 Mém. pour ſervir à l'Hiſt. de l'Europe, depuis 1740 juſqu'en 1748 ; (par le P. Bougeant). *Amſt.* (*Paris*) 1749, 4 *tom. en 3 vol. in-12. v. f.*

2970 L'Eſprit des Cours de l'Europe, depuis le mois de Juin 1699 juſqu'en Décembre 1710 ; (par Nic. Gueudeville). 19 *tom. en 43 vol. in-12. p. f. v. f.*

2971 La Clef du Cabinet des Princes de l'Europe ; continuée ſous le titre de Journal de Verdun, par (Cl. Jourdan) ; depuis Juillet 1704 juſqu'en 1744. *Luxembourg & Verdun,* 81 *vol. in-12.*

I. HISTOIRE D'ITALIE.

I. Prolégomenes.

1. *Topographie & Hiſtoire générale d'Italie.*

2972 Urbis Romæ & quarundam Italiæ Civitatum antiquâ &

nova notabilia , edita à P. P. Orlando. *Roma* , 1611, *in-4. obl. fig.*

2973 Les Délices de l'Italie, par Rogiſſart & H***. *Paris,* 1707, 4 *vol. in-12. fig. v. f.*

2974 Hiſtoria Gothorum , Vandalorum & Longobardorum, ab Hug. Grotio in Ord. digeſta. '*Amſtel. Elzev.* 1655, *in-8, vel.*

2975 Italiæ Illuſtratæ , ſeu Rerum Urbiumque Italicarum Scriptores varii notæ melioris, collectore And. Schotto. *Francof.* 1600, *pet. in-fol.*

2976 Hiſtoire des Guerres d'Italie , depuis 1490 juſqu'en 1534, par Fr. Guichardin ; trad. en françois, (par le ſieur Favre & retouchée par Georgeon). *Londres ; (Paris)* 1738, 3 *vol. in-4. fil. d'or.*

2977 Mém. pour ſervir à l'Hiſt. de la vie de Céſar Borgia, Duc de Valentinois , fils du Pape Alexandre VI, trad. de Tomaſi. *Amſt.* 1739, 2 *vol. in-12.*

I. *Hiſtoire de l'Etat Eccléſiaſtique & de la République de Veniſe.*

2978 Nouv. Mémoires & Obſervations faites en Italie ſur les Monumens de l'anc. & de la nouv. Rome ; par Nodot. *Amſt.* 1706 , 2 *vol. in-12. fig.*

2979 Deſcrizione di Roma antica e moderna, con le auttorita di Autori antichi e moderni, (per Fr. de Seine). *In Roma ,* 1727 , 2 *vol. in-8. fig. v. ecc.*

2980 Rome ancienne & moderne, miſe en fr. par le même. *Leide ,* 1713 , 10 *vol. in-12. fig.*

2981 Hiſtoire de Veniſe , par Bapt. Nani , trad. en franç. par l'Abbé Tallemant. *Paris ,* 1679 , 3 *vol. in-12.*

2982 Hiſtoire de la Ligue faite à Cambray , contre la République de Veniſe ; par (J. B. Dubos). *La Haye ,* 1710, 2 *vol. in-12.*

2983 Hiſtoire du Gouvernement de Veniſe , par Amelot de la Houſſaie ; avec quelques Pieces relatives. (*Holl.*) 1677 , 2 *vol. in-12. p. f.*

2984 Le même Ouvrage. *Lyon ,* 1740, 3 *vol. in-12. fig.*

2985 Theod. Grafwinckelii Libertas Veneta ; ſive Venetorum in Se ac Suos imperandi Jus. *Lugd. Bat.* 1634 , *in-4. fil.*

II. *Histoire du Royaume de Sicile & de Naples.*

2986 Description de l'Isle de Sicile, par Pierre Callejo y Angulo; avec le Mémoire de l'Etat politique de la Sicile, par Agatin Apary. *Amst.* 1734, *in-8. fig.*

2987 Rerum Sicularum Scriptores recentiores, à Th. Fazello emendati ac editi. *Francof.* 1579, *in-fol.*

2988 Histoire des Rois des deux Siciles de la Maison de France, par d'Egly. *Paris*, 1741, 4 *vol. in-12.*

2989 Défense de la Monarchie de Sicile, contre les Entreprises de la Cour de Rome, (par L. Ellies du Pin). 1716, *in-12. v. f.*

2990 Histoire Civile du Royaume de Naples, trad. de l'Ital. de Giannone en franç. avec des notes. *La Haye*, 1742, 4 *vol. in-4. v. f.*

2991 Compendio delle Vite de i Re di Napoli; raccolte da Ant. Bulifon; aggiuntovi il Catalogo de' Vicerè. *Napoli*, 1688, *in-12. p. f. con figure.*

2992 Guida de' Forestieri curiosi di vedere le cose più notabili della Città di Napoli; dall' Pompeo Sarnelli e ampliata dal medesimo Bulifon. *In Napoli*, 1697, *in-12. p. f. fig. vel.*

III. *Histoire du Piémont & de la Savoie; de Gênes, de Corse & de Malthe.*

2993 Théâtre du Piémont & de la Savoye, trad. du latin en françois, (par Jac. Bernard). *La Haye, Moetjens*, 1700, 2 *vol. très-grand in-fol. fig. vel. d'Holl.*

2994 Traité historique de la Chambre des Comptes de Savoye. *Lyon*, 1662, *in-4.*

2995 Petri Bizari Historiæ atque Annales Genuenses. *Antuerpiæ*, 1579, *in-fol.*

2996 Histoire des Révolutions de Genes jusqu'en 1748, par (M. de Bréquigny). *Paris*, 1750, 3 *vol. in-12.*

2997 Mémoires sur la Corse, depuis 1738 jusqu'en 1741; par Jaussin. *Lausanne*, 1758, 2 *vol. in-12.*

2998 Disegni della Guerra, assedio & assalti dati dall' Armata Turchesca all' Isola di Malta, l'anno 1565; intagliati da Ant. Franco Lucini. *In Roma*, 1631, *in-fol.*

II. Histoire de France.

I. Prolégomenes.

1. Topographie & Description de la France ancienne & moderne.

2999 Hadr. Valesii Notitia Galliarum. *Parif.* 1675, *in-fol.*

3000 Jo. Limnæi Notitia Regni Franciæ. *Argentorati*, 1655, 2 *vol. in-4.*

3001 Mart. Zeilleri Topographia Galliæ. *Francof. Merian*, 1655, 3 *vol. in-fol. fig.*

3002 Description Hiftorique & Géographique de la France, par l'Abbé de Longuerue. *Paris*, 1722, *in-fol. fig.* on a copié en marge ce qui a été fupprimé.

3003 Nouv. Voyage de France, (par Dumas). *Paris*, 1720, *in-12. fig.*

3004 Nouv. Defcription de la France, par Piganiol de la Force. *Paris*, 1722, 8 *vol. in-12. fig.*

3005 Le même Ouvrage, avec l'Introduction. *Paris*, 1752, & 1753, 15 *tom.* en 8 *vol. in-12. fig.*

3006 Nouv. Voyage de France, par le même. *Paris*, 1724, 2 *vol. in-12. fig.*

3007 Nouv. Voyage de France, (par Cl. Saugrain). *Paris*, 1730, *in-12. fig.*

3008 Dictionnaire Univer. de la France anc. & moderne, par le même. *Paris*, 1726, 3 *vol. in fol.*

3009 Le Royaume de France, & les États de Lorraine difpofés en forme de Dictionnaire; par Doify. *Paris*, 1753, *in-4.*

3010 Idée Géographique & Hiftor. de la France, par (le P. Bougerel). *Paris*, 1747, 2 *vol. in-12.*

3011 Cartes de la France, rédigées par MM. Caffini & autres, nº. 1 à 4, 6 à 8, 18 à 48, 50 à 88, 94 à 100, & la foufcription, jufqu'à la 119ᵉ Carte, avec les Tables. *Contenues dans un grand portefeuille.*

3012 Atlas Géographique & Hiftor. des Elections du Royaume, par M. l'Abbé Regley. *Paris*, 1763, *gr. in-4. enlum.*

3013 Papirii Maffoni Defcriptio Fluminum Galliæ. *Parif.* 1618, *in-8. v. f. fil.*

3014 Idem Opus, cum notis Mich. Ant. Baudrand. *Ibid.* 1685, *in-12.*

3015 Les Rivieres de France, par Coulon. *Paris*, 1644, 2 *vol. in-8. vel.*

3016 Les Antiquités & Recherches des Villes de France, par André Duchesne. *Paris*, 1637, *in-8.*

3017 Les Délices de la France, (par Fr. Savinien Dalquié). *Amst.* 1699, 2 *vol. in-12. fig. v. f.*

3018 Le même Ouvrage, corrigé & augmenté. *Leide*, 1728, 3 *vol. in-12. fig.*

2. *Histoire préliminaire de la Gaule & des Gaulois, avant & depuis l'établissement des Francs.*

3019 Eclaircissemens Géographiques sur l'ancienne Gaule, par d'Anville. *Paris*, 1741, *in-12. fig.*

3020 Marci Zuerii Boxhornii Originum Gallicarum Lib. accedit, antiquæ Linguæ Britannicæ Lexicon. *Amst.* 1654, *in-4.*

3021 Ant. Gosselini Historia Gallorum veterum. *Cadomi*, 1636, *in-8. vel.*

3022 Mém. pour servir à l'Hist. des Gaules & de la France, par Gibert. *Paris*, 1744, *in-12.*

3023 Ægidii Lacarry Historia Galliarum, sub Præfectis Prætorio Galliarum; accedunt Ejusdem Epitome Hist. Regum Franciæ; Expeditio bellica Ludovici XIV adversus Batavos, &c. *Claromontii*, 1672, *in-4. vel.*

3024 Les Illustrations de Gaule & Singularités de Troyes, de Jean le Maire de Belges & autres Œuvres du même en prose & en vers, revûes par Pierre Lavinius. *Paris, de Marnef*, 1517, 2 *part. en un vol. in-4.*

3025 Les Antiquités & Histoires Gauloises & Françoises, depuis l'an du Monde 3350 jusqu'à l'an 987 de J. C. par le Pres. Fauchet. *Geneve*, 1611, *in-4.*

3026 Trésor des Recherches & Antiquités Gauloises & Françoises, par P. Borel. *Paris*, 1655, *in-4. vel.*

3027 Scip. Maffei Galliæ Antiquitates quædam selectæ. *Paris.* 1733, *in-4. fig. v. f. fil.*

3028 Antiquité de la Nation & de la Langue des Celtes, autrement appellés Gaulois, par le P. Dom P. Pezron. *Paris*, 1703, *in-12.*

3029 La Religion des Gaulois, tirée des plus pures sources de l'Antiquité, par (Dom Jacques Martin). *Paris*, 1727, 2 *vol. in-4. fig.*

3030 Jo. Isaaci Pontani Originum Francicarum Lib. sex. *Hardervici*, 1616, *in-4. fil.*

3031 L'Origine des François & de leur Empire, par Audigier. *Paris* , 1676, 2 *vol. in-*12.

3032 Histoire Critique de l'Etabliffement de la Monarchie Françoife dans les Gaules, par l'Abbé Dubos. *Paris* , 1734, 3 *vol. in-*4.

3033 Les Œuvres d'Eftienne Pafquier. *Amft.* (*Trévoux*) 1723, 2 *vol. in-fol.*

3034 Les Recherches fur la France, par le même. *Paris* , 1633, *in-fol.*

3035 Les Recherches des Recherches & autres Œuvres d'Eft. Pafquier , pour la défenfe de nos Roys, (par Fr. Garaffe). *Paris* , 1622, *in* 8. *vel.*

3036 Nouvelles Recherches fur la France , (par L. A. Pr. Hériffant). *Paris* , 1766 , 2 *vol. in-*12.

3037 Fr. Hotomani Franco-Gallia. (*Geneva*) 1573 , *in-*8. *vel.*

3038 Ad Fr. Hotomanni Franco-Galliam Ant. Matharelli Refponfio. *Lutetia* , *Fed. Morellus* , 1575 , *in-*8. *vel.*

I. *Hiftoire Eceléfiaftique de France.*

1. *Topographie Eccléfiaftique du Royaume de France.*

3039 Gallia Chriftiana in Provincias Ecclefiafticas diftributa ; Studio Dionyfii Sammarthani & Monachorum Ord. S. Benedicti. *Lutetiæ-Parif.* 1715 , & ann. *feqq.* 11 *vol. in-fol. les tom.* 1 & 2 *reliés & les autres en feuilles.*

3040 Recueil Hiftor. Chronol. & Topographique des Archevêchés , Evêchés, Abbayes & Prieurés de France, par Dom Beaunier. *Paris* , 1726, 2 *vol. in-*4.

3041 Catalogue des Archevêchés, Evêchés, Abbayes & Prieurés de Nomination Royale en France ; par J. Dagobert Antoine. *Paris* ; 1734, *in-*8.

3042 Calendrier Hiftorique & Chronologique de l'Eglife de Paris, par A. M. le Fevre. *Paris* , 1747 , *in-*12.

2. *Hiftoire Eccléfiaftique, Priviléges & Immunités des Eglifes & du Clergé de France.*

3043 Hiftoire Eccléfiaftique de la Cour, ou les Antiquités de la Chapelle & Oratoire du Roi de France, par Guill. du Peyrat. *Paris* , 1645, *in-fol. fil.*

3044 Le Grand Aulmofnier de France, par Seb. Roulliard. *Paris* , 1607, *in* 8. *vel.*

HISTOIRE.

3045 La Métropole Parisienne, ou Traicté des Caufes de l'Erection de l'Evefché de Paris en Archevefché par le Pape Grégoire XV; par And. du Sauffay. *Paris, 1625, in-12.*

3046 Ger. Dubois Hiftoria Ecclefiæ Parifienfis. *Parif. 1690, 2 vol. in-fol.*

3047 Eloges Hiftoriques des Evefques & Archevefques de Paris, depuis environ un fiecle, jufqu'au décès de M. de Harlay Chanvalon, (par Et. Algay de Martignac). *Paris, 1698, in-4. g. p. fig.*

3048 Traicté de l'Antiquité, Vénération & Priviléges de la Sainte Chapelle du Palais de Paris; par Séb. Roulliard. *Par. 1606, in-8. vel.*

3049 Hiftoire de l'Eglife de Meaux, par Dom Touffaint Dupleffis. *Paris, 1731, 2 vol. in-4.*

3050 Flodoardi Hiftoriarum Remenfis Ecclefiæ Lib. IV, edente Jac. Sirmondo. *Parif. 1611, in-8. lav. r.*

3051 Hiftoire de l'Eglife Métropolitaine de Reims, trad. du latin de Floard (Flodoard), par Nic. Chefneau, Chanoine de S. Symphorian. *Reims, 1680, in-4.*

3052 Metropolis Remenfis Hiftoria; five Supplementum Flodoardi; ab ann. 970 ad noftram ætatem; ftudio Guill. Marlot. *Remis, 1679, 2 vol. in-fol.*

3053 Differt. fur la Fondation de l'Eglife de S. Vaaft d'Origni, (Diocèfe de Laon) par Phil. des Landes. *S. Quentin, 1722, in-12.*

3054 La Vérité de l'Hiftoire de l'Eglife de S. Omer, & fon Antériorité fur l'Abbaye de Saint Bertin. *Paris, 1754, in-4. br.*

3055 Hiftoire du Diocefe de Bayeux, par Hermant. *Caen, 1705, in-4.*

3056 J. B. Driot Senonenfis Ecclefiæ Querela de Primatu Galliarum, adverfus Lugdunenfem; & de Metropolitico Jure adverfus Parifienfem: (pro Lud. H. de Gondrin, Senon. Archiep.) *Senonis, 1657, in-12.*

3057 Sancta & Metropolit. Ecclefia Turonenfis Sacror. Pontificum ornata virtutibus & Sanctiff. Conciliorum inftitutis decorata; ftudio Jo. Maan. *Augufta-Turonum, 1667, in-fol.*

3058 Les Libertez, Immunitez & Exemptions de l'Eglife Métropolitaine de Bourges, par Fradet. *Paris, 1618, in-8. v. f.*

3059 Les Evefques de Poictiers, avec les Preuves, par J. Befly. *Paris, 1647, in-4. vel.*

D d

3060 L'Eglise Métropolitaine & Primatiale de Saint André de Bourdeaux, par Hier. Lopes. *Bourdeaux*, 1668, *in* 4.

3. *Histoire Monastique ; c'est-à-dire, des Couvents, Monasteres, Abbayes & des Ordres Religieux de France.*

3061 Hist. de l'Abbaye de S. Germain-des-Prez, par Dom Jac. Bouillard. *Paris*, 1724, *in-fol. fig.*

3062 Monasterii S. Martini de Campis Paris. Ord. Cluniac. Historia; Auctore Mart. Marrier. *Paris.* 1637, *in-4. d. f. tr.*

3063 Hist. de l'Abbaye de S. Denys en France, par Doublet. *Paris*, 1625, *in-4.*

3064 Histoire de la même Abbaye, par Dom Mich. Félibien. *Paris*, 1706, *in-fol. fil.*

3065 Privilegium S. Medardi Suessionensis propugnatum; auctore Rob. Quatremaires. *Lutetiæ Paris.* 1659, *in-4. vel.*

3066 Histoire de l'Abbaye Royale de S. Jean des Vignes de Soissons, par Ch. Ant. de Louen. *Paris*, 1710, *in-12.*

3067 Histoire de l'Abbaye Royale de S. Ouen de Rouen, par Dom J. Fr. Pommeraye. *Paris*, 1663, *in-fol.*

3068 Narration Historique & Topographique des Convens de l'Ordre de S. François & Monasteres de Sainte Claire, érigés en la Province de Bourgogne, par Jac. Fodere. *Lyon*, 1619, *in* 4. *vel.*

3069 L'Auguste Basilique des Princes, Roys & Empereurs Fondateurs de l'Abbaye de Saint Arnoul de Metz, par A. Valladier. *Paris*, 1615, *in-4. vel.*

4. *Martyrologes, Vies de Saints & Histoire des Lieux Saints qui sont en France.*

3070 Andr. du Saussay Martyrologium Gallicanum. *Lutetiæ Paris.* 1637, 2 *vol. in-fol. g. p. fil.*

3071 Le Tombeau du grand S. Remi, Apôtre titulaire des François, par Dom Guill. Marlot. *Reims*, 1647, *in-8. vel.*

3072 Histoire de Notre-Dame de Liesse, par Villette. *Laon*, 1707, *in-8.*

3073 Discours de la Vie, Mort & Miracles de S. Memie, Apôtre de Chaalons en Champagne; avec un Catalogue des Evêques qui lui ont succédé; par le P. Ch. Rapine. *Chaalons*, 1625, *in-16. v. f.*

3074 Recherche des Sainctes Antiquités de la Vosge, par J. Ruyr. *Espinal, sans date, in-4. v. f.*

II. Histoire Civile de France.

1. Histoire Universelle de France.

3075 Plan de l'Histoire générale & particuliere de la Monarchie Françoise, par l'Abbé Lenglet du Fresnoy. *Paris*, 1753, 3 *vol. in-12. v. f.*

3076 Pauli Æmilii de rebus gestis Francorum Lib. X, (à Pharamundo ad Ludovicum XII). Arnoldi Ferronii de rebus gestis Gallorum Lib. IX, (à Carolo VIII. ad Henricum II). *Lutetia*, *Vascosanus*, 1550, 2 *tom. en un vol. in-fol. lav. r.*

3077 Le Rozier Historial de France. *Paris*, 1522, *in-fol. goth. lav. r.*

3078 Histoire de l'Origine & des Progrès de la Monarchie Françoise suivant l'ordre des temps, jusqu'en 1500; par Guill. Marcel. *Paris*, 1686, 4 *vol. gr. in 12. fig. v. f.*

3079 Le Thrésor des Histoires de France, réduit par tiltres ou lieux communs, par Gilles Corrozet. *Paris*, 1645, *in-8. vel.*

3080 Annales de France depuis la destruction de Troyes, jusqu'à Louis XI, par Nicolle Gilles; continuées par Denis Sauvage. *Paris*, 1562, *in-fol.*

3081 La Chronique des Roys de France & des cas mémorables advenuz depuis Pharamond jusques au Roi Henri II; continuée jusqu'en 1551, (par J. du Tillet). *Rouen*, 1551, *in-8.*

3082 Histoire Universelle de toutes Nations, & spécialement des Gaulois & des François, jusqu'en 1621, par Jac. de Charron. *Paris*, 1621, *in-fol. fil.*

3083 Histoire générale des Roys de France, par Bern. de Girard, Seigneur du Haillan. *Paris*, 1627, 2 *vol. in-fol. fil.*

3084 Histoire de France depuis Pharamond jusqu'à Henri IV y compris, par Fr. Eudes de Mezeray. *Paris*, 1643 & *ann. suiv.* 3 *vol. in-fol. fig.*

3085 La même Histoire. *Paris*, *Thierry*, 1685, 3 *vol. in-fol. fig. v. f.*

3086 Abrégé Chronologique de la même Histoire, par le même. *Paris*, 1668 & *ann. suiv.* 3 *vol. in-4. fil.*

3087 Le même Abrégé. *Amst.* 1682, 6 *vol. in-12. fig.*

3088 Le même. *Paris*, 1717, 12 *vol. in-12.*

3089 Obſervations critiques ſur l'Hiſtoire de France écrite par Mezerai, (par de Leſconvel). *Paris*, 1700, *in-*12.

3090 Hiſtoire générale de France, depuis le Déluge juſqu'à Louis XIII, par Scipion Dupleix. *Paris*, 1650, 6 *tom. en* 5 *vol. in-fol. gr. pap.*

3091 Nouv. Hiſtoire de France juſqu'à Louis XIII, par L. le Gendre. *Paris*, 1718, 3 *vol. in-fol. fil.*

3092 Hiſtoire de France juſqu'à la mort de Louis XIII, par Châlons. *Paris*, 1720, 3 *vol. in-*12.

3093 Inventaire de l'Hiſtoire de France, depuis Pharamond juſqu'à Louis XIV, par Jean de Serres. *Rouen*, 1660, 2 *vol. in-fol.*

3094 Hiſtoire de France, par de Cordemoy. *Paris*, 1685, 2 *vol. in-fol. fil.*

3095 Abrégé de l'Hiſt. de France, depuis Faramond juſqu'au Regne de Louis-le-Grand, par de Riencourt. *Par.* 1695, 7 *vol. in-*12. *fig.*

3096 Annales de la Monarchie Françoiſe, depuis ſon Etabliſſement juſqu'à la Majorité de Louis XV, par de Limiers. *Amſterd.* 1724, *in-fol. gr. pap. fig.*

3097 Hiſtoire de France depuis l'Etabliſſement de la Monarchie Françoiſe, par le P. Daniel. *Paris*, 1729, 10 *vol. in-*4.

3098 La même. *Paris*, 1735, 9 *vol. in-*12.

3099 Carte générale de la Monarchie Françoiſe, contenant l'Hiſt. Militaire depuis Clovis juſqu'en 1730, par Lemau de la Jaiſſe. *Paris*, 1733, *gr. in-fol.*

3100 Abrégé Chronol. de l'Hiſt. de France, par le Comte de Boulainvilliers. *La Haye*, (*Paris*) 1733, 3 *vol. in-*12. *v. f.*

3101 Abrégé de l'Hiſt. de France, par Boſſuet. *Par.* 1747, & *ann. ſuiv.* 4 *vol. in-*12. *br.*

3102 Hiſtoire de France depuis l'Etabliſſement de la Monarchie, par l'Abbé Velly, continuée par Villaret. *Par.* 1755, 14 *vol. in-*12. *v. f. fil.*

3103 Nouvel Abrégé Chronologique de l'Hiſt. de France, par le Préſident Hénault. *Paris*, 1749, *in-*4. *fil.*

3104 Le même Ouvrage. *Ibid.* 1761, 2 *vol. in-*8. *fil.*

3105 Abrégé Chronologique des Grands-Fiefs de la Couronne de France, par Brunet. *Paris*, 1759, *in-*8. *br.*

3106 La France Métallique, par Jacques de Bie. *Par.* 1636, *in-fol. fig. v. f. d. ſ. tr.*

3107 Les Monumens de la Monarchie Françoiſe, qui com-

prennent l'Hist. de France, l'Origine des François & la
suite des Rois jusqu'à Henri IV, avec leurs Portraits ; par
Dom Bernard de Montfaucon. *Paris*, 1729, *& ann. suiv.*
5 *vol. in-fol. gr. p. fig. v. f.*

3108 Les Mémorables Journées des François, par A. Girard. *Paris*, 1647, *in-4. fig. de Nic. Cochin.*

3109 Histoire des Révolutions de France, par de la Hode,
(le sieur de la Motte). *La Haye*, 1738, 4 *vol. in-12.*

2. *Histoire particuliere de France pendant différens Siecles.*

3110 Historiæ Francorum Scriptores Coætanei, ab ipsius Gentis origine ad Philippum IV Regem usque ; id est, ad ann.
1285 ; studio And. du Chesne. *Lutetiæ Paris.* 1636, *& ann.
seq.* 5 *vol. in-fol. fil.*

3111 S. Gregorii, Episcopi Turonensis, Opera omnia ; necnon Fredegarii Epitome & Chronicon, cum suis Conti-
nuatoribus ; ex editione Theod. Ruinart. *Lutetiæ Paris.*
1699, *in-fol.*

3112 L'Histoire des François de S. Grégoire de Tours, avec
le Suppl. de Frédegaire, trad. en franç. par l'Abbé de Marolles. *Paris*, 1668, 2 *vol. in-8.*

3113 Annalium & Historiæ Francorum, ab ann. 708 ad ann.
990, Scriptores Coætanei duodecim, edente P. Pithæo.
Francof. 1594, *in-8. v. f. fil.*

3114 Historiæ Francorum, ab anno 900 ad ann. 1285, Scriptores XI, ex Bibl. ejusdem Pithæi. *Francof.* 1596, *in-fol.*

3115 Aimonii Monachi Historiæ Francorum Lib. V, studio
Jo. Nicotii emendati. *Paris. Wechelus*, 1567, *in 8.*

3116 L'Histoire & Chronique de Jehan Froissart, depuis
1326 jusqu'en 1400, (revue par D. Sauvage) *Lyon, J. de
Tournes*, 1559 & 1561, 4 *tom. en 2 vol. in-fol.*

3117 Froissardus & Cominæus in latinum traducti, à Joan.
Sleidano. *Amst. Blaeu*, 1640, *in-12. p. f.*

3118 Les Chroniques d'Enguerrand de Monstrelet, depuis
l'an 1400 jusqu'en 1467, & continuées jusqu'en 1516,
(revues par le même). *Paris*, 1572, 3 *tom. en 2 vol. in-
fol. gr. pap. l. r. d. s. tr.*

3119 Fr. Belcarii Peguilioni Rerum Gallicarum Comment.
ab ann. 1461 ad ann. 1580 ; edente Phil. Dinet. *Lugduni*,
1625, *in-fol. fil.*

3120 Histoire des neuf Rois Charles de France, par Fr. de
Belle-Forest, *Paris*, 1568, *in-fol. v. f. l. r.*

3121 Recueil de divers Mémoires, Harangues, Remonstran-
ces & Lettres fervant à l'Hiftoire de France, depuis le
Regne de Charles VII, jufqu'à Louis XIII, (contenant entr'autres le Procès-Criminel de Ch. de Bourbon ; Conneftable de France, &c.) *Paris*, 1623, *in-4. vel.*

3122 Mémoire pour fervir à l'Hift. de France, depuis 1515,
jufqu'en 1611, (par P. de l'Etoile ; avec des Remarques de
Jean Godefroy). *Cologne*, 1719, 2 vol. *in-8. fig.*

3123 Hift. de France depuis François I, jufqu'à Louis XIII,
par P. Mathieu. *Paris*, 1631, 2 vol. *in-fol.*

3. *Hiftoire générale des Rois de France, & particuliere de la
premiere & de la feconde Races.*

3124 Les vrais Portraits des Rois de France, tirés de leurs
Monumens & Médailles, par Jac. de Bie, avec leurs Vies,
par le P. Hilar. de Cofte. *Paris*, 1636, *in-fol.*

3125 Portraits des Rois de France, depuis Pharamond jufqu'à
Louis XIV, & les Illuftres François & Etrangers de l'un &
l'autre fexe ; par P. Daret. *Paris*, 1654, *in-4.*

3126 Les Auguftes Repréfentations de tous les Roys de
France, depuis Pharamond jufqu'à Louis XV, en 65 Portraits gravés par de Larmeffin. *Paris*, 1714, *in-4.*

3127 Hiftoire des Rois de France, depuis Pharamond jufqu'à
Louis XV, avec leurs Portraits, & les faits les plus mémorables de chacun ; par N. de Fer. *Paris*, 1722, *in 4. gravé.*

3128 Auftrafiæ Reges & Lotharingiæ Duces, nativis Iconibus
& hiftoricis Epigrammatis ad vivum expreffi, per Nic.
Clementem Trælæum. *Coloniæ*, 1619, *in-4. fig. vel.*

3129 Hadr. Valefii Rerum Francicarum Libri, à primordiis
hujus gentis ad Childerici deftitutionem. *Lutetiæ Parifior.*
1646 & 1658, 3 vol. *in-fol.*

3130 Hiftoire du Regne de Charlemagne, par de la Bruere.
Paris, 1745, 2 tom. en un vol. *in-8.*

4. *Hiftoire particuliere & anecdotique des Rois de la troifieme
Race, & de la Maifon de VALOIS.*

3131 Hiftoire de Suger, Abbé de S. Denis, Miniftre d'Etat
& Régent du Royaume fous Louis VIII., dit le Jeune, (par
Dom Arm. Fr. Gervaife). *Paris*, 1721, 3 vol. *in-12.*

3132 Hift. de Philippe-Augufte, (par Nic. Baudot de Juilly).
Paris, 1702, 2 vol. *in-12.*

3133 Histoire de France sous les Regnes de S. Louis, de Philippe de Valois, du Roi Jean, de Charles V & de Charles VI, par l'Abbé de Choisy. *Paris*, 1750, 4 *vol. in-*12.

3134 Histoire de S. Louis, par J. Sire de Joinville, & publiée par Ch. du Fresne, Sieur du Cange. *Paris*, 1668, *in-fol.*

3135 La même, avec les Annales de son Regne, par Guill. de Nangis, &c. publiée par l'Abbé Sallier & autres. *Par. Imp. R.* 1761, *in-fol. fil. a'or.*

3136 Histoire de S. Louis, (par J. Filleau de la Chaise). *Paris*, 1688, 2 *vol. in-*4.

3137 La Saincte Mere ; ou Vie de Saincte Isabel de France, Fondatrice de Long-Champ, & Sœur de Louis IX, par Seb. Roulliard. *Paris*, 1619, *in-*8.

3138 Histoire du différent d'entre le Pape Boniface VIII. & Philippe-le-Bel, par Fr. Duchesne. *Paris*, 1655, *in-fol.*

3139 Histoire des Démêlés du Pape Boniface VIII, avec Philippe-le-Bel ; par Adr. Baillet. *Paris*, 1718, *in-*12.

3140 Traitez concernant l'Histoire de France ; sçavoir, la condamnation des Templiers ; &c. par P. Dupuy. *Paris*, (*Holl.*) 1700, *in-*12.

3141 Histoire de Jean de Boucicaut, Maréchal de France, sous Charles V & Charles VI ; publiée par Théod. Godefroy. *Paris*, 1620, *in-*4.

3142 Histoire de Charles VI, Roi de France, par J. le Laboureur. *Paris*, 1663, 2 *vol. in-fol. gr. pap.*

3143 Œuvres d'Alain Chartier, Secrétaire de Charles VI & Charles VII, contenant l'Histoire de son temps, &c. revues par A. du Chesne. *Paris*, 1617, *in-*4. *fil.*

3144 Histoires de Charles VI, par J. Juvenal des Ursins ; de Charles VII, par J. Chartier ; & de Charles VIII, par Guill. de Jaligny & autres ; publiées par D. Godefroy. *Paris, Impr. R.* 1653 & *ann. suiv.* 3 *vol. in-fol.*

3145 Mémoires pour servir à l'Histoire de France & de Bourgogne, contenant un Journal de Paris sous les Regnes de Charles VI & de Charles VII. L'Histoire du meurtre de Jean sans peur, &c. (publiés par L. Fr. Jos. de la Barre). *Paris*, 1729, *in-*4.

3146 Anciens Mémoires du quatorzieme Siecle, contenant des circonstances de la vie de Bertrand du Guesclin, Connétable de France ; traduits par le Febre. *Douay*, 1692, *in-*4.

3147 Hiſtoire de Charles VII, (par Baudot de Juilly). *Paris,* 1754, 2 *vol. in-*12.

3148 Sibylla Francica, ſive de Puella Johanna Lotharinga, Ductrice Exercitus Françorum ſub Carolo VII, Diſſertat. aliquot Coævorum Scriptorum ; edente Goldaſto. *Urſellis,* 1606. = Vitæ Comparatæ Ariſtotelis ac Demoſthenis ; per A. Schottum. *Auguſtæ Vindel.* 1603. = Vita S. Antonii Eremitæ, à D. Athanaſio Græcè ſcripta, cum verſ. lat. Dav. Hoeſchelii. *Ibid.* 1611, *in-*4.

3149 Recueil de pluſieurs inſcriptions propoſées pour remplir les tables d'attente, étant ſous les Statues du Roi Charles VII & de la Pucelle d'Orléans, qui ſont élevées ſur le Pont d'Orléans dès l'an 1458 ; avec diverſes Poéſies à la louange de ladite Pucelle & un abrégé de ſa vie, (par Ch. du Lys). *Paris,* 1628, *in-*4. *v. ſ. fig.*

3150 Hiſtoire de Louis XI, Roi de France, par Matthieu. *Paris,* 1610, *in-fol.*

3151 Hiſtoire de Louis XI, avec les preuves, par Duclos. *Paris,* 1745, 4 *vol. in-*12.

3152 Hiſtoire & Regne de Louis XI, par Mademoiſelle de Luſſan, (ou Baudot de Juilly). *Paris,* 1755, 6 *vol. in-*12.

3153 Mémoires de Meſſire Phil. de Comines, ſous les Regnes de Louis XI & Charles VIII, depuis 1464 juſqu'en 1498, avec la chronique ſcandaleuſe & autres pieces, publiées par J. Godefroy. *Bruxelles,* 1714, 4 *vol. in-*8.

3154 Les mêmes, revûs par Lenglet du Freſnoy. *Paris,* 1747, 4 *vol. in-*4. *avec les Portraits gr. par Odieuvre.*

5. *Hiſtoire des Rois de la Maiſon de France ; Branches d'ORLÉANS & d'ANGOULÊME.*

3155 Hiſtoire de Louis XII, par Cl. de Seyſſel & Jean d'Auton ; publiée par Théod. Godefroy. *Paris,* 1615, *in-*4. *vel.*

3156 Hiſtoire de Louis XII, Roi de France, par Jean de Saint-Gelais, (publiée par le même). *Paris,* 1622, *in-*4. *vel.*

3157 Vie du Cardinal d'Amboiſe, premier Miniſtre de Louis XII, par L. le Gendre. *Amſt.* (*Paris*) 1726, *in-*4.

3158 La même. *Ibid.* 1726, 2 *vol. in-*12.

3159 Hiſtoire de Marguerite de Valois, Reine de Navarre Sœur de François I, (par Mademoiſelle de la Force). *Paris,* 1720, 4 *vol. in-*12.

3160 Les Mémoires de Martin du Belley - Langey, depuis 1513

1513 jufqu'en 1545. *Paris*, 1569, *in-fol. l. r. vel.*

3161 Mémoires de la vie de Fr. de Scepeaux, Sire de la Vieilleville, contenant plufieurs anecdotes des Regnes de François I, Henri II, François II & Charles IX, par Vinc. Carloix. *Paris*, 1757, 5 *vol. in-12.*

3162 Lettres & Mémoires d'État fous les Regnes de François I, Henri II & François II, recueillis par Guill. Ribier. *Paris*, 1677, 2 *vol. in-fol.*

3163 Procès Criminel de Charles de Bourbon, Connétable de France fous François premier, pour caufe de rébellion; avec la conteftation mue entre le Roi & Anne de Bourbon, femme du Connétable, pour la fucceffion de fon mari. *In-4. Mff. écriture du tems.*

3164 Hiftoire du Maréchal de Matignon; contenant tout ce qui s'eft paffé depuis la mort de François I, jufqu'à la fin des guerres civiles; par J. de Cailliere. *Paris*, 1661, *in-fol.*

3165 L'Hiftoire de France, depuis l'an 1550 jufqu'à ces temps, (par Lancelot-Voëfin Sieur de la Popeliniere). 1581, 2 *vol. in-fol. v. f.*

3166 L'Hiftoire de France fous les Regnes d'Henri II & François II, Charles IX & Henri III; par Milles Piguerre. *Paris*, 1582, *gr. in-fol.*

3167 Hiftoire des guerres Civiles de France, depuis François II jufqu'à la paix de Vervins; trad. de l'Italien de Davila, par J. Baudoin. *Paris*, 1666, 4 *vol. in-12.*

3168 Th. Cormerii Rerum geftarum Henrici Secundi Lib. V. *Paris* 1584, *in-4.*

3169 Mémoires de Fr. Boyvin, Baron de Villars; pour les années 1550 à 1557. *Paris*, 1606, *in-4.*

3170 Commentaires de Blaife de Montluc, Maréchal de France. *Paris*, 1746, 4 *vol. in-12. v. f.*

3171 Recueils des chofes mémorables faites & paffées pour le faict de la Religion & Eftat de ce Royaume, depuis la mort du Roy Henry II jufqu'en 1565; (ou Mémoires de Condé). 1565, & *Strasbourg*, 1566, 3 *vol. in-12. p. f. v. f. fil.*

3172 Le même Ouvrage, fous ce titre, Mémoires de Condé; (publié par Secouffe). *Londres*, (*Paris*) 1740, 6 *vol. in-12. v. éc.*

3173 Les Mêmes, avec des notes (par Secouffe), & un Supplément, (par l'Abbé Lenglet du Frefnoy). *Paris*, 1743, 6 *vol. in-4. fig.*

3174 Vie de Michel de l'Hopital, Chancelier de France,

(par M. Levefque de Pouilly). *Paris*, 1764, *in-12.*

3175 Mémoires de Michel de Caftelnau, fous les Regnes de François II, Charles IX, Henri III & Catherine de Médicis ; avec des notes, par J. le Laboureur. *Bruxelles*, 1731, 3 *vol. in-fol. fig.*

3176 Hiftoire contenant un Abrégé de la Vie de Charles IX, par Arn. Sorbin, dit de Saincte-Foi. *Paris*, 1574. == Hift. de la Vie de Calvin, par Hier. Hermes Bolfec. *Ibid.* 1577, *in-8. vel.*

3177 Hiftoire de Charles IX, par Varillas. *Cologne*, 1686, 2 *vol. in-12.*

3178 Mémoires de l'Eftat de France, fous Charles IX, avec les Mém. de la troifieme Guerre Civile, (par Jean de Serre). *Middelbourg*, 1578 & 1571, 4 *tom. en 3 vol. in-8. groffe lettre, vel.*

3179 Vie de Gafpard de Coligny, Amiral de France, fous Charles IX, par (Gatien Sandras de Courtilz). *Cologne*, 1686, *in-8. vel. d'Holl.*

3180 Mémoires du Duc de Nevers, fous les Rois Charles IX, Henri III & Henri IV, publiés par de Gomberville. *Paris*, 1665, 2 *vol. in-fol. gr. pap. v. f.*

3181 Journal des chofes mémorables advenues durant le Regne d'Henri III, par P. de l'Eftoile ; (Edit. de J. Godefroy, avec les notes de P. Dupuy & le Duchat). *Cologne*, 1720, 4 *vol. in-8. fig.*

3182 Le même, augm. de plufieurs pieces curieufes, (par Lenglet du Frefnoy). *Paris*, 1744, 5 *vol. in-8.*

3183 Defcription de l'Ifle des Hermaphrodites ; pour fervir de Supplément au Journal d'Henri III, (par Artus Thomas, Sieur d'Embry). *Cologne*, 1724, *in-8.*

3184 Mémoires de la Ligue, depuis 1576 jufqu'en 1598 ; (par Simon Goulart), avec des notes (par l'Abbé Goujet). *Amft.* (*Paris*) 1758, 6 *vol. in-4.*

3185 Apologie Catholique contre les Libelles, publiés par les Ligués perturbateurs du Royaume de France ; par E. D. L. J. C. (Pierre de Belloy). 1585, *in-8. vel.*

3186 Recueil de Mémoires & Inftructions fervans à l'Hiftoire de France, (fous le Regne d'Henri III) depuis l'année 1586 jufqu'en 1591, (ou Mémoire du Duc d'Epernon). *Paris*, 1626, *in-4. v. f.*

3187 Hiftoire de la Vie du Duc d'Epernon, fous les Regnes d'Henri III, Henri IV & Louis XIII ; par Girard. *Paris*, 1673, 3 *vol. in-12.*

3188 Les Avantures du Baron de Fœnefte , par Théodore Agrippa d'Aubigné. *Amft.* (*Paris*), 1731, 2 *vol. in-*12.

6. Branche des *BOURBONS* ; *Regne d'HENRI IV*.

3189 Journal du Regne de Henri IV, par P. de l'Étoile, avec des remarques de Dupuy, Godefroy & le Duchat, & une Préface, (par le P. Bouges). *La Haye*, (*Paris*) 1741 , 4 *vol. in-*8.

3190 Gul. Soffi de Vita Henrici Magni Lib. IV. *Parif.* 1622, *in-*8. *vel.*

3191 Recueil des Eloges fur les Actions les plus fignalées d'Henri IV ; Panégyric à M. le Duc de Sully, par Hier. de Bénévent. *Paris*, 1609, *in-*8. *vel.*

3192 Hiftoire d'Henri le Grand , par Hardouin de Peréfixe. *Amft. Michiels,* 1661 , *in-*12.

3193 La même. *Paris*, 1661, *in-*4.

3194 Chronologie Novenaire , contenant l'Hiftoire de la Guerre fous le Règne d'Henri IV ; depuis l'an 1589 jufqu'en 1598, par P. Victor Cayet. *Paris*, 1608 , 3 *vol. in-*8. *v. f. d. f. tr. fil.*

3195 Chronologie Septenaire de l'Hiftoire de la Paix (conclue à Vervins) entre les Rois de France & d'Efpagne , depuis 1598 jufqu'en 1604, (par le même). *Paris*, 1605 ; *in-*8. *v. f. d. f. tr. fil.*

3196 Le Mercure François , ou la fuite de la Paix , depuis l'an 1605 jufqu'en 1644 , (par J. & Eftienne Richer, Cl. Malingre & Theophrafte Renaudot). *Paris*, 1619, & *ann. fuiv.* 25. *vol. in-*8. *v. f. d. f. tr. fil.* les tom 19 & 25 complets.

3197 Satyre Menippée de la vertu du Catholicon d'Efpagne, (par P. le Roy ; J. Gilot & autres), avec des remarques (par Dupuy, le Duchat & D. Godefroy). *Ratisbone* ; 1714, 3 *vol. in-*8. *fig.*

3198 Dialogue d'entre le Maheuftre & le Manant fur les troubles de France pendant le Regne d'Henry III & d'Henri IV, (par L. Morin, dit Cromé). 1593 ; *in-*8. *v. f. fil.*

3199 Moyens d'abus , entreprifes & nullités du Refcrit & Bulle de Sixte V, contre Henri de Bourbon , Roi de Nayarre , & le Prince de Condé fon frere ; (par P. de Belloy). 1586 , *pet. in* 8.

3200 Examen du Difcours publié contre la Maifon Royale de France, principalement contre la branche des Bourbons ; fur la Loi Salique & la fucceffion du Royaume , par un Catholique Apoftolique Romain, (le même). 1587, *in-8. vel.*

3201 De Jufta Reipublicæ Chriftianæ in Reges impios & hæreticos authoritate ; juftiffimaque Catholicorum ad Henricum Navarræum, à Regno Galliæ repellendum, confœderatione, (Auctore Guill. Rofæo). *Parif.* 1590, *in-8.*

3202 Thériaque & Antidot préparé pour chaffer le venin, poifon ou pefte des Hérétiques, Navarrois & Athées Politiques de la France ; par B. D. B. 1590, *in-8. vel.*

3203 Henrici Navarr. Regis Epiftolæ ad Auguftum Imp. ac Reges, Principes & Refpublicas Europeas de Pace Ecclefiaftica conftituenda ; cum Illor. refponfis. *Ultraj.* 1679, *in 12. p. f.*

3204 Idem Opus., fub hoc Titulo : Boutefeu des Calviniftes (M. de Ségure) depuis n'agueres envoyé en Ambaffade par le Roi de Navarre à quelque partie des Eftats de l'Empire, &c. trad. de lat. en fr. *Francfort*, 1584, *in-8. vel.*

3205 Sermons de la fimulée converfion, & nullité de la prétendue abfolution de Henri de Bourbon, Prince de Béarn, à S. Denis en France, le Dimanche 25 Juillet 1593, prononcés en l'Eglife Saint Merry à Paris, par Jean Boucher. *Jouxte la copie imprimée à Paris*, 1594, *in-8.*

3206 Hiftoire de la mort déplorable d'Henri IV, par Pierre Matthieu. *Jouxte la copie impr. à Paris, fans date*, *in-8.*

3207 Recueil de Pieces Hiftoriques & Curieufes ; fçavoir la mort d'Henri IV, découverte à Naples en 1608, par P. du Jardin : Apologie de l'Hiftoire de M. de Thou ; le Catéchifme des Jéfuites, par Pafquier ; &c. *Delft*, 1717, 2 vol. *in-12. fil.*

3208 Mémoires de Sully. (*Rouen*) 1652, 2 *tomes en 7 vol. in-12. p. f.*

3209 Les mêmes, publiés par (l'Abbé de l'Eclufe), avec le Supplément, (par J. Gab. Petit de Montempuis.) *Londres*, (*Paris*) 1745 & 1762, 9 *vol. in-12.*

3210 Hiftoire de la Vie de Phil. de Mornay, fous Henri III, Henri IV & Louis XIII, (par Dav. de Lique, & publiée par J. Daillé). *Leyde, Elzev.* 1647, *in-4.*

3211 Lettres & Ambaffades de Philippe Canaye, Seigneur du Frefne, avec un récit du Procès-Criminel fait au Marquis de Biron, par de la Guefle ; publiées par Rob. Regnoult. *Paris*, 1635, 3 *vol. in-fol. gr. p.*

3212 Lettres du Cardinal d'Offat, avec des notes Hiftoriques & Politiques d'Amelot de la Houffaye. *Amft.* 1732, 5 *vol. in-12.*

7. *Regne de LOUIS XIII.*

3213 Décade commençant l'Histoire de Louis XIII, jusqu'en 1617; par Bapt. le Grain. *Paris*, 1619, *in-fol.*

3214 Histoire de Louis XIII, par Ch. Bernard. *Paris*, 1646, *in-fol. v. f.*

3215 Histoire du Regne de Louis XIII, par Michel le Vaffor. *Paris*, 1700, 20 *vol. in-12. fig.*

3216 Recueil de Pieces concernant l'Histoire de Louis XIII, depuis 1610 jusqu'en 1617. *Paris*, 1716, 4 *vol. in-12.*

3217 Histoire du Regne de Louis XIII, par le P. H. Griffet. *Paris*, 1758, 3 *vol. in-4. v. f.*

3218 Les Triomphes de Louis le Juste, Poëme de Ch. Beys, avec les Portraits des personnes qui ont servi sous ce Prince, en forme d'éloges, par H. Estienne, Sieur des Fossés, &c. recueillis par J. Valdor. *Paris*, 1649, *gr. in-fol. fig.*

3219 Cataluña en Francia, Castilla fin Cataluña y Francia contra Castilla; Panegyrico al Monarca Luis XIII, el justo; per Fr. Marti y Viladamor. *En Barcelona*, 1641, *in-4.*

3220 Histoire de la réception faite à Marie de Médicis, par les Bourgmaistres & Bourgeois de la ville d'Amsterdam, trad. du lat. de Gasp. Barleus. *Amst.* 1638, *in-fol. fig. vel.*

3221 Mémoires pour servir à l'Histoire d'Anne d'Autriche, épouse de Louis XIII, par Madame de Motteville. *Amst.* 1723, 5 *vol. in-12.*

3222 Mémoires & Histoire du Cardinal de Richelieu, par Aubery. *Paris*, 1660, 3 *vol. in-fol.*

3223 Histoire du Ministere du Cardinal, Duc de Richelieu, (par le même). *Amst. Wolfganck*, 1664, 3 *vol. in-12. p. f.*

3224 La Vie du Cardinal de Richelieu, Ministre d'État de Louis XIII, par J. le Clerc. *Cologne*, 1695, 2 *vol. in-12. fig.*

3225 Lettres du Card. Duc de Richelieu, (Armand Jean du Plessis). *Paris*, 1696, 2 *vol. in-18.*

3226 Anecdotes du Ministere du Card. de Richelieu & du Regne de Louis XIII, tirées de l'Italien de Siri, par M. de (Valdory). *Amst.* (*Rouen*) 1717, 2 *vol. in-12.*

3227 Cruels effets de la vengeance du Cardinal de Richelieu, ou Histoire des Diables de Loudun, & de la condamnation d'Urbain Grandier, (par de Saint-Aubin). *Amsterd.* 1716, *in-12.*

3228 Examen Critique de l'Hist. des Diables de Loudun, par de la Ménardaye. *Liege*, (*Paris*) 1749, *in-12.*

3229 Teſtament Politique du Card. de Richelieu, par l'Abbé de Saint-Pierre. *La Haye*, 1740, 2 *vol. in*-12.

3230 Mém. de M. de Montchal, Archev. de Touloufe; contenant des particularités de la Vie & du Miniſtere du Card. de Richelieu. *Rotterd.* 1718, 2 *tom. en un vol. in*-12.

3231 Hiſtoire de la Vie du P. Joſeph le Clerc du Tremblay, ſous Louis XIII, par l'Abbé Richard. *Paris*, 1702, 2 *vol. in*-12.

3232 Le Véritable Pere Joſeph, Capucin, nommé au Cardinalat, (par le même). *S. Jean de Mauriene*, 1704, 2 *vol. in*-12. *avec la Réponſe.*

3233 Hiſtoire de la Rébellion excitée en France par ceux de la Religion prétendue réformée, depuis 1620 juſqu'en 1629, (par Cl. Malingre). *Paris*, 1623, & *ann. ſuiv.* 6 *vol. in*-8. *vel.*

3234 Recueil des Pieces les plus curieuſes qui ont été faites pendant le regne du Conneſtable de Luyne. 1624, *in*-8. *vel.*

3235 Mémoires & Diſcours politiq. du Duc de Rohan, ſur les choſes advenues en France, depuis la mort de Henry le Grand juſqu'à la paix faite avec les Réformés, au mois de Juin 1629. (*Holl. Elzeviers*) 1646, *in* 16.

3236 Hiſtoire du Maréchal de Toiras & d'une partie du Regne de Louis XIII, par Mich. Baudier. *Paris*, 1644, *in-fol. fig.*

3237 Hiſtoire du Maréchal de Guébriant ſous le Regne de Louis XIII, par J. le Laboureur. *Paris*, 1656, *in-fol.*

3238 Mémoires d'Omer Talon, Avocat-Général, depuis 1630 juſqu'en 1653. *La Haye* (*Trévoux*) 1732, 8 *vol. in*-12.

3239 Mémoires de Michel de Marolles, Abbé de Villeloin, depuis 1600 juſqu'en 1656; avec la ſuite. *Paris*, 1656, & 1657, 2 *tom. en un vol. pet. in-fol.*

3240 Les mêmes, avec des notes (par l'Ab. Goujet). *Amſt.* (*Paris*) 1755, 3 *vol. in*-12. *br.*

3241 Mémoires de Montréſor. *Leyde*, 1665, 2 *vol. in*-12.

3242 Les mêmes, avec ceux de Fontrailles. *Cologne*, 1723, 2 *vol. in*-12. *p. f.*

3243 Mémoires du Mar. de Baſſompierre, (ſous Henry IV, Louis XIII & Louis XIV). *Cologne*, (*Rouen*) 1703, 2 *vol. in*-12.

3244 Les mêmes. *Amſterd.* 1723, 4 *vol. in*-12. *p. f. v. f.*

3245 Mémoires de Robert Arnauld d'Andilly, depuis la fin du Regne de Henry IV, juſqu'en 1668; (publiés par l'Ab. Goujet). *Hambourg*, 1734, 2 *tom. en un vol. in*-12.

3246 Mémoires de Pontis, ſous Henry IV, Louis XIII &

Louis XIV, (par P. Th. du Fossé). *Paris*, 1715, 2 *vol. in-12.*

3247 Mém. de Cl. de Létouf, Baron de Sirot, sous les Regnes d'Henry IV, Louis XIII & Louis XIV. *Paris*, 1683, 2 *vol. in-12. v. f.*

8. *Regne de L O U I S XIV.*

3248 Jo. Labardæi de Rebus Gallicis Historiarum Lib. X, ab anno 1643 ad ann. 1652. *Paris.* 1671, *in-4.*

3249 Benj. Prioli ab excessu Ludovici XIII de Rebus Gallicis Historiarum Lib. XII. *Carolopoli*, 1665, *in-4.*

3250 Histoire de la Monarchie Françoise, sous le Regne de Louis le Grand, depuis 1643 jusqu'en 1692, par de Riencourt. *Paris*, 1692, 3 *vol. in-12.*

3251 Hist. de Louis XIV, depuis 1661, jusqu'en 1678, par Pellisson. *Paris*, 1749, 3 *vol. in-12.*

3252 Lettres historiques du même, (publiées par l'A. d'Olivet). *Ibid.* 1729, 3 *vol. in-12.*

3253 Journal historique des Evénemens les plus mémorables de l'Histoire sacrée & profane, pour servir à l'Hist. de Louis XIV, par Mich. Ange, Baron de Vuoerden. *Lille*, 1684, 2 *vol. in-8.*

3254 Hist. du Regne de Louis XIV, par H. Ph. de Limiers. *Amst.* 1717, 7 *vol. in-12. v. f.*

3255 Mém. pour servir à l'Hist. de Louis XIV, par l'Abbé de Choisy. *Utrecht*, (*Paris*) 1727, *in-12.*

3256 Mém. & Réflexions sur les principaux Evénemens du Regne de Louis XIV, (par le Marq. de la Fare). *Amsterd.* 1716, *in-12.*

3257 Histoire du Regne de Louis XIV, par Reboulet. *Avignon*, 1742, 3 *vol. in-4.*

3258 Les glorieuses Conquêtes de Louis-le-Grand, gravées sous la direction du Chev. de Beaulieu, par Perelle, Loisel & autres. 4 *vol. in-4. obl.*

3259 Histoire Militaire de Flandres, depuis 1690, jusqu'en 1694; (autrement appellée les Campagnes du Maréchal de Luxembourg) par le Chev. Beaurain. *Paris*, 1755, 2 *vol. gr. in-fol. le second tome contient les Cartes.*

3260 Relation du Siége de Namur, avec les Plans des attaques, &c. *Paris*, 1692, *in-fol.*

3261 Histoire du Siege de Toulon & de tout ce qui s'est passé depuis l'entrée du Duc de Savoye en Provence jusqu'à sa sortie, (par Jean d'Auneau de Vizé). *Paris* , 1707, *in-4.* avec le *Plan du Siege.*

3262 Recueil de Lettres pour servir d'éclaircissement à l'Histoire Militaire du Regne de Louis XIV , (publié par le P. Griffet). *Paris* , 1760, *6 vol. in-12. br.*

3263 Histoire du Regne de Louis le Grand , par les Médailles, Emblèmes, &c. recueillies par le P. Cl. Fr. Menestrier. *Paris* , 1700, *in-fol. fig.*

3264 Médailles sur les principaux Évenemens du Regne de Louis le Grand, avec des Explications Historiques, & la Préface mss. de l'édit. in-fol. *Paris* , *Imp. Roy.* 1702 , *in-4. gr. p. fig.*

3265 Les mêmes, augmentées. *Ibid.* 1702 , *gr. in-fol. fig.* avec la Préface *mss.*

3266 Lettres de Louis XIV aux Princes de l'Europe, recueillies par Rose, avec des remarques par M. Morelly. *Paris*, 1755, *2 vol. in-12.*

3267 Lettres de Louis XIV au Comte de Briord, Ambassadeur auprès des États-Généraux, pendant les années 1700 & 1701. *La Haye*, 1728, *in-12. p. f.*

3268 Amours des Dames Illustres de notre Siecle, (par de Bussy Rabutin). *Cologne*, 1717 , *in-12. p. f. fig.*

3269 Mémoires de la Rochefoucauld sur les brigues à la mort de Louis XIII. *Cologne* , 1717 , *in-12.*

3270 Mémoires de la Chastre , sur ce qu'on l'a destitué de sa Charge de Colonel des Suisses en 1644. Mémoire de la Rochefoucauld, & Apologie de M. le Duc de Beaufort. *In-fol. mss.*

3271 Mémoires de la Minorité de Louis XIV, (par Abr. Nic. Amelot de la Houssaye). *Amst.* 1723 , *2 vol. in-12. p. f.*

3272 Histoire du Ministere du Cardinal Mazarin , traduite de l'Italien du Comte Galeazzo Gualdo Priorato. *La Haye*, 1681 , *2 vol. in-12. p. f.*

3273 L'Histoire du Cardinal Mazarin , par Aubery. *Amsterd.* 1718, *3 vol. in-12.*

3274 Lettres du Cardinal Mazarin , où l'on voit les Négociations de la Paix des Pyrénées, (revûes par l'Abbé d'Alainval). *Amst.* (*Paris*), 1745, *2 vol. in-12. br.*

3275 Recueil de Pieces pour & contre le Cardinal Mazarin , sur la guerre de Paris, &c. 140 *vol. in-4.*

3276 Jugement de tout ce qui a été imprimé contre le Card. Mazarin, depuis le 6 Janvier jusqu'au 1 Avril 1649 , par (Gabr. Naudé). *in-4.* 492 *p.*

3277 Le même, augmenté. *in*-4. 718 *pages.*

3278 Les Mémoires de M. le Duc de Guise, sur la conduite qu'il a tenue dans son premier voyage de Naples, pendant la minorité de Louis XIV, par de Sainctyon. *Paris*, 1668, *in*-4.

3279 Mémoires de Mademoiselle de Montpensier, fille de Gaston d'Orléans, frere de Louis XIII. *Paris*, 1728, 6 *vol. in*-12. *v. f.*

3280 Les mêmes. *Londres*, (*Paris*) 1746, 7 *vol. in*-12. *p. f.*

3281 Mémoires du Cardinal de Retz. *Amst.* (*Rouen*) 1718, 3 *vol. in*-12.

3282 Mémoires de Joly, servant d'éclaircissement aux Mémoires du Cardinal de Retz. *Rotterd.* (*Rouen*) 1718, 2 *vol. in*-12.

3283 Mémoires de M. L...(Lenet), contenant l'Histoire des Guerres Civiles des années 1649 & suivantes. 1729, 2 *vol. in*-12.

3284 Mémoires de Madame la Duchesse de Nemours (Marie d'Orléans de Longueville), contenant l'Histoire de la guerre de Paris jusqu'en 1652. *Cologne*, (*Rouen*) 1709, *in*-12. *p. f.*

3285 La Vie d'Anne-Géneviève de Bourbon, Duchesse de Longueville, par (de Villefore). *Amst.* 1739, *in*-12.

3286 Mémoires de M. le C. D. R. (le Comte de Rochefort), (par Gatien Sandras de Courtilz). *La Haye*, (*Rouen*) 1691, *in* 12.

3287 Mémoires de Franç. de Paule de Clermont, Marquis de Montglat, sous les Regnes de Louis XIII & de Louis XIV. *Amst.* (*Rouen*) 1728, 4 *vol. in*-12.

3288 Mémoires de M. de Gourville, depuis 1641 jusqu'en 1698. *Paris*, 1724, 2 *vol in*-12.

3289 Mémoires d'Estat, par de Villeroy, donnés par Auger de Mauleon, Sieur de Granier. *Paris*, 1665, 4 *vol. in*-12.

3290 Mémoires d'Artagnan, Capitaine d'une Compagnie de Mousquetaires sous Louis XIV, (par Gatien Sandras de Courtilz). *Cologne*, 1700, 3 *vol. in*-12.

3291 Mémoires du Comte de Brienne, Ministre d'État, contenant les événemens remarquables du Regne de Louis XIII, & de celui de Louis XIV, (publiés par J. Aymon). *Amst.* (*Paris*), 1720, 2 *vol. in*-12.

3292 Mémoires du Chevalier de Terlon, pour rendre compte au Roi de ses Négociations, depuis 1656 jusqu'en 1661. *Paris*, 1681, 2 *vol. in*-12. *v. f.*

3293 Mémoires pour servir à l'Histoire de Louis de Bourbon

Prince de Condé, (publiés par de la Brune). *Cologne*, 1693, 2 *vol. in*-12.

3294 Histoire de Louis de Bourbon II du nom, Prince de Condé, par Déformeaux. *Paris*, 1766, 2 *vol. in*-12. *fig.*

3295 Histoire de Henri de la Tour d'Auvergne, Duc de Bouillon, par Marfollier. *Paris*, 1719, 3 *vol. in* 12.

3296 Vie du Vicomte de Turenne, par du Buiffon, (ou plutôt Gatien de Courtilz). *Cologne*, 1685, *in*-12.

3297 Histoire du Vicomte de Turenne, par Ramfay. *Paris*, 1735, 2 *vol. gr. in*-4. *fig.*

3298 Histoire du Vicomte de Turenne, par l'Abbé Raguenet. *Paris*, 1759, 2 *tom. en un vol. in*-12.

3299 Mémoires de Roger de Rabutin, Comte de Buffy. *Paris*, 1712, 3 *vol. in*-12.

3300 Mémoires de J. B. de la Fontaine, Brigadier des Armées du Roi (Louis XIV), par (Gatien Sandras de Courtilz). *Cologne*, 1699, *in* 12.

3301 Mémoires de Gafpard, Comte de Chavagnac, (fous Louis XIII & Louis XIV). *Amft.* 1701, *in*-12.

3302 Mémoires de la Cour de France pour les années 1688 & 1689, par Madame de la Fayette. *Amfterd.* 1731, *in*-12. *v. f.*

3303 Le Procès de M. Fouquet. (*Holl.*) 1675, 15 *vol. in*-12. *v. f.*

3304 Teftament politique de J. B. Colbert, Miniftre & Secrétaire d'Etat, (par Gatien Sandras de Courtilz). *La Haye*, 1694, *in*-12.

3305 Teftament Politique du M. de Louvois, Miniftre d'Etat, (par le même). 1695, *in*-12.

3306 Mémoires de M. de Bordeaux, Intendant des Finances, (pendant le Regne de Louis XIV). *Amft.* (*Paris*), 1758, 4 *vol. in*-12.

3307 Mémoires de M. le Duc de Montaufier. *Rotterd.* (*Paris*), 1731, 2 *vol. in*-12.

3308 La Vie du même, par N***, (le P. Nic. Petit); avec les Madrigaux pour la Guirlande de Julie, (Madem. de Rambouillet). *Paris*, 1729, 2 *tom. en un vol. in*-12.

3309 Histoire des Démêlés de la Cour de France avec la Cour de Rome au fujet de l'Affaire des Corfes, par Regnier Defmarais. 1707, *in*-4.

3310 Mémoires du Comte de Forbin, (rédigés par Réboulet). *Amfterd.* 1729, 2 *vol in*-12.

3311 Mémoires de du Guay-Trouin, Lieutenant-Général des

Armées Navales sous Louis XIV, (publiés par Pierre de Villepontoux). 1740, in-4. fig.

3312 Les mêmes. Amsterd. (Paris) 1740, in-12. fig.

3313 Mémoires de M. de S. Hilaire, contenant ce qui s'est passé depuis le décès du Card. de Mazarin, jusqu'à la mort de Louis XIV. Amst. (Paris) 1768, 4 vol. in-12.

3314 Mémoires du Maréchal de Berwick, Généralissime des Armées de Louis XIV, (publiés par l'Abbé Margon). Lond. (Paris) 1738, 2 vol. in-12.

9. Règne de LOUIS XV.

3315 Les Fastes du Règne de Louis XV. Paris, 1766, 2 part. en un vol. pet. in-8. br.

3316 Journal Historique du Mariage de Louis XV, & du Voyage de la Reine, depuis Strasbourg jusqu'à Fontaine-bleau, par le Chev. Daudet. Chaalons, 1725, in-12.

3317 Les Campagnes de Louis XV, représentées par des Figures allégoriques, avec une Explication historique, par Gosmond. Paris, 1744, in fol. fig.

3318 Les mêmes. Ibid. 1752, in-fol. d. s. tr. fil.

3319 Campagne du Maréchal Duc de Noailles, en Allemagne en 1743, Amsterd. 1760, 2 vol. in-12.

3320 Histoire des Conquêtes de Louis XV, depuis 1744 jusqu'en 1748, par Dumortous. Paris, 1759, in-fol. fig.

3321 Médailles du Règne de Louis XV, par Godonesche. in-fol. gravé.

3322 Mémoires de la Régence de Philippe, Duc d'Or-léans, pendant la Minorité de Louis XV ; (attribués au sieur de la Hode). La Haye, (Trévoux) 1736, 3 vol. in-12. fig.

3323 La Vie de Philippe d'Orléans, Régent du Royaume, par L. M. de M. Londres, (Holl.) 1736, 2 vol. in-12. fig. fil.

3324 Histoire du Maréchal de Saxe, (par Néel). Mittaw, 1752, 3 vol. in-12.

3325 Pieces originales du Procès fait à Rob. Franç. Damiens. Paris, 1757, in-4.

III. Histoire Civile des Provinces de France par ordre de Gouvernements.

1. *Gouvernement de l'Isle de France ; qui comprend le Beauvoisis, la Brie, le Gâtinois, le Valois, le Soissonnois, &c.*

3326 Les Antiquitez, Croniques & Singularitez de Paris, par Gilles Corrozet, augmentées par N. B. (Nicolas Bonfons). *Paris, Corrozet*, 1586, *in-8. vel.*

3327 Les Fastes, Antiquitez & Choses plus remarquables de Paris, recueillies par Pierre Bonfons. *Paris, Nic. & P. Bonfons*, 1605, *in-8. fig. vel.*

3328 Le Théâtre des Antiquités de Paris, par Jac. du Breul; avec le Supplément du même en latin. *Paris*, 1612 & 1614, 2 *vol. in-4.*

3329 Le même Ouvrage, augmenté par D. H. J. *Paris*, 1639, *in-4.*

3330 Les Annales & Antiquités de la Ville de Paris, par Claude Malingre. *Paris*, 1640, 2 *vol. in-fol. gr. pap. lav. r. fil.*

3331 Paris ancien & nouveau, par le Maire. *Paris*, 1685, 3 *vol. in-12.*

3332 Histoire & Recherches des Antiquités de la Ville de Paris, par H. Sauval; avec les Amours des Rois de France; (retouchées par M. Rousseau). *Paris*, 1724, 3 *vol. in-fol.*

3333 Histoire de la Ville de Paris, par Dom Mich. Félibien, augm. par Dom Lobineau. *Paris*, 1725, 5 *vol. infol. fig.*

3334 Histoire de Paris, abrégée de celle de Dom Félibien, (par l'Abbé des Fontaines). *Paris*, 1735, 5 *vol. in-12.*

3335 Histoire Abrégée de la Ville & de l'Université de Paris, (par Grancolas). *Paris*, 1728, 2 *vol. in-12.*

3336 Nouv. Annales de Paris jusqu'au Regne de Hugues-Capet, avec le Poëme d'Abbon, par Dom Toussaint du Plessis. *Paris*, 1753, *in-4.*

3337 Histoire de la Ville & de tout le Diocese de Paris, par l'Abbé Lebeuf. *Paris*, 1754, 15 *vol. in-12.*

3338 Dissertations sur l'Histoire Ecclés. & Civile de Paris, par le même. *Ibid.* 1739, 3 *vol. in-12.*

3339 Description de Paris, par Germain Brice. *Par.* 1725, 4 *vol. in-12. fig.*

3340 La même, (augmentée par P. J. Mariette & l'Abbé Perau). *Ibid.* 1752, 4 tom. en 2 vol. *in-12. fig.*

3341 Description de Paris & des belles Maisons & Châteaux des Environs, par Piganiol de la Force. *Paris,* 1742, 8 vol. *in-12. fig.*

3342 Description des Châteaux & Parcs de Versailles & de Marly, par le même. *Paris,* 1717, 2 vol. *in-12. fig.*

3343 Les Curiosités de Paris, de Versailles, de Marly, de Vincennes, de S. Cloud & des Environs, par L. R. (Cl. Marin Saugrain). *Paris,* 1723, 3 vol. *in-12. fig.*

3344 Séjour à Paris, c'est-à-dire, Instructions fidelles pour les Voyageurs de condition, comment ils se doivent conduire durant leur séjour à Paris; par J. C. Nemeitz. *Leyde,* 1727, 2 vol. *in-12.*

3345 Mémorial de Paris & de ses Environs, (par l'Ab. Antonini, augm. par l'Abbé Raynal). *Paris,* 1749, 2 vol. *in-12.*

3346 Voyage Pittoresque de Paris & des Environs, par Dezallier d'Argenville. *Paris,* 1755 & 1757, 2 vol. *in-12. fig.*

3347 Description de la Ville & Fauxbourgs de Paris en vingt planches, avec une Explication, par Jean de la Caille. *Par.* 1714, *in-fol. forme d'Atlas.*

3348 Limites de Paris, ordonnées par les Déclarations du Roi de 1726. *Manuscrit avec de jolis ornemens à la plume, in-4. m. r.*

3349 Nouveau Plan de Paris & de ses Fauxbourg, par M. l'Abbé de la Grive. *En 4 Cartes, avec les pieces d'entourage.* 1728. ══ Carte Topographique de Paris & des Environs. 1733, *en neuf feuilles, dont quatre collées sur toile & montées.*

3350 Le Plan de Paris en vingt planches, gravé par ordre de M. Turgot. *In-fol. forme d'Atlas, d. s, tr. dent.*

3351 Etat, ou Tableau de la Ville de Paris, (par M. de Jeze). *Paris,* 1760, *in-8.*

3352 Les Rues & les Environs de Paris, par ordre alphabétique. *Paris,* 1757, *in-12.*

3353 Les Affiches de Paris, (par MM. Aubert & le Févre), depuis 1750 jusqu'en 1766, inclusivement. 17 vol. *in-8.*

3354 Chronologie des Prévôts des Marchands, Eschevins & Officiers de la Ville de Paris jusqu'en 1703, par J. Chevillard, avec leurs Blasons. *Gr. in-4.*

3355 Recueil de plusieurs Titres, Mémoires & Antiquitez de la Chastellenie de Marcoussy, de la Prevôté de Mont-le-Héry, du Chapitre de S. Merry de Linas, &c. par P*** (Perron); *Paris*, 1694, *in-12*.

3356 Le Valois Royal, extrait des Mémoires de Nic. Bergeron, (par G. Beys). *Paris*, 1583, *in-12*.

3357 Les Antiquités de la Ville, Comté & Châtellenie de Corbeil, par Jean de la Barre. *Paris*, 1647, *in-4*.

3358 Histoire de la Ville de Melun & des Seigneurs de la Maison de Melun, par Sébastien Roulliard. *Paris*, 1628, *in-4. vel.*

3359 Le Trésor des Merveilles de la Maison Royale de Fontainebleau, par P. Dan. *Paris*, 1642, *in-fol. gr. pap. fig. v. f.*

3360 Descrip. Histor. des Château, Bourg & Forêt de Fontainebleau, par l'Abbé Guilbert. *Paris*, 1731, 2 *vol. in-12. fig.*

3361 Abrégé de l'Histoire de l'ancienne Ville de Soissons, par Melchior Regnault. *Paris*, 1633, *in-8*.

3362 Histoire de la Ville de Soissons, par Cl. Dormay. *Soissons*, 1663, 2 *tom. en un vol. in-4*.

3363 Histoire du Mont-Valerien, dit le Mont de Calvaire, près Paris, par J. le Royer. *Paris*, 1658, *in-12. p. f.*

3364 Versailles immortalisé par les merveilles qu'on y voit, en vers françois, par J. B. de Monicart. *Paris*, 1720, 2 *vol. in-4. fig.*

3365 Histoire & Antiquitez du Pays de Beauvaisis, par P. Louvet. *Beauvais*, 1631, 2 *vol. in-8. vel.*

3366 Hist. de la Ville & Cité de Beauvais, & des Antiquités du Pays de Beauvaisis, par le même. *Rouen*, 1614, *in-8*.

3367 Mémoires des Pays, Villes, Comtés, Comtes, &c. de Beauvais & Beauvaisis, par Ant. Loisel. *Paris*, 1617, *in-4*.

3368 Histoire du Château & de la Ville de Gerberoy, (en Beauvoisis) par J. Pillet. *Rouen*, 1679, *in-4*.

2. *Gouvernement de Champagne.*

3369 Mémoires Histor. de la Province de Champagne, par Baugier. *Paris*, 1721, 2 *vol. pet. in-8*.

3370 Le Dessein de l'Histoire de Reims, par Nic. Bergier. *Reims*, 1635, *in-4*.

3371 Histoire Civile & Politique de la Ville de Reims, par M. Anquetil. *Reims*, 1756, 3 *vol. in-12*.

3372 Difcours de l'Antiquité de l'Efchevinage de la Ville de Reims, (attribué à J. Rogier). *Reims*, 1628, *in-8.*

3. *Gouvernement de Picardie, d'Artois, de Flandres, du Hainault, &c.*

3373 Les Antiquités, Hiftoires & chofes remarquables de la Ville d'Amiens ; par Adrien de la Morliere. *Par. 1642, in-fol.*

3374 Britannia, ou Recherche de l'antiquité d'Abbeville, par N. Samfon. *Paris*, 1636, *in 8.*

3375 Hiftoire de la Ville & des Seigneurs de Coucy, par Dom Touffaint du Pleffis. *Paris*, 1728, *in-4. fig.*

3376 Difcours abrégé de l'Artois, membre ancien de la Couronne de France, & de fes poffeffeurs, depuis le commencement de la Monarchie, (par Ch. Combault, Baron d'Auteuil). *'1640, in-4. v. f.*

3377 Mémoires pour fervir à l'Hiftoire de la Province d'Artois, & principalement de la Ville d'Arras, par Harduin. *Arras*, 1763, *in-12.*

3378 La Flandre illuftrée par l'Inftitution de la Chambre du Roi à Lille, l'an 1385, par Philippe le Hardi, Duc de Bourgogne ; par J de Seur. *Lille*, 1713, *in-12.*

3379 Hiftoire de Tournay, par J. Coufin. *Douay*, 1619, 4 *part. en 2 vol. in-4. vel.*

3379 * Les Chaftelains de Lille en Flandre ; par Floris Vander Haer. *Lille*, 1611, *in-4. v. f.*

4. *Gouvernement de Normandie ; qui comprend le Comté du Perche & le Duché d'Alençon.*

3380 Defcription Géographique & Hiftorique de la Haute Normandie, (par Dom Touffaint du Pleffis). *Paris*, 1740, 2 *vol. in-4.*

3381 Hiftoriæ Normanorum Scriptores Antiqui, ab anno 838 ad ann. 1220, edente And. du Cheffie. *Lutetiæ Parif.* 1619, *in-fol.*

3382 Rollo Northmanno Britannicus, auctore Rob. Denyaldo. *Rothomagi*, 1660, *in-fol.*

3383 Hiftoire de la Ville de Rouen, (par Fr. Farin). *Rouen*, 1731, 2 *vol. in-4.*

3384 Abrégé de l'Hiftoire Eccléfiaftique, Civile & Politique

de la Ville de Rouen , par M*** (Le Coq de Villeray).
Rouen , 1759 , *in-12. v. f. d. f. tr. fil.*

3385 Jac. Cahagnefii Elogiorum Civium Cadomenfium Centuria. *Cadomi* , 1609 , *in-4.* == Ant. Hallei Opufcula Mifcellanea. *Ibid.* 1675 , *in-8. encadré de format in-4.*

3386 Hiftoire du Pays & Comté du Perche, & Duché d'A-
lençon , avec les additions, par Gilles Bry. *Paris* , 1620 &
1621 , 2 *vol. in-4.*

3387 Hiftoire Civile & Eccléfiaftique du Comté d'Evreux ,
par le Braffeur. *Paris* , 1722 , *in-4.*

5.　　*Gouvernement de Bretagne.*

3388 Hiftoire Critique de l'Etabliffement des Bretons dans
les Gaules , & de leur dépendance des Rois de France; par
l'Abbé de Vertot. *Paris* , 1720 , 3 *vol. in-12. avec le Traité
de la Mouvance de Bretagne , par du Moulinet.*

3389 Hiftoire de Bretagne, par Gui Alexis Lobineau. *Paris*,
1707 , 2 *vol. in-fol. fig.*

3390 Hiftoire Eccléfiaftique & Civile de Bretagne , par Dom
P. Hyacinthe Morice; avec les preuves. *Paris*, 1742 à 1750,
5 *vol. in-fol. fig. manque le tom. 2 de l'Hiftoire.*

3391 Hiftoire des Ducs de Bretagne, par Guyot des Fontaines. *Paris*, 1739, 6 *vol. in-12.*

3392 Hiftoire d'Artus III, Duc de Bretagne, & Connétable
de France (fous Charles VII), par Théodore Godefroy.
Paris , 1622 , *in-4. vel.*

6.　*Gouvernement de l'Orléanois ; qui comprend le Blaifois ,*
le Berry, le Poitou, &c.

3393 Hiftoire Civile & Eccléfiaftique , & antiquités de la
Ville & du Duché d'Orléans ; par Fr. le Maire. *Orléans*,
1648 , 2 *tom. en un vol. in-fol.*

3394 Hiftoire de Blois, des Comtes & des Hommes illuftres
nés au Pays Blefois, par J. Bernier. *Paris*, 1682 , *in-4.*

3395 Recueil mémorial des Lettres Patentes du changement
du Comté de Bury en Blaifois en Comté de Roftaing ;
enfemble les fondations de Charles de Roftaing en l'Eglife
de Vaux-Apenil-les-Melun, & en différentes Eglifes de
Paris. *Paris*, 1656, *in-4. fig. v. f.*

3396 Hiftoire de Berry, concernant l'origine , antiquités ,
geftes,

gestes, priviléges & libertés des Bertuyers; par Jean Chaumeau. *Lyon*, 1566, *in-fol. fig. vel.*

3397 Histoire de Berry, par Gaspard Thaumas de la Thaumassiere. *Bourges*, 1689, *in-fol.*

3398 Recueil des Antiquités & Priviléges de la Ville de Bourges, & de plusieurs Villes Capitales du Royaume, par J. Chenu. *Paris*, 1621, *in-4. vel.*

3399 Priviléges de la Ville de Bourges, & confirmation d'iceux. *Bourges, Chaudiere*, 1659, *in-4. fig.*

3400 Histoire des Comtes de Poitou & Ducs de Guyenne, depuis l'an 811 jusqu'à Louis le Jeune; avec les preuves, par Jean Besly. *Paris*, 1647, *2 parties en un vol. in-fol.*

7. Gouvernement de Bourgogne & de Franche-Comté; de Bresse, &c.

3401 Description du Gouvernement de Bourgogne, par Garreau. *Dijon*, 1717, *in-8.*

3402 De l'Origine des Bourgongnons, & antiquités des Estats de Bourgongne, par Pierre de Sainct-Julien. *Paris*, 1581, *in-fol. fil.*

3403 Annales de Bourgongne, par Guill. Paradin. *Lyon*, 1566, *in-fol. fil.*

3404 Ponti Heuteri Rerum Burgundicarum Lib. sex. *Antuerpiæ, Plantinus*, 1584, *in-fol. vel.*

3405 Histoire des Roys, Ducs & Comtes de Bourgongne & d'Arles, par A. du Chesne. *Paris*, 1619, *in-4.*

3406 Recueil de plusieurs Pieces, servant à l'Histoire de Bourgogne, par Estienne Perard. *Paris*, 1664, *in-fol.*

3407 Histoire générale & particuliere de Bourgogne, avec les preuves, par Fr. Urbain Plancher. *Dijon*, 1739, *3 vol. in-fol. fig.*

3408 L'Histoire des Ducs de Bourgogne, par M. de Fabert, publiée par L. de G. *Cologne*, 1687, *in-12. vel. d'Holl.*

3409 Mémoires d'Olivier de la Marche, sous les Ducs de Bourgogne, depuis 1435 jusqu'en 1474; (avec les annot. de J. Laur. de Gand). *Bruxelles*, 1616, *in-4. fil.*

410 Recherches & Mémoires, servans à l'Histoire de l'ancienne Ville & Cité d'Autun, par J. Munier; revûs par Cl. Thiroux. *Dijon*, 1660, *in-4. vel.*

3411 L'Illustre Orbandale, ou l'Histoire anc. & moderne de la Ville & Cité de Châlons-sur-Saone, par (Leon Bertaud, P. Cusset, & Bern. Durand). *Lyon*, 1662, *2 vol. in-4. ve.*

3412 Priviléges octroyés aux Maires, Eschevins, Bourgeois & Habitans de Châlon-sur Saone par les Roys de France, & les Ducs de Bourgongne, (recueillis par Bern. Durand). Châlons, 1604, in 4.

3413 Mémoires Historiques de la République Séquanoise, & des Princes de la Franche-Comté de Bourgongne; par Lois Gollut. Dole, 1592, in-fol. fil.

3414 Histoire des Séquanois & de la Province Séquanoise, des Bourguignons & du premier Royaume de Bourgogne, par F. J. Dunod. Dijon, 1735, 2 tom. en un vol. in-4. fig.

3415 Jo. Jac. Chiffletii Vesontio, Civitas Imperialis libera, Sequanorum Metropolis. Lugduni, 1618, in-4. m. r. d. f. tr.

3416 Sam. Guichenon Bibliotheca Sebusiana, sive variarum Chartarum, Diplomatum, Privilegiorum, &c. à Pontificibus, Imp. Regibus, &c. Monasteriis aut Personis concessarum, centuriæ duæ. Lugduni, 1660, in-4.

8. *Gouvernement du Lyonnois & d'Auvergne.*

3417 Histoire de la Ville de Lyon, par Jean de Saint-Aubin. Lyon, 1666, in-fol. fig.

3418 Les divers caracteres des Ouvrages Historiques; avec le Plan d'une nouvelle Histoire de la Ville de Lyon par le P. Cl. Menestrier. Lyon, 1694, in-12.

3419 Histoire Civile ou Consulaire de la Ville de Lyon, par le même. Lyon, 1696, in-fol. fig.

3420 Histoire abrégée, ou Eloge historique de la Ville de Lyon, par Brossette. Lyon, 1711, gr. in-4. fil.

3421 Recherche des Antiquités & Curiosités de la Ville de Lyon, par Jacob Spon. Lyon, 1675, in 8. fig.

3422 Antiquités de la Ville de Lyon, par le P. D. de Colonia. Paris, 1702, in-12.

3423 Histoire Littéraire de la Ville de Lyon, avec une Bibliotheque des Auteurs Lyonnois; par le même. Paris, 1728, gr in-4. v. f.

3424 Recueil de toutes les Pieces concernant le Procès des Avocats & Médecins de la Ville de Lyon, contre le Traitant de la recherche des faux Nobles. Lyon, 1700, in-4. fil.

3425 Histoire Universelle, Civile & Ecclésiastique du Pays de Forez; par Jean-Marie de la Mure. Lyon, 1674, in-4. vel.

3426 Les Origines de la Ville de Clermont, par Savaron, augmentées par P. Durand. Paris, 1662, in-fol.

9. *Gouvernement de Guienne & Gascogne, contenant l'Angoumois, le Pays d'Aunis, le Béarn, &c.*

3427 Les Annales d'Aquitaine, par J. Bouchet, augmentées de plusieurs pieces, par A. Mounin & J. Filleau. *Poictiers,* 1643 & 1644, 3 part. en un vol. petit in-fol.

3428 La Chronique Bourdeloise, par Gabriel de Lurbe, continuée par Jean Darnal. *Bourdeaus, Millanges,* 1619, 2 tom. en un vol. in-4. fil.

3429 La même, augmentée. *Ibid.* 1661, in-4.

3430 Anciens & nouveaux Statuts de la Ville & Cité de Bordeaux, augmentés par de Tillet. *Bordeaux,* 1701, in-4.

3431 Histoire de la Ville de Rochefort. *Paris,* 1733, in 4.

3432 Recueil en forme d'Histoire de la Ville & des Comtes d'Angoulesme, par Fr. de Corlieu, augmentée par Gabr. de la Charlonye. *Angoulême,* 1631, in-4. vel.

3433 Les Privileges, franchises & immunités de la Ville & Banlieue d'Angoulême, (par le même de la Charlonye). *Ibid.* 1627, in-4.

3434 Histoire de Béarn, par P. de Marca. *Paris,* 1640, in-fol.

3435 Histoire de Navarre, par André Favyn. *Paris,* 1612, in-fol.

10. *Gouvernement de Languedoc & de Roussillon.*

3436 Histoire Critique de la Gaule Narbonnoise, par de Mandajors. *Paris,* 1733, 2 tom. en un vol. in-12.

3437 Mémoires de l'Histoire de Languedoc, par Guill. de Catel. *Tolose,* 1633, in-fol.

3438 Histoire Générale de Languedoc, avec les preuves, par Dom. Cl. de Vic & Jos. Vaissete. *Paris,* 1730 & ann. suiv. 5 vol. in-fol. fig.

3439 Abrégé de l'Histoire Générale du Languedoc, par Dom Jos. Vaissete. *Paris,* 1749, 6 vol. in-12.

3440 Mémoires servant à l'Histoire de Languedoc, par de Basville. *Amst.* 1734, in 8. br.

3441 Mémoires pour l'Histoire Naturelle de la Province de Languedoc, par Astruc. *Paris,* 1737, in-4.

3442 Histoire des Comtes de Tolose, par Guill. Catel. *Tolose,* 1623, in-fol.

3443 Discours Historial de l'antique Cité de Nisme, par

Jean Poldo d'Albenas. *Lyon, Guill. Roville*, 1560, *in-fol. fig. vel. lav. regl.*

3444 Histoire de la Ville de Nisme; par H. Gautier. *Paris*, 1720, *in-8. fig.*

3445 Histoire Civile, Ecclésiastique & Littéraire de la Ville de Nisme, avec des notes & les preuves, par M. Ménard. *Paris*, 1750, 6 *vol. in-4. fig.*

3446 Histoire Civile & Ecclésiastique de la Ville de Montpellier, depuis son origine jusqu'à notre tems; par Ch. d'Aigrefeuille. *Montpellier*, 1737 &-1739, 2 *vol. in-fol. fig.*

3447 Histoire Ecclésiastique & Civile de la Ville & Diocese de Carcassone, par le P. Bouges. *Paris*, 1741, *in-4.*

3448 P. de Marca Marca hispanica, sive Limes hispanicus; hoc est, geographica & historica Cataluniæ, Rusciconis, &c. Descriptio, cum quibusdam Chronicis Barcinonensibus. *Paris.* 1688, *in-fol.*

II. *Gouvernement de Provence.*

3449 Histoire & Chronique de Provence, de Cæsar de Nostradamus. *Lyon*, 1614, *in fol. fil.*

3450 La Chorographie & l'Histoire de Provence, par Honoré Bouche. *Aix*, 1664, 2 *vol. in-fol. fig.*

3451 Histoire de Provence, par J. Fr. de Gaufridi. *Aix*, 1723, 2 *vol. in-fol.*

3452 Le Canal de Provence, son utilité, sa possibilité, &c. par Floquet. *Paris*, 1750, *in-8. d. s. tr. avec le plan.*

12. *Gouvernement du Dauphiné.*

3453 Mémoires pour servir à l'Hist. de Dauphiné, sous les Dauphins de la Maison de la Tour-du-Pin, (par J. F. Moret du Bourc-Chenu, Marq. de Valbonays). *Paris*, 1711, *in fol.*

3454 Histoire de Dauphiné, & des Princes qui ont porté le nom de Dauphins; (par le même). *Geneve*, 1722, 2 *vol. in-fol.*

3455 Histoire des Dauphins François, & des Princesses qui ont porté en France la qualité de Dauphines, par Jacques Edouard. *Paris*, 1713, *in-12. v. f.*

3456 Le Transport du Dauphiné, faict à la Maison & Couronne de France, par Humbert, Dauphin de Viennois, l'an 1343; publié par J. Balesdens. *Paris*, 1639, *in-8. vel.*

13. *Gouvernement de Lorraine, d'Alsace, des trois Evêchés, &c.*

3457 Les Antiquitez de la Gaule Belgique, Royaulme de France, Austrasie & Lorraine : avec l'origine de Duchez & Comtez de Brabant, &c. par Rich. de Waffebourg. *Paris*, 1549, *in-fol. mar.*

3458 Discours des Histoires de Lorraine & de Flandres, par Ch. Estienne. 1552, *in-4.*

3459 Histoire Eccléf. & Civile de la Lorraine, par Dom Aug. Calmet, avec les Preuves. *Nancy*, 1728, 3 *vol. in-fol. fig.*

3460 Mémoires Alphabet. pour servir à l'Hist. & à la Description du Barrois, (par M. de Maillet). *Bar-le-Duc*, 1749, *in-12.*

3461 Histoire de la Province d'Alsace, depuis Jules César jusqu'au mariage de Louis XV, par le P. Louis Laguille. *Strasbourg*, 1727, 8 *vol. in-12.*

3462 Traité du Département de Metz, par Stemer. *Metz*, 1756, *in-4.*

3463 Histoire Eccléfiast. & Civile de Verdun, (par M. Rouffel). *Paris*, 1745, *in-4.*

IV. Histoire Civile des Familles de France.

1. *Traités généraux & particuliers de l'Origine des Armes, des Armoiries & de la Nobleffe de France.*

3464 Traité de la Nobleffe, de fes différentes Efpeces & de fon Origine, par Gilles A. de la Roque. *Paris*, 1678, *in 4.*

3465 Traité de l'Origine des noms & furnoms, par le même. *Paris*, 1681, *in-12.*

3466 Effais fur la Nobleffe de France, par le Comte de Boullainvilliers, (publiés par J. Fr. Tabary). *Amft.* (*Trévoux*) 1732, *in-12.*

3467 Traité hiftorique des Armes de France & de leur origine, par Scévole de Sainte-Marthe. *Paris*, 1673, *in-12. fig.*

3468 Le Blafon de France, ou Notes curieufes fur l'Edit pour la Police des Armoiries, (par Thib. Cadot). *Paris*, 1697, *in 8. fig.*

3469 Traité de la Nobleffe des Capitouls de Touloufe, par Germain de la Faille, *Touloufe*, 1707, *in-4.*

2. *Recueils de Blasons, Armes & Généalogies des Familles de France.*

3470 Les Familles de la France illustrées par les Monumens des Médailles anc. & mod. par Jac. de Bie. *Paris, 1636, in-fol. fig.*

3471 Céfar Armorial, ou Recueil des Noms, Armes & Blasons des plus illustres Familles de France, par (Céfar de Grand-Pré). *Paris, 1649, in-8.*

3472 Armorial des principales Maisons & Familles de France, par Dubuisson. *Paris, 1757, 2 vol. in-12. fig.*

3473 Armorial Général de la France, par d'Hozier. *Paris, 1738, & ann. suiv. 7 vol. in-fol. dont les quatre premiers en gr. pap.*

3474 Histoire généalogique de la Maison Royale de France, des Pairs, des Grands Officiers de la Couronne, &c. par le P. Anselme, augm. par les PP. Ange & Simplicien. *Paris, 1726 & ann. suiv. 9 vol. in-fol.*

3475 Le même Ouvrage. *Ibid. 1726, 9 vol. in-fol. gr. pap.*

3476 Histoire généalogique des Maisons de France, par A. du Chesne ; sçavoir, de la Maison de Chastillon-sur-Marne ; de Montmorency ; de Vergy ; de Guines ; de Dreux ; de Chasteigners & de Béthune. *Paris, 1621 à 1639, 7 vol. in-fol.*

3477 Recueil des Blasons des principales Familles de France, sous le Regne d'Henry III, avec les Explications. *in-4. Mss.*

3478 L'Italie Françoise, ou Eloges généalogiques & histor. des Princes & Seigneurs de ce Pays affectionnez à la Couronne de France ; par J. B. l'Hermite, dit Tristan. *Paris, 1664, in-4.*

3. *Généalogies particulieres de quelques Familles de France.*

3479 Discours histor. sur le Mariage d'Ansbert & de Blithilde, prétendue fille de Clothaire I ou II, par Chantereau le Febvre. *Paris, 1647, in-4.*

3480 Histoire de France & de l'Origine de la Maison Royale, par Adr. Jourdan. *Paris, 1679, 2 vol. in-4. m. r. d. s. tr.*

3481 Histoire généalogique des Ducs de Bourgongne de la Maison de France, &c. des Comtes d'Albon & Dauphins de Viennois ; des Comtes de Valentinois, &c. avec les Preuves, par A. du Chesne. *Paris, 1628, in-4. vel.*

3482 Les Ayeuls de Marie Adelaïde de Savoye, *Duch. de*

Bourgogne, iſſuë du Sang Roïal de France; par Guy Allard.
Paris, 1698, *in-12. v. f. d. f. tr.*

3483 Hiſtoire généalogique de la Maiſon d'Auvergne, avec
les preuves; par Chr. Juſtel. *Paris*, 1645, *in-fol.*

3484 Hiſtoire généalogique de la Maiſon d'Auvergne, avec
les preuves; par Baluze. *Paris*, 1708, 2 *vol. in-fol. fig.*

3485 Hiſtoire généalogique de la Maiſon du Chatelet, branche
puînée de la Maiſon de Lorraine; par Dom Calmet. *Nancy*,
1741, *in-fol. gr. pap. fig. fil. d'or.*

3486 Hiſtoire généalogique de la Maiſon de Courtenay, par
du Bouchet. *Paris*, 1661, *in fol. fig.*

3487 Hiſtoire généalogique de la Maiſon de Gondi, par de
Corbinelli, (ou plutôt Ant. Pezay). *Paris*, 1705, 2 *vol.
in-4. g. p. fig.*

3488 Généalogies & Alliances de la Maiſon de Larbour, dite
depuis de Combauld; ſortie autrefois puiſnée de la prem.
race de Bourbon non royalle, par d'Hozier. *Paris*, 1628,
in-4. vel.

3489 Généalogie de la Maiſon de Mailly, de la branche de
Mailly d'Haucourt & de celle du Queſnoy. *Paris*, 1757,
in-fol. fig.

3490 Hiſtoire de la Maiſon de Montmorenci, par M. Déſor-
meaux. *Paris*, 1764, 5 *vol. in-12.*

3491 Hiſtoire de Sablé, par G. Ménage, avec les preuves &
les remarques. *Paris*, 1683, *in-fol. v. f.*

V. *Hiſtoire Politique de France.*

1. *Deſcriptions, Etats & Dénombremens du Royaume de
France par Gouvernemens, Intendances, Généralités,
Elections, &c.*

3492 De l'Eſtat & ſuccez des affaires de France, par Bern.
de Girard, Seign. du Haillan. *Paris*, 1613, *in-8.*

3493 Le Détail de la France, ſous le regne de Louis XIV,
par P. le Peſant de Bois-Guillebert. *Bruxelles*, 1712, *in-12.*

3494 Nouv. Dénombrement du Royaume, par Généralitez,
Elections, Paroiſſes, &c. par Saugrain. *Paris*, 1720, 2 *part.
en un vol. in-4.*

3495 Etat de la France, par le Comte de Boulainvilliers,
publié par Phil. Mercier. *Londres*, 1727, 3 *vol. in-fol.*

3496 Le même. *Londres*, 1737, 6 *vol. in-12. fin caractere.*

3497 L'Etat de la France, de Nic. Besogne, L. Trabouillet & autres, augmenté par les PP. Bénédictins. *Paris*, 1749, 6 vol. *in*-12.

3498 L'Etat de la France, par les PP. Ange & Simplicien, Augustins Déchauffés. *Paris*, 1727, 3 vol. *in*-12.

3499 Mémoires fur toutes les Généralités de France, dressés par ordre de Louis XIV, à la follicitation de M. le Duc de Bourgogne, Pere de Louis XV. 10 vol. *in*-4. *Mss.*

3500 Mémoires & Etats de la Bourgogne, du Lyonnois, de la Champagne & de l'Intendance de Flandres. 3 vol. *in-fol.* & un vol. *in*-4. *mar.*

3501 Recherches fur la Population de quelques Provinces & Villes de France, par M. Messange. *Paris*, 1766, *in*-4. *fil.*

3502 Collection d'Almanachs Royaux, depuis 1695 jufqu'en 1775, fans interruption. 80 vol. *in*-8.

2. *Traités généraux & particuliers de la Politique, du Gouvernement & de l'Administration du Royaume de France.*

3503 Traité de la Politique de France, par (Paul Hay, Marq. du Chaftelet). *Cologne*, 1669, *in*-12. *p. f.*

3504 Parallele des Romains & des François, par rapport au Gouvernement, par (l'Abbé de Mably). *Paris*, 1740, 2 vol. *in*-12.

3505 Le Tréfor des Tréfors de la France, vollé à la Couronne, par les incognuës artifices & fuppofitions commifes par les principaux Officiers de France; par Jean de Beaufort. 1615. = Advis fur le faict des Duels. *Paris*, 1615, *in*-8.

3506 Syftême d'un nouveau Gouvernement en France, par de la Jonchere. *Amft.* (*Rouen*) 1720, 4 tom. en 2 vol. *in*-12.

3507 Hift. de l'anc. Gouvernement de la France, & Lettres hiftor. fur les Parlemens, par le Comte de Boulainvilliers. *La Haye*, 1727, 3 vol. *in*-12.

3508 Mémoires préfentés à M. le Duc d'Orléans, Régent de France, fur les moyens de rendre ce Royaume très-puiffant; par le même. *La Haye*, 1727, 2 tom. en un vol. *in*-12.

3509 Les Intérêts de la France mal entendus dans les branches de l'Agriculture, de la Population, des Finances, &c. (par M. Goudard). *Amft.* (*Paris*) 1756, 3 vol. *in*-12.

3510 Traité de la Police, par Delamare, continué par le Clerc du Brillet. *Paris*, 1713 à 1738, 4 vol. *in-fol. fig. d. f. tr. fil. avec les additions.*

3. *Traités Historiques & Politiques des Monnoyes & Finances de France.*

3511 Le Secret des Finances de France, découvert par N. Froumenteau. 1581, *in*-8.

3512 Histoire génér. & partic. des Finances, par du Fréne de Francheville. *Paris*, 1738, 3 *vol. in*-4.

3513 Recherches & Considérations sur les Finances de France, depuis 1595 jusqu'en 1721, (par Forbonnais). *Basle*, 1758, 2 *vol. in*-4.

3514 Les mêmes. *Liége*, (*Paris*) 1758, 6 *vol. in*-12.

3515 Histoire du Système des Finances sous la Minorité de Louis XV, pendant les années 1719 & 1720 ; précédée d'un Abrégé de la Vie du Duc Régent & du Sieur Law, (par du Hautchamp). *La Haye*, 1739, 3 *vol. in*-12.

3516 Recueil de Décisions des Conseillers d'État & de MM. de la Commission générale, sur les difficultés proposées au sujet de la liquidation des Effets présentés au *Visa*, en exécution de l'Arrêt du Conseil du 26 Janvier 1721 ; avec le Recueil d'Arrêts & Réglemens concernant le *Visa* & la liquidation de ces Effets. 3 *vol. in-fol. mss. fil.*

3517 Lettres à M..... sur le *Visa* des Dettes de l'État ordonné en 1721. *Paris*, 1736, *in*-4. *mss. v. f. dent.*

3518 Histoire générale & particuliere du *Visa* fait en France, (par du Hautchamp). *La Haye*, 1743. 2 *vol. in*-12.

3519 Traité des Monnoies, par Henry Poullain, (revû par le Verrier). *Paris*, 1709, *in*-12.

3520 Recherches curieuses des Monnoies de France, depuis le commencement de la Monarchie, par Cl. Bouteroue. *Par.* 1666, *in-fol. fig.*

3521 Traité Historique des Monnoies de France, par le Blanc ; avec la Dissertation sur quelques Monnoies de Charlemagne, &c. frappées dans Rome. *Paris*, 1689 & 1690, *in*-4. *figures.*

3522 Traité des Monnoies avec un Dictionnaire des termes en usage dans les Monnoies, par J. Boizard. *Paris*, 1714, 2 *vol. in*-12. *fig.*

3523 Les Paradoxes du Seigneur de Malestroit sur le fait des Monnoies ; avec la Réponse de Jean Bodin. *Paris*, 1578.— Recherches des Monnoies, Poids & manieres de nombrer, par Fr. Garrault. *Ibid.* 1576 ; *in*-8. *vel.* & 4 *vol. in*-8. *d'Édits & Ordonnances anciennes sur les Monnoies.*

3524 Advis présenté à la Róyne (Marie de Médicis) pour réduire les Monnoies à leur juste prix & valeur , par D. Godefroy. *Paris*, 1611. = Discours historique touchant l'état des Gaules, par Aymar du Perrier. *Lyon*, 1610, *in-8.* *maroq. rouge.*

4. *Traités concernant les Rois de France, leur Prééminence sur les Rois voisins, leur Autorité, Souveraineté & pleine Puissance sur les Ordres de l'Etat ; leur Majorité, &c.*

3525 Recueil des Rois de France, leurs Couronne & Maison, ensemble le rang des Grands de France & autres Traités; par Jean du Tillet, Greffier, & son frere l'Évêque de Meaux. *Paris*, 1607, *in-4.*

3526 Le même. *Ibid.* 1618, 2 *vol. in-4. vel.*

3527 De l'Excellence des Roys & du Royaume de France, par Hierosme Bignon. *Paris*, 1610, *in-8. v. f. fil.*

3528 Traité historique de la Souveraineté des Rois depuis l'Etablissement de la Monarchie ; (par Fr. de Paule Lagarde). *Paris*, 1754, 2 *vol. in-4.*

3529 Recueil de Mémoires curieux concernant les progrès de la puissance des Rois de France sur tous les Corps de l'Etat. *in-4. Mss.*

3530 Traité de la Succession à la Couronne de France, par Le Grand. *Paris*, 1728, *in-12.*

3531 Traité de la Majorité de nos Rois & des Régences du Royaume, par P. Dupuy. *Paris*, 1655, *in-4.*

3532 Le même Ouvrage. *Amsterd.* 1722, 2 *vol. in-8.*

3533 Recueil de Pieces Manuscrites, concernant les Gouvernemens & grands pouvoirs; les Lieutenances générales, &c. *in-fol. Mss.*

3534 Essai d'Histoire, sur les Querelles & les Insultes faites aux Ambassadeurs de France, & les suites qu'elles ont eues. *La Haye*, 1748, *in-12.*

5. *Traités généraux & particuliers concernant les Droits des Rois & Reines de France sur plusieurs Etats voisins.*

3535 La Recherche des Droits du Roy & de la Couronne de France, sur les Royaumes, Duchez, Comtez, Villes & Païs occupez par les Princes étrangers; par Jac. de Cassan. *Par.* 1632, *in-4.*

3536 Traitez des Droits du Roi sur plusieurs Estats & Seigneu-

rles poffedées par divers Princes, voifins, par P. Dupuy
& Théod. Godefroy. *Paris*, 1655, *in-fol. fil.*

3537 Mémoires & Inftructions pour fervir dans les Négociations concernant les Droits du Roy de France, (par Denis
Godefroy). *Paris*, 1665, *in-fol.*

3538 Traité des Ufurpations des Rois d'Efpagne fur la Couronne de France, depuis Charles VIII, par Chrift. Baltha-
zard. *Paris*, 1626. == Alliances du Roi avec le Turc &
autres, juftifiées contre les Calomnies des Efpagnols, par
G. le Guay. *Ibid.* 1626, *in-8. vel.*

3539 Recueil Manufcrit contenant, Plaidoyé de M. Cappel
contre Charles d'Autriche. 1536. == Harangue du même à
François I, concernant le Barrois & les Limites du Royaume. 1539. == Plaidoyé de Marion, fur la Souveraineté de
Bar-le-Duc. 1572, &c. *in-fol.*

3540 La Catelogne Françoife, où il eft traité des Droits du
Roy fur les Comtez de Barcelonne & de Rouffillon, &c. par
Cafeneuve. *Tolofe*, 1644, *in-4. vel.*

3541 Mémoires pour fervir à l'Hiftoire de Navarre & de Flandre ; contenant le Droit du Roi fur ces Pays, par Augufte
Galland. *Paris*, 1648, *in-fol.*

3542 Traité des Droits de la Reyne Très Chrétienne fur divers Etats de la Monarchie d'Efpagne, (par Ant. Bilain &
l'Abbé du Bourzeis). *Paris, Imprimerie Royale*, 1667, *in-4.
gr. pap. fil.*

3543 Idem Opus, (à Jo. B. du Hamel latinè verfum). 1667,
in 4. g. pap.

3544 La Vérité défendue des fofifmes de la France, & Ref-
ponfe à l'Auteur des Prétentions du Roy Très-Chrétien fur
les Etats du Roy Catholique, (attribué à Domin. Federici).
1668, *2 tomes en un vol. in-12. p. f. vel. d'hol.*

3545 Mémoires des Commiffaires des Rois de France, &
d'Angleterre, fur les Droits refpectifs des deux Couronnes
en Amérique, (par MM. de Silhouette & la Galiffonniere).
Paris, Impr. Roy. 1755, *5 vol. in-4.*

6. *Chartes & Diplômes des Rois de France.*

3546 Notice des Diplomes, des Chartes & des Actes relatifs
à l'Hiftoire de France, par l'Abbé de Foy. *Paris, Imp. Roy.*
1765, *in-fol. fil. d'or.*

3547 Inventaire du Tréfor des Chartes du Roi, avec une Table.
8 tom. rel. en 11 vol. in-fol. manufc.

3548 Inventaire de tous les Titres & Chartes qui font au Tréfor de Sa Majefté ; fur quelques Généralités & fur les Apa-
nages ; extrait de l'Inventaire de M. Dupuy. *6 tom. en 4 vol.
in-fol. mff.*

3549 Inventaire des Lettres , Titres & Chartes de Bretagne,
trouvées en la Chambre du Tréfor , dans la Tour neuve du
Château de Nantes; fait par René de Bourneuf, Premier
Préfident au Parlement de Bretagne. *In-fol. mff.*

3550 Catalogue des Rolles Gafcons, Normans & François,
confervés dans les Archives de la Tour de Londres , par
Th. Carte. *Londres, (Par.) 1743, 2 tomes en un vol. in-fol.*

7. *Hiftoires & Traités des Etats-Généraux , des Parlemens,
des Cours Souveraines & Inférieures de France.*

3551 Recueil général des Etats tenus en France fous les
Rois Charles VI, Charles VIII, Charles IX, Henry III, &
Louis XIII. *Paris, 1651, in-4.*

3552 Journaux de la tenue & affifes des Etats de Bretagne , des
années 1567 à 1593 ; 1693, 1715, 17, 18, 20, 22, 24,
26, 30, 32, 34 & 36. 15 *vol. in-fol. manuf.*

3553 Treize Parlemens de France, efquels il eft traité de
leur origine & inftitution , par Bern. de la Roche-Flavin.
Bourdeaus, 1617, in-fol.

3554 Lettres hiftoriques fur les fonctions effentielles du Parlement; fur le droit des Pairs, &c. (par le Paige). *Amfterd.
(Paris), 1753, 2 tom. en un vol. in-12.*

3555 Hiftoire abrégée du Parlement (de Paris) durant les
troubles du Commencement, du regne de Louis XIV, (par
l'Abbé Gaultier). *Paris, 1754, in-12.*

3556 Hiftoire du Parlement de Tournay, par Mat. Pinault.
Valenciennes, 1701, in-4.

3557 Le Parlement de Bourgogne , fon origine, fon établiffement & fon progrès ; avec les noms, qualités , armes &
blafons des Préfidens, Confeillers, &c. par P. Palliot. *Dijon,
1649, 2 vol. in-fol. v. f.*

3558 Traité de la Chambre des Comptes de Dijon , fon Antiquité & Etabliffement, fes Priviléges, &c. *Dijon , Palliot,
1651, in-fol.*

3559 Hiftoire du Confeil du Roi, depuis la Monarchie, jufqu'à la fin du Regne de Louis XIV , par rapport à fa Jurifdiction ; par Guillard. *Paris, 1718, in-4.*

3560 Traité de la Cour des Monnoyes & de l'eftendue de fa

Jurifdiction, par Germain Conftans. *Paris*, 1658, *in-fo¹.* *avec les preuves.*

3561 Le même Ouvrage. *Ibid.* 1658, 2 *vol. in-fol. grand papier.*

3562 Les Mémoires de P. de Miraulmont, fur l'Origine & Inftitution des Cours Souveraines & Juftices Royales eftant dans l'Enclos du Palais de Paris. *Paris*, 1612, *in 8. vel.*

3563 Recueil des Statuts, Ordonnances, Antiquités, Prérogatives & Prééminences du Royaume de la Bazoche. *Paris*, 1654, *in-8.*

8. *Hiftoire des différens Ordres & Offices de France ; & en premier lieu, des Ducs & Pairs, des Grands Officiers de la Couronne, &c.*

3564 Ant. Dadinus Alleferra de Ducibus & Comitibus Galliæ, nec-non de Origine Feudorum. *Tolofæ, Arn. Colomerius,* 1643, *in-4. v. f.*

3565 Hiftoire de la Pairie de France & du Parlement de Paris, par M. D. B. (le Comte de Boulainvilliers, ou plutôt J. le Laboureur). *Londres*, (*Holl.*) 1740, *in-12. v. f.*

3566 Recueil général des Pièces touchant l'affaire des Princes légitimes & légitimés. *Rotterd.* (*Trévoux*), 1717, 4 *vol. in-12.*

3567 Mémoire fur le Droit des Pairs de France d'être jugés par leurs Pairs. 1771, *in-8. br.*

3568 Hiftoire des Connétables, Chanceliers & Gardes des Sceaux, Mareschaux, Admiraux, &c. par J. le Feron, revue par Denys Godefroy. *Paris, Imp. Roy.* 1658, *in-fol. g. p. figures.*

3569 Le Grand Chambellan de France, par P. Bardin. *Paris*, 1623, *in-fol.*

3570 L'Amiral de France, & par occafion de celui des autres Nations, par de la Popelliniere. *Paris*, 1584, *in-4. vel.*

3571 Hiftoire des Miniftres d'Eftat qui ont fervi fous les Roys de France de la troifieme lignée, par le Baron d'Auteuil. *Paris*, 1642, *in-fol.*

3572 Le même Ouvrage. *Ibid.* 1668, 2 *vol. in-12. fig.*

3573 Hiftoire Chronol. de la Grande Chancellerie de France, par Abr. Teffereau. *Paris*, 1676 & 1706, 2 *vol. in-fol.*

3574 Le même Ouvrage. *Ibid.* 1710, 2 *vol. in-fol. v. f. fil.*

3575 Traité des Chanceliers & Gardes des Sceaux de France, jufqu'à Louis XIII. == Lettres Patentes en faveur de Céfar

Duc de Vendôme, d'Alexandre de Vendôme, Grand Prieur
de France & de Henriette de Vendôme, Ducheſſe d'El-
beuf, Enfans naturels d'Henry IV, avec les pieces relatives
aux différens ſuſcités entre leſdits Freres & Sœur en 1651.
in-fol. manuſ..

3576 Hiſtoire des Chanceliers de France, depuis Clovis juſqu'à
Louis XIV, par Fr. du Cheſne. *Paris, 1680, in-fol. avec
blaſons.*

3577 Noms & Armes des Chanceliers & Gardes des Sceaux
de France, & des Secrétaires d'État. 1671, *grand in-4.
enluminé.*

3578 Hiſtoire des Secrétaires d'État, par Fauvelet-du-Toc.
Paris, 1668, gr. in-4.

3579 Recueil général des Titres concernant les fonctions,
priviléges, &c. des Tréſoriers de France, par Simon Four-
nival. *Paris, 1655, in-fol.*

9. *Traités Hiſtoriques des Magiſtrats François & des Offices
de Magiſtrature en France.*

3580 Les Offices de France, par E. Girard, avec les Additions
de Jac. Joly. *Paris, 1638, 2 vol. in-fol.*

3581 Harmonie & Conférence des Magiſtrats Romains, avec
les Officiers François, tant Laiz que Eccleſ. par J. Duret.
Lyon, 1574, in-8. vel.

3582 Origines des Dignités & Magiſtrats de France, recueillies par Claude Fauchet. *Paris, 1606, in 8. vel.*

3583 Les Eloges des Premiers Préſidens du Parlement de Paris, par J. B. de l'Hermite Souliers & Fr. Blanchard. *Paris,
1645, in-fol. v. f. avec blaſons.*

3584 Les Préſidens au Mortier du Parlement de Paris, avec
leurs Blaſons & Généalogies, depuis l'an 1331, avec le Catalogue des Conſeillers, par Fr. Blanchard. *Paris, 1647,
in-fol. v. f.*

10. *Hiſtoires & Traités de la Milice Françoiſe, des Ordres
de Chevalerie inſtitués en France, &c.*

3585 Hiſtoire de la Milice Françoiſe, par le P. Gabr. Daniel.
Paris, 1721, 2 vol. in-4. fig.

3586 Abrégé Chronologique & Hiſtorique de l'état actuel
de la Maiſon du Roi & des Troupes de France; par Simon

Lamoral le Pippre de Nœufville. *Liége,* 1734, 3 *vol. in*-4. *fig. & blaf.*

3587 Recherches hiftoriques de l'Ordre du S. Efprit, par Duchefne. *Paris,* 1710, 2 *vol. in*-12.

3588 Statuts & Catalogue des Chevaliers, Commandeurs & Officiers de l'Ordre du S. Efprit; avec leurs noms, qualités & Blafons. 1733, *in-fol. v. f.*

3589 Regiftre du Greffe de l'Ordre du S. Efprit, depuis 1579 jufqu'en 1675. *in-fol. mff.*

3590 Les Armes & Blafons des Chevaliers de l'Ordre du S. Efprit, crées par Louis XIII; recueillis par Jac. Morin. *Par.* 1620, *in*-4. *vel.*

11. *Hiftoire du Cérémonial François.*

3591 Le Cérémonial François, recueilli par Théod. Godefroy, & publié par Denys Godefroy. *Paris,* 1649, 2 *vol. in fol.*

3592 Differtation fur l'ufage de fe faire porter la queue. *Par.* 1704, *in-*12. *v. f.*

3593 Traité hiftorique & chronologique du Sacre & Couronnement des Rois & Reines de France, par Menin. *Amfterd.* 1724, *in*-12.

3594 Le Sacre & Couronnement de Louis XIV, Roi de France, dans l'Eglife de Reims, le 7 Juin 1654. *Paris,* 1717, *in-*12. *m. r. d. f. tr. fil.*

3595 Le Sacre de Louis XV, dans l'Eglife de Reims, le Dimanche 25 Octobre 1722. *In-fol. fig. forme a'Atlas.*

12. *Entrées triomphantes, Fêtes d'Apparats, Mariages, Réjouiffances publiques, Pompes funébres, &c.*

3596 Recueil de ce qui a été fait à l'Entrée du Roi Charles IX, dans Paris, & au Couronnement & Entrée de la Reine Élifabeth d'Autriche fon époufe, au mois de Mars 1571, (par Simon Bouquet). *Paris,* 1572, *in*-4. *fig. vel.*

3597 Labyrinthe Royal de l'Hercule Gaulois Triomphant, repréfenté à l'Entrée de la Royne en la Cité d'Avignon, le 19 Novembre 1600, par André Valladier. *Avignon,* 1601, *petit in-fol. fig.*

3598 L'Ordre & Cérémonies obfervées aux mariages de Louis XIII, avec Anne d'Autriche, Fille de Philippe III, Roy d'Efpagne; & de Philippe IV, Roy d'Efpagne, avec Élifabeth de

France, Fille d'Henry IV, par Théod. Godefroy. *Paris*, 1627, *in-4. vel.*

3599 Eloges & Difcours (de J. B. Machaud) fur la triom=
phante réception du Roy (Louis XIII) en fa Ville de Paris,
après la réduction de la Rochelle. *Paris*, 1629, *in-fol. fig.*
a' Abr. Boffe.

3600 Entrée triomphante de Louis XIV, & de Marie-Thérefe
d'Autriche dans Paris, (décrite par J. Tronçon). *Paris*,
1662, *gr. in-fol. fig. de Jean Marot.*

3601 Courfes de Teftes & de Bague faites par le Roy (Louis
XIV) & par les Princes de fa Cour, en l'année 1662, décrites
par Ch. Perrault. *Paris, Imp. Roy.* 1670, *in-fol. fig. forme*
a' Atlas, mar. rouge, &c.

3602 Les plaifirs de l'Ifle enchantée, ou les Fêtes & Divertif-
fements du Roy à Verfailles, en 1664. *Paris, Impr. Royale*,
1673, *in-fol. gr. f. fig. d'If. Sylveftre.*

3603 Journal de ce qui s'eft fait pour la réception du Roi à
Metz en 1744. *Metz*, 1744, *in-fol. fig.*

3604 Fêtes données par la Ville de Strafbourg, pour la con-
valefcence du feu Roi, en 1744. *in-fol. fig. forme a' Atlas.*

3605 Defcription des Fêtes données par la Ville de Paris, à
l'occafion du Mariage de Madame Louife-Élifabeth de France avec Dom Philippe. *Paris*, 1740, *in-fol. fig. forme a' At-*
las, d. f. tr. dent.

3606 Fêtes publiques données par la Ville de Paris, à l'occafion du Mariage de feu M. le Dauphin avec Marie-Thérefe,
les 23 & 26 Février 1745. *In-fol. fig. forme a' Atlas, d. f.*
tr. dent.

3607 Fête publique donnée par la Ville de Paris, à l'occafion
du Mariage de M. le Dauphin avec la Princeffe de Saxe, le
13 Février 1747. *In fol. fig. forme d' Atlas, doré fur tranche,*
dent.

3608 Plans & Deffeins des Décorations ordonnées par la Ville
de Paris pour les Réjouiffances à l'occafion de la Paix de 1749.
In-fol. obl. br.

3609 Combat à la Barrière faict en Cour de Lorraine le 14
Février 1627, repréfenté par les Difcours de Henry Humbert; avec les figures de Jac. Callot. *Nancy*, 1627, *in-4.*
velin.

VI. *Mélanges d'Hiftoire de France.*

3610 Mémoires Hiftoriques & Critiques fur divers points de
l'Hiftoire

l'Histoire de France, &c. par Fr. Eudes de Mezeray, (publiés par Camusat). *Amsterd.* 1732, *in-12.*

3611 Recueil de divers Ecrits pour servir d'Eclaircissemens à l'Histoire de France, par l'Abbé Lebeuf. *Amsterd.* (*Paris*), 1738, 2 *vol. in-12.*

3612 Pieces fugitives pour servir à l'Histoire de France, avec des Notes Historiques, (par M. le Baron d'Aubais). *Paris,* 1759, 3 *vol. in-4.*

3613 Observations sur l'Histoire de France, par l'A. de Mably. *Geneve,* (*Paris*), 1765, 2 *vol. in-12. br.*

III. Histoire d'Espagne et de Portugal.

I. *Histoire d'Espagne.*

1. *Topographie & Histoire générale d'Espagne.*

3614 Etat présent de l'Espagne, par l'Abbé de Vayrac. *Paris,* 1718, 4 *vol. in-12.*

3615 Délices de l'Espagne & du Portugal, par Don Juan Alvarez de Colmenar. *Leide,* 1707, 6 *vol. in-12. fig.*

3616 Les mêmes. *Ibid.* 1715, 4 *vol. in-12. fig.*

3617 Rerum Hispanicarum Scriptores aliquot, ex Biblioth. Rob. Beli. *Francof.* 1579, 2 *vol. in-fol. v. f. fil.*

3618 And. Schotti Hispania illustrata; sive Rerum Urbiumque Hispaniæ, Lusitanæ, &c. Scriptores varii. *Francof.* 1603, ad ann. 1608, 4 *vol. in-fol. fil.*

3619 Histoire générale d'Espagne, du P. Jean de Mariana, trad. en fr. avec des notes, par le P. Jos. Nicolas Charenton. *Paris,* 1725, 6 *vol. in-4. fig.*

3620 Histoire générale d'Espagne, tirée de Mariana & des Auteurs les plus célebres, par l'Abbé de Bellegarde, (attribuée à l'Abbé de Vayrac). *Paris,* 1723, 9 *vol. in-12.*

3621 Histoire des Révolutions d'Espagne, (par le même). *La Haye,* (*Paris*) 1724, 5 *vol. in-12.*

3622 Hist. des Révolutions d'Espagne, par le P. Jos. d'Orléans. *Paris,* 1734, 3 *vol. in-4. gr. pap. fig.*

2. *Histoire particuliere d'Espagne.*

3623 Relation historique & galante de l'Invasion de l'Espagne par les Maures, (par Nic. Baudot de Juilly). *La Haye,* 1699, *in-12. fig.*

3624 Hiſtoire du Card. Ximenès, par Eſprit Fléchier. *Paris*, 1694, 2 *vol. in-12.*

3625 La même Hiſt. par Marſollier. *Ibid.* 1704, 2 *vol. in-12.*

3626 Vie de l'Empereur Charles V, trad. de l'ital. de Greg. Leti. *Bruxelles*, 1715, 4 *vol. in-12. fig.*

3627 Vie de Philippe II, Roi d'Eſpagne, trad. de l'ital. du même. *Amſt.* 1734, 6 *vol. in-12.*

3628 Mémoires de la Cour d'Eſpagne, depuis 1679 juſqu'en 1681. *Paris*, 1733, *in-12. v. f.*

3629 Hiſtoire du Card. Alberoni, (par Jean Rouſſet). *La Haye*, 1719, *in-12.*

3630 Teſtament Politique du Cardinal Jules Alberoni, trad. de l'ital. par le C. de R. B. M. (Henri Maubert). *Lauſanne*, 1753, *in-12.*

II. *Hiſtoire de Portugal.*

1. *Hiſtoire générale & particuliere de Portugal.*

3631 Hiſtoire de la Réunion du Portugal à la Couronne de Caſtille, trad. de l'ital. de Jérôme Coneſtage. *Paris*, 1680, 2 *vol. in-12.*

3632 Hiſtoria della Diſunione del Regno di Portogallo dalla Corona di Caſtiglia, dal G. B. Birago. *In Amſterd. Raveſteyn*, 1647; *in-8. vel. d'Holl.*

3633 Le Mercure Portugais, ou Relation de la Révolution arrivée en Portugal depuis la mort de Don Sébaſtien juſqu'au Couronnement de Jean IV; par Chaſtonnieres de Grenailles. *Paris*, 1643, *in-8.*

3634 Hiſtoire du Détrônement d'Alfonſe VI, Roi de Portugal, en 1667, trad. de l'anglois. *Paris*, 1742, *in-12.*

3635 Relation de la Cour de Portugal ſous Don Pedre II, régnant en 1683. *Amſt.* 1702, 2 *tom. en un vol. in-12.*

3636 Révolutions de Portugal, par l'Abbé de Vertot. *Paris*, 1730, *in-12.*

IV. HISTOIRE DE L'EMPIRE D'ALLEMAGNE.

1. *Topographie & Hiſtoire générale Civile & Eccléſiaſtique d'Allemagne.*

3637 Recueil de Plans, Vues & Perſpectives de différentes Villes d'Allemagne. *In-fol.*

3638 Jo. Aventini Annales Boiorum, five veteris Germaniæ Lib. VII, edente Nic. Cifnero. *Francof.* 1627, *in-fol.*

3639 Alb. Krantzii Rerum Germanicarum Hiftorici; Regnorum Aquilonarium, Daniæ, Sueciæ, Norvegiæ Chronica; necnon ejusdem Hift. Wandalica, Saxonica & Ecclefiaftica: edente Jo. Wolffio & Nic. Cifnero. *Francof.* 1583 & *ann. feq.* 4 *tom. en* 2 *vol. in fol. fil.*

3640 Jufti Reuberi veterum Scriptorum qui Cæfarum & Imperat. Germanicorum res per aliquot fecula geftas literis mandarunt, tomus unus. *Hanoviæ*, 1619, *in-fol. fil.*

3641 Germanicarum Rerum Scriptores aliquot infignes, à Carolo Magno ad Maximilianum I; edente Marquardo Frehero. *Francof.* 1624, 3 *tom. en* 2 *vol. in-fol. fil.*

3642 Jo. Palatii Aquila inter Lilia, fub qua Francorum Cæfarum à Carolo Magno ufque ad Conradum, Imp. Occid. decimum Fafta exarantur. *Venetiis*, 1671, *in-fol. fig.*

3643 Chrift. Urftifii Germaniæ Hiftoricorum illuftrium tomi duo; ab Henrico IV, ad ann. 1400. *Francof.* 1585, 2 *tom. en un vol. in-fol. fig.*

3644 God. Guill. Leibnitii Acceffiones hiftoricæ, quibus continentur Scriptores Rerum Germanicarum inediti. *Hanovera,* 1700, 2 *vol. in-4.*

3645 Hiftoire générale d'Allemagne, par le P. Barre. *Paris,* 1748, 11 *vol. in-4.*

3646 Hiftoire Eccléfiaftique d'Allemagne. *Bruxelles,* 1724, 2 *vol. in-12. fig. v f.*

3647 Hiftoire de l'Empire, par Heiff. *Paris,* 1684, 2 *vol. in-4.*

3648 Hiftoire du Bas-Empire, depuis Conftantin le Grand; par M. le Beau. *Paris,* 1757, 10 *vol. in-12.*

3649 Annales de l'Empire depuis Charlemagne, par M. de Voltaire. *La Haye,* 1754, 2 *vol. in-12.*

2. *Hiftoire particuliere des Empereurs, des Princes & des Villes d'Allemagne.*

3650 Guil. Zenocarus de Republica, Vita, Moribus, Geftis, Fama, Religione & Sanctitate Caroli Maximi Imperatoris. *Gandavi,* 1562, *in-fol. fil.*

3651 Jo. Sleidani de Statu Religionis & Reipublicæ Carolo V, Imp. Commentarii. *Argentorati,* 1555, *in-fol. lav. r.*

3652 Idem Opus. *Ibid.* 1576, *in-8. vel.*

3653 Mémoires de la Colonie, Maréchal de Camp. des Ar-

.mées de Baviere, depuis le Siége de Namur en 1692, juſqu'à la Bataille de Bellegrade en 1717. *Bruxelles*, 1737, 2 vol. *in-*12.

3654 Mémoires du Marquis de Maffei, trad. de l'ital. (par J. Fr. Seguier). *Veniſe*, 1741, 2 vol. *in-*12.

3655 Les Mémoires du Comte de Vordac, Général des Armées de l'Empereur, par Couard. *Paris*, 1723, 2 vol. *in-*12.

3656 Hiſtoire de la Guerre préſente, & des Négociations pour la Paix, avec la Vie du Prince Eugène de Savoie, par P. Maſſuet. *Amſt.* 1737, 3 vol. *in-*12.

3657 Hiſtoire du Prince Eugène de Savoie, Généraliſſime des Armées de l'Empereur, (par Mauvillon). *Vienne*, (*Trevoux*) 1741, 5 vol. *in-*12. *fig.*

3658 Mémoires du Comte de Bonneval, Général d'Infanterie au ſervice de l'Empereur. *La Haye*, 1738, 2 vol. *in-*12.

3659 Mémoires pour ſervir à l'Hiſtoire de Brandebourg, (par Charles-Frédéric, Roi de Pruſſe). 1751, 2 vol. *in-*12.

3660 Hiſtoire de Frédéric-Guillaume I, Roi de Pruſſe, (par de Mauvillon). *Amſterd.* 1741, 2 tom. en un vol. *in-*12.

3661 Salom. Kleiner vera & accurata delineatio omnium Templorum & Cœnobiorum Urbis Viennæ-Auſtriæ & circumjacentium ſuburbiorum; edente Jo. And. Pfeffel. *Aug. Vindel.* 1724, *in-fol. obl. fig.*

3662 Jo. Neuwaldi de Antiquis Weſtphaliæ Colonis Commentarius. *Oſnabrugi*, 1674, *in-*4. *br.*

3663 Monumenta Paderbornenſia, ex Hiſtoria Romana, Francica, Saxonica, eruta; necnon Panegyricus Paderbornenſis; auctore Ferdinando, Epiſcopo Paderbornenſi. *Amſtel. Elzev.* 1672, *in-*4. *fig.*

3. *Hiſtoire Politique d'Allemagne.*

3664 Jac. Wilh. Imhofii Notitia Germaniæ Procerum tàm Eccleſiaſt. quam Secularium. *Stutgardiæ*, 1699, *in-fol.*

3665 Deſcription du Gouvernement préſent du Saint Empire, par Ch. Fred. Necker. *Geneve*, 1740, *in-*8.

3666 Intérêts des Princes d'Allemagne, par Joachim du Tranſée, trad. par Bourgeois du Chaſtenet. *Freiſtade*, 1712, 2 vol. *in-*12.

3667 Diſcours Hiſtorique de l'Election de l'Empereur & des Electeurs de l'Empire, par le Réſident de Brandebourg, (Wicquefort). *Paris*, 1658, *in-*4.

3668 Traité Historique de l'Election de l'Empereur; de la Bulle d'Or & des fonctions des Electeurs. *Paris*, 1741, 2 *tom. en un vol. in* 12.

V. HISTOIRE DE LA RÉPUBLIQUE DES SUISSES, DE CELLE DE GENEVE ET DES VILLES HANSÉATIQUES.

3669 Les Délices de la Suisse, par Gottlieb Kipseler, (publiés par Abr. le Ruchat). *Leyde*, 1714, 4 *vol. in*-12. *fig.*

3670 L'Etat & les Délices de la Suisse, par plusieurs Auteurs célebres. *Amst.* 1730, 4 *vol. in*-12. *fig.*

3671 Josias Simlerus de Helvetiorum Republica & rebus gestis, à Rodolpho ad Carolum V. Imper. *Paris.* 1577, *in*-8. *vel.*

3672 Histoire Militaire des Suisses, par M. le Baron de Zur-Lauben. *Paris*, 1751, 8 *vol. in*-12. *fil.*

3673 Mémoires de Hambourg, de Lubeck & de Holstein, de Dannemarck, de Suéde & de Pologne, par Aubery du Maurier. *Blois*, 1735, *in*-12.

3674 Histoire de Genève, par Spon, augmentée de notes & de pieces servant de preuves, (par l'Abbé Abauzit). *Genève*, 1730, 2 *vol. in*-4. *fig.*

VI. HISTOIRE DES PROVINCES-UNIES, OU BASSE-ALLEMAGNE.

1. *Histoire Ancienne de la Province de Belge & des Pays-Bas sous les Ducs de Bourgogne, les Empereurs & les Princes Autrichiens.*

3675 Description de tous les Pays-Bas, par Loys Guicciardin, trad. en françois, (par Fr. de Belleforest). *Amst.* 1625, *in-fol. fig.*

3676 La Légende des Flamans. *Paris, Galliot du Pré,* 1558, *in*-8. *vel.*

3677 Hadr. Barlandi Ducum Brabantiæ Chronicon, & Melch. Barlæi Brabantiados Poema; edente J. B. Vrientio. *Antuerpia,* 1600, *in* 4. *fig.*

3678 Rerum Belgicarum Annales Chronici & Historici, studio Franc. Sweertii. *Francof.* 1620, *in-fol. fil. tomus primus & unicus.*

3679 Fr. Haræi Annales Ducum, seu Principum Brabantiæ totiusque Belgii. *Antuerpia,* 1623, 3 *tom. en 2 vol. in-fol. fig. fil.*

3680 Hug. Grotii Annales & Hiſtoriæ de Rebus Belgicis. *Amſt. Blaeu*, 1658, *in-12. p. f.*

3681 Annales & Hiſtoire de la Guerre des Pays-Bas, trad. de Grotius, par Nic. L'Héritier. *Amſt.* 1662, *in-fol. gr. p.*

3682 Hiſtoire des Comtes de Flandre, depuis leur établiſſement juſqu'à la Paix de Ryſwich en 1697. *La Haye*, 1698, *in-12.*

3683 Em. Meterani Hiſtoria Belgica ſub quatuor Burgundis & totidem Auſtriacis Principibus, ad ann. uſque 1598. *Antuerpiæ*, 1599, *in-fol.*

3684 Belgicarum Hiſtoriarum Epitome, ab an. 1566 ad an. 1648, auctore Joh. Van den Sande. *Ultraj.* 1652, *in-12. cum fig.*

3685 Mémoires d'Olivier de la Marche, premier Maître d'Hôtel de l'Archiduc Philippe d'Autriche, Comte de Flandre, publiés par D. Sauvage. *Lyon*, 1561, *in-fol. vel.*

2. *Hiſtoire particuliere des Provinces-Unies pendant les Guerres contre les Princes de la Maiſon d'Autriche.*

3686 Ever. Reidani Belgarum aliarumque Gentium Annales; (ab an. 1559 ad ann. 1601), Dion. Voſſio interprete. *Lugd. Bat.* 1633, *in fol. fil.*

3687 Les Guerres de Naſſau, ſous le Gouvernement du Duc d'Albe, depuis 1566 juſqu'en 1614; deſcriptes par Guill. Boudart. *Amſt.* 1616, 2 *tom. en un vol. in-4. fig. obl.*

3688 Hiſtoire de la Guerre de Flandre, trad. de Strada, par P. du Rier. *Paris*, 1675, 4 *vol. in-12. fig.*

3689 Gaſp. Scioppii Infamia Famiani & de Stylo Judicium. *Sora*, 1658, *in-12. p. f.*

3690 Supplément à l'Hiſtoire des Guerres Civiles de Flandres ſous Philippe II, du P. Famien Strada & d'autres Auteurs; contenant le Procès des Comtes d'Egmont & de Horne. *Amſt.* 1729, 2 *vol. in-12.*

3691 Hiſtoire Générale de la Guerre de Flandre, depuis l'an 1559 juſqu'en 1632, par Gabr. Chappuys. *Paris*, 1632, *in-fol. m. r. d. ſ. tr. gr. pap.*

3692 Pierii Winſemii Hiſtoriæ rerum ſub Philippo II, per Friſiam geſtarum Lib. II. *Leovardia*, 1629, *in-4. fil.*

3693 Le Voyage du Prince Don Fernande, Infant Cardinal, dans les Pays-Bas, trad. de Don Diego de Aedo & Gallart, par Jule Chifflet. *Anvers*, 1635, *in 4. fig. fil.*

3694 Mémoires pour ſervir à l'Hiſtoire du Cardinal de Granvelle, par le P. Levefque. *Paris*, 1753, 2 *tomes en un vol. in-12.*

3. *Hiſtoire générale des Provinces-Unies depuis la naiſſance de la République.*

3695 Les Délices des Pays-Bas. *Bruxelles*, 1711, 3 *vol. in-12. fig.*

3696 Introduction à la révolution des Pays-Bas & à l'Hiſtoire des Provinces-Unies, (par l'Abbé Déjean). 1754, *in-12.*

3697 Etat préſent de la République des Provinces-Unies, par Fr. Michel Janiçon. *La Haye*, 1729, 2 *vol. in-12.*

3698 Hiſtoire des Provinces-Unies des Pays-Bas, depuis la naiſſance de la République juſqu'en 1715, par J. le Clerc. *Amſt.* 1728, 3 *tom. en* 2 *vol. in-fol. v. f. d. ſ. tr. fig.*

3699 Annales des Provinces-Unies, depuis les Négociations pour la Paix de Munſter ; avec une deſcription de leur Gouvernement, par Baſnage. *La Haye*, 1719, *in-fol.*

3700 Hiſtoire Métallique des XVII Provinces des Pays-Bas, depuis l'abdication de Charles V, juſqu'à la Paix de Bade en 1716 ; par Ger. Van Loon. *La Haye*, 1732, 5 *vol. in-fol. fig.*

4. *Hiſtoire générale & particuliere, Civile & Politique de la République de Hollande & des Princes de Naſſau.*

3701 Hiſtoire de l'établiſſement de la République de Hollande, par le Noble. *Paris*, 1689, 2 *vol. in-12. v. f.*

3702 Hiſtoire de Hollande, depuis 1609 juſqu'à notre tems ; par de la Neuville, (Adrien Baillet). *Paris*, 1698, 4 *vol. in-12.*

3703 Hiſtoire Métallique de la République de Hollande, par Bizot. *Paris*, 1687, *in-fol. fig.*

3704 La même. *Amſt.* 1688, *in-8. fig.*

3705 Hiſtoire de la Guerre de Hollande en 1672 juſqu'en 1677, par (Gatien Sandras de Courtilz). *La Haye*, 1689, 2 *vol. in-12.*

3706 Mémoires de Frédéric Henri, Prince d'Orange, depuis 1621 juſqu'en 1646. *Amſt.* 1733, *in-4. fig. de B. Picart.*

3707 Hiſtoire du Prince d'Orange & de Naſſau, par J. Lamigue. *Lewarde*, 1715, 2 *vol. in-8. fig.*

3708 Vie de Corn. Tromp, Lieutenant-Amiral de Hollande. *La Haye*, 1694, *in-12.*

3709 Histoire du Stadhouderat, par l'Abbé Raynal. 1750, 2 tom. en en vol. in-8.

3710 Recueil de la Noblesse de Bourgogne, Limbourg, Luxembourg, Gueldres, Flandres, Artois, Haynau, &c. depuis 1424 jusqu'en 1714, par J. le Roux. *Lille*, 1715, *in 4.*

5. *Histoire particuliere des Villes des Provinces-Unies.*

3711 Les Délices de la Hollande, contenant une description du Pays, des Mœurs & des Coutumes des Habitans. *La Haye*, 1710, 2 vol. in-12. fig. v. f. fil.

3712 Les Délices de Leide & de ses environs, par Gérard Goris. *Leide*, 1712, 2 vol. in-12. fig.

3713 Jo. Isacii Pontani Rerum & Urbis Amstelodamensium Historia. *Amst.* 1611, in-fol. fig. fil.

3714 Histoire de la Ville de Mons, depuis son origine en 650 jusqu'à présent, par Gilles-Jos. de Boussu. *Mons*, 1725, in-4. fig.

3715 Erycii Puteani Bruxella, incomparabili exemplo Septenaria, Gripho, Palladio descripta. *Bruxellæ*, 1646, in-fol. fig.

3716 Historia Sacra & Profana Archiepiscopatus Mechliniensis; auctore Corn. Van Gestel. *Hagæ-Com.* 1725, 2 tom. en un vol. in-fol. fig.

VII. HISTOIRE D'ANGLETERRE, D'ÉCOSSE ET D'IRLANDE.

1. *Topographie, Histoire Ecclésiastique & Civile générale d'Angleterre, d'Ecosse & d'Irlande.*

3717 Les Délices de la Grande-Bretagne, & de l'Irlande, par James Beeverell. *Leide*, 1707, 9 vol. in-12. fig.

3718 Monasticon Anglicanum, sive Pandectæ Cænobiorum Benedictinorum, Cluniacensium, Cisterciensium, Carthusiensium, &c. Auctoribus Rog. Dodsworth & Gul. Dugdale. *Londini*, 1655 & 1661, 2 gros vol. in-fol. avec les additions au tom. premier, les Index & les fig. de King & Winc. Hollat.

3719 Venerabilis Bædæ Historiæ Ecclesiasticæ Gentis Anglorum Lib. V. studio Jo. Smith. *Cantabrigiæ, Typis Acad.* 1722, in-fol. gr. pap. fig.

3720 Nic. Harpsfeldii Historia Anglicana Ecclesiastica, cum brevi narratione de Divortio Henrici VIII & ab Ecclesia
Romana

Romana discessione, scripta ab Edm. Campiano, edente Rich. Gibbono. *Duaci*, 1622, *in-fol. fil.*

3721 Histoire de la Réformation de l'Eglise d'Angleterre, trad. de l'Anglois de Gilb. Burnet, par de Rosemond. *Amst.* 1687, 2 *vol. in-12.*

3722 Matthæi Paris, Monachi Albanensis, Historia major, ab anno 1067 ad ann. 1273; cum additamentis & aliis Angliæ Historiis: ex editione Will. Wats. *Paris.* 1644, *in-fol. v. f.*

3723 Idem Opus, ex eadem editione. *Londini*, 1686, *in-fol.*

3724 Flores Historiarum, per Matthæum Westmonasteriensem collecti, præcipuè de Rebus Britannicis ab exordio Mundi usque ad ann. 1307. *Londini*, 1570, *in-fol.*

3725 Polydori Vergilii Historia Anglica, ad annum 1510. *Basilea*, 1546, *in-fol. lav. regl.*

3726 Il Teatro Brittanico, overo Historia della Grande Brettagna, scritta da Gregorio Leti. *In Amst.* 1684, 5 *vol. in-12.*

3727 Histoire d'Angleterre, par de Rapin Thoyras. *La Haye*, 1724, 10 *vol. in-4.*

3728 La même, avec les notes de Tindal, & l'abrégé des Actes de Rymer, par Paul Rapin Thoyras; mise en ordre par (le Febvre de Saint - Marc). *La Haye*, (*Paris*), 1749, & *ann. suivantes* 16 *vol. in-4. fig.*

3729 Histoire Navale d'Angleterre, depuis 1066 jusqu'en 1734; trad. de l'Anglois de Th. Lédiard, (par M. de Puisieux. *Lyon*, 1751, 3 *vol. in-4.*

3730 Histoire des Révolutions d'Angleterre, par le P. d'Orléans. *Amst.* 1714, 3 *vol. in-12. fig.*

3731 La même. *Paris*, 1724, 4 *vol. in-12. fig. v. f.*

3732 Geor. Buchanani Rerum Scoticarum Historia. (*In Holl.*) 1643, *in-8. v. f.*

2. *Histoire particuliere d'Angleterre sous différens Regnes.*

3733 Histoire secrete des Rois & Reines d'Angleterre, depuis Guillaume I, jusqu'à la fin du Regne de la Reine Anne; trad. de l'angl. *Amst.* 1729, 3 *vol. in-12. v. f.*

3734 Histoire de Guillaume le Conquérant, Duc de Normandie & Roi d'Angleterre, par l'Abbé (Prevost). *Paris*, 1742, 2 *vol. in-12.*

3735 Hist. de Marguerite d'Anjou, Reine d'Angleterre, par le même. *Amst.* (*Paris*) 1740, 2 *vol. in-12. v. f.*

K k

3736 Hift. d'Henri VII, dit le Sage, Roi d'Angleterre, par Marfollier. *Paris*, 1697, 2 vol. *in-12*.

3737 La Vie d'Elifabeth, Reine d'Angleterre, trad. de l'ital. de Greg. Leti. *Londres*, 1743, 2 vol. *in-12*.

3738 Mémoires de Jacques Melvil, fous les Regnes de la Reine Elizabeth, de Marie Stuard & de Jacques I; publiés par George Scot, & trad. de l'angl. par G. D. S. *La Haye*, 1694, 2 vol. *in-12. v. f.*

3739 Les Mémoires d'Edmond Ludlow, fous le Regne de Charles I jufqu'à Charles II; trad. de l'angl. *Amft.* 1699, 3 vol. *in-12. v. f. fil.*

3740 Imago Regis Caroli (Primi) in illis fuis ærumnis & folitudine; auctore Jo. Earles. *Hagæ-Com.* 1649, *in-12. p. f.*

3741 La Vie d'Olivier Cromwel, par Greg. Leti. *Amfterd.* 1744, 2 vol. *in-12*.

3742 Hiftoire de la Rébellion & des Guerres civiles d'Angleterre, depuis 1641 jufqu'au rétabliffement du Roi Charles II; par Edward (Hyde), Comte de Clarendon. *La Haye*, 1704, 6 vol. *in-12*.

3743 Les Procès d'Edouard Coleman & de Guillaume, Vicomte de Stafford, pour avoir confpiré contre la vie du Roi d'Angleterre Charles II, &c. *Cologne*, 1679 & 1681, 2 vol. *in-12. p. f. vel. d'Holl.*

3744 Mémoires pour fervir à l'Hiftoire de la Grande-Bretagne, fous les Regnes de Charles II & de Jacques II; trad. de l'angl. de Gilbert Burnet. *La Haye*, 1725, 3 vol. *in-12*.

3745 Hiftoire des dernieres Révolutions d'Angleterre, depuis le rétabliffement de Charles II, jufqu'à l'avenement de Guillaume III au Trône; par le même. *La Haye*, (*Trevoux*) 1727, 4 vol. *in-12*.

3746 Hiftoire de Jacques II, Roi de la Grande-Bretagne, (par Touffaint du Pleffis). *Bruxelles*, 1740, *in-12*.

3747 Mém. de la derniere Révolution d'Angleterre, contenant l'Abdication de Jacques II, & l'Avenement de Guillaume III à la Couronne, par L. B. T. (Lamberti). *La Haye*, 1702, 2 vol. *in-12. fig.*

3748 Hiftoire de Guillaume III, Roi de la Grande-Bretagne. *Amft.* 1703, 2 vol. *in-12. v. f.*

3749 Hiftoire de Guillaume III, Roi d'Angleterre, par les Médailles, recueillies par N. Chevalier. *Amft.* 1692, *in-fol. fig. de Romain de Hooghe*.

3750 Le véritable Portrait de Guillaume-Henri de Naffau,

(Prince d'Orange & Roi d'Angleterre) ; nouvel Abſalon, nouvel Hérode, nouveau Cromwel, nouveau Néron, (par Ant. Arnaud). *Sans date, in-8. vel.*

3751 Relation du Procès de Mylord Preſton & de Jean Ashton, Conſpirateurs contre Guillaume, Roi d'Angleterre. *La Haye*, 1691, *in-12. p. f. v. f.*

3752 Mémoires de Mylord Duc d'Ormond, Commandant en Chef des troupes de la Grande-Bretagne, trad. de l'anglois. *La Haye*, 1737, *in-12.*

3753 La Vie d'Anne Stuart, Reine de la Grande-Bretagne, trad. de l'angl. *Amſt.* 1716, *in-12.*

3754 Mémoires du Regne de George I, Roy de la Grande-Bretagne. *La Haye*, 1729, 5 *vol. in-12. fig.*

3755 Hiſtoire du Miniſtere du Chevalier Rob. Walpool, ſous George I, Roi d'Angleterre. *Amſt.* (*Paris*) 1764, 3 *vol. in 11. br.*

3. *Hiſtoire Politique d'Angleterre.*

3756 Etat préſent d'Angleterre, ſous le Regne de Guillaume III, par Chamberlain ; trad. de l'angl. par de Neuville. *Amſt.* 1698, 2 *vol. in-12.*

3757 L'Etat préſent de la Grande-Bretagne, ſous le Regne de la Reine Anne, par Guy Miege. *Amſt.* 1708, 2 *vol. in-12.*

3758 Traité du Pouvoir des Rois de la Grande-Bretagne, avec la Réponſe ; trad. de l'angl. *Amſt.* 1714, *in-12.*

3759 Hiſtoire du Droit héréditaire de la Couronne de la Grande-Bretagne ; écrite en faveur du Prince de Galles. *La Haye*, 1714, 2 *vol. in-8. v. f.*

3760 Hiſtoire du Parlement d'Angleterre, par l'Abbé Raynal. *Londres*, 1748, *in-12.*

3761 Le Frée-Holder, ou l'Anglois jaloux de ſa Liberté ; trad. de l'angl. par D. C. *Amſt.* 1727, *in-12.*

VIII. Hiſtoire Générale du Nord, et particuliere de la Suede, &c.

3762 Olai Magni Hiſtoria de Gentibus Septentrionalibus, earumque diverſis Statibus, Moribus, Diſciplinis, &c. *Romæ*, 1555, *in-fol. fig. vel.*

3763 Mart. Cruſii Annales Suevici ; ſive Chronica Rerum geſtarum Suevicæ Gentis, ab ann. 800. *Francof.* 1595 ; 2 *vol. in-fol. fil.*

3764 Hift. des Révolutions de Suede, par l'Abbé de Vertot. *Paris*, 1722, 2 *vol. in-*12.

3765 Mémoires concernant Chriftine, Reine de Suede. *Amft.* 1751, 2 *vol. in-*4.

3766 Mémoires de ce qui s'eft paffé en Suede & aux Provinces voifines, depuis 1645 jufqu'en 1655, tirez des dépefches de M. Chanut, par P. Linage de Vauciennes. *Paris*, 1675, 3 *vol. in-*12.

3767 Hiftoire du Regne de Charles Guftave, Roy de Suede, trad. du latin du Baron de Pufendorf. *Nuremberg*, 1697, 2 *vol. in-fol. fig.*

3768 Hift. de Suede, fous le Regne de Charles XII, par de Limiers. *Amft.* 1721, 6 *vol. in-*12.

3769 Hiftoire Militaire de Charles XII, Roi de Suede, depuis 1700 jufqu'à la Bataille de Pultowa en 1709, par Guftave Adlerfeld. *Paris*, 1741, 3 *vol. in-*12. *fig.*

3770 Hiftoire de Charles XII, Roy de Suede, par M. de Voltaire. *Bafle*, 1737, 2 *tom. en un vol. in-*12.

3771 L'État préfent de la Suede, (fous Charles XII). *Amft.* (*Trévoux*) 1720, 2 *vol. in-*12.

3772 Defcription de la Livonie; avec une Relation de l'origine, du progrez & de la décadence de l'Ordre Teutonique. *Utrecht*, 1705; *in-*12. *v. f.* ✱

IX. HISTOIRE DE POLOGNE ET DE LITHUANIE.

3773 And. Cellarii Poloniæ magnique Ducatus Lituaniæ novif. Defcriptio. *Amft.* 1659, *in-*12. *p. f. fig. fil.*

3774 Polonicæ Hiftoriæ Corpus; hoc eft, Polonicarum Rerum recentiores & veteres Scriptores; ftudio Jo. Piftorii. *Bafileæ*, 1582, 3 *tom. en un vol. in-fol. fil.*

3775 Hiftoria Rerum Polonicarum concinnata & ad Sigifmundum III, Poloniæ Sueciæque Regem ufque deducta, à Salom. Neugebavero. *Hanoviæ*, 1618, *in-*4. *fil.*

3776 Icones & vitæ Principum ac Regum Poloniæ, ab Eodem collectæ. *Francof.* 1620, *in-*4. *vel.*

3777 Hiftoire des Rois de Pologne, & du Gouvernement de ce Royaume, par Maffuet. *Amfterdam*, 1733, 5 *vol. in-*12.

3778 Hiftoire de la Guerre préfente, (pour l'Election d'un Roi de Pologne en 1733), par le même. *Amft.* 1737, 5 *vol. in-*12. *fig. v. ecc.*

3779 Les Anecdotes de Pologne, ou Mémoires Secrets du

Regne de Jean Sobieski, depuis 1674 jusqu'en 1688; par (Dalerac). *Paris*, 1699, 2 *vol. in-12.*

3780 Histoire de Pologne, sous le Regne d'Auguste II, par l'Abbé de Parthenay, (attribué à de la Barre de Beaumarchais). *La Haye*, 1733, 2 *vol. in-12.*

3781 Histoire des Révolutions de Pologne, jusqu'à la mort d'Auguste II, par l'Abbé des Fontaines. *Amst.* 1735, 2 *vol. in-12.*

3782 Mémoires pour servir à l'Histoire & au Droit Public de Pologne, contenant les *Pacta & Conventa* d'Auguste III, trad. du lat. de Lengnisch, par M. Formey. *La Haye*, 1741, *in-12. v. f.*

X. HISTOIRE DU DANNEMARC, DU DUCHÉ DE HOLSTEIN, &c.

3783 Jo. Isacii Pontani Rerum Danicarum Lib. decem; nec non Regni Daniæ Chorographica Descriptio. *Amst.* 1631, *in-fol. fig. fil.*

3784 Histoire de Dannemarc avant & depuis l'établissement de la Monarchie, par F. B. des Roches. *Paris*, 1732, 9 *vol. in-12.*

3785 Lettres sur le Dannemarc, (par Roger). *Geneve*, 1757, *gr. in-8. br.*

3786 Nouv. Description de l'Islande, avec des Observ. sur l'Hist. de cette Isle donnée par Anderson; trad. d'Horrebows, par (M. Eidous). *Paris*, 1764, 2 *vol. in-12.*

XI. HISTOIRE DE LA MOSCOVIE ET DE LA TARTARIE EUROPÉENNE.

3787 Rerum Moscoviticarum Auctores varii; ex Editione Marq. Freheri. *Francof.* 1600, *in-fol. fil.*

3788 Mémoires du Regne de Pierre le Grand, Empereur de Russie; par le Baron Iwan Nestesuranoi, (Jean Rousset). *Amst.* 1728, 5 *vol. in-12. fig. grosse lettre.*

3789 Le même Ouvrage. *Ibid.* 1740, 5 *vol. in-12.*

3790 Etat présent de la Grande Russie, par Jean Perry, trad. de l'angl. *La Haye*, 1717, *in-12. fig.*

3791 Nouv. Mémoires sur l'Etat présent de la Grande Russie, ou Moscovie; (par le P. Malassis). *Amst.* (*Paris*) 1725, 2 *vol. in-12. fig. v. f.*

3792 La Religion anc. & mod. des Moscovites. *Cologne*, 1698, *in-12.*

XII. Histoire de Hongrie, de Boheme et des Provinces limitrophes de la Turquie.

3793 Rerum Hungaricarum Scriptores varii Hiftorici, Geographici. *Francof.* 1600, *in-fol. fil.*

3794 Nic. Ifthuanfii Hiftoriarum de Rebus Ungaricis Libri. *Colonia Agrip.* 1622, *in-fol. fil.*

3795 Hiftoire des Révolutions de Hongrie. *La Haye*, 1739, 6 *vol. in-12. fig. v. ec.*

3796 Hiftoire des Troubles de Hongrie, avec le Siége de Neuheufel. *Amft.* 1691, 4 *vol. in-12. fig.*

3797 Hiftoire d'Emeric, Comte de Tekeli, par M****. *Cologne.* 1693, *in-12.*

3798 Teftament politique & moral du Prince Rakoczi, (ou Ragotzki). *La Haye*, 1751, *in-12.*

3799 Rerum Bohemicarum antiqui Scriptores aliquot infignes; ex Biblioth. Marq. Freheri: accedit, Jo. Dubravii Hiftoria Bohemica, *Hanoviæ*, 1602.—Cofmæ Pragenfis Chronica Bohemorum. *Ibid.* 1621.—Conftitutiones Caroli IV. *Ibid.* 1617.—Geor. Bartholdi Pontani Bohæmia pia. *Ibid.* 1608. —Zach. Theobaldi Bellum Huffiticum. *Ibid.* 1621, *in-fol. fil.*

3800 Imagines & Elogia Ducum & Regum Bohemiæ, ab anno 639 ad ann. 1629; Scriptore Julio Solimano. 1630, *in-4. vel.*

3801 Joach. Curei Freiftadienfis Silefiæ Gentis Annales, ad necem ufque Ludovici Hungariæ & Bohemiæ Regis. *Witebergæ*, 1571; *in-fol. fil.*

XIII. Mélanges d'Histoire d'Europe.

1. *Actes, Conventions, Traités de Paix, a'Alliances, de Commerce, &c. avec les Négociations qui les ont précédé.*

3802 Préliminaires des Traités faits entre les Rois de France & tous les Princes de l'Europe, depuis le Regne de Charles VII, par Amelot de la Houffaye; avec les Actes concernant les Négociations de la Paix conclue à Turin, & de celle de Ryfwick. (*Holl.*) 1697, *in-12.*

3803 Recueil de Traités de Paix, de Trève, d'Alliance, de Commerce, &c. faits par les Rois de France, avec tous les Potentats de l'Europe; par Frédéric Léonard, & continué jufqu'au Traité de Paix d'Utrecht en 1713. *Paris*, 1693, 8 *vol. in-4.*

3804 Recueil des Traités de Paix, de Trèves & d'autres Actes publiques faits entre les Empereurs, les Rois & les Puissances de l'Europe, depuis la Naissance de J. C. jusqu'à présent; (par J. Dumont, ou Jacq. Bernard). *Amst.* 1700, 4 *vol. in-fol.*

3805 Capitulation harmonique de Müldener; ou Concordance des Capitulations des Empereurs, depuis Charles V, jusqu'à François I, actuellement regnant; trad. de l'Allemand, par Besset de la Chapelle. *Paris*, 1750, *in-4*.

3806 Fœdera, Conventiones, Litteræ, & cujuscúnque generis Acta publica inter Reges Angliæ & alios Imperatores, Reges, &c. ab anno 1101 ad nostra usque tempora; publicata à Th. Rymer & Rob. Sanderson: ex Editione Geor. Holmes. *Hagæ-Com.* 1745, 10 *tom. ou* 19 *parties en* 7 *vol. in-fol. gr. pap.*

3807 Les Négociations du Président Jeannin, publiées par l'Abbé de Castille. *Paris*, 1656, *in-fol.*

3808 Mémoires & Instructions pour les Ambassadeurs; ou Lettres & Négociations de Walsingham, Ministre sous Elizabeth, Reine d'Angleterre, trad. de l'angl. (par de la Conrie). *Amst.* 1717, 4 *vol. in-12*.

3809 Mém. & Négociations de la Paix traitée à Vervins, entre la France, l'Espagne & la Savoye. *Paris*, 1700, 2 *vol. in-12*.

3810 Mém. de MM. de Bellievre & Sillery, contenant un Journal de la Paix de Vervins conclue en 1598. *Paris*, 1676, 2 *vol. in-12*.

3811 Recueil des Traictés de Confédération & d'Alliance entre la Couronne de France & les Princes Estrangers, depuis 1621. (*Holl.*) 1651, *in-12*.

3812 Histoire du Traité de Westphalie, par le P. Bougeant. *Paris*, 1744, 6 *vol. in-12*.

3813 Recueil de divers Traités de Paix faits depuis soixante ans entre les Etats Souverains de l'Europe. *Amst.* 1707, 2 *tom. en un vol. in-12*.

3814 Négociations de Henri Arnauld, Abbé de S. Nicolas, & Evêque d'Angers, à Rome & en Italie, pendant les années 1645 à 1648, (publiées par Burtin). 1748, 5 *vol. in-12*.

3815 Mém. & Négociations secretes de la Cour de France, touchant la Paix de Munster. *Amst.* 1710, 4 *vol. in-8. v. f.*

3816 Hist. des Négociations & du Traité de Paix des Pyrénées, (par Courchetet). *Paris*, 1750, 2 *vol. in-12*.

3817 Lettres & Négociations de Jean de Witt, des Plenipotentiaires des Provinces - Unies aux Cours de France, d'Angleterre, &c. depuis 1652 jusqu'en 1669. *Amst.* 1725, 5 *vol. in*-12. *v. f.*

3818 Lettres, Mémoires & Négociations du Comte d'Estrades, depuis 1663 jusques 1668, (publiées par Jean Aymon). *Bruxelles*, 1709, 5 *vol. in*-12.

3819 Mémoires & Négociations secretes de diverses Cours de l'Europe, par de la Torre. *La Haye*, 1721, 5 *vol. in*-12.

3820 Histoire des Négociations de la Paix de Nimégue, par de Saint-Disdier. *La Haye*, 1716, *in*-12.

3821 Actes & Mémoires des Négociations de la Paix de Nimégue, (recueillis par Adr. Moetjens). *Amsterd.* 1680, 8 *vol. in*-12.

3822 Actes & Mémoires des Négociations de la Paix de Ryswick, (recueillis par le même). *La Haye*, 1699, 4 *vol. in*-12.

3823 Les mêmes. *Ibid.* 1725, 5 *vol. in*-12.

3824 Mémoires de M. (de Torcy), pour servir à l'Histoire des Négociations depuis le Traité de Ryswick jusqu'à la Paix d'Utrecht. *La Haye*, (*Paris*) 1756, 3 *vol. in*-12.

3825 Histoire du Congrès & de la Paix d'Utrecht, comme aussi de celle de Rastadt & de Bade. *Utrecht*, 1716, *in*-12.

3826 Actes, Mémoires & autres pieces authentiques concernant la Paix d'Utrecht. *Utrecht*, 1714, 4 *vol. in*-12. *figures.*

3827 Les Intérêts présens des Puissances de l'Europe, fondés sur les Traités conclus depuis la Paix d'Utrecht, par J. Rousset. *La Haye*, 1734, 14 *vol. in*-12.

3828 Recueil Historique d'Actes, Négociations, Mémoires & Traités, depuis la Paix d'Utrecht jusqu'au second Congrès de Cambray, par le même. *La Haye*, 1728, 18 *vol. in*-12.

3829 Histoire de la Succession aux Duchés de Cleves, Berg & Juliers; par le même. *Amsterd.* 1738, 2 *vol. in*-12.

3830 Mémoires de l'Abbé de Montgon, contenant les différentes Négociations dont il a été chargé dans les Cours de France, d'Espagne & de Portugal, depuis 1725 jusqu'en 1730. 1750, 9 *vol. in*-12.

3831 Mémoires pour servir à l'Histoire de la Guerre terminée par la Paix d'Aix-la-Chapelle, en 1748. *Paris*, 1758, *in*-12. *figures.*

2. *Traités historiques de la Chevalerie ancienne & moderne ; Recueils de Généalogies des plus illustres Familles de l'Europe ; Pompes, Fêtes, Solemnités, &c.*

3832 Dissertations historiques & critiques sur la Chevalerie ancienne & moderne, avec des Notes, par le Pere Honoré de Sainte-Marie. *Paris, 1718., in-4.*

3833 Mémoires sur l'ancienne Chevalerie, par M. de la Curne de Sainte-Palaye. *Paris, 1759, 2 tom. en un vol. in-12.*

3834 Introduction à l'Histoire des Maisons Souveraines de l'Europe, par le P. Buffier. *Paris, 1717; 3 vol. in-12. veau fauve.*

3835 Dictionnaire Héraldique par Jacques Chevillard. *Paris, 1723, in-12. gravé.*

3836 Tableau de l'honneur, ou Abrégé méthodique de la science du Blason, par le même: *très grand Atlas, avec des Tables manus. des Blasons de toutes les Familles contenues dans ce Recueil.*

N. B. On a fait enluminer la Chronologie des Rois & Reines de France & les Blasons de toutes les personnes existantes pendant les années 1709 & 1711; de plus, il y a des Additions à toutes les Familles de Robe, principalement à celles domiciliées dans l'Isle S. Louis: on pourroit assurer qu'elles sont de M. Perrot, qui paroît avoir enluminé les Blasons.

3837 Dictionnaire Généalogique, Héraldique, &c. par M. de la Chenaye des Bois. *Paris, 1757, 6 vol. in-8. avec le supplément.*

3838 Les Généalogies Historiques des Rois, des Empereurs & de toutes les Maisons Souveraines qui ont subsisté jusqu'à présent, par (Chasot de Nantigny). *Paris, 1736, 4 vol. in-4.*

3839 Les Généalogies de soixante & sept très-illustres Maisons, partie de France, partie étrangeres, issues de Meroüée; avec le Blason de chacune, par le P. Estienne de Cypre. *Paris, 1587, in-4. vel.*

3840 Fr. Modii Pandectæ triumphales, sive pomparum, festorum ac solemnium apparatuum, conviviorum, spectaculorum, &c. quot hactenus ubique gentium re bello bene gesta, concelebrata sunt, tomi duo. *Francof. 1586, 2 tomes en un vol. in-fol.*

3841 Traité des Tournois, Joustes, Carrousels & autres Spec-

L l

tacles publics, par le P. Cl. Franç. Meneſtrier. *Lyon,*
1669, in-4. fig.

II. HISTOIRE DE L'ASIE.

I. HISTOIRE DE L'EMPIRE OTTOMAN.

3842 Bibliothèque Orientale, par d'Herbelot, publiée par
Galland. *Paris*, 1697, *in-fol.*

3843 Hiſtoire Générale des Huns, des Turcs, des Mogols &
autres Tartares Occidentaux avant & depuis J. C. par De-
guignes. *Paris*, 1756, 5 *vol. in-4.*

3844 Théâtre de la Turquie, traduit d'italien en franç. par
Jacques Febvre. *Paris*, 1682, *in-4. m. v. d. ſ. tr. fil.*

3845 Hiſtoire de l'Etat préſent de l'Empire Ottoman, trad.
de l'Anglois de Ricaut, par Briot. *Paris*, 1670, *gr. in-4. fig.*
de Séb. le Clerc.

3846 Mémoires de la Coix, contenant des Relations de l'Empire Othoman. *Paris*, 1684, 2 *vol. in-12.*

3847 L'Etat Militaire de l'Empire Ottoman, ſes progrès & ſa
décadence, par le Comte de Marſigli. *La Haye*, 1732, *gr.*
in-fol. fig.

3848 Deſcription des Iſles de l'Archipel, trad. du flamand
D'O. Dapper. *Amſterd.* 1703, *in-fol. fig.*

3849 Deſcription de la Morée, par le P. Coronelli. *Paris,*
1687, *in-fol. fig.*

3850 Mœurs & Uſages des Turcs, par Guer. *Paris*, 1747,
2 *vol. in 4. fig.*

3851 Récueil de cent Eſtampes repréſentant différentes Nations du Levant, tirées ſur les tableaux peints d'après nature,
par les ordres de M. de Ferriol. *Paris*, 1714, *gr. in-fol. fig.*
ſupérieurement enluminées.

3852 Recueil de différens habillemens des Turcs & Perſans,
peints ſur papier; avec les repréſentations de quelques ſup-
plices en uſage en Turquie. 1628, *petit in-fol. br.*

3853 Phil. Loniceri Chronicorum Turcicorum Tomi duo.
Francof. ad Mænum, 1578, 2 *tom. en un vol. in-fol. fil.*

3854 Hiſtoire des Turcs par Chalcondyle, trad. en franç. par
Blaiſe de Vigenere; avec la continuation, par Thomas Artus, ſieur d'Embty. *Paris*, 1663, 2 *vol. in-fol. fig.*

3855 Hiſtoire de l'Empire Ottoman, traduit de Démetrius
Cantimir, par de Joncquieres. *Paris*, 1743, 2 *tomes en un*
vol. in-4.

3856 Le même Ouvrage, *Ibid.* 1743 , 4 *vol. in-*12.

3857 Rerum memorabilium in Pannonia sub Turcis Imper. à capta Constantinopoli ad hanc ætatem usque gestarum narrationes variæ , ex Edit. Nic. Reusneri. *Francof.* 1603 & 1627, 2 *vol. in-*4. *fig.*

3858 Mart. Crusii Turco-Græcia ; sive Græcorum Status sub Imperio Turcico , ab amissa Constantinopoli ad hæc usque tempora , gr. & latinè : accedit Ejusdem Germano-Græcia , sive Orationes & Carmina græco-latina. *Basileæ,* 1584, 2 tom. en un vol. *in-fol. fil. d'or.*

3859 A. Gislenii Busbequii omnia quæ extant. *Amstelod. Elzev.* 1660 , *in-*24.

3860 Historia della Guerra fra Turchi & Persiani , dall'anno 1577 all'an. 1585 ; da Giov. Tomaso Minadoi. *In Turino ,* 1588, *in* 8. *vel.*

3861 Histoire d'Osman I. 19e. (où plutôt 18e.) Empereur des Turcs & de l'Impératrice Aphendina Ashada , par Madame de Gómez. *Paris ,* 1734, 2 *vol. in-*12.

3862 Histoire des trois derniers Empereurs Turcs , depuis 1623 jusqu'à 1677 ; trad. de l'Anglois de Ricaut , (par Briot). *Paris ,* 1682, 4 *vol. in-*12.

3863 Histoire des Grands Vizirs Mahomet & Achmet Coprogli , par de Chassepol. *Paris ,* 1679, 3 *vol. in-*12.

3864 Relation de deux Rébellions arrivées à Constantinople à la déposition d'Achmet III, & l'élevation de Mahomet V , en 1730 & 1731. *La Haye,* 1737, *in-*12.

II. HISTOIRE DE PERSE , DU MOGOL ET DES INDES.

3865 De Regio Persarum Principatu Lib. tres; ex adversariis Barn. Brissonii. *Paris.* 1599, *in-*8. *vel.*

3866 Histoire de Thamas Kouli-Kan , Roi de Perse, (par l'A. Declaustre). *Paris ,* 1743, *in-*12.

3867 Histoire de Timur-Bec (Tamerlan) Empereur des Mogols , trad. du Persan de Cherefeddin Ali , par Petis de la Croix. *Paris ,* 1722, 4 *vol. in-*12.

3868 Histoire des Guerres de l'Inde, ou des Evénemens Militaires arrivés dans l'Indoustan depuis 1745 , trad. de l'Angl. par M. T. (Targe). *Amsterd.* (*Paris*), 1765, 2 *vol. in-*12.

3869 Histoire de la conquête des Isles Moluques par les Espagnols , par les Portugais & par les Hollandois ; trad. de l'Espagnol d'Argensola. *Amsterd.* 1707 , 3 *vol. in-*12.

III. HISTOIRE DE LA CHINE ET DU JAPON.

3870 La Chine du P. Kircher illustrée de plusieurs monumens, trad. en franç. avec un Diction. Chinois & François, par Fr. Sav. Dalquié. *Amsterd.* 1670, *in-fol. fig. fil.*

3871 Description Historique & Géographique de l'Empire de la Chine & de la Tartarie Chinoise, par le P. J. B. du Halde. *Paris,* 1735, 4 *vol. in-fol. gr. pap. fig.*

3872 Nouv. Mémoires sur l'état présent de la Chine, par le P. le Comte ; avec l'Hist. de l'Édit en faveur des Chrétiens, par le P. Ch. le Gobien. *Paris,* 1697, 3 *vol. in-12. figures.*

3873 Ambassades mémorables de la Compagnie des Indes Orientales des Provinces-Unies vers les Empereurs de la Chine & du Japon ; par P. de Goyer & Jac. de Keyser ; recueillies par J. Nieuhoff & trad. en franç. par J. le Carpentier. *Leyde,* 1665 & 1680, 2 *vol. in-fol. fig.*

3874 Histoire Naturelle, Civile & Ecclésiastique de l'Empire du Japon, traduit de l'allemand d'Engelbert Koempfer, (par Naudé). *La Haye,* 1729, 2 *tom. en un vol. in-fol. fig.*

3875 Histoire & Descript. du Japon, par le P. de Charlevoix. *Paris,* 1736, 2 *vol. in-4. fig.*

3876 Histoire de l'Eglise du Japon, par le P. Crasset. *Paris,* 1715, 2 *vol. in-4.*

III. HISTOIRE DE L'AFRIQUE.

I. *Histoire générale d'Afrique, & particuliere de la Morée & des États Barbaresques.*

3877 Description de l'Afrique, trad. du flamand de Dapper, en franç. *Amsterd.* 1686, *in-fol. fig.*

3878 Relation de l'Afrique ancienne & moderne, par de la Croix. *Lyon,* 1688, 4 *vol. in-12. fig.*

3879 Histoire des Etats Barbaresques qui exercent la Piraterie, (par Boyer de Pébrandier). *Paris,* 1757, 2 *vol. in-12.*

3880 Mémoires Historiques concernant le Gouvernement ancien & nouv. du Royaume de Tunis, par de Saint-Gervais. *Paris,* 1736, *in-12. fil.*

3881 Histoire des Révolutions de l'Empire de Maroc pendant les années 1727 & 1728, trad. de l'anglois de Braithwaite. *Amsterd.* 1731, *in-12.*

3882 Relation de la Captivité & Liberté du sieur Emanuel d'Aranda, jadis Esclave à Alger. *Bruxelles*, 1662, *in-12. figures.*

II. *Histoire de l'Egypte, de l'Abyssinie, &c.*

3883 Description de l'Egypte composée sur les Mémoires de M. de Maillet, par l'A. le Mascrier. *La Haye*, 1740, 2 *vol. in-12. fig.*

3884 Idée du Gouvernement ancien & moderne de l'Egypte, (par l'Abbé le Mascrier). *Paris*, 1743, 2 *tom. en un vol. in-12.*

3885 Histoire des Sarrasins; trad. de l'anglois de Simon Ockley, (par Jault). *Paris*, 1748, 2 *vol. in-12.*

3886 Histoire de Saladin, Sultan d'Egypte & de Syrie, par M. Marin. *Paris*, 1758, 2 *vol. in-12.*

3887 Relation Historique d'Abissinie, trad. du Portugais de Jer. Lobo, par le Grand. *Paris*, 1728, *in-4. fig.*

3888 Histoire de la grande Isle de Madagascar, par de Flacourt. *Paris*, 1658, *in-4. fig.*

IV. HISTOIRE DE L'AMÉRIQUE.

I. *Histoire générale & particuliere de l'Amérique Méridionale & Septentrionale.*

3889 Mœurs des Sauvages Amériquains, comparées aux mœurs des premiers temps; par le P. Lafitau. *Paris*, 1724, 2 *vol. in-4. fig. v. f.*

3890 Histoire des Conquêtes des Portugais dans le Nouveau Monde, par le même. *Paris*, 1733, 2 *vol. in-4. fig.*

3891 Le même Ouvrage. *Ibid.* 1734, 4 *vol. in-12. fig.*

3892 Tyrannies & Cruautés des Espagnols commises ès Indes Occidentales, par Barth. de las Casas, & trad. en franç. par Jac. de Miggrode. *Rouen*, 1630, *petit in-4. vel.*

3893 Histoire du Paraguay; par le P. Pierre Fr. Xav. de Charlevoix. *Paris*, 1756, 3 *vol. in-4. fig.*

3894 Histoire de la Découverte & de la Conquête du Pérou, traduite de l'espagnol d'Aug. de Zarate, par S. D. C. *Amst.* 1700, 2 *vol. in-12. fig. v. f.*

3895 Histoire des Yncas, Rois du Pérou, trad. de l'Espag. de l'Ynca Garcillaſſo de la Vega, par J. Baudoin. *Amſterd.* 1704, 2 *vol. in-*12. *fig.*

3896 Le même Ouvrage, trad. en franç. (par Dalibard). *Par.* 1744, 2 *vol. in-*12. *fig.*

3897 Hiſtoire de la Conquête de la Floride, trad. de l'eſpagnol du même, par P. Richelet. *Paris*, 1711, *in-*12.

3898 Hiſtoire de la Conquête du Mexique, trad. de l'eſpagnol de Don Ant. de Solis, (par Citri de la Guette). *La Haye*, 1692, 2 *vol. in-* 12. *fig.*

3899 Hiſtoire de la Virginie, trad. de l'angl. *Amſt.* 1707, *in-*12. *fig.*

3900 Hiſtoire générale des Antilles, par le P. Dutertre. *Paris*, 1667, 4 *vol. in-*4. *fig.*

3901 Hiſtoire de l'Amérique Septentrionale, par de Bacqueville de la Potherie. *Paris*, (*Rouen*) 1722, 4 *vol. in-*12. *fig.*

3902 Hiſtoire & Deſcription générale de la Nouv. France, par le P. de Charlevoix. *Paris*, 1744, 3 *vol. in-*4. *fig.*

3903 Le même Ouvrage. *Ibid.* 1744, 6 *vol. in-*12. *fig.*

3904 Nouvelle Relation de la France équinoxiale, par P. Barrere. *Paris*, 1743, *in-*12. *fig.*

VI. HISTOIRE LITTÉRAIRE.

I. HISTOIRE DES LETTRES, DES SCIENCES ET DES ARTS.

1. *Hiſtoire Littéraire générale de différens Siecles & Pays.*

3905 Mém. Secrets de la République des Lettres, par le Marq. d'Argens. *La Haye*, 1743, 6 *vol. in-*12. *p. f.*

3906 Querelles Littéraires, ou Mémoires pour ſervir à l'Hiſt. des Révolutions de la République des Lettres, depuis Homere juſqu'à nos jours, par l'Abbé Iraïl. *Paris*, 1761, 4 *vol. in-*12. *br.*

3907 Hiſt. Littéraire de la France, (par Dom Rivet & autres). *Paris*, 1733, & ann. ſuiv. 11 *vol. in-*4. *les tom.* 7 à 11 *en blanc.*

3908 Hiſtoire Littéraire du Regne de Louis XIV, par l'Abbé Lambert. *Paris*, 1751, 3 *vol. in-*4. *br.*

2. *Histoire Littéraire des Sciences & des Arts.*

3909 Jo. Ger. Voſſii de Philoſophia & Philoſophorum Sectis Lib. duo. *Hagæ-Com.* 1658, *in-4.*

3910 Histoire Critique de la Philoſophie, par (Deſlandes). *Amſt.* 1737, 3 *vol. in-12. v. f.*

3911 Leon. Cozzandi de Magiſterio Antiquorum Philoſophorum Lib. VI. *Coloniæ*, 1684, *in-8. br.*

3912 Histoire de la Médecine, par Dan. le Clerc. *La Haye*, 1729, 2 *tom. en un vol. in-4.*

3913 Essais de Médecine, où il est traité de l'Hist. de la Médecine & des Médecins, par J. Bernier. *Paris*, 1689, *in-4.*

3914 Recherches critiques & historiques ſur l'origine, & ſur les progrès de la Chirurgie en France, par (de la Peyronie). *Paris*, 1744, 2 *vol. in 12.*

II. HISTOIRE ACADÉMIQUE.

1. *Histoire Littéraire des Universités & Colléges de différens Pays.*

3915 Traité Historique des Ecoles Episcopales & Ecclésiastiques, par Cl. Joly. *Paris*, 1678, *in-12.*

3916 Historia Universitatis Pariſienſis, ab anno 800 ad ann. 1600; ſtudio Cæsaris Egaſſii Bulæi. *Pariſ.* 1665 *& ann. ſeq.* 6 *vol. in-fol.*

3917 Remarques ſur la Dignité, le Rang, Préséance, Autorité & Juriſdiction du Recteur de l'Université de Paris, par le même. *Paris*, 1668, *in-4. vel.*

3918 Histoire de l'Université de Paris, depuis ſon origine juſqu'en 1600, par Crévier. *Paris*, 1761, 7 *vol. in-12.*

3919 De Scholaſticorum, Bibliopolarum atque cæterorum Universitatum omnium Miniſtrorum Juratorumque Privilegiis Lib tres, auctore P. Rebuffo. *Pariſ.* 1540, *in-8.*

3920 Academia Pariſienſis Illuſtrata, ſive Historia Gymnaſii Navarræi, per Jo. Launoium. *Pariſ.* 1682, 2 *vol. in-4.*

3921 De l'Eſtat du Collége de Dormans, dit de Beauvais, fondé en l'Universſ. de Paris, (en 1370) par J. Grangier. *Paris*, 1628, *in-4. br.*

3922 Mémoires Historiques & Littéraires ſur le Collége Royal de France, par l'Abbé Goujet. *Paris*, 1758, 3 *vol. in-12.*

3923 Jo. Meurſii Athenæ Batavæ, ſive de Urbe Leidenſi &

Academia Virisque Claris Lib. duo. *Lugd. Bat.* 1625, *in-4.*
fig. vel.

3924 Jo. Pitsei Relationum historicarum Tomus primus, de
illustribus Academiis & Scriptoribus Angliæ tractans. *Paris.*
1619, *in-4. vel.*

2. *Histoire Littéraire des Académies & Sociétés de Savans ;*
Actes & Mémoires de ces Académies.

3925 Histoire de l'Académie Françoise, depuis son Etablissement (en 1635) jusqu'en 1652, par Pellisson & continuée
jusqu'en 1700, par l'Abbé d'Olivet. *Paris*, 1729, 2 *vol. in-4.*

3926 Le même Ouvrage. *Ibid.* 1743, 2 *vol. in-12. v. f.*

3927 Histoire de l'Académie des Sciences en 1699, & les
Eloges des Académiciens morts depuis ce renouvellement,
par de Fontenelle. *Paris*, 1724, *in-12.*

3928 Histoire de l'Académie Royale des Sciences, depuis son
établissement en 1666 jusqu'à 1699 ; (par le même). *Paris,*
1733, 11 *tom.* en 14 *vol. in-4. fig. v. f.*

3929 Histoire de l'Académie des Sciences, depuis 1699 jusqu'en 1762 ; avec les suites des années 1718, 1726 & 1731.
Paris, 1702, & *ann. suiv.* 66 *vol. in-4. fig.* manque 1759,
& 1760 ; *les années* 1732 & 1755 à 1762, *en feuilles.*

3930 Mémoires de Mathém. & de Physique, présentés à l'Académie des Sciences par divers Savans étrangers. *Paris, Impr.*
R. 1750, & *ann. suiv.* 4 *vol. in-4. fig. en feuilles.*

3931 Table Alphab. des matieres contenues dans l'Hist. & les
Mémoires de l'Académie des Sciences, depuis 1666 jusqu'en 1736, (par Massuet). *Paris*, 1734, 4 *tom.* en 3 *vol.*
in-4. v. f.

3932 Recueil de Pieces qui ont remporté le prix de l'Académie
des Sciences. *Paris*, 1732, & *ann. suiv.* 6 *vol. in-4. br.*

3933 Machines & Inventions approuvées par l'Académie des
Sciences ; publiées par Gallon. *Paris*, 1735, 6 *vol. in-4. fig.*

3934 Histoire de l'Académie des Inscriptions & Belles-Lettres,
par Gros de Boze. *Paris*, 1740, 3 *vol. in-12.*

3935 Histoire de l'Académie des Inscriptions & Belles-Lettres,
depuis son établissement, (en 1701) jusqu'à présent. *Paris,*
Impr. R. 1717, & *ann. suiv.* 30 *vol. in-4. fig. les tomes* 27
à 30 *en feuilles.*

3936 Collection de Pieces Académiques concernant la Médecine, l'Anatomie, la Physique, &c. mis en ordre par J.
Berryat. *Dijon*, 1754, 8 *vol. in-4.*

3937 Mémoires de l'Académie des Sciences, Inscriptions, &c. de Troyes, (par MM. Grosley & le Févre). *Paris*, 1756, 2 tom. en un vol. in-12.

3938 Description de l'Académie de Peinture & de Sculpture, par Guérin. *Paris*, 1715, in-12. fig.

3939 Mélanges de Philosophie & de Mathématiques de la Société Royale de Turin, pour les années 1760 & 1761. *Turin*, in 4. fig.

3940 Acta Physico-Medica Academiæ Naturæ Curiosorum, cum appendicibus. *Norimbergæ*, 1730, & ann. seqq. 7 vol. in-4. fig. v. f. fil.

3941 Histoire & Mémoires de l'Académie des Sciences & des Belles-Lettres de Berlin, années 1745 & 46; rédigés par M. Formey. *Berlin*, 1746 & 48, 2 vol. in-4. fig.

3942 Histoire de la Société Royale de Londres; par Th. Sprat. *Geneve*, 1669, in-12. fig.

3943 Transactions Philosophiques de la Société Royale de Londres, années 1731, 1733, 1735 & 36, trad. de l'anglois, par de Brémond. *Paris*, 1741, 4 vol. in-4. fig.

III. VIES DES HOMMES ILLUSTRES.

I. *Recueils de Vies des Hommes Illustres Anciens & Modernes.*

3944 Poggii Bracciolini Historiæ de varietate Fortunæ Lib. IV. & Epistolæ ; edente Jo. Oliva Rhodigino. *Lutetiæ Paris.* 1723, in-4.

3945 Ant. Maria Gratianus de Casibus Virorum illustrium, edente Flecherio. *Lutetiæ Paris.* 1680, in-4. vel.

3946 Les Vies des Hommes illustres Grecs & Romains ; avec les Œuvres morales de Plutarque, trad. en françois, par Jac. Amyot. *Paris*, 1583, 2 vol. in-fol.

3947 Les mêmes. *Ibid.* 1622, 8 vol. in-8. v. f.

3948 Les Vies des Hommes illustres de Plutarque, trad. en françois avec des Remarques, par Dacier, & la continuation de Rowe, traduite par Bellanger. *Paris*, 1734, 9 vol. in-4.

3949 Prosopographie, ou Description des Hommes ill. anc. & mod. par Ant. du Verdier de Vauprivas. *Lyon*, 1605, 3 vol. in-fol. fig.

3950 Suite de Portraits d'Empereurs, Rois, Princes Souve-

M m

rains, Cardinaux, Guerriers & Savans de toutes nations, gravés par Moncornet & autres. 2 *vol. in* 4.

3951 Histoire des plus illustres Favoris, anciens & modernes, (par P. Dupui), avec un Journal de ce qui s'est passé à la mort du Maréchal d'Ancre. *Leide, Elzev.* 1659, *in-*4. *fil.*

2. *Vies des Hommes Illustres & des grands Capitaines Modernes de toutes nations.*

3952 Pauli Jovii Novocomensis Vitæ & Elogia Virorum Armis aut Litteris Illustrium , cum propriis imaginibus : accedit, Britanniæ, Scotiæ & Hiberniæ Descriptio. *Basileæ, P. Perna,* 1577, & 1578, 4 *tom. en* 3 *vol. in-fol. v. f.*

3953 Ritratti & Elogi di Capitani illustri che ne' Secoli moderni hanno gloriosamente guerreggiato ; descritti da Giulio Roscio & altri. *In Roma ,* 1647, *in-*4. *fig. vel.*

3954 Portraits de différens Princes & Guerriers, gravés par Rob. Weiss. *gr. in-fol. br.*

3955 Mémoires de Brantome, contenans les Vies des Capitaines François ; des Capit. Etrangers ; les Dames illustres & les Duels, (publiés par le Comte de Montrésor , son Cousin). *Leyde, Sambix ,* 1722, 8 *vol. in-*12.

3956 Vies des Hommes illustres de la France, par d'Auvigny. *Paris,* 1739, 10 *vol. in-*12.

3957 Les Portraits des Hommes illustr. François qui sont peints dans la Galerie du Card. de Richelieu, avec leurs Eloges, par Wlson de la Colombiere. *Paris,,* 1650, *in-fol. forme d'Atlas.*

3958 Panégyriques des Hommes illustres de notre Siecle , par Puget de la Serre ; avec leurs portraits en grand, gravés par de Larmessin. *gr. in-fol.*

3959 Les Hommes illustres qui ont paru en France pendant le Regne de Louis-le-Grand, avec leurs portraits au naturel; par Ch. Perrault. *Paris,,* 1696 & 1700, 2 *tom. en un vol. in-fol. gr. pap.*

3960 Les Imposteurs insignes, par J. B. de Rocoles. *Bruxelles,* 1728, 2 *vol. in-*12. *fig.*

3961 Chr. Kortholti Liber de tribus Impostoribus magnis, (Edoardus Herbert , Th. Hobbes , Ben. Spinosa). *Kilonii,* 1680, *in-*8. *vel.*

3962 Vie de Mahomet , par Prideaux. *Amsterd.* 1698, *in-*12. *fig. br.*

3. *Recueils de Vies des Hommes Illustres dans les Sciences & dans les Arts.*

3963 Vies des Anciens Orateurs Grecs, avec des Réflexions sur leur Eloquence, des Notices de leurs Écrits; &c. (par M. de Bréquigny). *Paris, 1752, 2 vol. in-12.*

3964 Mémoires pour servir à l'Histoire des Hommes Illustres dans la République des Lettres; par le P. Niceron. *Paris, 1729, & ann. suiv. 44 vol. in-12. v. f. fil.*

3965 Icones & Effigies Virorum Doctorum quotquot celebres fuerunt per Europam, à Jo. Theod. de Bry in æs incisæ. *Francof. 1645, in-4.*

3966 Doctorum Virorum Elogia Thuanea; opera C. B. *Londini, 1671.* == Jo. Launoii Elogium. *Ibid. 1685, in-12.*

3967 Eloges des Hommes Savans, tirés de M. de Thou, avec des additions, par Ant. Teissier. *Leyde, 1715, 4 vol. in-12. fil.*

3968 Jac. Phil. Tomasini Virorum (Litteris) Illustrium Elogia. *Patavii, 1630, in-4. v. f. fig.* de H. David.

3969 Jani Nicii Erythræi (Jo. Vict. Rossi) Pinacotheca Imaginum Illustrium doctrinæ vel ingenii laude Virorum. *Lipsia, 1692, 3 tom. en un vol. in-8. v. f.*

3970 Académie des Sciences & des Arts, contenant les Vies & les Eloges des Hommes Illustres qui ont excellé en ces Professions; avec leurs Portraits au naturel, par Is. Bullart. *Bruxelles, 1695, 2 vol. in-fol.*

3971 Scev. Sammarthani Gallorum Doctrina Illustrium Elogia. *Augustoriti Pictonum, 1602, in-8.*

3972 Le Parnasse François, par Titon du Tillet. *Paris, 1732, in-fol. gr. pap. fil. avec les deux Supplémens, la Description & l'Estampe du Parnasse François, par le même, br.*

3973 Mémoires pour servir à l'Histoire de plusieurs Hommes Illustres de Provence, par (Bougetel). *Paris, 1752, in-12.*

4. *Vies des Théologiens.*

3974 La Vie de P. Abeillard & d'Héloïse, (par Dom Gervaise). *Paris, 1720, 2 tom. en un vol. in-12.*

3975 Vie du P. Ant. Possevin, Jésuite, par le P. J. Dorigny. *Paris, 1712, in-12.*

3976 Vie d'Edmond Richer, par A. Baillet. *Amſterd.* 1715, *in-12.*

3977 Vita Matthæi Menagii Primi Canonici Andegavenſis, Scriptore Ægidio Menagio. *Lutetiæ Pariſ.* 1674, *in-8. gr. pap. l. r.*

3978 Hiſtoire de la Vie de Franç. de Salignac de la Motte Fénelon, Archevêque de Cambrai, (par Ramſay). *La Haye,* 1723, *in-12.*

3979 Vie de l'Abbé de Choiſy, avec le Catalogue de ſes Ouvrages. *Lauſanne,* 1742, *in-8.*

3980 Les vrais pourtraits des Hommes Illuſtres en Piété & en Doctrine, dont Dieu s'eſt ſervi pour rétablir la vraye Religion; trad. du latin de Théod. de Beze. 1581, *in-4. fig. vel.*

3981 Joach. Camerarii Vita Phil. Melanchthonis. *Hagæ-Com.* 1655, *in-12. p. f.*

3982 La Vie & les Sentimens de Lucilio Vanini, (par David Durand). *Rotterd.* 1717, *in-12.*

5. *Vies des Philoſophes Anciens & Modernes.*

3983 Diogenis Laertii de Vitis, Dogm. & Apophth. Clarorum Philoſophorum; accedunt, Heſychius & Pythagorus de iisdem; gr. & lat. cum notis Is. Caſauboni. *Typis H. Stephani,* 1593, *in-8. vel.*

3984 Idem Diogenes Laertius, gr. & lat. cum notis varior. & Ægidii Menagii. *Amſt.* 1692, 2 *vol. in-4. fil. d'or.*

3985 Hiſtoire des ſept Sages, par de Larrey. *Rotterd.* 1714, 2 *vol. in-12.*

3986 La Vie & les choſes mémorables de Socrate, par Charpentier. *Amſt.* 1699, 2 *part. en un vol. in-12.*

3987 Hiſtoire de Cicéron, trad. de l'Anglois de Middleton, (par l'Abbé Prevoſt). *Paris,* 1743, 4 *vol. in-12.*

3988 C. Plinii Secundi Junioris Vita, ſtudio Jo. Maſſon. *Amſt.* 1709, *in-12.*

3989 Philoſtrate de la Vie d'Apollonius Thyaneen, trad. par Bl. de Vigenere, avec des Comment. par Artus Thomas, Sieur d'Embry. *Paris,* 1611, *in-4.*

3990 Hiſtoire des Philoſophes Modernes, par Saverien, publiée par François. *Paris,* 1762, 4 *vol. in-12.*

3991 Tychonis Brahei; Nic. Copernici; G. Peurbachii &

Jo. Regiomontani, Aftronomorum Vitæ, à Petro Gaffendo fcriptæ. *Hagæ-Com.* 1655, *in-4. fig.*

3992 La Vie de P. Gaffendi, par (le P. Jof. Bougerel). *Paris*, 1737, *in-12.*

3993 La Vie de Defcartes, par Adr. Baillet. *Paris*, 1691, 2 *vol. in-4. v. f.*

3994 La Vie de Bayle, par des Maizeaux. *La Haye*, 1732, 2 *vol. in-12.*

6. Vies des Jurifconfultes.

3995 Illuftrium Jureconfultorum Imagines ; ex Mufæo Marci Mantuæ Benavidii. *Romæ*, *Lafrerius*, 1566, *petit in-fol. vel.*

3996 Vie de Ch. du Molin, par Julien Brodeau. *Paris*, 1654, *in-4.*

3997 P. Puteani Regi à Confiliis & Bibliothecis Vita, cura Nic. Rigaltii. *Lutetiæ*, 1652, *in-4. vel.*

3998 Vie de Pierre Pithou ; avec quelques Mémoires fur fon pere & fes freres, (par M. Grofley). *Paris*, 1756, 2 *vol. in-12. br.*

3999 Cl. Peleterii Regni Adminiftri, necnon P. Pithœi ejus proavi, Vitæ, accurante Jo. Boivin. *Parif.* 1716, *in-4.*

7. Vies particulieres de quelques Littérateurs célebres.

4000 Mémoires de la Vie de Jac. Aug. de Thou, (écrits par lui-même, ou Nic. Rigault). *Amft.* 1713, *in-12.*

4001 Hiftoire de Pierre de Montmaur, par de Sallengre. *Amft.* 1717, 2 *vol. in-8.*

4002 Vitæ Petri Ærodii & Guillelmi Menagii, fcriptore Ægidio Menagio. *Parif.* 1675, *in-4.*

4003 Mémoires Hiftoriques & Littéraires de l'Abbé Goujet. *La Haye*, (*Paris*), 1767, *in-12.*

4004 Vie de Grotius, avec l'Hiftoire de fes Ouvrages, par de Burigny. *Paris*, 1752, 2 *vol. in-12.*

4005 Lettres Hiftoriques & Philofophiques du Comte d'Orreri, fur la Vie & les Ouvrages de Swift, trad. en franç. (par M. Lacombe). *Paris*, 1753, *in-12.*

8. Vies de quelques Artiſtes.

4006 Le Vite de' più eccellenti Pittori, Scultori & Architetti, di Giorg. Vaſari. *In Bologna*, 1647, 3 *vol. in-4. fig.*

4007 Entretiens ſur les Vies & les Ouvrages des plus excellens Peintres & Architectes, par Félibien. *Amſt.* 1706, 6 *tom. en* 5 *vol. in-12.*

4008 Le même Ouvrage. *Trévoux*, 1725, 6 *vol. in-12.*

4009 Abrégé de la Vie des Peintres, avec des Réflexions ſur leurs Ouvrages, par de Piles. *Paris*, 1699, *in-12.*

4010 Abrégé de la Vie des plus fameux Peintres, avec leurs portraits gravés en taille-douce, des Réflexions ſur leurs caracteres, &c. par (Dezallier d'Argenville); avec le Supplément. *Paris*, 1745 & 1752; 3 *vol. in-4.*

9. Vies des Femmes Illuſtres Anciennes & Modernes.

4011 De Memorabilibus & Claris Mulieribus diverſorum Scriptorum Opera, à Jo. Raviſio Textore collecta. *Pariſ. Colinæus*, 1521, *petit in-fol.*

4012 Les trois Livres de la Cité des Dames, par Catherine de Piſe. *Mſſ. ſur velin*, *in-4.*

4013 La Gallerie des Femmes Fortes, par le P. le Moine. *Paris*, 1663, 2 *vol. in-12. p. f.*

VII. PARALIPOMENES HISTORIQUES.

I. Collections & Recueils d'Hiſtoriens Sacrés, Profanes, Moraux, &c.

4014 Spicilegium veterum aliquot Scriptorum qui in Galliæ Bibliothecis delituerant, operâ Lucæ Dacheri; ex Edit. Joſ. de la Barre. *Pariſ.* 1723, 3 *vol. in-fol. v. f.*

4015 Jo. Mabillonii vetera Analecta; ſive Collectio veter. aliquot Operum omnis generis; cum Itinere Germanico, edente (eodem de la Barre). *Pariſ.* 1723, *in-fol. v.f.*

4016 Stephan. Baluzii Miſcellanea; ſive Collectio veterum Monumentorum quæ hactenus latuerant in variis Codicibus ac Bibliothecis. *Parif.* 1678 & *ann. feqq.* 7 *vol. in-*8.

4017 Edm. Martene veterum Scriptorum & Monumentorum Moralium, Hiftoricorum & Dogmaticorum Collectio nova. *Rothomagi*, 1700; *in-*4.

4018 Idem Opus, cum variis additamentis, curâ ejufdem necnon Urf. Durand. *Parif.* 1724, 9 *vol. in-fol.*

4019 Thefaurus novus Anecdotorum; complectens Regum ac Principum Epiftola & Diplomata, ftudio Eorundem. *Lutetiæ Parif.* 1717, & *ann. feqq.* 5 *vol. in-fol.*

4020 Henr. Canifii Thefaurus Monumentorum Ecclefiafticorum & Hiftoricorum, cum Animadv. Jac. Bafnage. *Antuerpiæ*, 1725, 4 *vol. in-fol.*

II. *Extraits Hiftoriques.*

4021 Valerius Maximus, cum notis variorum, edente Ant. Thyfio. *Lugd. Bat.* 1651, *in-*8. *vel. d'Holl.*

4022 Les diverfes Leçons de Pierre Meffie, mifes en François, par Gruget. *Lyon*, 1561, *in-*8.

4023 Guidi Pancirolli Rerum Memorabilium Lib. duo, quorum prior deperditarum, pofterior inventarum eft, ex Ital. latinè redditi ab H. Salmuth. *Amberga*, 1612, *in-*8.

4024 Les Méditations Hiftoriques de Phil. Camerarius, trad. en françois, par Simon Goulart. *Lyon*, 1610, 3 *vol. in-*4.

4025 Choix d'Hiftoires tirées de Bandel, de Belleforeft, de Boiftuau & autres, par M. Feutry. *Paris*, 1753, 4 *vol. in-*12. *p. f.*

4026 Anecdotes des Républiques. *Paris*, 1771, 2 *vol. petit in-*8. *br.*

III. *Dictionnaires Hiftoriques Univerfels & Profeffionnaux.*

4027 Le grand Dictionnaire Hiftorique, par L. Morery. *Lyon*, 1691, 3 *vol. in-fol.*

4828 Le même, augmenté, avec le premier Supplément, (par l'Abbé Goujet). *Paris*, 1732 & 1735, 8 *vol. in-fol. veau f.*

4029 Dictionnaire Hiftorique-Portatif, par l'Abbé Ladvocat. *Paris*, 1755, 2 *vol. petit in-*8.

4830 Projet & Fragmens d'un Dictionnaire Critique, par (P. Bayle). *Rotterd.* 1692, *in-*8. *v. f.*

4031 Dictionnaire Historique & Critique, par le même ; revû & augmenté (sur les Mff. de l'Auteur, par Pr. Marchand). *Rotterd.* 1720 , 4 *vol. in-fol.*

4032 Lettre Critique fur le Dictionnaire de Bayle , (par l'Abbé le Clerc). *La Haye,* (*Trévoux*) 1732 , *in-*12.

4033 Remarques Critiques fur le Dictionnaire de Bayle , (par Joly). *Paris,* 1752 , 2 *part. en un vol. in-fol.*

4034 Dictionnaire Historique, par Profper Marchand. *La Haye,* 1758, 2 *tom. en un vol. in-fol.*

4035 Dictionnaire - Portatif des Prédicateurs François , par M. Albert. *Lyon,* 1757 , *in-*8.

CINQUIEME CLASSE.

JURISPRUDENCE.

I. DROIT CANONIQUE.

I. DROIT CANONIQUE UNIVERSEL.

1. *Collections de Canons anciens ; Corps de Droit Canon, avec les Commentateurs ; Canonistes généraux.*

4036 LES Régles du Droit Canon, trad. en franç. avec des Commentaires, par J. B. Dantoine. *Lyon*, 1720, *in-4.* 1 — 4

4037 Bibliotheque Canonique, par Blondeau. *Paris*, 1689, 2 vol. *in-fol.* 17

4038 Bibliotheca Juris Canonici veteris; gr. & lat. cum notis Gul. Voelli & Henr. Justelli. *Lutetiæ Parif.* 1661, 2 vol. *in-fol. gr. pap.* 53 — 19

4039 Codex Canonum Ecclesiæ Primitivæ vindicatus & illuf-tratus, à Guil. Beveregio. *Londini*, 1678, *in 4.* 6 — 6

4040 Jo. & Fr. Pithœorum Corpus Juris Canonici, Grego-rii XIII, juffu editum. *Lipsiæ*, 1705, 2 vol. *in-fol.* 22 — 19

4041 Innocentii Tertii Epistolarum Lib. IV; cum notis Fr. Bosqueti. *Tolofæ*, 1635, *in-fol.* 1 — 10

4042 Simonis Vigorii Opera omnia Canonica. *Parif.* 1683, *in-4.* 4

2. *Canonistes particuliers, & en premier lieu les Traités de la Hiérarchie de l'Eglife ; de la Puiffance Ecclésiaftique & Séculiere.*

4043 Monarchia S. Romani Imperii, five Tractatus varii de Jurisdictione Imperiali, feu Regia & Pontificia; collectore 9 — 10

N n

Melch. Goldaſto. *Hanoveræ*, 1612, & ann. ſeq. 3 *vol. in-fol.*

l —4 4044 Edm. Richerii Libellus de Eccleſiaſtica & Politica Poteſtate. *Colonia*, 1683, *in*-4.

3 4045 Ejuſdem Defenſio Libelli de Eccleſiaſt. & Politica Poteſtate; accedit ejus Teſtamentum & alia opuſcula de eacem materia. *Colonia*, 1701, 2 *vol. in*-4.

1. 4046 Apologia pro Gerſonio, pro ſuprema Eccleſiæ & Concilii Generalis auctoritate, per E. R. D. T. P. (Edm. Richerium). *Lugd. Batav.* 1676, *in*-4. *vel.*

2. 4047 Ejuſdem Vindiciæ Doctrinæ Majorum Scholæ Pariſienſis de authoritate & infallibilitate Eccleſiæ in Rebus fidei & morum. *Colonia*, 1683, 3 *vol. in*-4.

1—19 4048 Traité de la Puiſſance Eccléſiaſtique & Temporelle, (par L. Ellies du Pin). 1707, *in*-8.

2—19 4049 Le même Ouvrage. 1724, *gr. in*-8.

1— 4050 Traité des deux Puiſſances, ou Maximes ſur l'Abus, par l'Abbé de Foy. *Paris*, 1752, *in*-12.

4—12 4051 Cl. Salmaſii de Primatu Papæ tractatus, cum apparatu; acceſſere de eodem Primatu Nili & Barlaami Opera. *Lugd. Bat. Elzev.* 1645, *in*-4. *vel. d'Holl.*

4—15 4052 De Formulæ *Regnante Chriſto* in veterum monumentis uſu, Diatribe Dav. Blondelli, pro Regibus Francorum Philippo I & II ſummaque Regum omnium Poteſtate. *Amſt.* 1646, *in*-4. *vel.*

2—8. 4053 Traité du Droit & des Prérogatives des Eccléſiaſtiques dans l'Adminiſtration de la Juſtice ſéculiere, par Nic. Petit-Pied. *Paris*, 1705, *in*-4.

2—15 4054 Traité du Pouvoir du Magiſtrat Politique ſur les choſes ſacrées; trad. du lat. de Grotius, (par M. Leſcalopier). *Londres*, 1751, *in*-12.

3—13 4055 Les Pouvoirs légitimes du premier & du ſecond Ordre dans l'Adminiſtration des Sacremens, & le Gouvernement de l'Egliſe, par Traver. 1744, *in*-4.

3. 4056 Traité des Appellations comme d'abus, par Edm. Richer. 1763, 2 *vol. in*-12.

23. 4057 Traité de l'Abus, par Ch. Fevret; avec les notes de Ferrieres & le Traité d'Alteſerra intit. *Eccleſ. Juriſdictionis Vindiciæ*, (Edit. publiée par Gibert). *Lyon*, 1736, 2 *tom. en un vol. in-fol.*

3. *Traités généraux & particuliers des Personnes & de la Discipline Ecclésiastique.*

4058 Jac. Cohellii Notitia Cardinalatus, in qua, de Cardinalium Origine, Dignitate, Preeminentia, Privilegiis, necnon de præcipius Romanæ Aulæ Officialibus agitur. *Roma*, 1653, *in-fol.* | 5 — 1

4059 Lud. Ellies du Pin de Antiqua Ecclesiæ Disciplina Differt. historicæ. *Parif.* 1686, *in-4.* | 5

4060 Abrégé de la Discipline de l'Eglise, par M. L. D. D. S. *Paris*, 1702, 2 *vol. in-8.* | 1 — 10

4061 Differtatio Historico-Canonica de Episcopo visitatore, auctore Fr. Nicolai. *Roma*, 1710, *gr. in-4.* | 3 — 12

4062 De l'Antiquité des Eglises Parochielles, par Jean Chabanel. *Tolose*, 1608, *in-12.* | 1

4063 De Corona, tonsura & habitu Clericorum Constitutionum Collectio; Authore Gastone Chamillard. *Parif.* 1657, *in-8.* | 3

4064 Rangonis de Capillamentis, vulgo Parucquen, Lib. singularis. *Magdeburgi*, 1663. ═ A. Gryphii Mumiæ Wratislavienses. *Wratislaviæ*, 1662. ═ Jo. Pierii Diff. pro Sacerdotum Barbis. *Leodii*, 1643, *in-12. p. f.* | 4 — 5

4065 Hist. des Perruques; où l'on fait leur origine, usage, forme, & l'irrégularité de celles des Ecclésiastiques, par J. B. Thiers. *Paris*, 1690, *in-12.* | 6 — 1

4. *Traités des Bénéfices & de ce qui y a rapport ; de la Jurisdiction Ecclésiastique & de la Discipline des Séculiers ; de la Pratique de la Cour de Rome, &c.*

4066 Anc. & Nouv. Discipline de l'Eglise, touchant les Bénéfices & les Bénéficiers, extraite de la Discipline du P. Thomassin; par un Pere de l'Oratoire, (Julien Loriot). *Paris*, 1702, *in-4.* | 6

4067 Traité des Bénéfices Ecclésiastiques, par P. Gohard. *Paris*, 1736, 3 *vol. in-4.* | 5 — 10

4068 Traité des Droits de l'Etat & du Prince, sur les biens possédés par le Clergé, (par Etienne Mignot). *Amst.* 1755, 6 *vol. in-12.* | 12

4069 L'Avocat des Pauvres, qui fait voir l'obligation qu'ont les Bénéficiers de faire un bon usage des biens de l'Eglise, par J. B. Thiers. *Paris*, 1676, *in-12.* | 2 — 10

2 — 9. 4070 Jo. Nevizani Sylvæ Nuptialis Lib. VI. *Lugduni*, 1572, *in-8. vel.*

1 — 12. 4071 Th. Bezæ Tractatio de Polygamia nec non de Repudiis & Divortiis. *Genevæ*, 1610, *in-8. v. f.*

1 — 11. { 4072 Idem Opus. *Lugd. Bat.* 1651, *in-12. p. f. vel.*
{ 4073 Traité de la Dissolution du Mariage pour cause d'Impuissance, (par le Pr. Bouhier). *Luxembourg*, 1735, *in-8.*

3 — 8. 4074 Recueil général des Pieces contenues au Procès de M. de Gesvres & de Madem. de Mascranni son Epouse, (pour cause d'Impuissance). *Rotterd.* 1714, 2 *vol. in-12.* 3. *Bseuy*

1. — 4075 Theod. Bezæ Tractatus de vera Excommunicatione & Christiano Presbyterio. *Londini*, 1590, *in-8. vel.*

3 — 4076 Traité des Excommunications & Monitoires, avec la maniere de les publier, par Jac. Eveillon. *Paris*, 1672, *in-4.*

4077 Regulæ Cancellariæ Apostolicæ, (à Roderico Episcopo Portuensi digestæ & publicatæ anno 1484), cum earum Glosa.
6 — 1. *Opus exaratum in suburbiis S. Germani de Pratis, apud Parisios, per Petrum Levet, expensis Jo. Richardi; anno Dom. 1499, pet. in-4.* 6 — 1.

4 — 9. 4078 Simonia Curiæ Romanæ, cum Catalogo Annatarum & Taxâ Pœnitentiaria. *Francof.* 1612, *in-4. v. f.*

18 — 10. 4079 Le Parfait Notaire Apostolique & Procureur des Officialités, par J. L. Brunet. *Paris*, 1730, 2 *vol. in-4.*

1 — 4. 4080 J. B. Neri Praxis S. Inquisitionis, sive de Judice Inquisitionis Opusculum. *Florentiæ*, 1685, *in-4.*

II. DROIT CANONIQUE PARTICULIER.

I. DROIT ANONIQUE DE FRANCE.

1. *Traités préparatoires de l'Etude du Droit Canonique de France; Pragmatiques, Ordonnances de nos Rois, &c.*

4081 Institut. au Droit Ecclésiastique, par Fleury. *Paris*, 1721, 2 *vol. in-12.*

4082 Maximes du Droit Canonique de France, par du Bois, revues par Denis Simon. *Paris*, 1686, 2 *vol. in-12. v. f. fil.*

4083 S. Ludovici Francor. Regis Pragmatica Sanctio; cum Præfatione histor. & Commentario Fr. Pinssonii. *Paris.* 1663, *in-4.*

4084 Caroli VII Pragmatica Sanctio, cum Glossis Cosmæ Guymier (vel Jac. Maréchal); edente Fr. Pinssonio. *Paris.* 1666, *in-fol.*

4085 Les Loix Ecclésiastiques de France, dans leur Ordre naturel, par L. d'Héricourt. *Paris*, 1736, *in-fol.*

4086 Notes & Observ. sur l'Edit de 1695, par Michel du Perray. *Paris*, 1741, 2 *vol. in-12.*

4087 Comm. sur l'Edit. d'Avril 1695, concernant la Jurisd. Ecclésiastique, par M. Jousse. *Paris*, 1757, *in-12.*

2. *Traités des Libertés de l'Eglise Gallicane, de la Puissance Royale sur le Clergé de France, de la Régale, &c.*

4088 Traitez des Droits & Libertez de l'Eglise Gallicane, avec les preuves, (par P. Dupuy). 1639, & *suiv.* 4 *vol. in-fol.*

4089 Le même Ouvrage, augmenté par P. Brunet, 1731 & *ann. suiv.* 4 *tom.* en 3 *vol. in-fol.*

4090 Commentaire (de Dupuy) sur le Traité des Libertez de l'Eglise Gallicane de P. Pithou. *Paris*, 1652, *in-4.*

4091 Le même Ouvrage, publié par l'A. Lenglet du Fresnoy, avec une Préface historique, &c. *Paris*, 1715, 2 *vol. in-4.*

4092 Petri de Marca de Concordia Sacerdotii & Imperii, seu de Libertatibus Ecclesiæ Gallicanæ Libri octo, edente Stephano Baluzio. *Paris.* 1669, *in-fol.*

4093 Traité de l'Autorité du Pape, dans lequel ses Droits sont établis & réduits à leurs justes bornes, & les Principes des Libertés de l'Eglise Gallicane justifiés, (par de Burigny). *La Haye*, 1720, 4 *tom.* en 2 *vol. in-12.*

4094 Exposition de la Doctrine de l'Eglise Gallicane, par rapport aux prétentions de la Cour de Rome, (par du Marsais). *Geneve*, 1757, 2 *tom.* en un *vol. in-12.*

4095 Censures & Conclusions de la Faculté de Théologie de Paris, touchant la Souveraineté des Rois, &c. *Paris*, 1720, *in-4.*

4096 Traité des Droits du Roi sur les Bénéfices de ses Etats, par (Simonel). 1752, 2 *vol. in-4.*

4097 Traité des Régales, ou des Droits du Roi sur les Bénéfices Ecclésiastiques, par Fr. Pinsson. *Paris*, 1688, 2 *vol. in-4.*

4098 Traité de l'Origine de la Régale, par Gasp. Audoul. *Paris*, 1708, *in-4.*

4099 Causa Regaliæ penitus explicata; seu responsio ad Dissert. Natalis Alexandri de jure Regaliæ; auctore (Ant. Charlas). *Leodii*, 1685, *in-4.*

4100 Traité de l'Indult du Parlement de Paris, par Cochet de Saint-Valier. *Paris*, 1747, 3 *vol. in-4.*

3. *Actes & Ordonnances du Clergé de France.*

4101 Recueil des Actes, Titres & Mémoires concernant les affaires du Clergé de France, (par le Merre). *Paris*, 1716, & *ann. suiv.* 12 *vol. in-fol.*

4102 Abrégé du Recueil des Actes, Titres & Mémoires du Clergé de France, par l'Abbé du Saulzet. *Paris*, 1752, *in-fol.*

4103 Procès-verbaux & Rapports de l'Assemblée générale du Clergé de France, années 1700, 1701, 1702, 1705, 1707 & 1730. *Paris*, 1703 & *ann. suiv.* 5 *vol. in-fol.*

4104 Compte de la Recette générale de la subvention faite au Roi par le Clergé de France l'an 1568, par Cl. Marcel. *in-fol. Mss. vel.*

4105 Ordinationes universi Cleri Gallicani circa Regulares, cum Comm. Fr. Hallier, edente Jo. Gerbais. *Parif. Vitré*, 1665, *in* 4.

4. *Traités généraux & particuliers de la Jurisprudence Canonique & Bénéficiale de France.*

4106 Juris Canonici selecta & eorum quæ ad usum Fori Gallicani pertinent, brevis Comprehensio, authore J. P. de Maurize. *Parif.* 1658, *in* 4. *vel.*

4107 Institutions Ecclésiastiques & Bénéficiales suivant les usages de France, par J. P. Gibert. *Paris*, 1720, *in-*4.

4108 Le même Ouvrage. *Ibid.* 1750, 2 *vol. in-*4.

4109 Recueil de Jurisprudence Canonique & Bénéficiale, par Guy du Rousseaud de la Combe. *Paris*, 1748, *in-fol.*

4110 Recueil tiré des Procédures criminelles faites par plusieurs Officiaux, & autres Juges du Royaume, par Pierre de Combes. *Paris*, 1700, *in-*4.

4111 Le même Ouvrage. *Ibid.* 1726, *in-*4.

4112 Arrests notables donnés dans les Conseils du Roy, & par les Cours Souveraines de France en Matieres Bénéficiales & Ecclésiastiques, recueillies par J. Tournet. *Paris*, 1631, 2 *vol. in-fol. v. f.*

4113 Nouveau Recueil de plusieurs Questions notables sur les Matieres Bénéficiales, par Fr. Pérard Castel. *Paris*, 1689, 2 *vol. in-fol. v. f.*

4114 Justification des Usages de France sur les Mariages des Enfans de Famille faits sans le consentement de leurs parens, par P. le Merre. *Paris*, 1687, *in-*12.

4115 Traité des Droits honorifiques, par Mareſchal, revû par Danty. *Paris, 1705, 2 vol. in-12.*

4116 Traité des Dixmes, par (le Merre). *Paris, 1731, 2 vol. in-12.*

4117 Principes & Uſages concernant les Dixmes, par L. Fr. de Jouy. *Paris, 1751, in-12.*

4118 Code des Curés. *Paris, 1736, 2 vol. in-12.*

4119 Traité de la Dépouille des Curés, (par J. B. Thiers). *Paris, 1683, in-12. br.*

II. DROIT CANONIQUE ÉTRANGER.

4120 M. Ant. Genuenſis Praxis Archiepiſcopalis Curiæ Neapolitanæ. *Romæ, 1613, in-4. m. r.*

III. DROIT CANONIQUE DES RÉGULIERS.

1. *Regles, Conſtitutions, Diſcipline, &c. des Ordres Religieux & Militaires.*

4121 De l'Autorité du Roi touchant l'âge néceſſaire à la Profeſſion des Religieux, par le Vayer de Boutigni. *Amſt.* (*Paris*) *1751, in-12.*

4122 Diſſert. ſur l'Hémine de Vin & ſur la Livre de Pain de S. Benoiſt & des autres anciens Religieux, par (Lancelot). *Paris, 1667, in-12.*

4123 Hipparque du Religieux Marchand, par René de la Vallée, (Theoph. Raynaud) trad. en françois. *1745, in-12.*

4124 Placitum Magni Conſilii pro Gallicana Benedictinorum Congregatione, adverſus Majoris-Monaſterii Monachos, & alia de eodem lite opuſcula. *Pariſ. 1606, in-8. vel.*

4125 Recueil de Pieces, Factums, Mémoires & Arrêts concernant le Droit de l'Abbé de Ciſteaux, d'être Supérieur général de l'Ordre de Ciſteaux, contre les Abbés de la Ferté, Pontigny, Clairvaux & Morimont, premiers Peres dudit Ordre; & autres Pieces ſur la même affaire. *Gros in-4.*

4126 Les Gymnopodes, ou de la Nudité des Pieds, par Séb. Roulliard. *Paris, 1624, in-4.*

4127 Factum pour les Religieuſes de Sainte Catherine-lès-Provins, contre les Peres Cordeliers, (par Alex. Varet). *Dorégnal, 1679, in-12. p. f.*

4128 Toilette de l'Archevêque de Sens, ou Réponſe au Factum précédent. *1669, in-12. fil. d'or.*

4129 Decreta; Regulæ; Ratio Studiorum; Inftructiones ad Provinciales; Epiftolæ Præpofitorum Societatis Jefu; S. Ignatii Exercitationes & Index. *Antuerpiæ*, 1635, 8 *vol. in-12.*

4130 Inftitutiones Societatis Jefu. *Pragæ*, 1705, 2 *vol. in-fol.*

4131 Le franc & véritable Difcours au Roy, fur le Rétabliffement qui lui eft demandé pour les Jéfuites, (par Antoine Arnauld pere). 1602, *in-12. p. f. vel.*

4132 Recueil de Piéces concernant le Procès du P. J. B. Girard & de la Demoifelle Catherine Cadiere. 1731, 2 *vol. in-fol.*

4133 Priviléges accordés à l'Ordre de S. Jean de Hierufalem, recueillis par le Comm. d'Efclufeaulx. *Paris*, 1700, *in-fol.*

4134 Recueil d'Edits, Déclarations, &c. concernant l'Hôpital Général, les Enfans-Trouvés, le Saint-Efprit, & autres Maifons y unies. *Paris*, 1745, *in-4. br.*

II. DROIT CIVIL.

I. PROLÉGOMENES.

I. DROIT DE LA NATURE ET DES GENS.

1. *Traités généraux & particuliers du Droit de la Nature & des Gens; de la Guerre & de la Paix.*

4135 Traité Philofophique des Loix Naturelles, par Rich. Cumberland; trad. du latin avec des notes, par J. Barbeyrac. *Amfterd.* 1744, *in-4. br.*

4136 Effais fur les Principes du Droit & de la Morale, par M. d'Aube. *Paris*, 1743, *in-4. v. f.*

4137 Le Droit de la Nature & des Gens, par le Baron de Pufendorf, trad. en franç. avec des notes, par Barbeyrac. *Amft.* 1712, 2 *vol. in-4.*

4138 Principes du Droit de la Nature & des Gens, trad. de Wolff, par Formey. *Amfterd.* 1758, 3 *vol. in-12.*

4139 Principes du Droit Naturel, par J. J. Burlamaqui. *Gen.* 1748, *in-12.*

4140 Hug. Grotii de Jure Belli ac Pacis Libri tres, nec non Differt. de mari libero. *Amft.* 1670, *in-8.*

4141 Le Droit de la Guerre & de la Paix, par Grotius, trad. en franç. par de Courtin. *La Haye*, 1703, 3 *vol. in-12.*

4142 Le même, trad. en franç. avec des notes, par J. Barbeyrac. *Amsterd.* 1729, 2 *vol. in-4. v. f.*

4143 De la Saisie des Bâtimens neutres, ou du Droit qu'ont les Nations belligerantes d'arrêter les Navires des Peuples amis; par Mart. Hubner. *La Haye*, (*Paris*) 1759, 2 *vol. in-12. br.*

2. *Corps du Droit de la Nature & des Gens.*

4144 Codex Juris Gentium Diplomaticus edente G. G. L. (Goth. Guil. Leibnitio). *Hanoveræ*, 1693, *in-fol.*

4145 Corps universel Diplomatique du Droit des Gens, par J. du Mont. *Amsterd.* 1726, *& ann. suiv.* 8 *vol. in-fol.*

4146 Supplément au Corps Diplomatique, par Barbeyrac; le Cérémonial Diplomatique des Cours de l'Europe, par du Mont & Rousset. *Ibid.* 1739, 5 *tom. en 6 vol. in-fol.*

4147 Hist. des Traités de Paix, &c. depuis celle de Vervins jusqu'à celle de Nimègue, (par J. Yves de Saint-Prest). *Ibid.* 1725, 2 *vol. in-fol.*

4148 Négociations secretes touchant la Paix de Munster & d'Osnabrug, avec un Avertissement de J. le Clerc. *La Haye,* 1725, 4 *tom. en 2 vol. in-fol.*

4149 Codex Italiæ Diplomaticus; edidit cum Indice Joan. Chr. Lünig. *Francof.* 1735, *tom. tres in quinque vol. compacti.*

N. B. *Les Traités de Paix qui sont dans les Mélanges d'Histoire d'Europe sont la suite de cette division.*

II. DROIT PUBLIC ET MARITIME.

1. *Traités généraux & particuliers du Droit Public des différentes Nations de l'Europe.*

4150 Les Origines, ou l'ancien Gouvernement, de la France, de l'Allemagne & de l'Italie, (par M. de Buat). *La Haye,* 1757, 2 *vol. in-12.*

4151 Fred. Achillis Ducis Wurtembergiæ, &c. Consultatio de Principatu inter Provincias Europæ; studio Th. Lansii. *Amstel.* 1636, *in-8. vel.*

4152 Histoire du Droit Public, Ecclésiastique - François, par D. B. (du Boulay). *Londres,* (*Holl.*) 1737, 2 *vol. in-12.*

4153 Le même Ouvrage. *Londres,* (*Lyon*), 2 *vol. in-4.*

4154 Introd. in Jus Publicum Imp. Romano Germanici novissimum; auctore Gabr. Schwedero. *Tubingæ,* 1733, *in-8.*

4155 Traité Historique & Politique du Droit Public d'Allemagne, par le Coq de Villeray. *Paris*, 1747, *in-4.*

4156 Le Droit Public Germanique, où l'on voit l'état présent de l'Empire d'Allemagne, (par Mauvillon). *Amsterd.* 1749, 2 *vol. pet. in-8. fil.*

4157 Lud. Von Hornigt Tractatus Hist. Jurid. Aulicus de Regali Postarum Jure. *Viennæ*, 1649, *in-8.*

4158 Jo. Seldeni Mare clausum, seu de Dominio Maris Lib. duo. *Juxta Exemplar Londinense*, 1636, *in-12. p. f.*

4159 Franç. Rocci de Navibus & Naulo ; item de Assecurationibus notabilia. *Amstel.* 1708. ⸺ Alberici Gentilis Quæstiones Maritimæ secundum jus Gentium. *Ibid.* 1661, *petit in-8.*

II. DROIT CIVIL UNIVERSEL.

1. *Traités des Loix en général ; Droit Civil des Grecs & des Romains avant Justinien.*

4160 L'Esprit des Maximes Politiques pour servir de suite à l'Esprit des Loix, par Pecquet. *Paris*, 1757, 2 *vol. in-12.*

4161 Le même Ouvrage. *Ibid.* 1757, *in-4.*

4162 Leges Atticæ, cum Commentario Sam. Petiti. *Paris.* 1635, *in-fol.*

4163 Codex Theodosianus, cum Comm. Jac. Gothofredi, edente Ant. Marvillio. *Lugd.* 1665, 6 *tomes en* 4 *vol. in-fol.*

4164 Barn. Brissonii Commentarius in Leges Cod. Theodosiani de Spectaculis & Feriis. *Gouda*, 1697, *in-12. p. f.*

4165 Basilicon Lib. sexagenta, gr. & lat. ex vers. Car. Ann. Fabroti. *Paris.* 1648, 7 *vol. in-fol.*

4166 Car. Labbæi Observat. & emendationes, in Synopsim Basilicon. *Paris.* 1607, *in-8. vel.*

4167 Histoire de la Jurisprudence Romaine, par Antoine Terrasson. *Paris*, 1750, *in-fol.*

4168 Car. Sigonii de Antiquo Jure Civium Romanorum Lib. duo. *Venetiis*, 1560, *in-4. vel.*

4169 De veteri ritu Nuptiarum & jure connubiorum, Barn. Brissoni, Ant. & Fr. Hotmanorum Comm. *Lugd. Bat. Hackius*, 1641, *in-12. p. f. fig.*

2. *Traités généraux du Droit Romain depuis Justinien ; Corps de Droit Civil avec les Commentateurs.*

4170 J. A. Corvini Elementa Juris Civilis. *Amstelod. Elzev.* 1645, *in-12. p. f.*

4171 Dan. Venatorii methodica Codicis Juſtiniani Enarratio, ab An. Corvino illuſtrata. *Lugd. Bat.* 1656, *in-12. p. f.*

4172 Nova & Methodica Juris Civilis Tractatio, auctore Cl. Joſ. de Ferriere. *Pariſ.* 1702, 2 *vol. in-12.*

4173 Les Titres du Droit Civil & du Droit Canonique rapportés ſous les noms franç. de Matieres, par ordre alphabet. par C. Broſſette. *Paris,* 1705, *in-4.*

4174 Inſtitutiones Juſtiniani. *Amſtelod. Elzev.* 1676, *in-24. Char. rubro - nigris.*

4175 Eædem, cum ſummariis & notis Lud. Ruſſardi. *Autuerp. Plantinus,* 1566, *in-8. v. f. fil.*

4176 Juſtiniani Inſtitutionum Juris Civilis Expoſitio methodica à Fr. Lorry. *Pariſ.* 1757, *in-4.*

4177 Les Inſtitutions des Droits appellés Inſtitute, translaté de latin en vers franç. *petit in-fol. goth. ſans date.*

4178 Les Inſtitutes de Juſtinien, trad. en fr. par de Ferriere; avec l'Hiſt. du Droit Romain, par le même. *Paris,* 1725, 7 *vol. in-12.*

4179 Corpus Juris Civilis, cum notis Dion. Gothofredy. *Lugduni,* 1602, 2 *vol. in-fol.*

4180 Idem, cum notis ejuſdem. *Lutetiæ Pariſ. Vitray,* 1628, 2 *vol. in-fol.*

4181 Pandectæ Juſtinianeæ in novum Ordinem digeſtæ, à R. J. Pothier. *Pariſ.* 1748, 3 *tom. en un vol. in fol.*

4182 Philib. Bugnyon Legum abrogatarum & inuſitatarum Tractatus. *Bruxellis,* 1702, *in-fol.*

4183 Gabr. Trivorii Obſervatio Apologet. ad Inſcriptionem Orationis ad Anteceſſores, Digeſtis Juſtiniani præpoſitæ; adverſus quoſdam Juriſc. & Procopii Anecdota; ubi agitur de Francorum Origine, &c. *Pariſ.* 1631, *in-4. gr. pap. l. r. m. r. &c.*

4184 Ant. Mornaci Obſervationes in Digeſtum & Codicem. *Lutetiæ Pariſ.* 1721, 4 *vol. in-fol.*

4185 Les Loix Civiles dans leur ordre naturel; le Droit Public, & *Legum delectus;* par Domat. *Paris,* 1713, *in-fol.*

4186 Le même Ouvrage, revû par L. d'Hericourt. *Ibid.* 1735, *in-fol.*

3. *Juriſconſultes généraux & univerſels.*

4187 Jac. Cujacii Opera omnia. *Lutetiæ Pariſ. de la Noue,* 1617, 6 *vol. in-fol.*

4188 Car. Molinæi omnia quæ extant Opera, cum ejus vitâ studio Juliani Brodæi. *Parif.* 1681, 5 *vol. in-fol.*

4189 Les Notaires (ou Notoires) de J. Papon. *Lyon, de Tournes*, 1585, 3 *vol. in-fol. vel.*

4190 Didaci Covarruvias Opera omnia Juridica, edente Jo. Uffelio. *Antuerpia*, 1615, *in-fol.*

4191 Julii Clari Opera omnia, five Practica Civilis atque Criminalis. *Lugd.* 1672, *in-fol.*

4192 Dan. Priezaci Mifcellaneorum Juris & Hiftoriæ Lib. duo, edente Sal. Priezaco. *Lutetiæ Parif.* 1658, *in-4.*

4193 Huld. ab Eyben Scripta quæ de Jure Civili, Privato, Publico & Feudali fingulatim edidit; cùm Præf. Jo. Nic. Hertii. *Argentorati*, 1708, *in-fol.*

4. *Traités particuliers du Droit Romain univerfel.*

4194 Difquifitio de Mutuo, quâ probatur non effe alienationem; auctore S. D. B. (Salmafio de Burgundia); nec non Epiftola Fabroti de Mutuo, cum refponfione Cl. Salmafii, &c. *Lugd. Bat.* 1645, *in-8.*

4195 Ejufdem Salmafii de modo Ufurarum Liber. *Lugd. Bat. Elzev.* 1639, *in-8. vel.*

4196 Principes Théologiques, Canoniques & Civils fur l'Ufure, appliqués aux Prêts de Commerce, (par M. de la Porte). *Paris*, 1769, 3 *vol. in-12.*

4197 Traité de l'Ufure & des Intérêts, avec quelques pieces relatives. *Paris*, 1769, *in-12.*

4198 Inftruction facile fur les Conventions, (par M. de Montluel). *Paris*, 1760, *in-12.*

4199 Andr. Cludii tractatus tres; 1 de conditione caufa data, caufa non fecuta; 2 de conditione indebiti; 3 de conditione ob turpem vel injuftam caufam. *Francof.* 1661, *in-4.*

4200 Taité des Injures dans l'Ordre Judiciaire, par M. F. Dareau. *Paris*, 1775, *in-12.*

4201 Rei Agrariæ Auctores Legefque variæ, cum Notis Nic. Rigaltii; edente Wilelmo Goefio. *Amftelod.* 1674, 2 tom. en un vol. pet. *in-4. fig. v. f.*

4202 Barth. Cæpollæ & aliorum Jurifc. tractatus de Servitibus tam urbanorum quam rufticorum Prædiorum. *Lugduni*, 1688, *in-4.*

4203 Junii Rabirii Haftarum & Auctionum origo, ratio ac folennia. *Lutetia, Car. Stephanus*, 1554, *in-4. v. f.*

4204 Alberici Gentilis Difputationes duæ; 1. de Auctoribus & Spectatoribus Fabularum non notandis; 2. de abufu mendacii. *Hanoviæ*, 1599, *in-12. vel.*

III. DROIT CIVIL PARTICULIER.

I. DROIT FRANÇOIS.

1. *Loix, Edits, Ordonnances & Conftitutions des Rois de France.*

4205 Gloffaire du Droit François, contenant l'Explication des mots difficiles qui fe trouvent dans les Ordonnances de nos Rois, dans les Coutumes, &c. par Fr. Ragueau, & augmenté par Euf. de Lauriere. *Paris*, 1704, *2 tom. en un vol. in-4. gr. pap. fil. v. f. avec quelques notes manufc. de G. A. Guyot.*

4206 Marculfi Monachi aliorumq. Auctorum Formulæ veteres; & Liber Legis falicæ; cum notis Hier. Bignonii, edente Theod. Bignonio. *Parif.* 1665, *in-4.*

4207 Got. Wendelini Leges Salicæ illuftratæ; illarum natale folum; cum Gloffario Salico vocum advaticarum. *Antuerp.* 1649, *in-fol.*

4208 Steph. Baluzii Capitularia Regum Francorum. *Parif.* 1677, *2 vol. in-fol.*

4209 Tables Chronologiques des Ordonnances faites par les Rois de France de la troifieme Race, depuis Hugues Capet, jufqu'en 1400, (par de Lauriere). *Paris, Imp. Roy.* 1706, *in-4.*

4210 Ordonnances des Rois de France de la troifieme Race, par MM. de Lauriere, Secouffe & autres. *Paris, Impr. R.* 1723, & ann. fuiv. 9 vol. in-fol.*

4211 Le même Ouvrage. *Ibid.* 1723, *in-fol. le tome premier feulement.*

4212 Recueil des Ordonnances des Rois de France, depuis le Roi Philippe I, jufqu'à Philippe de Valois; c'eft-à-dire; depuis l'an 1080, jufqu'en 1340, par Jehan du Tillet, Greffier du Parlement, avec une Dédicace au Roi Henry II, & des Tables des matieres. *2 vol. in-fol. mff.*

4213 Les Edits & Ordonn. des Rois de France depuis Louis le Gros jufqu'à préfent, par Ant. Fontanon, revues par Gabr. Michel. *Paris*, 1611, *4 tom. en 3 vol. in-fol.*

4214 Recueil très-confidérable d'Edits, Déclarations & Arrêts fur toutes les parties de la Jurifprudence Françoife, depuis l'an 1300, & fur-tout depuis le feizieme fiecle jufqu'à préfent, rangés par ordre de dates. *Diftribué en différentes liaffes.*

4215 Ordonnances, Statuts & Inftructions Royaux de Saint-Louis, Philippe-le Bel, Jehan, Charles V, VI & VII, Louis XI, Charles VIII, Louis XII, & François I. *Paris, Alain Lotrian,* 1535, *in-4. l. r.*

4216 Les Edits & Ordonnances de François II & Charles IX. *Paris, R. Eftienne,* 1567, *in-8. vel.*

4217 Recueil des Edits d'Henry III, Henry IV & Louis XIII, rangés par Ordre de matieres. *Paris,* 1633 35 *vol. in-8.*

4218 Recueil d'Arrefts, Lettres-Patentes, Edits, Déclarations, &c. fur toutes fortes de matieres, depuis 1638 jufqu'en 1729, 22 *vol. in-4.*

4219 Recueil d'Arrêts, Edits & Déclarations du Roi rangés par ordre de matieres. 26 *gros vol. in-4.*

4220 L'Efprit des Ordonnances de Louis XIV, par M. Sallé. *Paris,* 1755, 2 *vol. in-4. dont le tome 2 broché.*

4221 Procès-verbal des Ordonnances civiles & criminelles de Louis XIV. *Paris,* 1724, *in-4.*

4222 Conférences des Ordonnances de Louis XIV, avec les anciennes Ordonnances du Royaume, par Phil. Bornier. *Paris,* 1755, 2 *vol. in-4.*

4223 Recueil d'Edits & Ordonnances Royaux, fur le fait de la Juftice, par P. Néron & Etienne Girard. *Paris,* 1720, 2 *vol. in-fol.*

4224 Recueil d'Arrêts, Edits, Déclarations; &c. depuis le mois de Septembre 1715 jufqu'en 1727, avec des Supplémens, 32 *vol. in-4.*

4225 Recueil des Edits, Déclarations, Arrêts, &c. concernant la Juftice, Police & Finances; depuis l'année 1716 jufqu'à 1743. 86 *vol. in-4. dont* 10 *vol. br.*

4226 Recueil des Principaux Édits, Arrêts, &c. concernant la Juftice, Police & Finance, depuis 1722 jufqu'en 1740, par Girard, (dit le Code Louis XV). *Paris,* 1758, 12 *vol. in 12. br.*

4227 Compilation Chronologique des Ordonnances, Edits, &c. des Rois de France; par Guill. Blanchard. *Paris,* 1715, 2 *tom. en un vol. in-fol.*

4228 Recueil Chronologique des Ordonnances, depuis 1453 jufqu'en 1756, par M. Jouffe. *Paris,* 1757, 3 *vol. in-12.*

4229 Répertoire Univerfel des Ordonnances de nos Rois;

depuis l'an 1228 jusqu'en Septembre 1656. gros in-fol. Manuscrit.

4230 Table ou Répertoire des Edits & Ordonnances cités dans les Recueils de Chenu, Joly, Fontanon, Néron & les Regîtres des Greffes ; depuis l'an 1231 jusqu'en 1691. in-fol. Mff.

4231 Extraits des Recueils Manuscrits des Ordonnances de Henri II & de Louis XIII. ═ Recueil des Répertoires des Roys de France, contenant ce qui s'est passé depuis que le Parlement est sédentaire jusqu'en 1443. in-fol. Mff.

4232 Table Chronologique des Edits, Arrêts, Réglemens, &c. depuis 1688 jusqu'en 1722. 4 vol. in-fol. Mff. rel. en peau verte.

4233 La Grande Conférence des Ordonnances & des Edits Royaux, par Pierre Guénois. Paris, 1678, 3 vol. in-fol.

4234 Dictionnaire des Arrêts ou Jurisprudence Universelle des Parlemens de France & autres Tribunaux, par P. Jac. Brillon. Paris, 1737, 6 vol. in-fol.

4235 Recueil des Lettres Patentes, Edits & Déclarations du Roi, regiftrées en la Cour de Parlement de Rouen, depuis l'année 1660 jusqu'en 1740. Rouen, 1683, 7 vol. in-4.

4236 Recueil des Déclarations, Edits, Lettres-Patentes & Arrêts du Conseil d'Etat du Roi, enregistrés au Parlement de Dijon, depuis 1666 jusqu'en 1726. Dijon, 1689, 10 vol. in-4.

4237 Recueil des Edits & Déclarations du Roi, enregistrées au Parlement de Besançon, depuis l'an 1674. Besançon, 1701 & ann. suiv. 6 tom. en 4 vol. in-fol.

4238 Table Alph. des Edits, Déclarations, Arrêts du Conseil d'Estat & du Parlement de Besançon, depuis 1674 jusqu'en 1725. Besançon, 1730, in-8. d. f. tr. fil.

4239 Recueil d'Edits, Déclarations & Arrêts propres aux Provinces du Ressort du Parlement de Flandres. Douay, 1730, in-4.

2. *Loix & Coutumes générales & particulieres des Provinces & Villes de France, par ordre alphabétique.*

4240 Bibliotheque des Coutumes, par Cl. Berroyer & Euf. de Lauriere. Paris, 1699, in-4.

4241 Institutes Coutumieres de Loisel, avec des notes, par Eusebe de Lauriere. Paris, 1710, 2 vol. in-12. v. f.

4242 Les Coutumes Générales & Particulieres de France,

avec des notes, par Ch. du Moulin, augmentées par Gabr. Michel. *Paris*, 1615, 2 *vol. in-fol.*

4243 Nouveau Coutumier Général, par Ch. A. Bourdot de Richebourg. *Paris*, 1724, 4 *vol. in-fol.*

4244 Les Notes de Charles du Moulin sur les Coutumes de France, mises par matieres, par de Merville. *Paris*, 1715, *in-4.*

4245 La Conférence des Coutumes tant locales que particulieres de France; par P. Guénoys. *Paris*, 1720, 2 *tom. en un vol. in-fol.*

4246 Commentaire sur la Coutume de Saint-Jean D'ANGELY, par Maichin. *Saint-Jean d'Angely*, 1650, *in-4.*

4247 Coutumes Générales D'ARTOIS, avec des Notes, par Adrien Maillart. *Paris*, 1739, *in-fol.*

4248 Commentaires sur la Coutume de BAR-LE-DUC, par Jean le Paige. *Bar-le-Duc*, 1711, *in-8.*

4249 Coutumes de BEAUVOISIS, par Phil. de Beaumanoir; Assises de Jérusalem, par J. d'Ibelin; &c. avec des Notes, par G. Thaumas de la Thaumassiere. *Bourges*, 1690, *in-fol.*

4250 Dion. Pontani in Consuetud. BLESENSES Commentarii. *Paris.* 1677, *in-fol.*

4251 Coutume de BOURGOGNE, par Taisand. *Dijon*, 1698, *in-fol.*

4252 L'Usage des Pays de BRESSE, Bugey, Valromay & Gez, par Ch. Revel. *Mascon*, 1665, *in-4.*

4253 Explication des Statuts, Coutumes & Usages observés dans la Province de BRESSE, Bugey, Valromay & Gex; par Phil. Collet. *Lyon*, 1698, *in-fol.*

4254 Bertr. d'Argentré consuetudines BRITANNIÆ. *Parisiis*, 1613, *in-fol.*

4255 Coustumes de CHAALONS, par L. Billecart. *Paris*, 1676, *in-4.*

4256 Statuta DELPHINALIA. *Gratianopoli*, 1623, *in-4. vel.*

4257 Les Chartes Nouvelles du Pays & Comté de HAYNAU. *Mons*, 1700, *in-12.*

4258 Le Franc-Aleu de la Province de LANGUEDOC, par Caseneuve. *Tolose*, 1645, *in-fol.*

4259 Les Remarques d'Abraham Fabert sur les Coutumes du Duché de LORRAINE, Vosges, Allemagne, &c. *Metz*, 1657, *in-fol. avec le titre gravé par Seb. le Clerc.*

4260 Coutumes de LORRIS-MONTARGIS, par Lhoste, revûes par le Page. *Montargis*, 1758, 2 *vol. in-12.*

4261 Recueil des Titres & autres Pieces authentiques, concernant les Privileges & Franchises du franc-LIONNOIS, par Hubert de Saint-Didier. *Lyon*, 1716, *in-4.*

4262 Coustume de NORMANDIE, avec les remarques de Josias Berault. *Rouen*, 1648, *in-fol.*

4263 La Coutume de Normandie réduite en maximes, par P. de Merville. *Paris*, 1707, *in-4.*

4264 Coutumes D'ORLÉANS, par Jac. de la Lande. *Orléans*, 1673, *in-fol.*

4265 Coutumes d'Orléans, par Fornier, avec les Notes de du Moulin, Prevost de la Jannès, Pothier, &c. *Orléans*, 1740, 2 *vol. in-12.*

4266 Corps & Compilation de tous les Commentateurs de la Coutume de PARIS, par Jos. de Ferriere; avec les Notes de Cl. Jos. de Ferriere & de M. le Camus. *Paris*, 1714, 4 *vol. in-fol.*

4267 Le Droit François & la Coutume de Paris, par J. Tronçon. *Paris*, 1643, *in-fol.*

4268 Nouveau Commentaire sur la Coutume de Paris, par Cl. de Ferriere, revû par Sauvan d'Aramon. *Paris*, 1762, 2 *vol. in-12.*

4269 Commentaire de du Plessis sur la Coutume de Paris, avec les Notes de Berroyer & de Lauriere. *Paris*, 1702, *in-fol.*

4270 Œuvres de Barth. Auzanet, contenant ses Notes sur la Coutume de Paris, ses Mémoires & Réflexions sur les Questions Importantes de Droit. *Paris*, 1708, *in-fol.*

4271 Le Droit Commun de la France, & la Coutume de Paris réduits en principes, par Fr. Bourjon. *Paris*, 1747, 2 *vol. in-fol.*

4272 Observations sur la Coutume de POITOU, par J. Lelet, augmentées par Math. Braud. *Poitiers*, 1683, 2 *tom. en un vol. in-4.*

4273 Commentaire sur la Coutume de Poitou, par P. Liege. *Poitiers*, 1695, *in-4.*

4274 Les Statuts & Coustumes du Pays de PROVENCE, commentées par Jac. Morgues. *Aix*, 1642, *in-4.*

4275 Coutumes de RHEIMS, par J. B. Buridan. *Paris*, 1665, *in fol. avec le Portrait de l'Auteur.*

4276 Les Coutumes de TROYES; Recueil des Evesques de Troyes; les Mémoires des Comtes de Champagne, avec leurs Généalogies, &c. par P. Pithou. *Troyes*, 1609, *in-4. gr. pap. vel.*

4277 Coutumes de Troyes, par le Grand. *Paris*, 1661, *in-fol.*

3. *Décifions & Arrêts des Parlemens de France.*

4278 Arrêts Notables des différens Tribunaux du Royaume, par Augeard. *Paris*, 1710, 3 *vol. in-4.*

4279 Les mêmes, publiés par (Fr. Richer), avec une Table. *Paris*, 1756, 2 *tom. en un vol. in-fol.*

4280 Recueil précieux, contenant les Extraits des anciens Regiftres du Parlement, appellés *Olim*, depuis 1365 jufqu'en 1416; des Arrêts du Parlement fur les Matieres Bénéficiales & Civiles, dont le plus récent eft de l'année 1456 *gr. in-4. Mff. du même tems.*

4281 Extraits des Regiftres du Parlement, depuis Novembre 1400 jufqu'au 5 du même mois de 1417. *Grand in-fol. mff.*

4282 Recueil des chofes notables, contenues ès Regiftres des Plaidoyeries, commençant au 15 Avril 1595 jufqu'en Octobre 1597. *in-folio Mff.*

4283 Extraits des Regiftres du Parlement, depuis 1648 jufqu'en 1664, concernant les affaires les plus intéreffantes de ces années. *Manufcrits, fix boëtes de cartons avec dos de livres.*

4284 Extraits des Regiftres du Parlement & Journal des Opérations, depuis le 29 Décembre 1750 jufqu'au 7 Septembre 1754; (ce qui contient l'affaire de l'exil à Pontoife). *in-fol. Mff.*

4285 Extraits des Regiftres du Confeil du Parlement & des Plaidoiries, commençant en Novembre 1364 jufqu'au 19 Avril 1575. 12 *vol. in-fol. Mff. formant l'Extrait de* 181 *Regître.*

4286 Table des Regiftres du Parlement, depuis A jufqu'à G. 2 *vol. in-fol. Mff.*

4287 Journal de quelques Audiences, efquelles font traictées plufieurs Queftions Notables de Droit; avec les Arrêts intervenus en l'an 1646, & une Table alphabétique. *In-fol. Manufcrit.*

4288 Journal des principales Audiences du Parlement de Paris, par Jean du Frefne. *Paris*, 1678 *& ann. fuivantes*, 5 *vol. in-fol.*

4289 Le même Ouvrage, continué & publié par M. du Chemin & autres. *Paris*, 1757 *& ann. fuiv.* 7 *vol. in-fol.*

4290 Journal du Palais, par Cl. Blondeau & Gabr. Gueret. *Paris*, 1713, 2 vol. *in-fol.*

4291 Arrêts recueillis par Jean Chenu, augmentés & publiés par J. Filleau. *Paris*, 1635, 2 vol. *in-fol.*

4292 Recueil de plusieurs Arrêts Notables du Parlement de Paris, par Geor. Louet, augmenté par Julien Brodeau. *Paris*, 1712, 2 vol. *in-fol.*

4293 Mémoires (ou Arrêtés) de M. le Premier Président de Lamoignon. *in-folio Mss.*

4294 Les mêmes. 1702, *in-4. imprimés.*

4295 Questions Notables de Droit décidées par plusieurs Arrêts de la Cour de Parlement, par Cl. le Prestre, augmentées par G. Gueret. *Paris*, 1679, *in-fol.*

4296 Recueil de Questions Notables de Droit & de Coutumes, par Lucien Soëfve. *Paris*, 1682, *in-fol.*

4297 Arrêts du Parlement de Paris, pris des Mémoires de Pierre Bardet, avec les Notes de Cl. Berroyer. *Paris*, 1690, 2 vol. *in-fol.*

4298 Recueil d'Arrêts rendus sur plusieurs Questions jugées en la quatrieme Chambre des Enquêtes, par (de Grainville). *Paris*, 1750, *in-4.*

4299 Arrêts du Parlement de Bretagne, par Seb. Frain, revûs par Pierre Hévin. *Rennes*, 1684, 2 vol. *in-4.*

4300 Recueil d'Arrêts rendus au Parlement de Bretagne, de Paul Dévolant, avec un Recueil de Notoriété. *Rennes*, 1722, 2 tom. en un vol. *in-4.*

4. *Jurisconsultes François généraux.*

4301 Œuvre de Guy Coquille. *Bordeaux*, 1703, 2 vol. *in-fol.*

4302 Les Œuvres de René Choppin. *Paris*, 1663, 5 vol. *in-fol.*

4303 Œuvres de François Grimaudet. *Paris*, 1669, *in-fol.*

4304 Les Œuvres de Julien Peleus. *Paris*, 1638, *in-fol.* veau f.

4305 Les Œuvres de Jean Bacquet, publiées par Cl. Jof. de Ferrierc. *Lyon*, 1744, 2 tom. en un vol. *in fol.*

4306 Les Œuvres de Charles Loyseau. *Paris*, 1678, *in-fol.*

4307 Les mêmes. *Ibid.* 1678, *in-fol. gr. pap.*

4308 Œuvres de C. le Bret. *Paris*, 1643, *in-fol.*

4309 Les mêmes. *Ibid.* 1689, *in-fol.*

4310 Œuvres de Claude Henrys, avec des Observations de

B. J. Bretonnier & de Terraſſon. *Paris*, 1738, 4 *vol. in-fol.*

4311 Œuvres de M. Cochin, contenant ſes Mémoires & Conſultations. *Paris*, 1751 *a* 1757, 6 *vol. in-*4.

4312 Œuvres de M. le Chancelier d'Agueſſeau. *Paris*, 1759, 4 *vol. in-*4. *br.*

5. *Déciſions particulieres des Parlemens & Tribunaux qui ſuivent le Droit Ecrit ; Juriſconſultes qui ont traité du Droit Romain accommodé à notre Juriſprudence.*

4313 La Conférence du Droit François & du Droit Romain, par Bern. Automne, *Paris*, 1644, 2 *vol. in-fol. v. f.*

4314 Arrêts Notables de la Cour du Parlement de Provence, recueillis par Hyacinte Boniface. *Lyon*, 1708, 5 *vol. in-fol.*

4315 Arrêts de Réglemens rendus par le Parlement de Provence, avec des Notes, (par M. Grimaldi de Réguſſe). *Aix*, 1744 & 1746, 2 *vol. in-*4. *manq. le 2.ᵉ vol.*

4316 Arreſt mémorable du Parlem. de Toloſe, contenant une Hiſt. prodigieuſe d'un ſuppoſé mari, par J. de Coras. *Paris*, 1579, *in-*8.

4317 Recueil d'Edits, Déclarations, &c. concernant la Juriſdiction & les Priviléges de MM. du Parlement de Dauphiné. *Grenoble*, 1704, *in-fol.*

4318 Recueil des Ordonnances & Edits de la Franche-Comté de Bourgongne, par J. Petremand. *Dole*, 1619, *in-fol.*

4319 Notables & Singulieres Queſtions du Droit Eſcrit, recueillies par Gerauld de Maynard. *Paris*, 1638, 2 *vol. in-fol.*

4320 Les Œuvres de Simon d'Olive. *Toloſe*, 1638, *in-fol.*

4321 Œuvres d'Antoine Deſpeiſſes. *Lyon*, 1673, 3 *vol. in-fol.*

4322 Œuvres de Scipion Duperrier. *Toulouſe*, 1721, 2 *vol. in-*4.

4323 Nic. Boerii Deciſiones Burdigalenſes & alia ejuſdem Opera. *Lugd.* 1579, *in-fol.*

4324 Déciſions Sommaires du Palais, par Ordre Alph. avec pluſieurs Arrêts de la Cour du Parlement de Bordeaux, par Abr. Lapeyrere. *Bordeaux*, 1725, *in-fol.*

6. *Traités particuliers de la Juriſprudence Françoiſe concernant les Mariages, Donations, Codiciles, Teſtamens, Douaires, Communauté, Subſtitutions, Succeſſions, &c.*

4325 Œuvres de Denisle Brun; ſavoir, le Traité de la Communauté & celui des Succeſſions, *Paris*, 1709 & 1714, 2 *vol. in-fol.*

4326 De Jure Caroli II, Mantuæ & Montisferrati Ducis, in bonis hæreditariis Ducis Caroli I, illius Avi paterni, in Regno Galliæ ſitis, Juriſprudentum reſponſa ; & alia de eadem Controverſia. 1643, 3 *vol. in-fol. broch.*

4327 Arrêts de la Cour de Parlement, prononcé par Meſſ. Mathieu Molé, au profit de M. le Duc de Mantoüe, contre la Reine de Pologne & Mad. la Princeſſe Palatine ; avec les Plaidoyers des Avocats. 1642, *gr. in-fol. avec le Portrait du Duc de Mantoüe, par Nanteuil, & des Obſerv. Mſſ. de M. Perrot.*

4328 Traité de la Succeſſion des Meres, en vertu de l'Edit de Saint-Maur, (du mois de Mai 1567), par le Pr. Bouhier. *Dijon*, 1726, *in-8. v. f.*

4329 L'Eſprit des Ordonn. de Louis XV, ſur les Donations & les Teſtamens, développé par M. Sallé. *Paris*, 1752, 3 *vol. in-12.*

4330 Comm. ſur les Nouvelles Ordonnances (de Louis XV) concernant les Donations, les Teſtamens, &c. par Guy du Rouſſeaud de la Combe. *Paris*, 1753, *in-4.*

4331 Traité des Donations & la Coutume d'Amiens, par J. Marie Ricard. *Paris*, 1713, 2 *vol. in-fol.*

4332 Nouv. Traité des Tutelles & Curatelles, par J. G. *Paris*, 1686, *in-4.*

4333 Traité de la Subrogation, des Propres & du Douaire, par Phil. de Renuſſon. *Paris*, 1702, 3 *vol. in-4.*

4334 Réglemens ſur les Scellés & Inventaires, (par Prevoſt). *Paris*, 1734, *in-4.*

4335 Le même Ouvrage. *Ibid.* 1756, *in-4.*

4336 Traité de la Vente des Immeubles par Decrets, par L. d'Héricourt. *Paris*, 1727, 2 *tom. en un vol. in-4.*

4337 Traité des Criées, par A. Bruneau. *Paris*, 1704, *in-4.*

4338 Traité de la Crûe des Meubles au-deſſus de leur priſée, par Boucher d'Argis. *Paris*, 1741, *in-12.*

4339 Traité des Hypotheques, par H. Baſnage, *Rouen*, 1687, *in-4. partagé en deux vol.*

4340 Nouv. Traité des Hypotheques, avec des Remarques ſur l'ancien, par Olivier Eſtienne. *Rouen*, 1705, *in-4.*

4341 Traité de la Preuve par Témoins, par Danty. *Paris*, 1697, *in-4.*

7. *Jurisprudence Françoise des différens Tribunaux ; & en premier lieu de la* CHAMBRE DES COMPTES *, où il eſt traité des Finances.*

4342 Traicté de la Chambre des Comptes de Paris, par Cl. de Beaune. *Paris,* 1647 *, in-8. v. f. fil.*

4343 Traité de la Chambre des Comptes, de ſes Officiers & des Matieres dont elle connoît , (par Leufroy). *Paris,* 1702 *, in-12.*

4344 L'Auditeur des Comptes. *in-8. ſans date , vel.*

4345 Diſſertation , Hiſtor. & Critique ſur la Chambre des Comptes ; ſur l'Origine , l'Etat & les Fonctions de ſes différens Officiers , (par M. le Chanteur). *Paris,* 1765 *, in-4.*

4346 Recueil par Ordre Alphab. des principales matieres concernant la Juriſdiction de la Chambre des Comptes. *in-fol. Mſſ.*

4347 Recueil concernant la Chambre des Comptes de Paris & les Finances, par Ordre Alphabétique. 4 *vol. in-fol. Mſſ.*

4348 Eſtat contenant les Extraicts des Couſtumes des Bailliages & Sénéchauſſées du Reſſort de toutes les Chambres des Comptes du Royaume, ſur les Droits Féodaux & Seigneuriaux des Fiefs. *in-fol. Mſſ.*

4349 Extraits des Regiſtres, ou Mémoriaux de la Chambre des Comptes de Paris , depuis l'an 1137 juſqu'au 22 Juin de l'année 1600. 14 *vol. in-fol. Mſſ.*

4350 Recueil d'Arrêtez de la Chambre des Comptes de Paris, depuis 1575 juſqu'en 1660. *in-fol. Mſſ.*

4351 Tables des Mémoriaux de la Chambre des Comptes de Paris, depuis l'an 1223 juſqu'en 1704 ; avec le Répertoire par Matieres & Ordre Alphab. ſur tous les Regiſtres Mémoriaux de la Chambre des Comptes de Paris , juſqu'en 1645. 7 *vol. in-fol. Mſſ.*

4352 Copie du Plumitif de la Chambre des Comptes de Paris, depuis 1587 juſqu'en 1594. 2 *vol. in-fol. Mſſ.*

4353 Répertoire par Ordre Alphabétique , fait ſur les Plumitifs du Greffe de la Chambre des Comptes, depuis l'année 1594 juſqu'en 1629. *in-fol. Mſſ.*

4354 Protocole du Greffe de la Chambre des Comptes. *gr. in-fol. Mſſ.*

4355 Le Cérémonial de la Chambre des Comptes , depuis l'an 1523 juſqu'en 1635. *in-fol. Mſſ.*

4356 Noms de tous les Officiers de la Chambre des Comptes

de Paris, qui ont possédé une même Charge, avec la date de leurs réceptions. *in-fol. Mss.*

4357 Recueil contenant l'Etat des Gages des Officiers du Royaume de France. = Traité des trois Etats de France ; de tous les Etats d'Espagne, des Pays-Bas, du Turc, &c. = Traité des Finances de la Chambre des Comptes, &c. *in-fol. Mss.*

4358 Ordonnances, Edits, Déclarations, &c. concernant la Chambre des Comptes, (recueillies par M. Gosset). *Paris*, 1728, 3 *vol. in-4.*

4359 Recueil d'Edits & Lettres concernant les Priviléges, Exemptions, & Droits dont jouissent les Officiers de la Chambre des Comptes de Paris. *Paris*, 1728, *in-4.*

4360 Recueil d'Edits, Déclarations & Arrêts concernant le Droit de Serment des Offices, ou Marc d'or, & les Quittances de Finances. *Paris*, 1729, *in-4.*

4361 Recueil d'Edits, Ordonnances & Déclarations concernant l'Epargne, le Trésor Royal & les Parties casuelles. 1732, *in-4.*

4362 Recueil par Extraits, & en forme de Diction. des Edits, Déclarations & princip. Arrêts rendus sur les Affaires de Finances, &c. depuis le Comm. de la Régence jusqu'à la Majorité de Louis XV. 2 *vol. in-fol. Mss. Ce Recueil paroît fait avec le plus grand soin.*

4363 Instruction sur le faict des Finances & Chambre des Comptes. *Paris*, 1582, *in-8. vel.*

4364 Instruction sur le faict des Finances & Chambre des Comptes, par J. le Grand. *Paris*, 1583, *in-8. m. r.*

4365 Le Guidon général des Financiers, par J. Hennequin. *Paris*, 1585, *in-8. d. f. tr.*

4366 Le même, avec les notes de V. Gelée & de Séb. Hardy. *Paris*, 1644, *in-8. v. f. fil.*

4367 Nouv. Style des Finances & de la Chambre des Comptes. *Paris*, 1629, *in-8. vel.*

4368 Elémens de Finances, contenant des Instructions pour les personnes qui sont dans les Emplois, &c. par Duval. *Paris*, 1736, *in-fol.*

4369 Réglement & Modeles pour la tenue des Registres & Journaux des Comptables des Droits restablis, avec une Table des Matieres. *Paris, Impr. R.* 1724, *gros in-fol.*

4370 Recueil d'Extraits des Journaux, ou Registres Mémoriaux de la Chambre des Comptes de Dijon, depuis 1559 jusqu'en 1690, avec une Table des Matieres. *in-fol. Mss.*

4371 Traicté de la Jurisdiction Souveraine de la Chambre des Comptes de Bretagne sur le faict de la Régale & les Bénéfices dudict pays. *Nantes*, 1631, *pet. in-4. vel.*

4372 Recueil des Edits, Ordonnances & Réglemens concernant la Chambre des Comptes de Bretagne, par Jean Artur de la Gibonais. *Nantes*, 1721, 2 *vol. in-fol. m. r.*

8. *Jurisprudence du GRAND-CONSEIL, où il est traité des Fiefs & des Droits Seigneuriaux; des Fermes en général, des Rentes, &c.*

4373 Extraits des Résultats des Affaires extraordinaires faites au Conseil, pendant les années 1688 à 1706. 2 *vol. in-fol. Mss. m. r. dent.*

4374 Style du Conseil du Roy, par Gauret. *Paris*, 1700, *in-4.*

4375 Traité de la Connoissance des Droits & des Domaines du Roy, par Berthelot du Ferrier. *Paris*, 1725, *in-4.*

4376 Mémoires sur les Matieres Domaniales, par Lefévre de la Planche. *Paris*, 1764, 3 *vol. in-4. br.*

4377 Dictionnaire raisonné des Domaines & Droits Domaniaux, (par M. Bosquet). *Rouen*, 1762, 3 *vol. in-4.*

4378 Recueil des Edits & Ordonnances du Roy, concernant les Domaines & Droits de la Couronne, avec les Comment. de L. Carondas le Caron. *Paris*, 1735, 2 *vol. in-4.*

Supplément à ce Recueil, depuis 1200 jusqu'en 1694. *Ibid.* 1736, 2 *vol. in-4.*

Suite de ce Recueil, depuis 1695 jusqu'en Juin 1744. *Ibid.* 1736 & *ann. suiv.* 5 *vol. in-4.*

4379 Recueil sur les Régences; Assignats de Reynes; Appanages des Fils de France; Droit de Régale; les Domaines usurpés, &c. *in-fol. Mss.*

4380 Code des Commensaux de la Maison du Roi & des Maisons Royales. *Paris*, 1720 & 1764, 2 *vol. in-12.*

4381 Introd. aux Droits Seigneuriaux, par A. la Place. *Paris*, 1749, *in-12.*

4382 Diction. des Fiefs & autres Droits Seigneuriaux, par le même. *Paris*, 1757, *in-8.*

4383 Institutes Féodales, ou Manuel des Fiefs, Censives & Droits en dépendans, par Ger. Guyot. *Paris*, 1753, *in-12.*

4384 Du Franc-Aleu & Origine des Droits Seigneuriaux, (par A. Galland). *Paris*, 1637, *in-4. vel.*

4385 Traité des Fiefs & de leur Origine, par L. Chantereau le Febvre. *Paris*, 1662, *in-fol.*

4386 Traité des Fiefs & autres Droits Seigneuriaux, par Denis de Salvaing. *Grenoble*, 1668, *in-fol. v. f. fil.*

4387 Le même Ouvrage, augmenté. *Ibid.* 1731., *in-fol.*

4388 Traité des Fiefs suivant les Coutumes de France, par Cl. de Ferriere. *Paris*, 1680, *in-4.*

4389 Notæ & restitutiones ad Commentarium Caroli Molinæi de Feudis, operâ (Steph. Rassicod.). *Parisiis*, 1739, *in-4.*

4390 Nouvel Examen de l'usage des Fiefs en France, pendant les XI, XII, XIII & XIV Siecles, par Brussel. *Paris*, 1727, 2 vol. *in-4.*

4391 Le même Ouvrage. *Ibid.* 1727, 2 vol. *in-4. g. pap.*

4392 Traité des Fiefs, par Cl. Pocquet de Livonniere. *Paris*, 1733, *in-4.*

4393 Le même. *Ibid.* 1741, *in-4.*

4394 Traité des Fiefs, par Germ. Ant. Guyot. *Paris*, 1738, 3 vol. *in-4.*

4395 Traité des Fiefs, par Billecoq, avec des notes de M. *Paris*, 1749, *in-4.*

4396 Traité de la Perfection & Confection des Papiers Terriers, par Bellami. *Paris*, 1746, *in-4.*

4397 Baux des Fermes Royales-unies, faits à P. Carlier & à Jac. Forceville en 1726 & 1738; & 24 vol. de Baux particuliers faits à d'autres avant Carlier. *En tout 26 vol. in-4.*

4398 L'Origine du Droit d'Amortissement, par Eusebe de Lauriere, avec les preuves. *Paris*, 1692, *in-12.*

4399 Recueil des Réglemens concernant les Droits d'Amortissemens, Franc-Fiefs, nouveaux Acquests & Usages, depuis 1275 jusqu'en 1749. *Paris*, 1729, & ann. suiv. 6 vol. *in-4.*

4400 La Jurisprudence des Rentes, par de Beaumont. *Paris*, 1762, *in-8.*

4401 Edits, Déclarations, Arrêts & Lettres-Patentes concernant les Rentes & les Payeurs des Rentes, les Pensions, l'Épargne & le Trésor Royal, depuis 1272 jusqu'en 1740, avec la Table Chronologique. 6 vol. *in-4.*

4402 Extrait des Réglemens concernant les Rentes de l'Hôtel de Ville de Paris, les Payeurs & les Contrôleurs des Rentes. 1749, *in-fol.*

9. *Jurisprudence de la* COUR DES AIDES, *où il est traité des Droits d'Entrée & Sortie, & de tout ce qui concerne les Denrées, le Tabac, les Impositions Royales, &c.*

4403 Commentaire sur le fait des Aydes, par J. Henry Dubois. *Paris,* 1712, *in-*12.

4404 Traité Général des Droits d'Aides, par le Febure de la Bellande. *Paris,* 1760, *in-*4. *br.*

4405 Nouveau Traité des Elections, contenant l'origine de la Taille, Aides, Gabelles, &c. par P. Vieville. *Paris,* 1739, *in-*8.

4406 Mémorial Alphabétique des Tailles. *Paris,* 1742, *in-*4.

4407 Nouveau Code des Tailles. *Paris,* 1740, 2 *vol. in-*12.

4408 Dictionnaire des Aydes, par P. Brunet de Granmaison. *Paris,* 1750, 2 *tom. en un vol. in-*8.

4409 Recueil d'Ordonnances, Edits & Arrêts concernant l'origine, la régie & la perception des Droits d'Aydes & autres y joints, depuis 1360 jusqu'en 1726. *Paris,* 1725, 6 *vol. in-*4.

4410 Recueil des Ordonnances de Louis XIV, sur le fait des Aydes. *Paris,* 1724, 3 *vol. in-*12.

4411 Compilation de l'Ordonnance de Louis XIV, sur le fait des Gabelles. *Rouen,* 1727, *in-*8.

4412 Conférence de l'Ordonnance de Louis XIV, sur le fait des Entrées, Aydes, & autres Droits, par Jac. Jacquin. *Paris,* 1727, *in-*4.

4413 Recueil d'Arrêts concernant les objets du ressort de la Cour des Aydes, depuis 1715 jusqu'en 1729. 19 *volumes in-*4.

4414 Recueil d'Arrêts tant manuscrits qu'imprimés, depuis l'année 1543 jusqu'à 1732, sur les Droits de la Ville de Paris, les Octrois, les Aydes, les Tailles, &c. *in-fol.*

4415 Recueil de Réglemens, Tarifs & Instructions concernant les Droits réservés. *Paris,* 1723, *in-*4.

4416 Recueil de Réglemens faits pour l'usage du Papier & Parchemin timbrés, par Denizet. *Paris,* 1715, *in-*12.

4417 Commentaire sur les Tarifs du Controlle des Actes & de l'Insinuation, & sur les Droits de Centieme Denier. *Avignon,* 1746, *in-*8. *fil.*

4418 Recueil des Reglemens concernant le Controlle des Exploits & Saisies mobiliaires. *Paris,* 1732, *in-*12.

10. *Jurisprudence des EAUX ET FORÊTS, où il est traité des Droits de Chasse, de Pêche, &c.*

4419 Mémorial Alphabétique des matieres des Eaux & Forêts, Pêches & Chasses, par Noël. *Paris, 1737, in-4.*

4420 Dictionnaire portatif des Eaux & Forêts, par M. Massé. *Paris, 1766, in-8.*

4421 Les Loix Forestieres de France, commentées par Pecquet. *Paris, 1753, 2 vol. in 4.*

4422 Edits & Ordonnances des Rois sur les Eaux & Forêts, recueillies par de Sainctyon. *Paris, 1610, in-fol.*

4423 Conférence de l'Ordonnance de Louis XIV, du mois d'Août 1669, sur le fait des Eaux & Forêts, par Galon. *Par. 1725, 2 vol. in-4.*

4424 La même, revûe par M. Ségaud. *Ibid. 1752, 2 vol. in-4.*

4425 Instruction sur la Vente des Bois du Roi, par de Froidour, avec des notes, par M. Berrier. *Paris, 1759, in-4.*

4426 Code des Chasses. *Paris, 1734, 2 vol. in-12.*

11. *Jurisprudence MILITAIRE & MARITIME.*

4427 Réglemens & Ordonnances du Roi pour les Gens de Guerre. *Paris, 1680, 9 vol. in-12.*

4428 Code Militaire, par de Briquet. *Paris, 1734, 4 vol. in-12.*

4429 Recueil d'Ordonnances concernant l'Artillerie & le Génie, l'Infanterie & la Cavalerie, depuis 1744 jusqu'en 1762. *petit in-fol. br. en cart.*

4430 Recueil d'Edits, Déclarations & Arrêts concernant l'Ecole Militaire. *Paris, 1762, in-12.*

4431 Traité sur toutes les fonctions des Commis des Vivres tant des Armées que des Provinces & Places de Guerre, dressé par M. Mirlavaud. *In-fol. manusc.*

4432 Us & Coustumes de la Mer avec un Traité des Termes de Marine & les Réglemens de la Navigation des Fleuves & Rivieres, par Cleirac. *Bordeaux, 1647, in-4.*

4433 Ordonnance de Louis XIV, pour les Armées navales & Arcenaux de Marine. *Paris, 1689, in-4, m. r. d. s. tr.*

4434 Ordonnance de la Marine, du mois d'Août 1681, commentée & conférée sur les anciennes Ordonnances, &c. *Paris, 1757, in-12.*

12. *Jurisprudence, Droits & Priviléges des* CHARGES, DIGNITÉS & OFFICES *de France; ensemble les Edits sur l'Administration de la Justice.*

4435 Traité des Tribunaux de Judicature, où l'on examine ce que la Religion exige des Juges, des Plaideurs, des Avocats & des Témoins, par P. Roques. *Basle*, 1740, *in-4.*

4436 Recueil d'Edits, Déclarations, Arrêts & Réglemens concernant les Offices de Judicature, les Etudes de Droit & l'administration de la Justice. *Paris*, 1712, 2 *vol. in-4.*

4437 Nouveaux Réglemens pour l'administration de la Justice. *Paris*, 1719, 2 *vol. in-12.*

4438 Recueil des Edits, Déclarations, Arrêts, Tarifs, &c. concernant les Greffes. *Paris*, 1727, *in-4.*

4439 Le même. *Ibid.* 1736, *in-4.*

4440 Nouveau Commentaire sur les Ordonnances des mois d'Août 1669 & Mars 1673, ensemble sur l'Edit de 1673 touchant les Epices, par M. Jousse. *Paris*, 1756, *in-12.*

4441 Les Nobles dans les Tribunaux, Traité de Droit, enrichi de plusieurs curiosités, de l'Histoire & du Blazon, par Herman Fr. de Malte. *Liége*, 1680, *in-fol.*

4442 Stile des Lettres des Chancelleries de France, par du Sault. *Paris*, 1666, *in-4.*

4443 Recueil d'Edits, &c. concernant les Offices des Trésoriers de France, Généraux des Finances de Bretagne, par Gerard Mellier. *Nantes*, 1712, *in-8. m. r.*

4444 La Connétablie de France, ou Recueil de tous les Edits, Déclarations & Arrêts sur le pouvoir, jurisdiction & autorité des Connétables & Maréchaux de France, par J. Pinsson de la Martiniere. *Paris*, 1662, *in-fol.*

4445 La Maréchaussée de France, ou Recueil des Ordonnances, Edits, Déclarations & autres pieces concernant les Officiers & Archers des Maréchaussées, par G. Saugrain. *Paris*, 1697, *in-4.*

4446 Traité des Droits, Priviléges & Fonctions des Conseillers du Roi, Notaires au Châtelet de Paris; avec le Recueil de leurs Chartres & Titres, par Simon Fr. Langloix. *Paris*, 1738, *in-4. fil.*

4447 Traité des Fonctions, Droits & Priviléges des Commisſaires au Châtelet de Paris, par M. Sallé. *Paris*, 1759, 2 *vol. in-4.*

13. *Juriſprudence CIVILE, où il eſt traité de la Police Munici-* *.pale ; des Bâtimens, de la Voyerie, &c.*

4448 Dictionnaire, ou Traité de la Police des Villes, Bourgs & Seigneuries de la Campagne, par Edme de la Poix de Fréminville. *Paris*, 1758, *in-4.*

4449 Code Rural, par M. (Boucher d'Argis). *Paris*, 1749, 2 *vol. in-12.*

4450 Le même. *Ibid.* 1762, 2 *vol. in-12.*

4451 Code de la Police, par (M. Duchesne). *Paris*, 1761, *in-12.*

4452 Code de la Religion & des mœurs, ou Recueil des principales Ordonnances rendues en France, concernant la Religion & les mœurs par M. l'Ab. Meusy. *Paris*, 1770, 2 *vol. in-12.*

4453 La Juriſprudence de la Médecine en France, par Verdier. *Alençon*, 1763, 2 *vol. in-12.*

4454 La Juriſprudence de la Chirurgie en France, par le même. *Paris*, 1764, 2 *vol. in-12.*

4455 Code Municipal. *Paris*, 1761, *in-12.*

4456 Dictionnaire Univerſel, Civil, Criminel & de Police des Maréchauſſées de France, par G. H. de Bauclas. *Paris*, 1748, 2 *vol. in-4. fil.*

4457 Les Loix des Bâtimens, ſuivant la Coutume de Paris, par Deſgodets, avec les notes de Goupy. *Par.* 1748, *in-8.*

4458 Les mêmes. *Ibid.* 1768, *in-8.*

4459 Le Code de la Voyerie, avec le Traité du Droit de la Voyerie, par Mellier ; &c. *Paris*, 1735, *in-4.*

4460 Le même. *Ibid.* 1735, 2 *vol. in-12.*

14. *Juriſprudence des Cours de CHATELET, des Préſidiaux, Elections, &c.*

4461 Nouveau Stile du Châtelet de Paris & de toutes les Juriſdictions ordinaires du Royaume. *Paris*, 1746, *in-4.*

4462 Actes de Notoriété donnés au Châtelet de Paris, avec des notes, par J. B. Denisart. *Paris*, 1759, *in-4. br.*

4463 Traité de la Juriſdiction des Préſidiaux, tant en matiere civile que criminelle, par M. Jouſſe. *Paris*, 1757, *in-12.*

4464 La Science parfaite des Notaires, par Cl. Jos. de Ferriere. *Paris*, 1733, 2 *vol. in*-4.

4465 Le Style des Huissiers & Sergens. *Paris*, 1752, *in*-12.

15. *Jurisprudence* CONSULAIRE, *ou des Négocians.*

4466 Recueil contenant l'Edit du Roi sur l'Etablissement de la Jurisdiction des Consuls & les Déclarations données ensuite. *Paris*, 1668, 2 *vol. in* 4.

4467 Le même, augmenté. *Paris*, 1705, 2 *part. en un vol. in*-4.

4468 Les Institutions du Droit Consulaire, par J. Toubeau. *Paris*, 1700, 2 *tom. en un vol. in*-4.

4469 Traité du Commerce de Terre & de Mer, (par Couchot). *Paris*, 1710, 2 *vol. in* 12.

4470 Nouveau Commentaire sur les Ordonnances des mois d'Août 1669 & Mars 1673, concernant les Marchands, par M. Jousse. *Paris*, 1755, *in*-12.

4471 Ordonnance de Louis XIV, du mois de Mars 1669, concernant la Jurisdiction des Prevôt des Marchands & Echevins de la Ville de Paris. *Paris*, 1676, *in-fol.*

4472 Réglemens concernant les Manufactures & Teintures des Etoffes. *Paris*, 1727, 3 *vol. in*-12.

4473 Recueil des Réglemens généraux & particuliers concernant les Manufactures & Fabriques de France. *Paris*, *Imp. Roy.* 1730, 4 *vol. in*-4.

4474 Edit du Roy pour le Réglement des Imprimeurs & Libraires de Paris, (rédigé sur les recherches de J. de la Caille). *Paris*, 1687, *in*-4.

4475 Code de la Librairie & de l'Imprimerie de Paris, par Jos. Saugrain. *Paris*, 1744, *in*-12.

4476 Recueil des Statuts, Ordonnances & Priviléges accordés aux Marchands Orfévres-Jouailliers de Paris, depuis 1345 jusqu'en 1688. *Paris*, 1688, *in*-4. *gr. pap.*

4477 Les mêmes, rédigés par P. le Roy. *Paris*, 1734, *in*-4. *veau fauve.*

16. *Droit Criminel de France, où il est traité des Peines judiciaires.*

4478 Jo. Millæi Praxis Criminis persequendi, cum figuris diversarum torturarum, ligno eleganter incisis. *Paris.* 1541, *in fol.*

4479 Traité des Peines & Amendes, tant en matieres Criminelles que Civiles, par J. Duret. *Lyon*, 1583, *in*-8.

4480 Observations & Maximes sur les Matieres Criminelles, par A. Bruneau. *Paris*, 1715, *in*-4.

4481 De la maniere de poursuivre les Crimes dans les différens Tribunaux du Royaume, (par Prevost). *Paris*, 1739, 2 *vol. in*-4.

4482 Traité des Matieres Criminelles, par de la Combe. *Par.* 1741, *in*-4.

4483 Code Pénal. *Paris*, 1755, *in*-12.

4484 Nouveau Commentaire sur l'Ordonnance Criminelle de 1670, par M. Jousse. *Paris*, 1756, *in*-12.

4485 Abrégé du Procès fait aux Juifs de Metz convaincus de plusieurs crimes, entr'autres, d'avoir enlevé un Enfant Chrétien. *Paris*, 1670, *in*-16.

§ 7. *Traités généraux de l'Etude du Droit François universel; Abrégés, Elémens, Manuels & Répertoires de la Jurisprudence Françoise.*

4486 Institution au Droit François, par Argou, revue par Boucher d'Argis. *Paris*, 1753, 2 *vol. in*-12.

4487 Regles du Droit François, par Cl. Pocquet de Livonniere. *Paris*, 1737, *in*-12.

4488 Maximes journalieres du Droit François, par A. (La Place, avec des notes de Boucher d'Argis). *Paris*, 1749, *in* 4.

4489 Les Principes de la Jurisprudence Françoise, par Prevost de la Jannès. *Paris*, 1750, 2 *vol. in*-12.

4490 Instruction sur les Procédures Civiles & Criminelles du Parlement (de Paris, par M. le Bret). *Paris*, 1741, *in*-12.

4491 Stile des Procédures. *Paris*, 1738, *in*-12.

4492 La Bibliotheque, ou Trésor du Droit François, par Laurent Boucheul, augmenté par J. Bechefer. *Paris*, 1671, 3 *vol. in-fol.*

4493 Dictionnaire de Droit & de Pratique, par Cl. Jos. de Ferriere. *Paris*, 1734, 2 *vol. in*-4.

4494 Le Praticien François, par Lange. *Paris*, 1719, 2 *vol. in*-4.

4495 Le Praticien François universel, par Couchot, revu par de la Combe. *Paris*, 1738, 6 *vol. in*-12.

4496 Collection de Décisions nouvelles relatives à la Jurisprudence actuelle, par J. B. Denifart. *Paris*, 1757, 2 *vol. in-4.*

4497 Recueil d'extraits fur toutes les parties de la Jurifprudence Canonique & Civile, rangés par ordre alphabétique; avec une table des matieres. 2 *vol. in-fol. manuf.*

4498 Recueil de Jurifprudence Civile, par Guy du Rouffeaud de la Combe. *Paris*, 1746, *in-4.*

4499 Dictionnaire univerfel de Juftice, Police & Finances, par Fr. Jac. Chafles. *Paris*, 1725, 3 *vol. in-fol.*

18. *Queftions de Droit, Décifions particulieres, Confultations & Opufcules fur différentes matieres de Droit.*

4500 Opufcules Françoifes des Hotmans; entr'autres, l'anti-Tribonien, le Traité de la Diffolution de mariage pour caufe d'impuiffance, &c. *Paris*, 1616, *in-8. v. f.*

4501 Divers Opufcules tirés des Mémoires d'Ant. Loifel, publiés par Cl. Joly. *Paris*, 1656, *in-4. fil.*

4502 Differtations fur les Queftions qui naiffent de la contrariété des Loix & des Coutumes; ou Queftion Mixtes, par L. Boullenois. *Paris*, 1732, *in-4.*

4503 Effais de Jurifprudence, par (Huerne de la Motte). *Par.* 1757, 5 *vol. in-12.*

4504 Recueil contenant la Confultation de MM. de Luxembourg fur la fubftitution des Comtés de Ligny, Brienne, &c. = Le Procès de Fr. Alamand, Préfident à la Chambre des Comptés. = Le Teftament du Cardinal de Richelieu, & les Plaidoyers fur fa validité, &c. *in-fol. mff.*

19. *Actions, Forenfes, Plaidoyers, Factums, Mémoires, &c.*

4505 Mart. Huffon de Advocato Lib. IV. *Parif.* 1666, *in-4. vel.*

4506 Caufes célébres & intéreffantes avec les Jugemens qui les ont décidées; recueillies par Gayot de Pitaval. *Paris,* 1734, 20 *vol. in-12.*

4507 Recueil confidérable de Factums & Mémoires fur différentes affaires, depuis le commencement de ce fiécle; diftribué en 95 *porte-feuilles & vol. rel. en carton.*

4508 Actions Notables & Plaidoyers de Louis Servin. *Paris,* 1649, *in-fol.*

4509 Les Plaidoyers & Harangues d'A. le Maiftre, publiés par J. Iffali. *Paris,* 1660, *in-4.*

4510 Plaidoyers de Jean-Guy Baſſet. *Grenoble*, 1668, 2 vol. *in-fol.*

4511 Plaidoyers de Nic. Corberon & Abel de Sainte-Marthe. *Paris*, 1707, *in-4.*

4512 Les Plaidoyers de Gaultier. *Paris*, 1688, 2 vol. *in-4.*

4513 Recueil de Mémoires, Factums & Harangues, par de Sacy. *Paris*, 1724, 2 vol. *in-4.*

4514 Plaidoyers de M*** (Errard). *Paris*, 1696, *in-8.*

4515 Diſcours prononcés au Parlement de Provence par un des Avocats Généraux, (Gaſp. de Gueidan). *Paris*, 1739, 2 vol. *in-12.*

4516 Procès en Réglement de Juriſdiction entre le Prevoſt des Marchands & Eſchevins Conſervateurs des Priviléges des Foires de Lyon, & les Officiers de la Sénéchauſſée de ladite Ville. *Paris*, 1669, *in-4.*

II. DROIT ÉTRANGER.

I. *Juriſprudence d'Italie, d'Eſpagne, d'Allemagne, &c.*

4517 Graphis Jurium Ferdinandi Caroli Ducis Mantuæ, &c. adverſus aſſerta Decreta Imperialia anno 1701 evulgata, occaſione receptionis in Mantuam Amorum Regum Franciæ & Hiſpaniæ, per Paul. Fr. Perronum. *Mantuæ*, 1703, *in-fol.*

4518 Decreta, ſeu Statuta vetera Sabaudiæ Ducum & Pedemontii Principum. *Auguſta-Taurinorum*, 1586, *in-4.*

4519 Les Loix & Conſtitutions du Roi de Sardaigne, (Victor-Amedée II, Duc de Savoye). *Turin*, 1723, *in-fol.*

4520 Jo. de Solorzano Pereira de Indiarum Jure, ſive de juſta Indiarum Occidentalium inquiſitione, acquiſitione & retentione Lib. tres. *Matriti*, 1629, *in-folio fil.*

4521 Codex Legum Antiquarum, quibus accedunt Formulæ ſolennes priſcæ publicorum privatorumque Negotiorum, cum Gloſſario; ſtudio Frid. Lindenbrogii. *Francof.* 1613, 2 vol. *in-fol.*

4522 Rab. Herm. Schelii de Jure Imperii Liber poſthumus, editus à Theoph. Hogerſſ. *Amſt. Elzev.* 1671, *in-12. p. f.*

4523 Les Droits de l'Empire ſur l'Etat Eccléſiaſtique, recherchés à l'occaſion de la diſpute de Comacchio, & des droits particuliers de la Maison d'Efte fur cette Ville ; traduits de l'Italien. *Utrecht*, 1713, *in-4.*

4524 Code Criminel de l'Empereur Charles V ; contenant les Loix qui font fuivies dans les Jurifdictions Criminelles de l'Empire, par Vogel. *Paris*, 1734, *in-4.*

4525 Lex Frifionum ; five antiquæ Frifiorum Leges, cùm notis Sibrandi Siecamæ. *Franekera*, 1617, *in-4. broché en carton.*

4526 Statuts & priviléges de la Nobleffe de la Baffe-Alface ; en Allemand & en François. *Strasbourg*, 1713, *in-fol. vel.*

4527 Recueil des Ordonnances du Roi, & Réglemens du Confeil Souverain d'Alface ; par de Corberon. *Colmar*, 1738, 2 *vol. in-fol. fil.*

4528 Inftitutions au Droit Belgique, par rapport tant aux XVII Provinces qu'au Pays de Liege ; par Geor. de Ghe-wiet. *Lille*, 1736, *gr. in-4.*

4529 La Jurifprudence des Pays-Bas-Autrichiens, établie par les Arrêts du Grand-Confeil de Malines ; recueillis par Remi-Alb. du Laury. *Bruffelle*, 1717, *in-fol.*

4530 Sim. à Groenewegen Tractatus de Legibus abrogatis & inufitatis in Hollandia vicinifque Regionibus. *Noviomagi*, 1664, *in-4.*

II. *Jurifprudence d'Angleterre, de Pruffe, de Suede, de Pologne, &c.*

4531 Statuta Regni Poloniæ, in ordinem alphabeti digefta, à Jo. Herburto de Fulftin. *Dantifci*, 1620, *in-folio.*

4532 Sueciæ Regni Leges Provinciales, à Carolo IX anno 1608 publicatæ, cum notis Jo. Loccenii. *Londini Scanorum*, 1675, *in-8.*

4533 Code Fréderic, par A. A. de C. avec l'expofition abrégée du plan du Roi. 1751, & 1752, 3 *vol. in-8.*

4534 Antiquæ Conftitutiones Regni Angliæ, fub Regibus Joanne, Henrico III, & Edoardo primo, circà Jurifdictio-nem & Poteftatem Ecclefiafticam ; à Gul. Prynne collectæ. *Londini*, 1672, *in-fol.*

4535 Les Plées del Coron, divifées in plufors titles & comon lieux ; compofées par Guill. Staundforde. *Imprinted at London, by Rich Tottel*, 1574, *petit in-4. d. f. tr.*

Miscellanea, ou Recueils de différens Ouvrages qui n'ont aucun rapport ensemble.

4536 Jac. Windet de Vitæ functorum Statu. *Lond.* 1663. = Jo. Geor. Dorscheï Collatio Historico-Theologica ad Concilium Sirmiense. *Argentor.* 1650. = Theod. Althusii Historia Eutychiana; cum consectario Lutheranos non esse Eutychianos. *Lypsiæ*, 1659. = Romæ ruina finalis. *Londini*, 1655, *in-4.*

4537 Recueil de Pieces, savoir : la doulce Mouelle & saulce friande des Saints & savoureux Os de l'Advent, par J. Massieux. *Paris*, 1578. = Vrai Discours de ce qu'est advenu en l'Eglise des Bons-Hommes-lez-Paris (pour la Dédicace). *Ibid.* 1578. = Discours de la surprise de la Ville de Concq, près de Vannes en Bretaigne. *Ibid.* 1577. = Du Serpent volant, vû sur la Ville de Paris, le 18 Février 1579. = Histoire tragique & miraculeuse d'un vol & assassinat commis dans le Berri en la personne de Martial Deschamps, Médecin; &c. *Ibid.* 1576. = &c. *in-12.*

4538 Le Rommant de la Rose, en vers. = Procès Criminel fait à François Ravaillac en 1610. = Testament de Louis XIV. = Mémoire concernant le Commerce & les Journaux, 1726. = Trad. d'une Lettre d'Hypocrate à Damagete sur les différentes Religions. *In-fol. Mss. v. f.*

4539 Hug. Grotii Grollæ Obsidio, cum annexis anni 1627. *Amst.* 1629. = Dan. Heinsii Rerum ad Sylvam-Ducis & in Belgio anno 1629 gestarum Historia. *Lugduni Batav. Elzev.* 1631. = Récit du Siege de Bois-le-Duc, par Jac. Prempart. *Leuwarde*, 1630, *fig.* = La Castrametation, par Sim. Stevin. *Leyden*, 1618; *fig.* = Nic. Mulerii Judæorum Annus Lunæ-Solaris & Turc-Arabum Annus mere Lunaris. *Groningæ*, 1630, *in fol.*

4540 Recueil : Histoire des Promesses illusoires, depuis la Paix des Pyrénées. *Cologne*, 1684. = L'Empereur & l'Empire trahis, par qui & comment? *Ibid.* 1680. = L'Europe esclave si l'Angleterre ne rompt ses fers. *Ibid.* 1677. = Tolérance des Religions. *Amst.* 1684. = Le Miroir des Princes. *Cologne*, 1684, *in-12. p. f. vel.*

4541 Car. Stephani de Re Vestiaria Libellus, ex Baysio excerptus. *Parif.* 1541. De Vafculis Lib. ex eodem decerptus. *Ibid.* 1543. De Re Hortenfi Lib. *Ibid.* 1545. Seminarium & Plantarium Arborum fructiferarum. *Ibid.* 1540. De Latinis & Græcis nominibus Arborum. *Ibid.* 1547. Lib. III de Nutrimentis. *Ibid.* 1550. *Hæc omnia Car. Stephani: accedit ;* Pædologia P. Mofellani. *Ibid.* 1548 , *in-8.*

4542 Jo. Pierii Valeriani necnon Corn. Tollii de Litteratorum infelicitate Libelli. *Helm_ſtadii* , 1664. ⸺ Alcoranus Francifcanorum, autore Erafmo Albero. *Daventriæ* , 1651 , *in-12. p. f. vel.*

NOTICE DES ESTAMPES.

1 Vingt & un Deffins de différens Auteurs au crayon & à la plume , dont dix très-finis de Hans-Bol en 1584.

2 Onze Pieces d'après le Titien , Guido Reni & Paul Veronèfe ; gravées par Baron , Desplaces , Rouffelet , &c. dont Jupiter & Antiope.

3 Vingt - cinq Pieces d'après différens Peintres de l'École Romaine , dont le Parnaffe d'après Raphael.

4 Quarante-huit Pieces de l'École-Romaine , par Tempeſte , la Belle , Grimaldi & autres.

5 Recueil de différentes pofitions & poftures , peintes par Mich. A. Buonaroti & gravées par Adam de Mantoue. *in-4. obl. vel.*

6 Figuræ Paffionis & Vitæ Dom. N. Jefu-Chriſti , 37 figures en bois gravées par Albert Dure en 1510 , colées fur du papier blanc. *in-fol. br.*

7 Recueil d'Eftampes, gravées d'après Meemskerck , par Ph. Galle & Jérôme Cock ; repréfentant les merveilles du Monde & les figures de la Bible. *petit in-fol. obl. vel.*

8 Dix Pieces grandes & moyennes , gravées d'après P. P. Rubens , par Bolswert & Duchange ; dont le mariage de Louis XIV , avec l'Infante d'Efpagne.

9 Trente fept Pieces des Sadelers , de Pierre de Jode , Vander Does , Neeffs , &c.

10 Trente Pieces de Nicolas de Bruyn , Gafpar Hollander, Troyen & autres.

11 Dix grandes Pieces d'après Wowermans , Teniers & Berghem ; dont la Courfe de Bague.

12 Dix grandes Pieces, gravées d'après le Poussin, le Dominicain & Albani, par Daudet; dont le veau d'or.

13 Onze Pieces gravées d'après le Poussin, par G. Chasteau, G. Pesne & Stella. Gr. in-folio avec le Portrait du Poussin.

14 Recueil de Pieces gravées par Abraham Bosse, format in-4. obl. dont l'Enfant Prodigue, le Mariage, &c. en 66 Pieces collées sur du carton mince.

15 Cent quatorze Pieces de J. Callot, dont les Caprices & la grande Tentation de Saint Antoine, copie.

16 Capricci di varie figure di Jacopo Callot. in-16. obl.

17 Dix-neuf Pieces de toutes grandeurs d'après Ch. le Brun, par Edelinck, Audran, Simonneau, Jeaurat, &c. dont Jesus-Christ dans le désert.

18 Recueil de Sujets de Piété, peints par le Brun & autres, & gravés par N. Bazin. in-fol.

19 Vingt Pieces, par Audran, Simon Thomassin, Daullé, Ch. N. Cochin, &c. dont Enée fuyant de Troyes, d'après Vanloo.

20 Neuf grandes Pieces d'après Jouvenet, par Desplaces, Loir, &c. dont la Magdeleine aux pieds de Jesus-Christ.

21 Trente-sept Estampes grandes & moyennes, d'après Mignard, Watteau, Boucher & autres; dont les délassemens de la Guerre.

22 Trente-quatre Pieces d'après Ant. Ch. & Nic. Coypel; dont la suite des Avantures de Don Quichote.

23 Le Roman Comique en 16 Pieces, gravées d'après Pater, par Lepicié & Surugue.

24 Vingt-neuf Estampes, dont les Sujets sont tirés de la Fontaine, gravées d'après Lancret, par de Larmessin.

25 Trente-trois Pieces gravées d'après les Originaux sculptés par Girardon, Coisveau, &c. par Sim. Thomassin, Ch. N. Cochin & autres, dont les Renommées des Thuileries.

26 Treize Sujets pieux d'après Raphael, le Titien, les Carraches, Maratte, le Correge, Mignard & de Pouilly; dont Sainte Cécile.

27 Un paquet de grandes Estampes, Sujets pieux, dont l'Histoire de Samson, par Fr. Verdier, & la Vie de S. Bruno, par Chauveau.

28 Autre paquet de Sujets pieux, dont les Estampes des Martyrs de Gallonius, & la Vie de J. C. par Gillot.

29 Un Portefeuille contenant 73 Estampes, gravées la plûpart d'après les grands Maîtres de l'École Romaine & Fran-

çoife, repréfentant plufieurs fujets Saints & autres, dont l'Annonciation d'après Villamène.

30 Recueil d'Eftampes collées fur du papier fort, gravées par différens Auteurs, entr'autres, Sebaftien le Clerc; les Sadelers; Goltzius; Cort; Callot; &c. *in-folio rel. en peau.*

31 Cinquante Portraits grands & moyens, gravés la plûpart par Nanteuil, Edelinck, Maffon & autres, dont le Moife d'Edelinck.

32 Trente-huit Portraits & Têtes gravées en maniere noire, par Smith; Simon & autres, dont la Magdeleine.

33 Un Portefeuille contenant environ 200 Portraits grands & petits, par différens Graveurs, dont la fuite des Che-valiers de Malthe, pour fervir à l'Hiftoire de Malthe, par l'Abbé de Vertot.

34 Soixante & cinq Eftampes de Modes Françoifes, gravées par B. Picart & autres.

35 Recueil de Payfages, & de Vues de différens Bâtimens, gravées par Sébaftien le Clerc. *in-16, obl. m. r.*

36 Un paquet de Payfages, & Vues gravées par N. Robert, Perelle, Morin, Mariette, Dargenville, &c.

37 Recueil d'Oifeaux les plus rares, tirés de la Ménagerie de Verfailles, gravés par N. Robert. = Divers fujets tirés de la Fable & deffins d'Alcoves, gravés par le Potre. = 21 grandes vues de Payfages & Ruines, gravées par Perelle, *petit in-fol. obl.*

38 Vingt Planches de figures, tirées de Monumens antiques, & gravées par Mat. Piccioni. = Hefperides, five Malorum aureorum cultura & ufus; onze planches grav. par C. Bloe-maert. = Plans de différentes Eglifes de Rome, en 32 pl. deff. par Val. Regnart, & publiées par Fr. Collignon. = Onze Pierres antiques, deff. par Eliz. Cheron. *in-fol.*

39 Un portefeuille rempli de différentes Eftampes d'Archi-tecture, de Vues de Châteaux & Maifons remarquables; dont la Defcription de Verfailles, par Sylveftre & Surugue.

40 Un portefeuille rempli de différentes vues de Villes de l'Europe & des Pays féparés de l'Europe.

41 Cent Eftampes ou environ, Vues de différentes Villes, Fortereffes, Châteaux & Maifons remarquables d'Angle-terre & d'Allemagne; gravées par Benoift, Pfeffel & au-tres.

42 Un paquet d'Eftampes Hiftoriques & Allégorique; dont le Lit de Juftice de 1715.

43 Un paquet d'Eſtampes, concernant les Arts.

44 Quatre Livres d'Eſtampes en feuilles ; dont la méthode pour apprendre à deſſiner, par M. Jombert ; & la Magnificence du Royaume de France, par Vander Aa.

45 Les Jeux & les Plaiſirs de l'Enfance, inventés par Jac. Stella. *Paris*, 1657, *in-4. obl. m.*

46 Figures de quelques Baladins, Comédiens & Sauteurs de l'autre Siecle ; gravés par Bellanger ; en 20 pieces *in-8. vel.*

47 Recueil de Groteſques & Groupes Flamands ; les Pauvres de Callot ; *Spigel oſte Tonel*, & autres pieces de Velde, de Matham, Voſterman, Vliet, Wiſcher, &c. *in-4. vel.*

48 Recueil de Charges & Groteſques ; dont les Miſeres de la Guerre, par Callot. 1635, *in-4. vel.*

49 Un paquet de Groteſques.

50 Deux portefeuilles contenant des Vues d'Optique.

51 Deux très-grands, & un petit Regiſtre de Papier blanc, propres pour des Eſtampes.

Lu & approuvé, ce 15 Décembre 1775.

DEBURE, fils aîné, *Adjoint.*

A PARIS, De l'Imprimerie de Pн. D. PIERRES, Imprimeur du Grand-Conſeil du Roi, rue S. Jacques.

TABLE
DES AUTEURS,
ET DES LIVRES SANS NOM D'AUTEUR.

A

S f

Barlæus. *Lambertus*, 1512.
Barlandus. *Hadrianus*, 3677.
Barnaba. *Sanctus*, 84.
Barnès. *Jean*, 177.
Baro. *Balthazar*, 1853.
Baron. *Michel*, 1755.
Barozai. *Guy*, (*Bern. de la Monnoye*). 1686.
Barre. *de la* 1327.
Barre. *Jean de la*, 2534. 3357.
Barre. *Joseph*, 3645.
Barre. *Ludovicus-Franciscus-Josephus de la*, 2926. 3145. 4014. 4015.
Barre de Beaumarchais. *Antoine de la*, 574. 1823. 1983. 2778. 3780.
Barrelierus. *Jacobus*, 1015.
Barrême. *François*, 820. 1217.
Barrere. *Pierre*, 3904.
Barthelemy. *Nicolas*, 172.
Bartholdus. *Georgius*, 3799.
Bartholinus. *Caspar*, 2920.
Bartholinus. *Joannes*, 2891.
Bartholinus. *Thomas*, 77.
Bartlet. *Jean*, 2291.
Baruffaldus. *Hieronym*. 2904.
Basile le Grand. *Saint*, 103.
Basnage. *Henri*, 4339.
Basnage. *Jacques*, 437. 2774. 3699. 4020.
Basnage de Beauval. *Henri*, 564.
Basnage de Flottemanville. *Samuel*, 2582.
Basset. *Jean-Guy*, 4510.
Bassompierre. *François*, 3243. 3244.
Bastide. *Jean-François*, 544.
Bastie. *Joseph de Bimard, Baron de la*, 2930.
Basville. *de*, 3440.
Batteux. *Charles*, 1344. 1551.

Bauclas. *Gabriel - Henri de*, 1456.
Baudelot de Dairval. *Charles-César*, 2011. 2439. 2943.
Baudier. *Michel*, 3236.
Baudius. *Dominicus*, 1597.
Baudory. *Joseph*, 1487.
Baudot de Juilly. *Nicolas*, 3132. 3147. 3152. 3623.
Baudouin. *Jean*, 2131. 2132. 2146. 2703. 3167. 3896.
Baudrand. *Michael-Antonius*, 2415. 3014.
Baugier. *Edme*, 3369.
Bauhin. *Gaspar*, 978.
Baune. *Jacobus de la*, 1474.
Baux de Carlier & Forceville. 4397.
Bayle. *Pierre*, 563. 1364. 2564. 4030. 4031.
Bazin. 1007. 1008.
Bé. *Pierre le*, 2164.
Beatiano. 1689.
Beau. *C. le*, 2510.
Beau. *Charles le*, 3648.
Beauchamps. *Pierre-François Godard de*, 1725.
Beaudoin. *L'Abbé*, 106.
Beaufort. 1285.
Beaufort. *François de Vendôme, Duc de*, 3270.
Beaufort. *Jean de*, 3505.
Beaufort. *Louis de*, 2852.
Beaujoyeulx. *Balthazar de*, 1785.
Beaulieu. *Sébastien Pontault, Chevalier de*, 3258.
Beaulieu Hues O Neil, (*Adrien Baillet*). 2505.
Beaulxamis. *Thomas*, 231.
Beaume. *Jacques-François de la*, 1679. 1902.
Beaumont. *Simon de*, 4400.

Caylus. *Philippe-Claude-Anne* de Tubieres, *Comte de*, 1895. 2261. 2961.

Ceillier. *Dom Remi*, 527.

Cellarius. *Andreas*, 3773.

Cellarius. *Chriftoph*. 33. 1573.

Celfus. *Cornelius*, 1038.

Cenforinus. 2363.

Cenfures touchant la Souveraineté des Rois. 4095.

Cerceau. *Jean-Ant. du*, 1604. 1660.

Cerf de la Vieuville. *Jean-Laurent le*, 1303.

Cervantes. *Michel de*, 1866. 1867. 1898.

Cervio. *Vincenzo*, 2353.

Ceffoles. *Jacques de*, 771.

Chabanel. *Jean*, 4062.

Chalchondyle. *Laonic*, 3854.

Chafes. *Cl. Fr.* Millet de, 1214.

Challes. 1839. 1840. 1918.

Chalons. *Claude de*, 3092.

Chamberlain. *Jean*, 3756.

Chambon. 1100.

Chamillard. *Gafton*, 4064.

Champdevaux. 743.

Champmeflé. *Charles* Chevillet, *dit*, 1754.

Chanceliers de France. 3577.

Chantereau le Febvre. *Louis*, 3479. 4385.

Chanteur. *M. le*, 4345.

Chanvel. *Claude*, 1091.

Chapelain. *Jean*, 1974.

Chapelain. *J. Bapt. le*, 252.

Chapelle. *Claude-Emmanuel* Luillier, *dit*, 1649.

Chapelle. *l'Abbé de la*, 1106. 1126.

Chapelle. *Armand de la*, 445. 573.

Chaponnel. *Raimond*, 2644.

Chappe d'Auteroche. *L'Abbé*, 1251.

Chappeville. *Pierre-Clément de*, 2350.

Chappotin. *Michel*, 970.

Chappuzeaux. *Samuel*, 2485.

Chapuis. *Antoine*, 744.

Chapuys. *Gabr.* 2076. 3991.

Chardin. *Jean*, 2486.

Chardon. *Dom Charles*, 181.

Charenton. *Jof. Nic.* 3619.

Charlas. *Antonius*, 4099.

Charles-Frédéric II, *Roi de Pruffe*. 3659.

Charleton. *Gualterus*, 1095.

Charlevoix. *Pierre-François-Xavier de*, 3875. 3893. 3902. 3903.

Charlonye. *Gabr. de la*, 3432. 3433.

Charpentier. *François*, 1415. 2014. 2788. 3986.

Charrier. 2390.

Charron. *Pierre*, 695.

Charron. *Jacques de*, 3082.

Chartes du Haynau. 4257.

Chartier. *Alain*, 3143.

Chartier. *Jean*, 3144.

Chartonnet. *Franç. Ant.* 2728.

Chafles. *Franç. Jacq.* 4499.

Chafot de Nantigny. *Louis*, 3838.

Chaffaigne. *Ant. de la*, 2735.

Chaffepol. *de*, 3863.

Chaftelet. *Gabrielle-Emilie* de Breteuil, *Marquife du*, 916.

Chaftonnieres de Grenailles. 3633.

Chaftre. *Edme*, *Marq. de la*, 3270.

Châteauneuf. *l'Abbé de*, 1297.

Chavagnac. *Gafp. Comte de*, 3301.

V v

Geneſt. *Charles-Claude,* 832.

Gentil. 2454.

Gentilis. *Albericus ,* 4159. 4204.

Genuenſis. *Marc-Antonius ,* 4128.

Geoffroy. 625.

Geoffroy. *Etienne-Fr.* 1161.

Georgeon. 2976.

Georgius. *Dominicus ,* 702.

Georgius Diaconus. 2527.

Gerard de Benat. *Franç.* 1477. 1478.

Gerbais. *Jean ,* 341. 4105.

Gerberon. *Gabriel,* 2744.

Gerdil. *Le Pere ,* 924.

Germain. *Claudius ,* 1196.

Germon. *Bartholomæus,* 2170.

Gerſaint. *Edme-Franç.* 1026.

Gervaiſe. *Dom Armand-Fran- çois ,* 2095. 2711. 2718. 2721. 2725. 3131. 3974.

Gervaiſe. *Nicolas ,* 2722.

Gesnerus. *Cönradus ,* 994.

Gherardi. *Evariſte ,* 1796.

Gherus. *Ranutius , (Janus Gruterus).* 1574 à 1577.

Gheviet. *George de ,* 4528.

Giannone. *Pierre ,* 2593. 2990.

Gianotti. 1314.

Gibbonus. *Richardus ,* 3720.

Gibert. *Balthaſar,* 534. 1343.

Gibert. *Joſ. Balthazar,* 3022.

Gibert. *Jean-Pierre ,* 4057. 4107. 4108.

Giblet. *Henrico ,* 2129.

Gibonais. *Jean-Artur de la ,* 4372.

Gifanius. *Hubertus ,* 1528.

Gilles. *Nicolle,* 3080.

Gilles de Rome. 770.

Gillot. *Jacques,* 3197.

Ginet. *N.* 2385.

Gioachino. *l'Abbate ,* 2366.

Girard. 145.

Girard. *l'Abbé ,* 1424. 1438.

Girard. *Le P. Ant.* 39. 3108.

Girard. *Claude ,* 4226.

Girard. *Etienne,* 3580. 4223.

Girard. *Guillaume ,* 208. 209. 3187.

Girard , *Seigneur du* Haillan. *Bernard de ,* 3083. 3492.

Glanius. 2487.

Glantzbý. 2488.

Glatigny. *Gabriel de ,* 1486.

Gobert. 1288.

Gobien. *Charles le ,* 3872.

Goddæus. *Cohradus ,* 2020.

Godeau. *Antoine , Evéque de Vence.* 309. 2580. 2714.

Godeau. *Dionyſius ,* 1652.

Godefroy. *Denys I. Voyez* Gothofredus.

Godefroy. *Denys II,* 3144. 3537. 3568. 3591.

Godefroy. *Denys III,* 3197.

Godefroy. *Jacques ,* 193.

Godefroy. *Jean,* 2106. 3122. 3153. 3181. 3189.

Godefroy. *Théod.* 3141. 3155. 3156. 3392. 3536. 3591. 3598.

Godoneſche. *Nicolas ,* 3321.

Goedart. *Jean ,* 1001.

Goerée. *Guill.* 2776. 2777.

Goeſius. *Wilelmus ,* 4201.

Goguet. *Antoine-Yves ,* 463.

Gohard. *Pierre ,* 4067.

Gohory. *Jacques,* 1185. 1849.

Goldaſtus. *Melchior* Haimens- feldius, 2097. 3148. 4043.

Gollut. *Louis ,* 3413.

Golnitzius. *Abrahamus,* 2459.

Gomberville. *Marin* le Roy *de ,* 689. 690. 3180.

Y y

Marsilly. *Antoine de*, (*Nic.* Fontaine). 109. 110.

Marsollier. *Jacq.* 2659. 2719. 3295. 3625. 3736.

Marsy. *Fr. Marie de*, 2253.

Martene. *Edmundus*, 394. 2462. 2463. 4017 à 4019.

Marti y Viladamor. *Francesco.* 3219.

Martial de Paris, *dit* d'Auvergne, 1626. 1627. 2031. 2032.

Martialis. *Marcus-Valerius*, 1568. 1569.

Martianay. *Dom Jean*, 2514. 2720.

Martignac. *Fr. Algay de*, 3047.

Martin. 1126.

Martin. *David*, 409.

Martin. *Dom Jacq.* 78. 122. 2885. 3029.

Martinet. 2147.

Martiniere. *Voyez* Bruzen de la Martiniere.

Martius. *Galeottus*, 643.

Marvillius. *Antonius*, 4164.

Mas. *Hilaire du*, 147.

Mascaron. *Jules*, 1488.

Masciti. 1320. 1321.

Mascrier. *J. Bapt. le*, 1076. 3883. 3884.

Massé. *Jacques*, 2512.

Massé. *Jean*, 2317. 4420.

Massialot. 2355.

Massieu. *Guillaume*, 1603.

Massieux. *Jean*, 4537.

Massillon. *J. Bapt.* 239. 240.

Masson. *L'Abbé le*, 828.

Masson. *Jean*, 570. 3988.

Masson. *Innocentius le*, 2656. 2657.

Massonus. *Papyrius*, 3013. 3014.

Massuet. *Pierre*, 915. 1012. 3656. 3777. 3778. 3931.

Matago de Matagonibus. (*Franciscus* Hotmannus). 1960.

Matanasius. (Thémiseuil de S. Hyacinthe), 1967. 1968.

Matenesius. *Joan. Frid.* 1947.

Maternus. *Julius - Firmicus*, 90. 91.

Materot. *Lucas*, 2165.

Matharellus. *Antonius*, 3038.

Mathieu. *Pierre*, 3123. 3150. 3206.

Matthæus Westmonasteriensis. 3722.

Matthiolus. *Pierre - André*, 1161. 1162.

Maty. *Charles*, 2416.

Maubert. *Henri*, 3630.

Maucroix. *Franç. de*, 625. 1369. 2522.

Mauleon. *Auger de*, 3289.

Maunory. 698.

Maupertuy. *Pierre Louis Moreau de*, 1243. 1247.

Maupoint. 1731.

Maurice, *Comte de Saxe.* 2220.

Mauriceau. *François*, 1137.

Maurize. *Joan. Petrus*, 4106.

Mauvillon. 3657. 3660. 4156.

Maximes sur le devoir des Rois. 761.

Maximus. *Sanctus*, 900.

May. *Louis du*, 785.

Mayerberg. *Augustin*, *Baron de*, 2471.

Maynard. *Gérauld de*, 4319.

Mazarin. *Le Cardinal Jules*, 3274.

Médailles du Regne de Louis XIV. 3264. 3265.

Meibomius. *Marcus*, 1298.

Meigret. *Louis*, 1420.

Mettrie. *Julien* Offray de la, 1027. 1044.

Meuder. 1175.

Meun, *dit* Clopinel. *Jehan*, 1622. 1623. 2370. 4538.

Meurfius. *Joan.* 95. 1921. 2912. 2957. 3923.

Meufy. *L'Abbé*, 4452.

Meyffonnier. *Pierre*, 1187.

Mezeray. *Franç. Eudes de*, 3084 à 3088. 3610.

Michaelis. *Gregorius*, 2378.

Michaelis. *Sébaftien*, 895.

Michault. *Jean-Bern.* 1989. 2106.

Michel. *Gabriel*, 4213. 4242.

Middleton. 2089. 3987.

Miége. *Guy*, 1450. 3757.

Miggrode. *Jacques de*, 3892.

Mignot. *Étienne*, 179. 2615. 4068.

Militaire en folitude. *le*, 296.

Millæus. *Joannes*, 4478.

Milton. *Jean*, 1703.

Minadoi. *Tomafo*, 3860.

Minario. 1443.

Minois. *Claudius*, 2137.

Minucius Felix. 90. 91. 95.

Mirabaud. *Franç.* 1691. 1695. 1696.

Mirabaud. *Ifaac*, 1221.

Mirabeau. *Victor* de Riquetty, *Marquis de*, 788.

Miræus. *Aubertus*, 516. 2526.

Miraulmont. *Pierre de*, 3562.

Mirlavaud. 4431.

Miroir des Princes. 4540.

Miffale Romanum. 348.

—Parifienfe. 355. 361 à 363.

Miffon. *Maximilien*, 2469.

Modio. *Giovan Battifta*, 700.

Modius. *Francif.* 2639. 3840.

Moët. *Jean-Pierre*, 2331.

Moetjens *Adr.* 3821 à 3823.

Moine. *Abraham le*, 423.

Moine. *Pierre le*, 4013.

Moleon. (*Jean-Bapt.* le Brun Defmarettes). 398.

Moliere. *Jean-Bapt.* Pocquelin de, 1735.

Molina. *Antoine*, 190.

Molinæus. *Carol.* 4188. 4242. 4244. 4265.

Molinet. *Claudius du*, 2619. 2645. 2963.

Molinier. *Jean-Bapt.* 242.

Monchefnay. *de*, 2017.

Monconys. *Balthazar*, 2476.

Moncrif. *François – Auguftin* Paradis de, 738. 1963.

Mondonville. *Jean-Jof.* 1783. 1784.

Mongault. *Nic. Hubert de*, 2088. 2849.

Mongius. *Joan. Paulus*, 1039.

Monicart. *Jean-Bapt.* 3364.

Monier. *Pierre*, 2273.

Monnerie. *de la*, 1621.

Monnier. *Louis-Guill.* le, 920.

Monnoye. *Bernard de la*, 487. 494. 1607. 1626. 1633. 1659. 1686. 1997. 2010. 2071.

Monftier. *du*, 1177.

Monftrelet. *Enguerrand de*, 3118.

Mont. *Jean du*, 2461. 3804. 4146. 4147.

Montagne. *Jean de la*, 2441.

Montaigne. *Michel de*, 663 à 665.

Montalambert. *Adrian de*, 877.

Montalbanus. *Ovidius*, 533.

Montaltius. *Ludov.* (*Blaife* Pafcal). 195 à 197.

Montanus. *Arn.* 2818. 2819.

Z z z

Recueil

B b b

Wolfius. *Hieronymus*, 1460.
Wolffius. *Joannes*, 3639.
Wollaston. *Guillaume*, 454.
Woodward. *Jean*, 961.
Wreedmannus. *Joan.* 2194.

X

XENOPHON. 2787. 2788.
Xiphilin, 2830.
Xylander. *Guillelmus*, 1814.

Y

YART. *L'Abbé*, 1703.

Z

ZARATE. *Augustin de*, 3894.

Zarlino da Chioggia, *Gioseffo*. 1299.
Zeillerus. *Martinus*, 3001.
Zeno. *Apostolo*, 1806.
Zenocarus. *Guillelmus*, 3650.
Ziletti. *Joannes-Bapt.* 539.
Ziletti. *Jordanus*, 539.
Zonare. 2830.
Zovitius. *Jacobus*, 2068.
Zozime. 2830.
Zuallardo. *Giovanni*, 2497.
Zur-Lauben. *Le Baron de*, 3672.
Zyricæus. *Joan.* à Pratis, 1055.

Table Alphabétique des Noms des Peintres & Graveurs dont on trouvera des Estampes & Figures dans le Catalogue de Monsieur PERROT.

AMMANNUS. *Judocus*, 2639.
Aveline. 2197.
Bas. *Le*, 2944.
Bie. *Jacques de*, 2131. 3106. 3470.
Bloemaert. *Corneille*, 987.
Blond. *Jean-Bapt. Alex.* 2328.
Bolswert. *Boetius à*, 305.
Borghiani. *Horatio*, 44.
Bosse. *Abraham*, 3599.
Boyvin. *René*, 1849.
Briot. 2146.
Brun. *Charles le*, 2201.
Bry. *Joan. Theodorus & Joan. Israel de*, 2447. 2448. 3965.
Buonarotti. *Mich. Ange*, 2187.
Callot. *Jacques*, 3609.
Cartarius. *Marius*, 42.
Chapron. *Nicolas*, 43.
Chauveau. *François*, 2655.

Clerc. *Sébastien le*, 385. 1227. 1228. 1555. 1694. 1698. 1801. 1803. 1805. 2203. 3845. 4259.
Cochin. *Nicolas*, 3109.
Cochin. *Charles-Nicol.* 2205.
Cock. *Hieronymus*, 2194.
Corio. 2145.
Corneille. *Jean-Bapt.* 2250.
Coypel. *Antoine*, 721.
Coypel. *Charles*, 1964.
Daret. *Pierre*, 3125.
Demarne. 40.
Doyen. *Le*, 2645.
Flamen. *Albert*, 2153.
Folkema. 1866. 1898.
Fosse. *De la*, 2232.
Fracho. *Giacomo.* 2296.
François. *Jean-Charles*, 2206. 3990.

www.ingramcontent.com/pod-product-compliance
Lightning Source LLC
Chambersburg PA
CBHW072002270326
41928CB00009B/1520